做一个理想的法律人

To be a Volljurist

法律人进阶译丛【法学基础】
李 昊／译丛主编

法理学

主题与概念

（第3版）

Jurisprudence:
Themes and Concepts
Third Edition

〔英〕斯科特·维奇（Scott Veitch）
〔希腊〕埃米利奥斯·克里斯多利迪斯（Emilios Christodoulidis）／著
〔意〕马尔科·哥尔多尼（Marco Goldoni）
赵英男 ／译

著作权合同登记号　图字:01-2021-2267

图书在版编目(CIP)数据

法理学：主题与概念：第3版／（英）斯科特·维奇，（希）埃米利奥斯·克里斯多利迪斯，（意）马尔科·哥尔多尼著；赵英男译. —北京：北京大学出版社，2023.1
（法律人进阶译丛）
ISBN 978-7-301-33635-9

Ⅰ.①法… Ⅱ.①斯… ②埃… ③马… ④赵… Ⅲ.①法理学 Ⅳ.①D903

中国版本图书馆CIP数据核字(2022)第233026号

Jurisprudence：Themes and Concepts，Third Edition
By Scott Veitch，Emilios Christodoulidis，Marco Goldoni

书　　名　法理学：主题与概念（第3版）
FALIXUE：ZHUTI YU GAINIAN（DI-SAN BAN）
著作责任者　〔英〕斯科特·维奇（Scott Veitch）
〔希腊〕埃米利奥斯·克里斯多利迪斯（Emilios Christodoulidis）
〔意〕马尔科·哥尔多尼（Marco Goldoni）　著
赵英男　译
丛书策划　陆建华
责任编辑　陆建华　陆飞雁
标准书号　ISBN 978-7-301-33635-9
出版发行　北京大学出版社
地　　址　北京市海淀区成府路205号　100871
网　　址　http://www.pup.cn　http://www.yandayuanzhao.com
电子邮箱　编辑部 yandayuanzhao@pup.cn　总编室 zpup@pup.cn
新浪微博　@北京大学出版社　@北大出版社燕大元照法律图书
电　　话　邮购部 010-62752015　发行部 010-62750672
编辑部 010-62117788
印 刷 者　大厂回族自治县彩虹印刷有限公司
经 销 者　新华书店
880毫米×1230毫米　A5　13.25印张　421千字
2023年1月第1版　2024年5月第3次印刷
定　　价　69.00元

“法律人进阶译丛”编委会

献　给

我的老师与朋友,尼尔·麦考密克(1941—2009)

For Neil MacCormick (1941-2009), teacher and friend

做一个理想的法律人（代译丛序）

近代中国的法学启蒙受自日本，而源于欧陆。无论是法律术语的移植、法典编纂的体例，还是法学教科书的撰写，都烙上了西方法学的深刻印记。即使是中华人民共和国成立后曾兴盛过一段时期的苏俄法学，从概念到体系仍无法脱离西方法学的根基。自20世纪70年代末以来，借助于我国台湾地区法律书籍的影印及后续的引入，以及诸多西方法学著作的大规模译介，我国重启的法制进程进一步受到西方法学的深刻影响。当代中国的法律体系可谓奠基于西方法学的概念和体系之上。

自20世纪90年代开始的大规模的法律译介，无论是江平先生挂帅的"外国法律文库""美国法律文库"，抑或舒国滢先生等领衔的"西方法哲学文库"，以及北京大学出版社出版的"世界法学译丛"、上海人民出版社出版的"世界法学名著译丛"，诸多种种，均注重于西方法哲学思想尤其英美法学的引入，自有启蒙之功效。不过，或许囿于当时西欧小语种法律人才的稀缺，这些译丛相对忽略了以法律概念和体系建构见长的欧陆法学。弥补这一缺憾的重要转变，应当说始自米健教授主持的"当代德国法学名著"丛书和吴越教授主持的"德国法学教科书译丛"。以梅迪库斯教授的《德国民法总论》为开篇，德国法学擅长的体系建构之术和鞭辟入里的教义分析方法进入了中国法学的视野，辅以崇尚德国法学的我国台湾地区法学教科书和专著的引入，德国法学在中国当前的法学教育和法学研究中日益受到尊崇。然而，"当代德国法学名著"丛书虽然遴选了德国当代法学著述中的上乘之作，但囿于撷取名著的局限及外国专家的视角，丛书采用了学科分类的标准，而未区分注重体系层次的基础教科书与偏重思辨分析的学术专著，与戛然而止的"德国法学教科书译丛"一样，在基础教科书书目的选择上尚未能充分体现当代德国法学教育的整体面貌，是为缺憾。

职是之故，自2009年始，我在中国人民大学出版社策划了现今的“外国法学教科书精品译丛”，自2012年出版的德国畅销的布洛克斯和瓦尔克的《德国民法总论（第33版）》始，相继推出了韦斯特曼的《德国民法基本概念（第16版）（增订版）》、罗歇尔德斯的《德国债法总论（第7版）》、多伊奇和阿伦斯的《德国侵权法（第5版）》、慕斯拉克和豪的《德国民法概论（第14版）》，并将继续推出一系列德国主流的教科书，涵盖了德国民商法的大部分领域。该译丛最初计划完整选取德国、法国、意大利、日本诸国的民商法基础教科书，以反映当今世界大陆法系主要国家的民商法教学的全貌，可惜译者人才梯队不足，目前仅纳入“日本侵权行为法”和“日本民法的争点”两个选题。

系统译介民商法之外的体系教科书的愿望在结识季红明、查云飞、蒋毅、陈大创、葛平亮、夏昊晗等诸多留德小友后得以实现，而凝聚之力源自对“法律人共同体”的共同推崇，以及对案例教学的热爱。德国法学教育最值得我国法学教育借鉴之处，当首推其“完全法律人”的培养理念，以及建立在法教义学基础上的以案例研习为主要内容的教学模式。这种法学教育模式将所学用于实践，在民法、公法和刑法三大领域通过模拟的案例分析培养学生体系化的法律思维方式，并体现在德国第一次国家司法考试中，进而借助第二次国家司法考试之前的法律实训，使学生能够贯通理论和实践，形成稳定的“法律人共同体”。德国国际合作机构（GIZ）和中国国家法官学院合作的《法律适用方法》（涉及刑法、合同法、物权法、侵权法、劳动合同法、公司法、知识产权法等领域，由中国法制出版社出版）即是德国案例分析方法中国化的一种尝试。

基于共同创业的驱动，我们相继组建了中德法教义学QQ群，推出了“中德法教义学苑”微信公众号，并在《北航法律评论》2015年第1辑策划了“法教义学与法学教育”专题，发表了我们共同的行动纲领：《实践指向的法律人教育与案例分析——比较、反思、行动》（季红明、蒋毅、查云飞执笔）。2015年暑期，在谢立斌院长的积极推动下，中国政法大学中德法学院与德国国际合作机构法律咨询项目合作，邀请民法、公法和刑法三个领域的德国教授授课，成功地举办了第一届“德国法案例分析暑期班”并延续至今。2016年暑期，季红明和夏昊晗也积极策划并参与了由西南政法大学黄家镇副教授牵头、民商法学院举办的“请求权基础案例分析法课程暑期培训班”。2017年暑期，加盟中南财经政法大学法学院的“中德法教义学苑”团队，成功举办了

"案例分析暑期培训班",系统地在民法、公法和刑法三个领域以德国的鉴定式模式开展了案例分析教学。

中国法治的昌明端赖高素质法律人才的培养。如中国诸多深耕法学教育的启蒙者所认识的那样,理想的法学教育应当能够实现法科生法律知识的体系化,培养其运用法律技能解决实践问题的能力。基于对德国奠基于法教义学基础上的法学教育模式的赞同,本译丛期望通过德国基础法学教程尤其是案例研习方法的系统引入,循序渐进地从大学阶段培养法科学生的法律思维,训练其法律适用的技能,因此取名"法律人进阶译丛"。

本译丛从法律人培养的阶段划分入手,细分为五个子系列:

——法学启蒙。本子系列主要引介关于法律学习方法的工具书,旨在引导学生有效地进行法学入门学习,成为一名合格的法科生,并对未来的法律职场有一个初步的认识。

——法学基础。本子系列对应于德国法学教育的基础阶段,注重民法、刑法、公法三大部门法基础教程的引入,让学生在三大部门法领域中能够建立起系统的知识体系,同时也注重扩大学生在法理学、法律史和法学方法等基础学科上的知识储备。

——法学拓展。本子系列对应于德国法学教育的重点阶段,旨在让学生能够在三大部门法的基础上对法学的交叉领域和前沿领域,诸如诉讼法、公司法、劳动法、医疗法、网络法、工程法、金融法、欧盟法、比较法等有进一步的知识拓展。

——案例研习。本子系列与法学基础和法学拓展子系列相配套,通过引入德国的鉴定式案例分析方法,引导学生运用基础的法学知识,解决模拟案例,由此养成良好的法律思维模式,为步入法律职场奠定基础。

——经典阅读。本子系列着重遴选法学领域的经典著作和大型教科书(Grosse Lehrbücher),旨在培养学生深入思考法学基本问题及辨法析理之能力。

我们希望本译丛能够为中国未来法学教育的转型提供一种可行的思路,期冀更多法律人共同参与,培养具有严谨法律思维和较强法律适用能力的新一代法律人,建构法律人共同体。

虽然本译丛先期以德国法学教程和著述的择取为代表,但是并不以德国法独尊,而是注重以全球化的视角,实现对主要法治国家法律基础教科书和经典著作的系统引入,包括日本法、意大利法、法国法、荷兰法、英美法等,使之能够在同一舞台上进行自我展示和竞争。这也是引介本译丛的另一个初衷:通过不同法系的比较,取法各家,吸其所长。也希望借助本译丛的出版,展示近二十年来中国留学海外的法学人才梯队的更新,并借助新生力量,在既有译丛积累的丰富经验基础上,逐步实现对外国法专有术语译法的相对统一。

本译丛的开启和推动离不开诸多青年法律人的共同努力,在这个翻译难以纳入学术评价体系的时代,没有诸多富有热情的年轻译者的加入和投入,译丛自然无法顺利完成。在此,要特别感谢积极参与本译丛策划的诸位年轻学友和才俊,他们是:留德的季红明、查云飞、蒋毅、陈大创、黄河、葛平亮、杜如益、王剑一、申柳华、薛启明、曾见、姜龙、朱军、汤葆青、刘志阳、杜志浩、金健、胡强芝、孙文、唐志威,留日的王冷然、张挺、班天可、章程、徐文海、王融擎,留意的翟远见、李俊、肖俊、张晓勇,留法的李世刚、金伏海、刘骏,留荷的张静,等等。还要特别感谢德国奥格斯堡大学法学院的托马斯·M. J. 默勒斯(Thomas M. J. Möllers)教授慨然应允并资助其著作的出版。

本译丛的出版还要感谢北京大学出版社学科副总编辑蒋浩先生和策划编辑陆建华先生,没有他们的大力支持和努力,本译丛众多选题的通过和版权的取得将无法达成。同时,本译丛部分图书得到中南财经政法大学法学院徐涤宇院长大力资助。

回顾日本的法治发展路径,在系统引介西方法律的法典化进程之后,将是一个立足于本土化、将理论与实务相结合的新时代。在这个时代中,中国法律人不仅需要怀抱法治理想,还需要具备专业化的法律实践能力,能够直面本土问题,发挥专业素养,推动中国的法治实践。这也是中国未来的“法律人共同体”面临的历史重任。本译丛能预此大流,当幸甚焉。

李　昊

2018 年 12 月

追寻法理学的另一种可能(代译序)

法理学是法学十六门基础课之一,却是比较独特的一个。相较于民法、刑法、宪法以及行政法等科目,法理学的学科体系并不围绕特定实在法展开,学科理论也不以注释和解读法律规范为核心内容;相较于法律史,法理学虽然也关注对特定历史时期、人物以及思想的把握,却更强调对一般事物或概念的分析,总是讨论着“法律是什么”“法律与道德关系”等话题。如此学科特质使得法理学呈现出千变万化的样态,“有多少人讲授法理学,就有多少种法理学”可能并非夸张,而是对法理学这门学科发展现状的如实描述。

(一)

法理学这种较为灵活的学科特质,当然有其长处。最突出的就是它的存在让我们有关法律的研究不再局限于实在法,而是将经济学、社会学、政治哲学、伦理学等更广阔的视角纳入法学视野。但利之所在,往往弊亦随之。学理体系的开放,有时候反而不利于形成学科共识:在教学与研究中,老师难教、学生难学、学者间难对话的情况数见不鲜;不以实在法为依归的研究进路,往往不利于具体司法实践问题的解决,法理学理论难用甚至无用的观点可以说不绝于耳。法理学的这种困境并不是一时一地的特殊现象,而是这门学科在当下学术发展中面临的一种一般性挑战。中美学者不约而同地都讨论过法理学是否走向终结甚至已经“死亡”的问题。[1] 他们不仅质疑这门学科对现实的意义,也在反思这门学科的理论渊源、基本立场以及方法的价值。

概括来说,有两方面原因使得法理学在今天走入困境。首先是法理学的

---

〔1〕 Scott Hershovitz, ‘The End of Jurisprudence’, 124(4) *Yale Law Journal* 1161(2015). 参见徐爱国:《论中国法理学的“死亡”》,载《中国法律评论》2016 年第 2 期。

理论资源与研究方法受到越来越多的质疑与挑战。根据通常的理解，我国“法理学”这一概念源自日本学者穗积陈重对“jurisprudence”一词的翻译。[1] 沈宗灵先生在《现代西方法理学》第一章讨论法理学研究的对象和范围时指出，这一英文词包含四重含义。它们分别是：(1)来自拉丁语 jurisprudentia，指的是“法律的知识”，相当于广义的法学或法律科学；(2)法律基本理论，即“法理学”或“法律哲学”；(3)在法国，可指判例；(4)在美国可用作“法律”的一种较庄重的名称。沈先生进一步指出，我们在法理学这门学科下讨论的，是该词的第二重含义，大体上是法律哲学的意思。[2]

这一理解与我们现在往往追溯至边沁、奥斯丁与哈特的传统非常相近。在该传统中，法理学或法哲学围绕法律的概念、法律的权威或规范性、司法裁判三个问题展开，但尤以前两者为核心。[3] 在讨论法律的概念或权威时，深受日常语言哲学影响的现代法理学关键人物赫伯特·哈特(H. L. A. Hart)将此问题转化为有关“法律性质”的分析。他认为讨论法律的概念或权威，就是讨论法律与道德、法律与强制等社会现象之间的关系，而要澄清这些关系，就离不开对于法律或者法律概念的本质必然属性的讨论。[4] 通过这种本质必然属性，就能够构建出在一切时空下都成立的法理论，进而解释一切有关法律的社会现象。哈特通过批判奥斯丁与边沁的学说所开启的这一分析法学传统，一直到今天都主导着法理学的主流研究范式。哈特以降，无论是其拥趸，比如拉兹、马默、夏皮罗，还是其批判者，比如菲尼斯、德沃金基本都在这一框架下展开研究。

但是，随着心理学、社会学、经济学、认知科学甚至哲学理论自身的发展，这种强调概念分析、提出本质必然主张的观点，渐渐就开始受到质疑。比如，当代法律现实主义者布莱恩·莱特(Brian Leiter)基于奎因对经验主义两个教条的批判认为，分析概念的用法只能更系统地了解我们的日常直觉，无

---

[1] 但有学者考证，在穗积陈重从德国回到日本之前的 1881 年 4 月出版的《哲学字汇》中就已经出现“法理学”这一名称。参见田夫：《法理学与法学通论的关系——以近代中国对日本学说的引进为中心》，载《清华法学》2020 年第 5 期。

[2] 参见沈宗灵：《现代西方法理学》，北京大学出版社 1992 年版，第 1 页。

[3] Mark Murphy, *Philosophy of Law*, Blackwell Publishing, 2007, p. 4.

[4] H. L. A. Hart, *The Concept of Law* (2nd edition), Oxford University Press, 1994, p. v.

法提出有关法律本质必然属性的主张[1]；弗雷德里克·肖尔(Frederick Schauer)根据大量认知科学研究成果指出,法理学不应试图区分法律与强制力,因为强制力是人们理解并遵从法律时非常普遍和常见的因素,忽略这一因素而认为其他某种事物是法律的本质必然属性,未免有舍本逐末之嫌。[2] 从这个角度来说,法理学的传统理论资源和方法开始遭到越来越多的挑战甚至批判,但全新的主导范式尚未确立。这使得法理学在当下正经历着一段"迷茫期"。

另外,法理学的学科定位与其实际知识供给之间的差异越来越大。同样在《现代西方法理学》,沈宗灵先生在解释法理学或法律哲学的研究内容时,引述了《不列颠百科全书》中的解释:"法理学是关于法律的性质、目的、为实现那些目的所必要的(组织上的和概念上的)手段、法律实效的限度,法律对正义和道德的关系,以及法律在历史上改变和成长的方式。"[3] 简单来说,法理学研究的是法律现象本身及法律与其他社会现象之间的"横向"关系。但在此之前,法学界的主流观点并不是这样理解法理学定位的。

据学者考证,在1981年到1994年,法理学在我国往往被称为"法学基础理论",这是因为1980年12月15日至18日,国务院学位委员会第一次(扩大)会议在北京举行,会议审议通过了《中华人民共和国学位条例暂行实施办法》。该办法规定:高等学校本科学生取得学士学位的条件之一,是确已较好掌握本门学科的基础理论、专门知识和基本技能。在硕士和博士学位的相关规定中,也明确了"基础理论"的要求。在此影响下,当时的法理学学科被称为法学基础理论。[4] 在20世纪80年代之前,特别是20世纪50年代时,法理学在我国被称为"国家和法权理论"。这一名称源自对苏联法学研究成果的借鉴。此时,法理学的研究对象是一种"纵向"关系,也即按照经典马克思主义学说中有关五种社会形态的论述来阐释法律,内容大体上包括原始社会中法律的起源、奴隶制社会法律、封建社会法律、资本主义社会法律和

---

[1] Brian Leiter, *Naturalizing Jurisprudence*, Oxford University Press, 2007, pp. 121-137.

[2] Frederick Schauer, *The Force of Law*, Harvard University Press, 2015, pp. 38-39. 注意肖尔对维特根斯坦意义上"概念丛"的分析。

[3] 沈宗灵:《现代西方法理学》,北京大学出版社1992年版,第1页。

[4] 参见田夫:《从法学基础理论到法理学》,载《中外法学》2021年第1期。

社会主义社会法律。[1]

当时的学者认为,讨论法律纵向关系的"国家和法权理论"这门学科,研究的是一般性的理论概念。这种"一般性"突出地体现为它所具有的"指导功能"。根据今天的研究成果,该指导功能具有双重含义:第一种含义是意识形态的,也即这门学科中的一般理论概念运用到具体各个法律学科中,保证了这些学科的理论具有社会主义属性;第二种含义是技术性的,指的是这门学科中的一般理论概念在具体各个法律学科中得到适用。[2] 由此可以看出,"国家和法权理论"在当时被定位为所有法学学科的基础或总纲。更形象地说,如果我们想要界定当时这门学科的研究内容,不妨参考数学中"提取公因式"的思路:各个部门法学科中提取出来的具有共性和普遍性的概念、原理、方法就构成了当时人们对法理学内容的理解。

这一理解时至今日仍有不可小觑的影响力。在今天特别是我国语境下,学者批评或指责法理学"没用"抑或走入"危机",很重要的一个理由就是这门学科产出的知识不再能够为各个部门法学科提供有效的指引。比如,当下法理学研究中讨论的法律行为、法律关系等概念不仅无法与民法中的相应概念与学说对接,反而有引发混乱、导致矛盾之虞。在 2018 年第 3 期《中国法律评论》有关"法理学应对危机的方式"这一专题中,尽管有学者倡导不再将指导部门法学科作为法理学的功能[3],但也有不少学者在探讨法理学与部门法之间实现沟通的可能途径。[4] 法理学的基础地位及其指导功能,在今天依旧是人们对这门学科的期待。但这也是必然会落空的期待。我国法学的发展在精致化的道路上成绩斐然,部门法各自理论发展也日臻成熟,大量法律、法规及规章的涌现,更使得部门法成为应对具体实务问题的首选。此时要求一门学科可以涵盖所有,不啻于在现代社会要求一个人背下整本辞

---

[1] 参见田夫:《从法学基础理论到法理学》,载《中外法学》2021 年第 1 期。

[2] 同上。又可参见田夫:《法理学"指导"型知识生产机制及其困难——从法理学教材出发》,载《北方法学》2014 年第 6 期。

[3] 参见翟小波:《无用之大用:法哲学的性质与用途》,载《中国法律评论》2018 年第 3 期;马驰:《作为概念理论的法理学及其实践意义》,载《中国法律评论》2018 年第 3 期。

[4] 参见陈景辉:《部门法学的教义化及其限度——法理学在何种意义上有助于部门法学》,载《中国法律评论》2018 年第 3 期;雷磊:《法理论及其对部门法学的意义》,载《中国法律评论》2018 年第 3 期;郑玉双:《法理学贡献于刑法学的方式:以刑法观为例》,载《中国法律评论》2018 年第 3 期。

海，不仅不现实，其实也没必要。

（二）

法理学到底是一门怎样的学科？它该采用何种理论资源与方法？它对于法学以及我们的生活有何价值？

面对这些问题，学者们展开了不少有益的探索。比如早在1997年布莱恩·塔玛纳哈（Brian Tamanaha）就在《现实主义社会法律理论》（*Realistic Socio-Legal Theory*）一书中运用美国实用主义哲学对哈特以来的分析法学立场展开了系统性批判。[1] 在2001年的《法律与社会的一般法理学》（*A General Jurisprudence of Law and Society*）中进一步尝试通过结合法理学理论资源和社会学元素提出一种可以解释一切法律现象的理论框架。[2] 在获得国际法哲学与社会哲学协会（IVR）首届法哲学图书奖的作品《法律的概念：一种现实主义视角》（*A Realistic Theory of Law*）中，他更是直言应当拓宽法理学的研究视野，强调这门学科及其方法对现实生活的解释力。[3] 在其晚近推出的新作《法律多元主义阐释》（*Legal Pluralism Explained*）中，他甚至提议法理学研究应当摆脱对法概念的关注，不再将哈特所说的这个“恼人不休”的问题视为法理学的核心议题。[4] 前文提过的布莱恩·莱特则主张法理学乃至法学都应当经历一次“自然化”，也即全盘接受自然科学在有关法律解释、司法裁判等议题上的研究成果，抛弃陈旧的形而上学思辨和基于直觉的断言。[5] 罗杰·科特瑞尔（Roger Cotterrell）结合自己的社会学背景提出法理学应当是一种“百衲衣”（bricolage），法理学家不应提出所谓的本质必然主张，而是借助自己手头儿的理论资源和感兴趣的话题，试图提出能够增进我们理解现实中法律的各式各样的理论。法理学不应该是哲学家的事

---

〔1〕 Brian Tamanaha, *Realistic Socio-Legal Theory: Pragmatism and a Social Theory of Law*, Oxford University Press, 1997.

〔2〕 Brian Tamanaha, *A General Jurisprudence of Law and Society*, Oxford University Press, 2001, esp. Chap. 7 & 8.

〔3〕 Brian Tamanaha, *A Realistic Theory of Law*, Cambridge University Press, 2017, esp. Chap. 3 & 4.

〔4〕 Brian Tamanaha, *Legal Pluralism Explained: History, Theory, Consequences*, Oxford University Press, 2021, esp. Chap. 5.

〔5〕 Brian Leiter, *Naturalizing Jurisprudence*, Oxford University Press, 2007, pp. 15-58.

业，而应是面向司法实践、解决法律问题的学科。简言之，他主张法理学应当得到“社会学化”。[1]

此外，仍然遵循哈特所开创传统的法哲学家也展开了反思。法律与道德哲学家利亚姆·墨菲（Liam Murphy）在《是什么构成了法律》（*What Makes Law*）一书中恰恰运用法理学传统理论资源，澄清或证明了有关法律与道德、法律规范性的讨论已经误入歧途，陷入了无谓争论。[2] 法哲学家斯科特·夏皮罗（Scott Shapiro）提出法理学和法学的关系应当参考元伦理学与伦理学的关系加以确定。言下之意，法理学是针对法学本身展开的讨论与反思。[3] 斯科特·赫什维茨（Scott Hershovitz）在《法理学的终结》一文中更是直言传统法理学研究方法的弊端。[4] 马克·格林伯格（Mark Greenberg）[5]与尼克斯·斯塔夫劳波洛斯（Nicos Stavropoulos）[6]则希望运用当下的意义理论和语言学重构法理学的理论框架。

对于这些挑战或质疑的声音，传统法理学阵营当然不是没有回应。比如，安德瑞·马默（Andrei Marmor）在一篇题为《一般法理学还剩下什么?》的文章中辩护了哈特所开创的传统。[7] 同时这些有关革新法理学的讨论大多都出现在学术期刊，并没有走入体现学科共识的教科书。突破现状的尝试往往不会受到积极评价。比如，雷蒙德·瓦克斯（Raymond Wacks）在他的教科书《读懂法理学》（*Understanding Jurisprudence*）的结语中写道，有朋友建议他

---

〔1〕 Roger Cotterrell, *Sociological Jurisprudence: Juristic Thought and Social Inquiry*, Routledge, 2017.

〔2〕 Liam Murphy, *What Makes Law: An Introduction to the Philosophy of Law*, Cambridge University Press, 2014.

〔3〕 David Plunkett, Scott Shapiro, ‘Law Morality, and Everything Else: General Jurisprudence as a Branch of Metanormative Inquiry’, 128(1) *Ethics* 37(2017).

〔4〕 Scott Hershovitz, ‘The End of Jurisprudence’, 124(4) *Yale Law Journal* 1161(2015).

〔5〕 Mark Greenberg, ‘The Moral Impact Theory of Law’, 123(5) *Yale Law Journal* 1288 (2014).

〔6〕 Nicos Stavropoulos, ‘Legal Interpretivism’, *The Stanford Encyclopedia of Philosophy* (Spring 2021 Edition), Edward N. Zalta (ed.), URL = <https://plato.stanford.edu/archives/spr2021/entries/law-interpretivist/>.

〔7〕 Andrei Marmor, ‘What's Left of General Jurisprudence? On Law's Ontology and Content’, 10 (2) *Jurisprudence* 151(2019).

删去书中与法哲学无关的内容，以免使学生偏离正轨。[1] 布莱恩·比克斯（Brian Bix）的经典教科书《法理学：理论与语境》（*Jurisprudence: Theory and Context*）虽然内容广泛、主题多样，但对法哲学之外的学科与方法并没有太多关注。[2] 此外，还可以补充一件个人韵事。2019 年，塔玛纳哈新作刚刚获得 IVR 首届法哲学图书奖后，我在与他的邮件往来中提到这或许体现出学界对法理学现状的某种反思，他表示赞同并回复说"让我们看会发生什么！"时间过得很快，但法理学要想"发生什么"显然就慢了许多。

（三）

世事总是如此，却也并非一成不变。出现在读者面前的这部作品，就是从教科书层面革新法理学的一次尝试，自 2007 年初版至今已历经三版。坦率地说，在当下，国内学者的作品以及对英、美、德、日等国学者作品的译介其实已经使法理学教材市场日趋饱和。我们为什么还需要引进一本法理学教材？这要从法理学的学科特质，学习、讲授特点，课程存在的问题以及本书的特征谈起。

从学科特质来说，法理学并不以某一部具体实在法为依托，在不同学者的著述与讲授中呈现出千变万化的样态。法理学教材相应地也不同于部门法学科的教材，种种教材之间不但在具体观点上有别，而且在理论框架、主题编选、观点引介方面都有很大不同。从这个意义上说，每一部教材都是我们走近法理学的一种视角。每一种视角在提供洞见的同时，就难免会有偏见与盲点。如果想要相对全面且客观地理解法理学全貌，进而在自己心中形成法理学知识地图，更好的阅读方法反而不是像钻研部门法教材那样寄希望于"一本通，本本通"，而是可以做到杂取百家所长，尽可能多地了解不同学术背景与理论立场的学者如何定位这门学科、如何体系化这门学科，在对不同学者看法与体系的比较中，逐渐摸索出自己的知识框架与方法。

这样做有两方面好处：一方面，初学者通过熟悉更多学者的知识体系、观

---

〔1〕 Raymond Wacks, *Understanding Jurisprudence: An Introduction to Legal Theory*, 3rd edition, Oxford University Press, 2012, p. 317.

〔2〕 See generally Brian Bix, *Jurisprudence: Theory and Context*, 7th edition, Carolina Academic Press, 2015.

点立场，可以为日后学习打下更广更宽的基础；另一方面，已经入门的学生和研究者可以关注不同教材对相同人物及学说的不同分类、归纳与编排，把握不同知识体系背后研究视角的差异，在与自己既有观点的对照中深化对这门学科主题的理解。否则，法理学的学习极易成为对不同人物学说或理论立场的机械记忆与背诵，不仅阅读研究会不得要领，自己提笔时更难免将论文写成"甲说、乙说、丙说……笔者折中说"这样杂糅不同观点立场且缺乏思辨的模样。

从学习、讲授特征来说，法理学是一门学生学习难度、教师讲授难度都不低的学科。从教师的角度出发，由于法理学具有"千人千面"的特征，而且它的内容涵盖范围极广，每位老师的研究所长必然只是整个法理学知识谱系中的一小部分。但无论本科生课程还是研究生课程，对教师最基本的要求是授课内容能够体现出该学科的基本框架与基本立场。这就导致每位法理学教师在课堂所讲，实际上未必真的是其研究所长。这往往使得课堂效果大打折扣：讲座课中如果教师无法做到挥洒自如，甚至难免捉襟见肘，学生自然听得昏昏欲睡，不解其意；研讨课中学生面对复杂的文献本来就感到云里雾里，课堂报告也是勉强完成，如果教师此时只能蜻蜓点水般地泛泛而谈，学生在课堂中就感受不到知识的提升，对这门课程的评价自然也不会高。

从学生角度来说，法理学也不是一门易学的科目。如前所述，法理学内容涵盖极为广泛，每位老师的风格又有所不同，这常常使得学生感到无所适从：师兄、师姐往年的课堂笔记对今年不一定有参考价值，记忆法条、背诵观点、展开案例分析的部门法学习经验也不完全适合于法理学。同时，这门课程往往阅读量很大，阅读文献不仅比较抽象还经常是几十年前甚至上百年前的作品，其中许多概念及词汇脱离日常生活经验，且大多来自哲学、社会学、经济学等其他学科。最后，在课程讲授中，教师为了让学生领略思想家原汁原味的学说，往往会布置学生阅读经典作品的译作甚至原文。抛开语言能力的挑战，阅读经典作品所需的知识背景以及每位经典思想家独具特色的写作风格，就已经让学生苦不堪言。

鉴于法理学在学习、讲授方面有上述特征，一本较好的教材特别是译著教材对于教师和学生而言其实颇有帮助。一方面，教师可以依据自己研究所长，有所选择地使用这本教材：对自己熟悉的内容可以更为深入地展开，对于自己相对陌生的领域则以教材的基本观点、基本框架为依凭。另一方面，学生可以将教材作为一本指南,查找课堂上以及阅读文献时不太理解的概念与观点,同时可以比较教材与授课教师观点的差异,形成对学科更为完善的了解。

从法理学课程现存的问题来说,写作和译介更多的法理学教材也是必要的。整体来看,当下的法理学课程可能面临如下三个方面的困境。

其一,课程讲授模式难以激发学生兴趣。大多数法理学课程设计基本上要么按照时间顺序依次讲授历史中出现的法学流派与思潮,要么按照法的概念、法律的本质、法律行为、法律关系、法律与道德等内容展开。这一结构编排自然有其长处,比如能够让学生纲举目张、条分缕析地把握学科核心问题、基本立场。但某种程度上也会给学习者和研究者带来误导,我们难免会认为法理学的发展历程就是一位位伟大人物之间的对话、一次次精彩思想论战的展开。这其实与每位思想家所处历史情境及其学说所面临的时代问题相去甚远。我们如果想要提出自己的理论而非仅仅人云亦云、小修小补,就要看到他们提出理论的社会背景,以及理论所针对的现实问题。由此我们才能知道他们的学说是否有效,以及如何加以改进、修正乃至超越。但如果是这样的话,又会对法理学授课提出过高要求:教师在有限的课时内难以面面俱到,难免挂一漏万。

其二,课程目标多元难以兼顾。我国在本科阶段就开设了法学课程,相较于偏实务和技术化、专业化的部门法,重思辨且内容多元的法理学往往也在本科课程中承担着一定通识教育的任务。法学本科的学生在毕业后未必都会在法学专业继续深造,也未必都会从事法律实务工作,因此法学课程特别是法理学在讲授中就不仅需要传达学科基本知识,还要训练学生的思维方法、培养学生的人文素养。这也是大学中法学教育不同于司法实践中学徒制律师培训的关键所在:从历史与现实来看,法学教育不只培养法官、检察官以及律师,也培养出色的哲学家、政治家、文学家、历史学家以及记者和诗人。如何平衡不同学生群体的需求,如何在有限课时中做到彼此兼顾,就是教师面临的另一个重要挑战。

其三,追求课堂效果影响知识讲授。法理学在我国是法学专业本科阶段必修课,选课人数和学生评价并不会影响这门课程的开设与讲授,但在现有考核体系中对教师本人往往影响重大。法理学课程注重思辨和相对抽象的风格,使得这门课程对学生的吸引力多半不是课堂内容而是教师的讲授方式。但问题恰恰在于理论课程的内容本身可能并不适合以通俗的生活语言或网络爆梗来表述,因为这样会忽略思想家在写作时精挑细选的用词和顾虑。一份刑法或民法作业题,虽然复杂却也可以让普通读者都感慨人生海海、命运无常,但将黑格尔法哲学、德沃金解释理论、拉兹权威学说表述得再平实易懂,也还会有法学专业学生感到抽象晦涩。如何平衡课程内容的准确度以及它对学生的吸引度,同样是教师所面临的一大挑战。

面对法理学课程的上述困境,一本教材虽然无法做到"药到病除",但作为学生课前与课后的阅读文献或参考书目,在一定程度上可以弥补课堂中教师在平衡种种关系时所留有的遗憾。教科书当然不是真理的化身,但它的确有助于教师和学生一道探索真理,帮助教师与学生避开探索途中的沼泽和死胡同。

相比于其他类型的法理学教材,本书的写作有以下两方面的独到之处。

其一,本书的写作堪称平凡之中见功力。法理学的著作和文章往往不易得到领域外学者的认可,因为乍看之下,多少年来法理学的著述都在讨论类似的问题、引用类似的学说、解读类似的人物,似乎了无新意。但对于法理学学者而言,在现代学术语境下的创新并不是提出了全新的问题、阐发了全新的学说——这往往可遇而不可求;真正的创新要么体现在通过自出机杼的解读,对经典问题、学说、人物加以重构,要么是将看似盖棺论定的思想史地图打乱,又或是对不同立场加以重组形成新的观点。换句话说,法理学研究的创新点往往不是观点本身,而是组织和解读不同观点学说的体系结构或视角。本书正是在此方面别具一格。有关这一结构及安排的详细阐发,读者不妨参考本书导论中三位作者自己的表述。

在这里我想补充的一点是,除了宏观结构之外,本书在具体观点立场方面也颇有新意。比如,在讨论韦伯的社会学方法时,作者突出强调了韦伯与方法论个人主义立场之间的差异,而后者正是 20 世纪 30 年代帕森斯出版《社会行动的结构》一书以来主导英美学界对韦伯解读的主流立场。又比如,本书在讨论法律实证主义的起源时,没有遵循哈特所开启的传统将边沁、奥斯丁视为法律实证主义的鼻祖,而是直接追溯到霍布斯及其名著《利维坦》中有关自然权利如何过渡到实证法的分析。还有本书在讨论法律的发展过程时,将之归纳为法律和伦理领域的两次分离,即第一次与宗教的分离,以及第二次与道德的分离。这些立场与观点当然都可以继续商榷和分析,但它们无疑表明本书并非仅仅是一本重复已有观点的教材,而是对法理学中核心人物、核心学说以及基本立场的重构和再认识。

其二,本书的写作充满了现实感。理论著作很难直接回应现实问题,但并不意味着理论家都在抽离了生身处境的真空状态中著述。日常生活中的耳闻目睹,都可以成为表述和验证理论的素材。在本书中,三位作者援引了大量部门法的案例以及基于日常生活现实的思想实验。它们不仅贯穿于全书正文,也遍及作者设计的课后练习题。我们可以从中读到一起真实案件中事实与诉讼相关性的认定,可以读到英国上议院大法官原汁原味的法律意见,还可以读到在决定连体双胞胎分离手术时,父母以及法官内心中的挣扎煎熬。此外,作者们毫不讳言现代性的阴暗面以及法律和法治的缺陷。我们可以从中洞悉西方列强的殖民活动有多么残忍,为之背书的法学家有多么荒谬,宏大的正义问题如何影响了生活中的你我,以及看似中立客观的法律言辞如何为强权张目,纯粹理论性的著述又如何在现实中产生了无法估量的积极抑或消极影响……这些充满洞察力的论述背后,是本书作者对于亚当·斯密在英国开创的现实取向的法理学传统的接续,以及将法学与哲学、经济学、社会学等学科的融会贯通。在这个意义上,本书是对法理学在当代所遭遇挑战的一种回应,也是突破法理学课程讲授困境的一次尝试。当然,本书在内容上的突破是相对而言的。总体来说,本书框架依旧是在英美分析法学、社会法律研究以及当代讨论的议题范畴内,是一本关注现代法理学发展的著作。

本书当然还有许多有趣之处。比如,学习难度循序渐进的篇章安排,以法理学基本主题和概念为核心的论述结构,注重对同一主题或概念多角度多学科论述等。相信读者在阅读过程中会对作者巧妙的编排和写作不时报以会心一笑,他们"大胆"的论述也会激发读者强烈的论辩兴趣。但作为译者,我应当克制自己分享的冲动,将阅读过程中的意外惊喜留给读者自己。

译事艰辛。本书从接洽出版到翻译完毕以及校对付梓,历经近三年的时间。自 2019 年起,我与朋友便多方联系,希望能够引进本书;但理论著作的受众确实有限,英文作品也往往没有翻译资助。在译丛主编李昊老师和丛书策划编辑北京大学出版社陆建华老师的努力下,本书方得顺利引进。希望译本最后呈现出来的效果,不负两位老师的提携与期待。

同时也要感谢本书的作者们,特别是斯科特·维奇(Scott Veitch)教授。

无论是在我有意引进本书,冒昧给教授发邮件时,还是在引进版权需要教授帮忙接洽国外出版社时,抑或在翻译过程中遇到需要确认的文本问题时,维奇教授都一如既往地耐心、细致和热情。2018 年年底,我赴香港参加由香港大学承办的第十一届东亚法哲学大会,在讨论时偶然遇到维奇教授曾经指导过的已经在香港任教的内地学生。他们对教授的评价给我留下了深刻印象,这也成为我阅读并最终决定翻译本书的一个契机。

当然,限于我个人的能力、经验以及学识,本书一定还有诸多舛误。还请读者诸君不吝赐教。来信请寄 yingnanzhao2010@ sina. com.

赵英男

2021 年谷雨初稿

2021 年小满二稿

中译本序

在历史和社会语境中考察法律与法律制度，能够丰富我们对它们的研究。这相应地得到超出法学范畴的其他学科的洞见的辅助。本书便是据此精神而作。它试图让学生了解法律，拓展学生的知识与兴趣，并使他们能够从不同理论视角提出自己有关法律的思考。不过正如阅读他人作品所感受到的那样，本书也有激发灵感的理想：激发读者去探索他们自己的研究方向、他们自己的洞见以及他们自己研究法律的热情。

因此，我们作为作者，非常高兴能够借此译本邀请中国的学生与学者一道展开上述探索之旅。

最后，衷心感谢译者赵英男和北京大学出版社引进、出版本书。

斯科特・维奇、埃米利奥斯・克里斯多利迪斯、马尔科・哥尔多尼

于苏格兰的格拉斯哥

2021 年 8 月

致谢与分工

我们在撰写本书第 3 版时重新安排了结构、更新了正文与参考文献，并增补了一些新的章节。不过，我们的指导思想与前两版是一致的。它们会在导论中得到更详尽阐述。我们希望，有人请求我们推出新版，意味着一些学生与老师喜爱使用本书，赞同它处理这一学科的方法。

我们从朋友、同事与学生的慷慨帮助中获益良多，乐意向他们诸位表达我们的感激。一些同事的实质贡献参见如下本书分工说明。

承蒙马尔科 · 哥尔多尼(Marco Goldoni)的加入，我们有幸与之成为本书第 3 版的合著者。他几年前入职格拉斯哥大学法学院(Glasgow School of Law)，为本书第 3 版融入诸多洞见和精彩内容，其独特的“欧陆”进路极大地丰富了本书，特别是在内容广度方面。

最应感谢的是我们的同事兼好友林赛 · 法默(Lindsay Farmer)，他不再是本书第 3 版的署名合著者。但他在本书的观念、设计与写作中曾发挥着非常重要的作用，我们感念他先前的贡献，感谢他持续参与我们的讨论。

有时，世事变迁使我们不得不自己动手更新本书内容。2009 年 4 月尼尔 · 麦考密克去世。他撰写了本书第 1 版中有关主权和法治的章节，为本书作出了突出贡献。必要时，我们一直在更新和完善这些章节。不过在更一般意义上，尼尔的一生与著述都在表明法理学如何能够被视为广义上政治统治事业的一部分，并且他总是时刻留意广泛介入政治与社会议题的需要。正是对此持久不歇精神的肯认，我们依旧将本书第 3 版题献给他。

本书第三部分“高阶话题”的第五章(取代司法：福柯论权力和规训)由格拉斯哥大学的林赛 · 法默撰写；有关“法律多元主义”以及“法律和全球化”的章节依照格拉斯哥大学加文 · 安德森(Gavin Anderson)所撰的原稿加

以更新;卢森堡大学的约翰·凡·德尔·沃尔特(Johan van der Walt)撰写了第三部分第八章(法律和解构);格拉斯哥大学的乔治·帕夫拉克斯(George Pavlakos)撰写了第三部分第二章(全球正义)一章。

SV/EC/MG
2017年11月
于格拉斯哥和香港

本书缩写

ADR	替代性纠纷解决机制
CJ	首席大法官
CLS	批判法学运动
EC	欧洲共同体
ECHR	《欧洲人权公约》
ECJ	欧洲法院
EEC	欧洲经济共同体
EU	欧盟
GDP	国内生产总值
ICC	国际刑事法院
ILO	国际劳工组织
IMF	国际货币基金组织
MEP	欧洲议会议员
MP	议员
NGO	非政府组织
PFIs	私人融资计划
PPP	公私伙伴关系
PVS	持续性植物人状态
TRC	真相与和解委员会(南非)
UDHR	《世界人权宣言》
UK	英国
UN	联合国
UNIDROIT	国际统一私法协会
US	美国
WTO	世界贸易组织

目　录

第二部分 法律体系与法律推理

第三部分　高阶话题

* 原书第三部分未承接前两部分编排章序。——译者注

导 论

时任格拉斯哥大学道德哲学教授的亚当·斯密(Adam Smith),自 1762 年始通过一系列讲座勾勒了法理学的范围。他将法理学宽泛地界定为"有关应被用来指引公民政府的规则的理论"抑或"法律和政府一般原则的理论"(Smith 1978/1762, pp. 5 and 398)*。他认为这种理论包含四个目标:维护正义、提供警力、增加税收和修整军备。让现代读者立刻感到震惊的,就是这一定义的广度。他将诸如税收、警力、安全等显然涉及国家和公民关系的主题也涵盖在法理学中,但它们往往被视为政府统治中纯粹技术性的领域。这体现出对斯密而言重要的是,法律和政府的一般理论要求我们不仅关注法律的定义或适用问题,还要关心这些问题如何同政治学以及政治统治实践关联在一起。他处理这些问题的方法很引人瞩目,因为他用(按现在的话说)历史学和社会学的方法来分析它们:这意味着他既关切理解法律和政府形态的历史发展,也关切这一发展与政府统治下的社会中不同社会经济发展阶段的联系。

1

当下的法理学研究很少追求如此宽广的主题与方法。实际上,英美法理学很长时间以来相比于政府统治,对法律本身更感兴趣;相比于制度分析,更关注抽象规则;只是零零星星地关注法律以及法律和政治制度发展的历史与社会学语境。尽管在这里我们无暇处理法理学的范围为何急剧缩减这个问题,但我们会指出当下的法理学进路太狭窄、太技术化了。它所导致的风险,不仅是让学生丧失兴趣,更重要的是还会损害这门学科的现实关切性。因而本书的目的就是在某种程度上复原法理学在主题与方法上的广度,这些

---

* 本书保留了原著之注的形式。——译者注

主题与方法曾推动着我们这位格拉斯哥大学杰出前辈的研究。

根据这一计划,我们的起点就是认为法理学是在历史、哲学以及政治语境中对法律和法律制度的研究。在此意义上,法学研究无法抛开政治统治的性质与理论这些问题;事实上,这两者必然要在彼此关联中加以考察。本书为我们如何最佳地理解法律角色提供了一系列彼此竞合的解释,尤其是关注法律与政治、法律与经济、法律与道德价值的关系,民主社会中法官的角色,以及法治的美德和阻碍其实现的因素。针对一系列极具重要性的社会关切,本书为学生们提供了理解它们的历史与哲学发展的导论及概览,以便他们能够更广博地分析、反思法律与法律实践的作用。

2

这些都是复杂的议题,有待复杂的解答。为了更好地应对这种复杂性,我们依据如下两个宽泛的主题线索来组织内容:法律与现代性,法律体系和法律推理。第一个主题试图将现代法律的发展置入现代性的观念、制度与社会语境;第二个主题考察法律的体系性及其在具体案件中的适用,特别是将它们同其他学科或理性观念加以对照。我们马上会更加详细地阐明这两个主题,不过在此之前,我们想要稍微谈谈我们研究法理学时采用的“主题式”方法。

在我们的经验中,习以为常的是以如下两种方式之一教授法理学。它要么被呈现为一系列似乎没什么共同之处的立场或方法之间的想象中的论战(自然法对决实证主义,概念论对战实在论等),要么被讲述为从一个伟大思想家到另一个伟大思想家之间的宏伟演进(从边沁到奥斯丁、哈特再到德沃金等)。第一种方式的问题在于它呈现论争的方式太过抽象,脱离了一切可能使得论争具有意义的语境。在抽象层面,我们很难充分把握自然法与实证主义的相对优点,对于初遇法理学的学生而言,尤为如此。因此,学习法理学就会成为对不同立场的“优点”与“缺点”的死记硬背。相反,我们认为当我们在如下语境中把握这些不同类型论争时,它们就会变得更有意义:考察它们如何理解不同的权威理论,如何理解法律权力与政治权力的关系,或者如何理解司法解释的日常实际状况与法律规则的适用。与之类似,将法理学呈现为推动其学说产生的思想家理论,会使得研习法理学像是走入了一个密闭世界,仅仅关注其自身的历史以及法学家之间的交流。在这一背景下,我们主张重要的是理解特定理论发展或理论家所解决的国家与法律问题的历史语境。易言之,法理学既不应当被理解或讲授为一门纯粹抽象的学科,也不应被理解或讲授为一门哲学学科。最为重要的法学家和主要的法理学理论都与他们以及我们所处时代中紧迫的法律与政治议题密切相关。

我们试图在本书中克服上述不足的方法,就是通过我们整理的主题来处理理论论争与议题。这些主题展示出思考法律与法律制度问题所应当顾及的宽广语境,旨在表明特定概念与论争为何绝不是抽象的或与“现实世界”相隔万里的,而往往是为了解决政治或法律关切的核心议题。我们这么做的目的,就是通过将法理学的主题同学生在法学本科课程中已经习得的那些主题关联起来,尽力使得法理学易于理解,同时这么做也使得学生能够明白,法理学这些主题并不只是有关技术性的、实在法的,它们也与当下社会与政治议题相关。

这便带来我们应当提及的三重影响。我们已经尽可能地避免那种展现某个特定哲学家理论“全貌”的进路,以及(在一定范围内)那种实际上抽象讨论各个思想家的方法。取而代之的是我们的主题式进路,它指的是我们主要关注不同的议题,以及特定思想家对这些议题的看法,而非分析一种思想的全貌。这意味着特定理论家的作品会在本书不同地方出现,在这些地方我们强调他们整体著作的不同方面,以便阐明正在讨论的议题。我们希望未能呈现理论“全貌”这一缺憾,能够借由如下事实得到弥补,即我们能够针对特定议题提供一系列不同的理论立场。这种方法同样影响到我们处理特定概念的方式,因为主题式进路意味着某些议题会在本书不同章节出现不止一次,会由于整体主题所确立的语境不同而得到不同的处理。这表明对于任何一个议题而言,并不必然存在着唯一正确的分析方法,方法或理解角度可能取决于提出该议题的语境或视角。第三个影响与涵盖的主题范围有关。本书没有收录某些通常在法理学课程中可能讨论的议题——比如刑罚学说——同时又包含了一些或许不算常规课程内容的议题。这并不是因为我们认为这些议题不重要——远非如此。不过在试图以相对简短的导论呈现我们偏好的内容时,我们集中于被认为与核心主题有关的内容——这也与我们自己在此领域的研究和写作有关。相较于传达能够激发学生求知欲且有可能引领他们更全面研究这门学科的方法与主题,我们并不是那么想要表达对于这门学科内容的界定。

3

通过这一方式,我们便告别了最近几十年来以分析法学的扭曲视角呈现法理学的这种不幸潮流。这种潮流既导致将法理学分离于其他学科的日渐狭窄的专业化,也导致法理学远离了法学其他课程。通过力争挑战这些令人遗憾的排他性,我们希望可以激发学生对于法律的角色与价值、承诺与不足、现在及未来所面临的挑战的好奇心。

一、主题

如前所述,每个主题(theme)都旨在提出一个宽广的框架或语境,在其中我们可以就法律的角色与功能提出更加具体的议题(issues)。因而每个主题就设定了一个具有一般性的问题意识——现代性背景下法律与法律制度充满争议的发展,以及法律体系与法律推理或论证的性质——并针对各个主题分别讨论了一系列理论议题与视角。这一方法作为我们(以及斯密)的起点,有一个独特理由:对法理学方法而言,尤为重要的是它应当汲取历史学与社会学的养分。

通过有关现代性的总体论述,我们在第一部分确定了本书的主题语境。第一部分的伊始,我们详细讨论了“现代性”的含义,但眼下我们知道它受到进步观念的推动,与专业化和社会系统分化加深有关,要求我们重新理解权力、主权与公民权便足矣。不过上述内容,没有一个是不存在争议的。因此,我们准备围绕国家、经济与政治问题来探索这些争议,方法就是考察有关这些问题具有最持久影响力的一些现代理论,它们体现在社会契约理论家、冲突与共识学说理论家以及权利与法治理论家的著述之中。比如,法律与政治或现代国家的关系是如何演进的?这一国家观念又如何同一个社会的社会经济结构相关?在诸如全球化的语境中它又有何变化?现代法律体现或避开了何种社会与责任制观念?这些是本书第一部分提出并为之提供一系列不同答案的问题。

4

第一部分的目标之一,就是评判现代法律的任务与目的如何以及是否依旧足以应对当下的社会条件。因此,有关法律、经济、共同体以及政治的阐述构成法律与政治理论中最为复杂问题的核心。比如,一方面法律是政治主权的体现,是政治意见形成程序的产物,并被委托由国家政治机构来执行和实施。但与此同时,它又主张自己具有独立于政治的自主性,主张自身具有的客观意义,体现着某种意义上超越或居于“肮脏的”政治世界之上的原则甚至正义。此外,在近几十年来,随着全球性、行业性以及区域性制度(譬如欧盟)的出现,以及与全球化过程和民族、民粹主义相关的对抗性力量的出现,法律组织与社会从整体来说都在政治与经济版图中历经了剧烈转变。如果我们想要更全面地理解法律在当今社会中的角色,法律如何介入和因应这些发展变化,便有待我们详细考察。

第二部分讨论处理法律体系与法律推理的性质问题的理论和议题。这一部分的问题有时会更加具有技术性,但其政治性与争议可能丝毫未减。法律实证主义者及与其对立的学者以不同方式看待法律所具有的体系性,其中后者将法律的形式与内容之间的必然关联及其效力判准**视为**法律。因而法律体系与规范是否体现并确保诸如尊严、正义以及共同善等理性与价值,就是一个充满争议的话题,并且就其本身来说,它不仅具有理论意义,也充满实践价值。接着我们讨论法律是否引入并运用了一种自身所独有的**推理**模式,这典型地涉及规则在案件中的适用,抑或伦理与政治性的关切、视角以及律令是否以及在何种程度上影响着法律推理。同样,这个问题非同小可,特别是在我们持有如下共同期待时:法律规则一旦制定便大体上不受我们可以称之为政治或伦理分歧的影响——我们或许认为这些问题更适宜在政治而非法律领域中加以讨论。但如果确实如此,一种有关法律推理的政治理论是否可能?如果可能,它是可欲的吗?

第三部分"高阶话题"中,我们收录了一系列主题与概念,它们依靠或拓展了第一部分与第二部分中考察过的一些核心内容的分析。这一部分也收录了许多话题,它们为前两部分中包含的法理学主题增添了全新维度,我们希望老师与学生们会对其感兴趣。

二、如何使用本书

本书是本导论性著作。我们希望它发挥起点的作用,而非成为终点本身,这尤其是因为这门学科能够渊博涵盖的一切内容并未全部囊括于此。更准确地说,我们的目标集中在通过为学生提供我们认为重要的主题与概念的初始清单,通过激发他们进一步反思和研究这里提到的话题,吸引这门学科的初学者。因此,我们并不追求内容涵盖的全面性,而是集中于议题和论争,并将之与更一般的主题相关联。

我们有意在第一部分和第二部分中为这门学科的核心内容提供一个概览。高阶话题则更加聚焦特定的问题,既详细阐述主要议题,又以不同方式对之加以补充。这部分通常也有更高层次的理论要求,预设"一般主题"都已涵盖其中。

在本书中,我们提供了在我们看来对于理解正文必不可少的补充阅读。它们跟随在每个部分之后,并且包含对更进一步阅读文献的指引,后者的目的主要是为进一步研究做准备。

第一部分和第二部分也包含一系列练习,可以用作讨论本书这两部分中涵盖议题的基本素材。共有三种指导,每一类的设计初衷都是培养学生不同类型的能力。第一类是解决问题的能力,虽然或许在法理学讲授中并不常见,但这对大多数法学学生来说并不陌生。这类问题通常以实际案例为基础,描述一种场景,并要求学生仿佛置身实际场景中一样来思考特定议题。第二类指导旨在培养对文本的批判阅读能力。我们会提供一段文本节选,譬如一份判决的节选,或者指引学生阅读一篇期刊论文或一部著作的部分章节,并给出一系列能够辅助学生阅读和分析文本的问题。第三类指导是具有更加开放式结论的论文形式的问题,关联本书或其他文本所推荐的阅读材料。以上材料能够成为课堂讨论的基本素材,或者可以指定学生基于这些问题做课堂报告。

本书可以有诸多不同使用方式。它的基本用途是作为聚焦于核心主题的法理学基础课教材,同时老师可以有选择地介绍书中的学习指导、高阶话题,或者自己感兴趣的内容。因此,本书的目的是为学生提供法理学中一些核心议题的基本导论,并鼓励他们分析该领域中一些基础文本。当然,本书可以用于主要关注高阶话题的更加高层次的课程,在这部分内容中我们为继续这些话题以及阅读其中一些基本文献提供了概览与充分指引。

当然,即便如此,也并不存在使用本书的标准方式。我们主要希望学生们会觉得本书生动有趣,希望本书能激励学生们在法理学领域更广泛地阅读。

第一部分

法律与现代性

专题一　现代性的诞生

第一章　概　览

现代性是本书讨论的法理学主题与概念的语境。“现代性”(modernity)这个词指代许多种思考与行为方式——科学、法律、政治学、经济学、文化领域等——与之并列的,主要是比如在它之前的“前现代”,以及对之提出挑战的“反现代”与“后现代”。现代性的诞生意味着与过往决裂:告别传统、迷信以及“从来如此”(the way things are)的支配。它典型地体现为这样一种自由,那就是争辩先前被视为既定与不可挑战的事物,因此它会带来政治、社会与法律组织的激进变革。 11

现代性全面出现在17世纪和18世纪,尽管今时今日我们可以看到一些与之对立的重要立场,但它依旧是我们这个时代的组织性范畴。伊曼纽尔·康德(Immanuel Kant)的著名主张 *sapere aude* *(“敢于求知”)把握住了知识、科学与文化领域中的革命精神。弥漫于“理性时代”的一种新的乐观主义推动了如下理念,即世界能够通过严格运用科学分析和试验方法而非诉诸宗教、巫术或神秘力量而得到了解。科学在自然界能够发现的规则与规律,相应地可以用于理解和解决社会问题(诸如疾病、饥荒或贫困)。因此,自然科学以及逐渐被人们理解为社会科学的事物都适用于现代性这一理念。其中社会科学诞生于18世纪和19世纪,推动它发展的是人们增进理解社会生活规律以及影响人们在社会中互动模式的结构与制度的努力。

---

* 本书根据原著的做法,将文中的拉丁语用斜体区分。——译者注

就我们的讨论而言,现代性虽然并非排他性地但却支配性地影响了西方制度与概念的发展和作用。这将是本书关注的焦点。但也如我们将会看到的那样,尽管这些制度与概念至今具有全球影响力,但这种影响力却不必然是积极的。事实是在现代社会,西方社会既输出了危害也带来了益处,它们的制度一直与许多并不符合他们公开主张的理想的实践构成共谋。在适当场合我们会回到这一观点上来。

一、进步观

12 进步观是现代性的动力引擎。无论事物现状怎样,它都可以变得更好:自然与社会能够得到更充分的认识、技术可以变得更高效或得到更好利用、人类及其制度可以变得更加自由平等与公正。事物现状与"如果它们可以在未来变得更好那么它们会如何"之间的**差距**,可以被描述为"社会经验与社会期待"(Santos 2002, p. 2)之间的差距。通过满足这些期待来改善社会经验的欲望,是社会生活得到改善的巨大动力。

这种改善的动力使得现代性内核中包含如下持续张力:这便是桑托斯(Santos)所说的解放和规制之间的张力。期待典型地产生将人们从当下经历的困难中解放出来的需求:比如,从饥饿中解放出来、从压迫中解放出来、从歧视中解放出来。当人们的期待未得到满足时,它与经验的差距就需要通过知识的进步或更高级的组织性事物与人民的方式加以解决。不过,当这种解放的愿望得到有意义的满足后,它们需要以理性有序的方式固定下来以抵御时间的侵蚀。这便是规制登场之时:规制在整个社会层面持续地制度化对期待的满足。桑托斯指出,正是"一系列规范、制度与实践确保了期待的稳定性"(Santos 2002, p. 2)。

试想这个例子。社会中存在巨大不平等这一事实,催生了社会向更加平等方向改善的诸多需求。其中一种平等的关切,涉及公民在州选举中的投票:要求一切成年男性,不论他拥有多少财产或具有何种肤色,都应当在法律面前一律平等。这一目标如果得到实现(面对并不想发生如此变化的根深蒂固的等级制度与利益,这一解放过程通常非常漫长且艰辛),这些平等权最好通过**法律规制**得到保护:法律与法院确保了所有男性的平等权。但人们对平等原则的期待并未止步于此。它关注平等理念与不平等对待的现实之间的进一步矛盾。基于性别的歧视,便是这种矛盾。为了清除这一歧视,再次需要规制。因此,人们通过立法来确保无论何种性别的公民都能得到平等对待。这一过程会继续下去:一旦平等在某种程度上得到实现,有关它的期待就会更高,或者会在社会生活不同领域中出现对平等的需求。许多国家的法律承认同性婚姻便是这一过程近切的实例。基于非歧视原则,对于**解放**欲望的承认(从国家决定一个人同何种性别结婚中解放出来),确立了许多新的规制。在此情形中,**进步**体现为如下样貌:(1)歧视的事实(同性婚姻被列为非法);(2)解放的需求(基于全体公民不论性别都得到平等对待原则);以及(3)新的法律规制(同性婚姻得到法律保障)。

因此,现代性中解放与规制之间存在着永恒的**动态关系**或**紧张状态**。期待之所以基于特定原则(比如平等、自由、正义等)批判现实,是因为它们想通过规制来寻求可预见的保护。当然,并非任何且自然不是所有期待都会得到满足。何种期待得到满足,事关漫长的法律、道德与政治斗争和纷争。就此而言,现代性的可能性与进步观念,包含一系列广泛的非常不同的解放性政治运动,从自由主义和自由至上主义到社会主义与共产主义。如果说这些理论彼此冲突,那它们的共同之处就是拥有推动现代性不断完善的同样动力。

13

几乎在一切人类事业领域中,我们都能发现类似的进步需求。自 18 世纪起,科学发展与生产和经济领域的巨大变革便密切相关,这一变革的顶点便是为人熟知的工业革命,它与资本主义的兴起尤为相关。一定程度上受到新兴科学发明的推动,譬如蒸汽机和生产机械化,工业革命标志着生产方式的转型,同时也标志着欧洲社会生产力得到几乎奇迹般的提升。这一动力时至今日仍广泛存在,虽然是以新的面目出现。比如,在技术方面,仍有改善可靠性、效率与速度的持久动力。人们寻求更快的计算机、更大的存储、更小巧的手机和更轻便的平板电脑。在信息科学领域,技术发展速率是指数级的,可能为如下一再强调的论断提供了最具震撼力的范例:在现代社会(与漫长的前现代社会不同),人们去世时所处的世界会迥异于他们出生时的世界。现实与期待之间的矛盾继续推动着对新知识及其更完善运用的追寻。新兴技术的出现(编程技术、纳米技术等)满足了人们不断提升的有关沟通的欲望。在医药和生物技术领域也是一样,人们一直在寻求科学发现以便清除疾病、改善健康。同样,进步的理念、使得未来优于过去的持久欲望,推动着不同领域中人类的现实行动与科学探究。

当然,意识到技术"进步"可能是把双刃剑,并不意味着我们需要成为一名老派的卢德分子*。同样是将计算机关联起来的技术,既可实现有效的全球沟通,也可被用来破坏航空控制系统、允许盗用身份或瘫痪金融与供给链,使得无数人的福祉瞬间危在旦夕。恰恰是启动现代生活引擎的燃料——煤炭、石油、核能源——也会产生排放问题,危及地球生态及其养育的物种。用来提高健康诊断技术的有关放射活动的科学研究,比如,也会被用来开发能够毁灭地球上人类生活的核武器。因此,现代性中有关进步的**矛盾态度**,不应遭到忽视或轻视。

二、知识的专业化与个体

正是基于上述语境,我们将在接下来的章节中讨论现代法律的不同侧面。不过现在,应当提及现代性的其他两个方面的特征。第一,是人类生活随处可见的**专业化**趋势。第二,"个体"作为一种知识和行动范畴以全新方式登上舞台。本章中我们会对这两方面略加讨论,更详细的分析将在之后展开。(劳动分工的意义也会单独加以讨论。)

14

随着现代社会演进,"文艺复兴人"这一理念,也即某位在数学、科学、艺术、文学等一切人类研究领域无所不知的人,变得越发不可能。有一个随意的并不严肃的争论,探讨谁是"最后一位百科全书式人物",但没有人曾提出这种人物在 19 世纪之后依旧可能。这是因为在现代社会后来的进程中,出现了新型学科,这些学科中知识的生产变得越来越多元化和专业化。简单看看一所现代大学中的系科列表,是观察知识生产和传播如何被划分为高度专业化单位的绝佳方式。这些学科中有大部分都是现代性的发明,其中一些可能比你认为的要更加晚近:比如,经济学系是 19 世纪的产物;与之类似,社会学与统计学,以及犯罪学和心理学,还要更晚近。在医学中也一样:在医学方

---

* 英国工业革命时期,机器生产导致手工劳动者破产失业,许多工人把机器视为贫困的根源,用捣毁机器作为反对企业主、争取改善劳动条件的手段。该运动的首领相传名叫卢德,故该运动被称为"卢德运动",参与者也被称为"卢德分子"。——译者注

面体现出来的专业化,肇始于知识生产碎片化为极为不同的领域,是其他领域发展的新技术运用的一个结果。

具有各自新研究方式与效度标准的新知识分支的诞生,意味着专家登场而通才淡出。一方面,这些专家将现代社会中的发展同**功能分化**这一理念联系起来。此时我们发现社会中社会系统日益分化,这些系统为自身运作和行动提供了标准,无法统合在一个统一的原则体系中。随着我们研究的深入,我们会看到法律体系如何准确地以下述方式得到处理:它作为一种知识与实践领域,不同但却关联于政治与道德领域,抑或迥异于经济理性或美学标准。比如,在法理学中,法律实证主义的兴起就是这一趋势的体现,就如同系统论和自创生理论的发展是对单个社会体系在现代社会中如何发挥不同且不可还原功能的解释一样(参见本书"高阶话题"部分)。

另一方面,这些理论研究不仅产生了新的知识,还创造了新的知识**门类/主题**(subjects)。比如,心理学和放射学不仅是新的门类(也即新的学科),还在下述意义上产生了新的主题,即它们产生出之前并不存在的有关人的定义与特征。在这一发展中最令人震惊的成就,就是现代性中"个体"的诞生。这听起来很怪,但类似于"青少年"是20世纪50年代的产物这个观点。十几岁的年轻人当然一直都有;但只有在詹姆斯·迪恩(James Dean)的电影、节拍诗(beat poetry)以及酷文化的发明的影响下,"青少年"这个范畴才出现,进而能得到分析、妖魔化、市场化等。个体也是如此。个体一直存在;但"个体"这一范畴却是现代性的产物。这一新主题源自诸多新兴学科的工作,且被赋予独特特征——个体性、独特性——而非意味着一个人受到传统、地位、家庭或宗教权威决定的人生。个体就从这些因素中解放出来,当然这是在他们自己并未**选择**受制于这些因素的意义上。

根据我们刚刚界定的解放与规制的动态关系,获得解放的个体相应地会受到法律**规制**的保护——这次是以刚刚得到确信的个体自然权利或人权为形式的保护。因此,个体被视为拥有宗教自由和良心自由权利,拥有私人生活权利,拥有表达自由与集会自由等权利,它们都附着于且确保着个体优先这一理念。以上述方式,个体逐渐被视为社会的基本单位:社会现在可被理解为由个体的集合构成,而非像原子构成分子那样,个体的价值以个体法律权利的形式得到法律保护。 15

不过与先前诸多事例类似,对于现代性在这方面的发展,可能也存在着

矛盾态度。一方面,在理论上个体可以做任何自己想做的事情,成为任何想成为的人。但另一方面,“个体”这个范畴本身源自强制力、制度与知识形态,个体无法掌控这些因素。换言之,个体受到社会系统——法律系统、教育系统、经济系统——按照**它们**标准(法律人格、考试成绩、账目盈亏等)的**界定**,这些系统是个体未曾也无法创造的。此外,家庭、宗教纽带与社会阶层依旧存在,它们产生的影响也不必然一同衰落。这就导致如下矛盾态度:得到解放的个体这一理念,并未描述每一个人的实际情况,当我们考虑贫困、性别或种族的有力且不平等的影响时,尤为如此。

三、思考现代法律

目前我们勾勒了现代性的意涵、现代性的推动力以及似乎与之相伴的某些矛盾态度。随着我们对主题探索的推进,我们会更进一步探索这些问题的各个层面以及其他议题。

从我们的视角来说,我们自然想知道法律与法律制度在上述内容中扮演何种角色。就此而言,我们已经管窥到某些重要的内容:涉及平等或正义时,法律制度与理念在现代社会中发挥着关键作用,因为社会与期待会更迭往复,就需要规制来稳定整个社会和不同时段中人们的期待。如果法律规制是社会处理进步与变革的核心能力之一,那么准确理解这一规制关系涉及什么或应当涉及何种内容,就提出了许多仍有重重争议的问题。比如,有一些问题涉及思考法律与法律理念是仅仅反映更广泛的社会与文化力量及变迁,还是它们导致或引导了这些力量与变迁。另一些问题涉及思考当社会继续沿着财富与权力、性别与种族而分化时,法律与进步之间的关系。还有一些问题会探究法律规制是消除还是激化了诸如与技术相关的危险或环境退化等我们在现代社会中发现的矛盾态度。诸如此类。

通过详细考察现代法律制度运作的不同侧面,我们试图追踪它如何发挥作用,如何处理上述各类问题。不过在此过程中,有件事需要牢记于心。无论是过去还是今天,思想家都会对我们探索的问题给出极为不同的答案。这是因为可以用不同方式来**描述**法律及法律制度是什么,这正如可以用许多不同方式来**评价**它们应当或不应做什么一样。一定程度上,阐释法律如何运作之所以充满争议,是因为并非所有理论(或理论家)在观察法律、社会制度及实践时,看到的都是同样的事物。比如,当同样的法律与经济制度以不同方式影响不同的人们或群体,且某些群体似乎得到比其他群体更好的待遇时,一些人会看到一套公正的制度设计运转良好;但另一些人则认为存在有待矫正的非正义。当政府一直实施溯及既往的法律、秘密审判以及通过酷刑获得证据时,一些人会认为该政府中也存在发挥作用的法律体系,但另一些人会认为这不过是有组织地使用强力,与法律体系不可同日而语。 16

就如戴上了不同眼镜一样,洞见与盲点,是我们所使用的理论视角的一个特征。由于法律是在一系列彼此竞争的其他制度与社会力量(经济、政治、道德等)的场域内运作,理解法律就如理解法律制度本身的运作一样,我们有必要了解它与这些其他形式与力量之间的关系。但是,对于这些事物的理解同样充满争议。

那我们该怎么做?在此我们的目的是通过提供有关这些议题的重要解释,通过识别和追踪与我们主旨相关的一些核心主题与概念,尽可能阐明法律与法律制度的运作。但要牢记的是,在解释法律分析具体技术方面的差异与分歧,与阐述现代性自身这一宏大主题中的分歧一样多。法理学涉及理解一系列或多或少范围广泛的彼此不同的解释、价值与描述。因此,它也涉及锚定**你**所处的立场。思考法律,因而也涉及思考这些争议对于我们每个人在总体和个体意义上意味着什么。这么做与个体“认识你自己”这一现代精神别无二致。

阅读文献:

有关现代性的阅读材料很多,其中可读的一般性导论,包括吉登斯(1990)、鲍曼(1989、2000)以及哈贝马斯(1990)。法律视角广泛涉及现代性的著作包括昂格尔(1976)、墨菲(1997)以及杜兹那(Douzinas, 2007)。进一步的阅读文献可以在之后更详细地讨论法律与现代性具体方面的章节中找到。

哲学中有关“启蒙方案”的经典论述是康德(1991/1784)。有关这一进路局限性的分析,参见福柯(1984)。有关经济与社会方面更广泛的变革,卡尔·波兰尼(Karl Polanyi)的《大转型》(*The Great Transformation*, 1957/1944)依旧是对启蒙引发的社会巨大变革与市场机制兴起的最有说服力的论述之一。哈罗德·J.伯尔曼(Harold J. Berman)在《法律与革命》(*Law and Revolution*,特别是第一卷)中揭示了这一时期法律的变迁。

第二章　社会契约论

17　一、主权国家的兴起——以《威斯特伐利亚和约》为转型标志

如果我们回望欧洲现代社会之前的封建时期,我们会看到许多迥异于我们今天认为理所当然的图景。政治权威概念缺乏现代主权国家在当下为之提供的鲜明特征。首先,中世纪时的政治和宗教权威大体上依旧是未彼此分化的,糅合在基督教共和体(*respublica Christiana*)这个无所不包的概念之中。但是这一无所不包的基督教帝国的理念中,并不包含如下两者我们认为与集中在国家手中的现代政治权威相关联的事物,即它既不包括等级结构,也不具备司法管辖权。实际上,权威是分散的。按照我们今天理解的统治,该帝国的权威是由君主和教会权威、商业组织、市议会和同业公会以横向和纵向方式行使的。这是一种我们今天可以称之为法律多元主义的极端形态。如哈罗德·J. 伯尔曼在《法律与革命(第一卷):西方法律传统的形成》这部重要著作中所言,"奴隶跑到市法院寻求保护以对抗其领主。封臣可能会跑到国王法庭寻求保护以对抗其领主。教士可能跑到教会法院寻求保护以对抗国王",这并非不常见(p. 10)。这种法律多元主义伴随着教会法、封建法、王室法以及商业法(*lex mercatoria*)在司法管辖权方面的重叠,并不适合不断扩张的资本主义经济所要求的政治权力集中,以及正在壮大的商业阶级对稳定性的经济需求。因此,深受继受罗马法影响的以宪法和法典为形态的形式理性法律体的创制,就至关重要地同新社会的解放性趋势(projects)关联在一起(参见第一部分第三章韦伯的学说)。

我们可以将上述观点同 17 世纪以来理解**主权**的方式加以对照,在这

一时期中,主权被刻画为在内部和外部行使统一国家权力的核心要素。从内部来看,单一主权的概念对于建立国家与其公民之间统一的纵向关系至关重要。这也对理解主权的外部或国外关系不可或缺:在国际“共同体”中,主权国家间的关系是横向的,它基于如下假定,即这些国家在形式上都是平等的,它们彼此相互承认且拥有相应的不受干涉的权利(Santos 2002)。 18

上述以主权概念为特征的发展,在很大程度上都是伴随且围绕着1648年《威斯特伐利亚和约》(Treaty of Westphalia)兴起的。正是在16世纪和17世纪,教会—政治秩序开始在(肇始于德国的)宗教改革以及意大利城邦兴起的冲击下分崩离析。伴随宗教改革的,是对天主教教会及其学说权威的挑战,以及从教会权威向世俗权威的逐渐过渡。随着后者的发展以及独立政治体的出现,治国技艺以及“国家理由”的统治话语或逻辑开始兴起——这便是将规则视为对国家的统治,并将国家理解为自足且独立的实体。尽管这是一个漫长的过程,但人们逐渐约定俗成的是,结束了残酷的30年战争的《威斯特伐利亚和约》是这一迈向主权国家社会的发展进程中重要的分水岭。

我们现在认为《威斯特伐利亚和约》是重要转折点,但在签订和约时人们并不一定这么看(那些在威斯特伐利亚会晤的人士,依旧认为自己是基督教共同体的一员,这份和约以拉丁文签订且依旧没有提及“主权”)。它拥有的地位毋宁说源自回顾过往,该和约在政治制度和话语中开启了一系列根本性变革。它很大程度上使得教会从属于国家;废除了国家之上的任何监督性权威(教皇或其他权威);最重要的是,它确立了国家在领土范围内的司法裁判权,并将之设定为排他性权力。国家现在通过它们的统治权威制定约束其公民的法律,并在处理违法行为或公民之间的冲突时,垄断了对合法暴力的使用。

为了给下文提供分析框架,我们同样可以借助桑托斯的观点来看现代社会中的规制活动如何能被分解为三重“为社会行动提供意义和方向的原则或逻辑……”这些原则是国家、市场以及共同体。我们可以做出如下总结(Santos 2002, p. 3):

1. **国家**原则体现为公民和国家之间纵向的政治义务,该义务通过强制力和正当性得到不同程度的保证;

2. **市场**原则指的是市场主体之间横向的、彼此自利的义务;

3. **共同体**原则意味着根据非国家和非市场的从属性将个体关联起来的横向义务。

在接下来的章节中，我们会分析每一个原则的不同方面。在此过程中，我们会提及一些核心概念，它们源自在现代社会中具有重大影响力的思想家：霍布斯(Hobbes)、洛克(Locke)和卢梭(Rousseau)。后来的理论演变、分歧以及对其学说的背离，还有这些范畴本身的困难，将容后再叙。与本书整体进路一致，关注历史语境对理解这一理论的发展是必不可少的。

19

二、霍布斯：现代国家的理论家

没有哪部作品能够像托马斯·霍布斯(Thomas Hobbes)的《利维坦》(*Leviathan*)这样代表着这一时期内主权的无常性。该书写作于霍布斯由于英国内战动乱而流亡法国的时期，出版于1651年，正是国王查理一世遭到驱逐、宣布共和国成立2年之后(该共和国仅存续到1660年便遭到君主复辟)。霍布斯的这部作品为强大的统一主权国家提供了严格的哲学证成，其洞见依旧极具影响力。如理查德·塔克(Richard Tuck)所说，“总的来说，当下这本书被视为英国政治思想的杰作，它无与伦比地界定了现代政治的特征”(Tuck 1996, p. ix)。

要想同霍布斯一起思考现代主权国家的起源与目的，我们可以遴选两个主题。首先是有关秩序、和平与安全问题的。其次是强调平等、个体与同意的。我们依次来加以分析。

秩序问题是所有社会都会面对的问题：如何建立并维持社会秩序？霍布斯认为，这不仅是个哲学问题。他写作该书时，英格兰陷入暴力无序的状态：内战。他写作时的语境，就是任何最终权威或统一原则显然都不复存在之时。基础性原则付之阙如，霍布斯面对的挑战就是设想如何能够从偶然性中创造秩序。在《利维坦》中，他试图解决这一秩序问题，并在此过程中提出了一些对于思考现代国家权威而言至关重要的洞见。他通过包括“自然状态”和“社会契约”概念在内的一些理论设计来处理这个问题。

首先来看自然状态。霍布斯让我们设想，如果国家不复存在，人们会陷入何种境况。没有国家，或(像内战中一样)国家权威完全崩溃，“人类”理当如何？霍布斯认为，“自然状态”是充满深刻不安的状态，“它是最糟糕的，充满持续的恐惧与暴死的危险”。在这一境况中，如他非常著名的论断所说，“人的生命孤独、贫穷、污秽、野蛮且短暂”(Hobbes 1996, p. 89)。此时每个个体都有大致相当的能力与不足——即便最强壮的人也需要睡眠——这种境况可以被描述为“战争状态，此时一切人是一切人的敌人……人们除了自己的力量和创造提供给他们的安全性外，生活中没有其他安全性可言”(Hobbes 1996, p. 89)。

这种持续不安全的悲惨境地不仅具有人身面向。对霍布斯而言同样重要的是，该境地也意味着对于任何能够用来改善这一战争状态的共同**标准**，不存在任何感知。人们对何为对错缺乏共识，个体缺乏标准来评判他们自身或其他任何人的行为是否公正、是否妥当。在自然状态中，任何事情都会发生。霍布斯如此描述：

> 这种人人相互为战的战争状态，还会产生一种结果，那便是不可能有任何事情是不公正的。正确和错误、正义与不正义的观念在此无立足之地。没有共同权力的地方就没有法律，没有法律的地方就无所谓不正义。暴力与欺诈在战争中是两种主要的美德。正义与不正义并非身体与心灵的官能……它们是与生活在社会中而非独处的人类相关的品质。这种状况还会导致下面的结果，那就是没有财产、没有统治权、没有你的我的之分；每一个人能得到手的东西，在他能保住的时期内便是他的。
>
> (Hobbes 1996, p. 90)

20

因此，不安全不仅与人身不完整性相关。它还涉及缺乏评价一切事物的共享标准，这意味着对于任何人们想要使用或获得的事物而言，无论它是食物、住所甚或自我保护的武器，其稳定性都缺乏保障。在自然状态下如果所有人都有权获得他们能够获得的一切，那么这种权利实际上等同于没有。人们通过占有获得任何事物，不是因为该事物排他性地属于人们，也非人们对此事物拥有稳定的权利。在自然状态中不存在财产；只有占有。个中缘由，来自如下事实：不存在对与错的标准，缺乏正义与不正义的尺度。为什么不存在？因为在霍布斯看来，这一状态下不存在法律，不存在法律是因为缺乏共同**权威**来制定法律并将之适用于所有人。这一状态中只有具备各自利益的个体，只有权力和强力所能带来的一切。

于是这便是一种完全失序的状态，此时 *homo homini lupus*（人对人是狼）这一准则成为主导逻辑。但个体（差不多很快）意识到这一逻辑非常糟糕，他们发现自己的境况脆弱不堪，就连保全自己的个人能力都会受到威胁。人们明白相较于忍受这种混乱无序，寻求和平是更好的方案。霍布斯指出，几乎稍加推理他们就意识到如下第一条"自然法，即寻求和平并遵循它"（Hobbes 1996, p. 92）。寻求和平意味着每个人都必须尽量以终结无序、创造先前并不存在的某种安全的方式行动。这便是理性引领人们得出的第二条自然法：

> 当一个人为了和平与自卫的目的认为必要时，会自愿放弃这种对一切事物的权利；而在对他人的自由权方面，满足于相当于自己让他人对自己所具有的自由权利。
>
> （Hobbes 1996, p. 90）

因此，对霍布斯来说，走出一切人对抗一切人的战争状态，要求每个人放弃自己的强力，与他人达成合意以求得和平。为了创造并维护和平与公民秩序，他们必须要建立一种具有单一来源的权威，即主权。这种主权或利维坦会代表所有人，它需要被赋予充分权力来变得足够强大以确保和平并实施适用于每个人的法律。这种创造主权的合意——或如霍布斯所说，是契约——就是逐渐被人所知的社会契约。

在我们了解这一理论的内容前（霍布斯的学说与洛克和卢梭后来提出的并不相同），让我们先停下来谈一谈有关霍布斯方法的重要内容。在谈及自然状态的某处，霍布斯设想了如下反驳意见："从不存在这样一个时期，也不存在战争状态。"也即自然状态是纯粹虚构，缺乏现实基础的。他的回答可能会令人惊讶。他认为，没错，"我相信全世界整体来看从未如此过"（Hobbes 1996, p. 89），但有两种例外情况。这意味着霍布斯在这里并不想给我们提供一种有关主权权威从人类自然状态实际存在的混乱中兴起的准确历史描述。毋宁说自然状态与社会契约是他用来思考主权国家具有必然性与**正当性**的思想工具。他所提供的学说可被称为政治正当性的理性重建，而非有关任何特定主权国家形成的事实角度的准确描述。我们将会看到许多理论家都运用了这种理性重构方法。［那么自然状态的描述适用于哪两种"真实生活"构成的例外呢？一个是内战，它确实是完全失序的足够真

21

实的实例，而并非霍布斯的理论构想。另一个例外，他说，就是那些实际上“压根儿不存在政府的地方……比如美洲许多地区的野蛮人，他们在今时今日以粗野的方式活着”(Hobbes 1996, p. 89)。在此情形中，霍布斯与他之前及之后的许多理论家一样，不假思索地采纳了“文明与野蛮”的区分，该区分在长达几个世纪的时间中被用来正当化西方殖民者对于这些注定不受法律保护且每况愈下的人们的剥削。]

霍布斯认为，创造国家的社会契约可被恰如其分地称为**转让**(alienation)的契约(Loughlin 2000, p. 129)。尽管**众多**个体都是被创立的主权权威的缔造者，但他们却与之不具有一直存续的契约关系。为了确保和平、秩序与安全，人们一次性地放弃(或“转让”)了自己的力量，完全服从于主权更高的且不可分有的意志。如果他们不这样做，如果他们挑战主权对他们的统治权，就如导致内战的激烈分歧的情形一样，存在沦入自然状态及其无序之中的危险。

在一般意义上，单一的主权权威不仅垄断了对领土内所有人都有效的法律的制定，也垄断了实施这些法律的暴力。如果说社会契约论是为该权威的正当性提供了重要的理论证成，那么权威得到实施就要求权力得到制度性的组织。对此，霍布斯非常实事求是：

> 契约不过就是语词、言说，没有力量强制、控制、约束或保护任何人；它从公共刀剑中拥有的，源自人们的联合授予，或人们构成的拥有主权的议会授予。
>
> (Hobbes 1996, p. 123)

刀剑的权力在《利维坦》标题页的著名插图中清晰可见，这幅图中代表主权的巨人向他的臣民和土地挥舞着刀剑。但是这一权力源自人民——在标题页插图中，人民构成了主权者的身体，与此同时又充满敬畏地仰视着它——正是人民放弃**自身**权利创造主权，使得公民秩序获得安定。饶有意味的是，《利维坦》标题页插图中主权者挥舞的另一个象征物是一柄牧杖。霍布斯没有忘记宗教驱动下的内战所带来的恶劣影响。主权通过包含政治与宗教权力，身居教会之上。强有力的主权因此拥有一切权力来规制人们的行为，但霍布斯明确指出(以此他播下了自由主义的种子)，主权不可侵犯个人的内在良知。换言之，主权规制的是其属民的**行为**，而非**信念**。

22

主权的任务是确保属民的服从:"它(必须)被授权如此强的权力与力量,由于恐惧,它有能力使得所有属民的意志服从于它,获得国内和平,彼此互助以对抗国外敌人。"(Hobbes 1996, pp. 120-121)创造这一势不可挡的权力,是属民为了"他们所有人的和平与安全"而付出的代价。在霍布斯看来一点儿都不矛盾的,正是他们的臣服使其获得了自由:"因为我们服从的行为中,包含着我们的义务和自由。"(Hobbes 1996, p. 150)

霍布斯认为,市民社会中的和平、秩序和安全只能通过一个不容许其属民表达异议的强大中央集权国家获得。它最典型的形态,就是桑托斯视为国家规制原则的"纵向"关系。尽管霍布斯也将强有力的利维坦称为"会死的上帝",但这充满矛盾的表达对主权国家的描述却是完全妥当的。在人世间,国家对其属民具有上帝一般的权力。它好比是弗兰肯斯坦的怪物*,是由人类以类似于上帝创造人的方式创造出来的:"政治体的不同部分最初通过信约和契约被联合起来成为一体,类似于上帝在《创世纪》中宣谕的律令(权力):**让我们来创造出人类吧。**"(Hobbes 1996, pp. 9-10)国家本身就拥有立法的权威,其法律是属民基于刀剑惩罚之苦而必须服从的命令。由于主权者和属民之间不存在契约,就没有信约实际上约束或能够约束主权者的权力,也没有任何法律能够约束主权者。我们很快会看到,与洛克对社会契约的论述不同,霍布斯笔下的属民永远无法提出正当或合法的主张来对抗主权者权威,即便他们中有许多人会认为主权者在滥用权力,个中缘由完全是因为权威是一切权利的渊源。霍布斯认为,一个聪明的主权者自然不应有意伤害其属民,属民也必定希望主权者实际上会为了他们的福祉而行动。但在此希望之外,他们并不拥有任何法律上的依据要求主权者如此。

不过与此同时,这种令人生畏的权力却会"死掉"。它很容易受到死亡的影响,会被很轻易地杀死。内战中同样可以看到这一点在描述意义是千真万确的,此时政府会被摧毁,在战争存续期间并不存在有效的单一权威。不过主权者必死命运背后的理由至关重要:主权国家是人类造物,是人类的

* 弗兰肯斯坦是英国作家玛丽·雪莱在1818年创作的长篇小说《弗兰肯斯坦》(又名《科学怪人》)中的主人公。在小说中他是一个生物学家,用不同尸体的各个部分拼凑出一个巨大人形怪物。这个怪物诞生后出现了一系列诡异的命案。这部小说被公认为世界上第一部真正意义上的科幻小说。——译者注

"技艺",而非某种自然的或上帝赋予的事物。人类同样能够破坏自己创造的事物。

这一点怎么夸大都不过分。霍布斯有关主权国家的论述,挑战了先前在前现代世界中政治和法律理论的诸多假设。如果对亚里士多德来说,人们"就其本性来说是政治动物;其本性就是生活在城邦之中",那么霍布斯的学说就对之构成了直接挑战:人类可以脱离城邦生活,实际上这是其自然而然的状态,尽管这也是非常悲惨的状态。这种全新的思考方式,从根本上摧毁了许多其他长久存在的政治与法律假定:统治者进行统治的"神圣权利"一去不复返;源于不可置疑的自然或宗教权威的服从一去不复返;我们先前提到的诸多彼此竞争的权威和司法管辖权一去不复返。一个人造的形象,"这个我们创造的人",即主权者,取代了这一切,它的世俗律令现在本身就是法律。此时我们回想霍布斯的论断,"没有法律便没有不正义"——不存在正确与错误的标准,或正义与财产的标准——由于主权者的权威是人为的建构,一切其他道德与法律标准同样也是人为建构。因此人类意志的行动——主权者的**律令**或**让我们来创造出人类吧**——以崭新方式将人类及其创造性置于核心地位。正因如此,洛克林正确地指出,正是"霍布斯决绝地告别了古代世界"(Loughlin 2000, p. 134)。

这使我们能够着手解决提出的第二个主题:平等、个体与同意。我们可以更迅速地处理它们,这既是因为它们已经暗含在我们先前讨论的霍布斯学说中,也是因为这些问题将在后续章节中得到更详尽讨论。

通过设定个体在一切人对一切人的战争中彼此竞争的自然状态,霍布斯显然强调的是个人先于国家存在。他们对和平的欲望,正是建立社会契约的主要动力。正是他们的自我保存,构成了主权国家的目的。国家本身所能确保的,是一段时期内对个体及其权利的保护。如登特列夫(D'Entreves)所言:"除却在古代思想家中可以发现的偶然先例,社会契约学说完全是现代产物。它是个体主义政治理论的鲜明特征。"(D'Entreves 1951, pp. 55-56)

如前所述,个体的这种增值过程,是现代性的一个常见主题,霍布斯通常被视为该主题最极端的鼓吹者之一。这种个体主义相应地对我们理解国家本身具有重要意义。依据历史与当下标准,霍布斯的观点是对国家极为简略、极为单薄的论述。这里并没有将国家视为人类联合中至高或至善的形态,而这对于遵循亚里士多德传统的思想家来说具有核心地位。这里自然也未提及现代国家中被普遍期待和寻觅的俯拾皆是的再分配任务,以及国家在个人自由以及医疗保健、福利等方面的权利。这一切依旧在某种意义上是未来的情形,并非霍布斯的关切。霍布斯所关心的,更准确地说是通过义务和自由的双保险为个人提供最低限度的个体安全,国家因此就任由个人自己追求他们想要做的任何事情——只要他们遵从法律。

我们现在必须提及霍布斯学说的最后两方面。第一个方面刚好隐含在他提出的社会契约和个体主义的概念中。可以这么表述:作为个体,一切人类都是**平等**个体。这个主张听起来直观,但在应用时也有激进的成分。霍布斯指出,该主张的基础是"自然平等",指的是"自然使得人们在身体和心灵方面具有平等的官能,(以至于)人与人之间的差异并不是那么大"(Hobbes 1996, p. 87)。对此,霍布斯从未过于乐观,他发现正是这种心灵和身体方面的平等,成为人们彼此竞争猜疑的根源,而这两者导致人们易于彼此争斗。但从积极方面来看,平等原则无疑在建立公民秩序中保障了权利。因为赋予一个人的事物必须合乎逻辑地赋予所有人。事实上,霍布斯将这一内容直接写入社会契约本身:"在步入和平状态的入口,没有人要求给自己保留任何权利,他所保留的权利其余每个人也应当保留。"(Hobbes 1996, p. 107)这里包含着霍布斯回溯至《圣经》黄金规则的**普遍主义**:"你要求人们应当以何种方式对待你,你就应以该方式对待他人。"(Hobbes 1996, p. 92)这一论述中的平等,不仅在精神方面是一种根本价值,并且也是与诸多前现代思想有所区别的地方:它现今被视为人类所建构的国家之制度与正当性的核心。

24

第二个方面要求我们注意,霍布斯引入的有关正当性的激进形态,不仅挑战了之前的观点,也为未来发展提供了可能基础。这种正当性认为,在某个时刻,主权权威是**基于人民同意**的人类构造物。尽管在霍布斯学说中,这一同意是最低限度上的、处于理论最后一环,但它却是一个极具力量的观念,它的能量远不止于此。霍布斯恰如其分地指出,当主权可以是"一个人或一群人"时,后一种表述至少带来下述可能,即被统治者的同意可以表现为代议制政府。当然,按照现代标准来看,霍布斯并非民主派,且许多后续理论家在他的著作中找到了对强国威权主义的证成。不过正是在平等和同意观念中,我们能够找寻到某些可以说具有现代意味的萌芽,它们可以被之后的思想家以更加进步主义的方式加以阐述和发展。将被统治者的平等与同意视为政府运作的原则的观点,仍会受到诸多抵制,其中最显著的就体现在历史的伪善中:主张人人平等,但同时为了一群人而否认这一点。但无论怎样,平等的种子得到了播撒。它们的生根发芽,以及同样重要的变迁演化,将在后续章节得到讨论。

在分析和解释现代主权的核心特征时,霍布斯的论述相应地具有一系列可被称为现代意味的特征:个体主义,平等与同意在确立世俗权威统治中发挥的作用,以及如下明确要求,即作为对秩序、和平、自由与安全付出的必要代价,属民要完全服从由单一、无限的主权者权力创造的法律。他对现代法律理论的贡献怎么夸大都不过分:法律的权威属性、作为主权者命令形态的法律、法律与道德的分离(在法律有效性并不源自道德的意义上),法律实证主义的所有经典立场,都已包含在霍布斯极有洞见的表述中。

三、约翰·洛克:社会契约和私有财产法律

约翰·洛克(1632—1704)是社会契约论传统中另一位关键人物。他的社会契约论已成为经典,他对现代政治哲学与法哲学的影响与霍布斯相比至少不遑多让,启发了18世纪美国(比如,包括它对托马斯·杰弗逊《独立宣言》的影响)和法国的革命。总而言之,洛克的社会契约论代表了现代自由主义法律学说的典范形态。

洛克法律理论的起点,是自然状态这一经典设计。与霍布斯不同,洛克并没有假定自然状态必然是一个危险、混乱和没有法度的状态。相反,在洛克这里,自然状态已经具有一种社会性,它建立在以自然法为形式的有序关系的初始形态之上。人类生而平等,享有自然权利(重要的包括生命权、自由权和财产权),其道德地位是引入任何实证法的**前提**。洛克依据基督教神学断定地球是上帝赐予人类的:“自然的物产起初是共有的,因为《圣经》这么说过,并且普遍的自由与平等必然意味着原始的共产主义。”(Laslett 1988, p. 101)这一馈赠伴随着如下明确的律令:不要浪费,要善加利用;换言之,要提升这些馈赠的价值。自然因此变得丰饶,这尤其意味着它应通过“勤奋与理性”个体的努力而变得丰饶(Locke 1988, p. 291)。与霍布斯理论的对比可以阐明这一点:在霍布斯式自然状态中,人类受到恐惧、激情的驱动,因为他们意识到自己的脆弱处境及可能遭遇横死的风险而担心自己的生

25

存;但在洛克的自然状态中,人类一开始就受到个人利益驱使下的生产性关切的推动。正如麦克弗森(C. B. Macpherson)恰如其分地指出,洛克的人类是“占有性个体主义”的化身。

于是毫不奇怪的是,洛克社会契约论的核心,便是财产。不过他面对的挑战是如何能够从自然状态的“原始共产主义”出发,解释和证成包含**不平等**的市民社会。在《政府论(下篇)》(*The Second Treatise on Civil Government*, 1689)中,洛克基于这些目标重构了私有财产的起源。核心的初始假设就是自我所有权,即每个人拥有他自己的身体,生活于起初不被任何人所有的环境(地球)中,因为该环境是被赋予给所有人类的:“尽管地球,以及一切低等造物都是所有人类共有,但每个人对其自身拥有财产权。对此,每个人具有排他性权利。”(Locke 1988, p. 287)因此,自然被视为公有的事物,通过每个人具有的个体劳动和财产而得到耕作与改善。历史情境构成这一财产观念的背景。洛克著书立说的时代是在所谓的“圈地运动”之后,当时大量土地被圈定并依次转变为私有土地,据说这是为了增强其肥力,进而提升其价值。在此背景下,洛克假定公有的事物要么会消亡,要么不会得到充分开发,但个体利益会促使人们增加其财产价值。正是这种利益推动人们改善他们共同接受的馈赠。

因此,正是通过“身体劳动、双手工作”(Lock 1988, pp. 287-288)而获得了财产:“于是对他从自然提供的状态中移出或留有的任何事物,他都混入了自己的**劳动**,增加了属于他自己的某种事物,因此使之成为他的**财产**。”(Locke 1988, p. 288,强调为原文所加)易言之,劳动与自然的混合,构成了拥有一个事物财产权的原始资格。洛克认为劳动是这样一种过程,它改变了一个事物在自然中一开始模糊不清的状态,并为订立社会契约**前**财产的获取提供了基础。重要的是,这种获取并不依赖他人的同意。这是一种自然过程——个体对自然的加工——产生出人们对自己财产的权利。

26

不过在财产使用方面存在约束:每个人要服从如下律令,即能够使用多少财产,便应获得多少财产。一方面,过度生产会导致得到使用的物品被浪费;另一方面,对共有财产的使用只有“为他人留有足够且同样好的共有份额时”才是可以的(Locke 1988, p. 291)。[这便是诺奇克(Nozick 1974)说的“洛克的限制条款”。]但洛克并没有将此视为对财产获取的最终约束,而是引入了一种契约论设计,使得财产更加丰饶、劳动更具成效。在随后的财产积累阶段,洛克将劳动与财产一分为二。经过最初的利用,尽管存在自然约束的观念,可是人们却产生一种潜在的共识,那就是**无限**积累财富既是可能的也是可欲的。从这个角度来说,获得财产的法定权利,既具稳定性也可通过合同转让。

这一阶段中,出现两个创举来稳定上述社会发展。第一个创举是人们就一份正式构成社会的社会契约(*pactum associationis* ,结合契约)达成合意。摆脱自然状态的主要动机便是个体利益:从每个个体的角度来看,走出自然状态是合乎理性的,因为该状态下源自自然权利的主张可能得到承认但却无法受到制度性保护,而公民国家则会有组织地保护个体自由与财产。进而人们就第二个契约(*pactum subjectionis* ,服从契约)达成合意,它涉及公民政府的制度,它的任务是以制度性权力立法并执法。政府的目的从一开始便得到了清晰界定:保护生命权、自由权与财产权。但如果生命和自由与人的所有权密切相关,我们可以将政府的主要目的总结为保护私有财产。洛克以守夜人的比喻来描述政府的职责并非偶然。如他著名的总结:“人们联合构建国家、将自己置身于国家之下的伟大且首要的目标,就是保护他们的财产。”(Locke 1988, pp. 350-351)

第二个创举就是货币,它允许财产流转,因此使得交换经济得到发展。这是洛克推理中的关键部分,因为引入货币得到了共识支持,被视为一种中立行为,其目的是允许无限的财富积累。如果自然状态中过度积累的问题是导致物品浪费,进而违背上帝改善自然的律令,那么使用货币便是一个聪明的创举,因为无论一个人积累多少货币,它都不会变质。如洛克所说,“因此使用货币使得如下长久不变的事物出现,即人们可以保存货币而不浪费,同时使得基于彼此合意的交换真正发挥作用”(Locke 1988, pp. 300-301)。极具重要性的是,货币与政府的确立都被认为建立在同意之上,但财产的原始取得并不需要。

洛克提出的对货币兴起的重构,没有将货币视为交换价值得以实现的条件(有关交换价值的更多细节,参见第一部分第五章“法律、阶级和冲突:卡尔·马克思”),而认为它是一种中立的工具。洛克将劳动与货币拆解开,也就以此斩断了劳动与财产之间的原始关联。结果就是财产与财富方面的不平等得到了如下辩护:这一方面体现为承认可以交易财产的法律权利,另一方面体现为引入交换价值及其度量单位也即货币时,虚拟了潜在共识。因

27 此，施加在财产所有者个人劳动方面的自然约束，可以下述方式得到克服：允许所有者利用他人的劳动果实，而方法则是通过交换，也即工薪劳动。

不同于所有人共同拥有上帝的馈赠这种“原始共产主义”，洛克的立场是法律能够证成和维护财富不平等。因为保护财产是政府“伟大且首要的目标”，财产的不平等分配因此便不是问题：政府的职责在于通过“稳定且众所周知的法律”构成的体系来保护源自市场行为的任何财产分配。可能**无法**“为他人留有足够且同样好的共有份额”就不再是政府与法律的一个关切。

需要强调的是，根据洛克理论，一旦国家通过社会契约建立，政府与被统治者之间的关系就不再是契约性的了。更准确地说，它们的关系最好用另一个私法领域术语，即**信托**（*trust*），加以描述。这源于如下事实，即与霍布斯的“转让”契约不同，洛克的社会契约是一种**委托**（*delegation*）契约（Loughlin 2000, p. 165）。政府受托完成人民授权给它的任务——保护基本权利——并以有限的方式即通过一般性的法律规则为之，这些规则由公正的官员加以解释，并以可预测和负责制的方式得到实施。对洛克来说，法律条件对于公民稳定地享有权利和自由而言必不可少。好的政府因此就是有限的政府；有限政府是指在目的与手段方面的有限。这些条件确保了主权者的权利一直是负责任的，并受到法治原则的约束。

从这一论断还可推出公民另一项重要的新权利。既然人民授权给政府的是有限的目的与手段，如果政府超出这些界限——换言之，政府背弃了对它的信托——公民有权抵抗政府的行动。洛克明确地理论化了抵抗权，它赋予公民推翻政府并成立新政府的机会。他谨慎地指出，这种权利只应在最糟糕的情况下得到运用，在此情况中公民的生命权、自由权和财产权不再可得到安全的保障。同样，这与霍布斯主权学说的差异非常明显。在后者看来，主权者权力的瓦解使得社会重回自然状态。由于这一状态包含的可怕情形（比如，陷入内战），霍布斯相信拥有政府总是要好于堕入自然状态。洛克的哲学却没有为非自由主义的政府留有任何余地。如果政府染指公民权利，特别是如果它未能保护个人财产权，那么公民就有正当理由反抗它。或许美国《独立宣言》（Declaration of Independence）中美洲殖民地居民反抗英国政府的著名呼吁，无与伦比地体现了洛克的这一理论：

我们认为这些真理是不言而喻的：人人生而平等，造物者赋予他们若干不可剥夺的权利，其中包括生命权、自由权和追求幸福的权利。为了保障这些权利，人类才在他们之间建立政府，而政府之正当权力，是经被治理者的同意而产生的。当任何形式的政府破坏了这些目标时，人民便有权力改变或废除它，以建立一个新的政府。

总结一下。如我们所见，洛克的先在于社会契约的自然权利学说，被用来证成有关财产和国家的自由主义理论。在他的法律秩序观念中，建立政府和实证法是保护人们自然权利的一种方式，自然状态下人们享有这些权利，却并不安稳。因此人们决定要服从于实证法（通过构造社会契约），因为他们明白为了保护自己的权利，在一定程度上干预其自然自由是必要的。需要注意的是，摆脱自然状态并不需要人类的任何转变。他们甚至在建立市民社会与政府后，都还是自利的行动者。总而言之，洛克认为实证法是对个体自由的干涉，但却是必要的干涉。人们需要忍受政府在一定程度上的侵袭，以便看到他们的期待得到稳定、权利得到保护。其中后者代表了与政府关系打交道时个体的屏障。不过一旦个体及其财产要受到“一连串的暴行”，公民就不再信任政府，反抗权便得到证成。因此洛克相信，只有有限政府，也即制定严格必要数量法律的政府，才是真正具有正当性的。这种权利观，对于当下基本权利与人权的现代观念不无启发。 28

四、卢梭：法律是平等与自我统治的中间环节

1712年出生于日内瓦的法语哲学家让-雅克·卢梭（Jean-Jacques Rousseau），是我们社会契约论传统中的第三位经典思想家。不过我们会看到，卢梭有关社会契约的立场极为特殊，以至于我们会质疑他的学说是否可被认真地视为一种契约论。实际上，他使用自然状态与社会契约设计，并不是为了建构和稳固保护人们生活的法律秩序（这是霍布斯的目标），也不是为了保护财产（这是洛克的目标），而是创造平等与集体的自我统治。

卢梭关心的并非自然状态本身，因为他并没有将之刻画为本身充满危险的状态，或具备完全成熟且和谐的自然权利的空间。众所周知的是，卢梭以如下论述展开《社会契约论》（*The Social Contract*，1762）这部杰作：“人曾生

而自由,却无往不在锁链之中。"(Rousseau 1994, p. 45)这说的是为了市民社会的羁绊,自然状态中的自然自由已经失落了。人们为什么会这样丢失自己的自由?卢梭相信,邪恶的倾向或仅以自私自利的动机行动,并非人类这一物种不可逃脱的宿命。他有关社会契约的论说,呼应着他的前辈们,因为他共享着一种个体主义前提,后者建立在人类面对自然状态的不可欲时具有的策略理性(strategic rationality)之上:

> 我作出如下假定,在人类发展中存在某个时刻,此时人类在自然状态中自我保存的困难太过巨大,以至于任何个体为了在此状态中保存自身而施加的力量都无法克服。原始状态因而无法再维持下去,如果不改变其存在模式,人类这一物种就会灭绝。
>
> (Rousseau 1994, p. 54)

29

卢梭这里运用成本收益的概念来解释人类为何选择社会契约。理性行动者将之视为有利的交易:

> 个人在社会契约中没有真正放弃任何东西……他们不是放弃这些事物,而仅仅是进行了有利的转让,以不确定且危险的生存方式交换更好且更安全的,以自然独立性交换自由,以伤害他人的权力交换他们自身的安全。
>
> (Rousseau 1994, p. 70)

不过读者很快会发现,这种个体主义的话术具有误导性,它被策略性地利用以使卢梭自己位列社会契约传统之中。事实上,在他这部杰作中发挥作用的是另一套逻辑:它实际上正是通过否定个体自主性——也即通过完全否定拥有自由的自然权利——实现社会契约。只有完全交出个人的自主性,社会契约才成为可能:

> 如果个人保留了某些权利,在他们与公众之间就不复存在共同的更高权威来作出判断,每个人就会在一些问题上作出自己的判断,并很快会渴望在所有问题上都如此:自然状态就仍有效力,人们之间的联合必然会要么沦为独裁,要么了无意义。
>
> (Rousseau 1994, p. 55)

实际上,除了仅仅运用策略理性之外,卢梭的社会契约论还包括更多内容。从自然状态向社会的过渡,并不是受到个体自主性和个人利益的推动,而是源自共同利益的一般约束。社会契约被视为如下问题的答案,即何种联合形式既能够使得人们统一,同时又由于人们只服从自己的命令而保有自由。卢梭的目标是证明只有一种每个人将自己交给所有人(因而也是没有交给任何人)的社会契约,才使得基于共同善的联合形态成为可能。公共利益相对于个人利益的优先性,由社会契约的变迁得以证成。这种变迁不是外部运动——比如,同某个他人达成合意的简单行动(或至少不止于此)——而是一种内在过程:一个人身份的转变。将个人权利完全转交给整个共同体,无疑给主体带来深刻改变,这对超越卢梭的社会契约论而言是必不可少的,并因此预示了对工具理性及其有关社会关系的还原性描述的批判。

相比于霍布斯和洛克,卢梭的社会契约论浸染着人类学色彩。个体诞生于社会契约,并被彻底转变为一个公民,"行为上的公正取代了本能,并赋予其行为先前或缺的道德品质"(Rousseau 1994, p. 59)。这种转变意味着道德地位的获致。从这个角度来说,卢梭的工作旨在超越(如果不是要彻底清除的话)自由主义式的社会契约:克服腐朽和无能的自由主义(经济)自主的唯一方法,就是基于公共利益优先以及平等的强立场和实质平等观来构建一种不同的社会存在。在此,卢梭引入了他的公意(*volonté générale*)学说来克服以个人利益为基础的决策。通过引入公意,就可以为社会契约下一个本质定义:**"我们每个人将自己的人身及其共有的所有权力置于公意的最高指引下;我们作为一个整体将每个成员视为全体不可分割的部分。"**[Rousseau 1994, p. 55(强调为原作所加)]为了理解公意,颇有帮助的是将之与"众意"加以比较。后者指的是一个共同体中每个公民及每个公民意志的加总。意志并不受公共利益决定,而是取决于个体利益的内容。基于众意作出决定的结果,不过是不顾共同善的意志的加总。但公意引入如下观点,即共同利益是形成每个意志的动力。换言之,在决策政治事务时,公民不应当根据自身非常具有私人利益意味的偏好形成他们的意志,而是应当秉持所有人(也即整个共同体)的利益作出决定。公意为人民主权理念提供了基础。事实上,主权"只是公意的执行,永远不可转让,除了自身之外无法被其他事物代表"(Rousseau 1994, p. 63)。这是因为借助公意,人们同时既是主权者决策的主体,也是其对象。

30

卢梭相信,法律在基于公意创制政治秩序中发挥着关键作用。只有通过立法,人们才成为主权者;只有通过立法,使人民本身成为法律的对象,自我统治才能实现。因此,立法权“属于人民,且只能属于人民”(Rousseau 1994, p. 91)。此外,法律对实现自由也不可或缺:只有当人民遵从自己制定的法律时才是自由的。卢梭(不像霍布斯和洛克)持有一种积极自由的立场。自由被界定为积极的,是因为它并非外在干涉的免除,而是自主的自我统治。具有一般性的法律既然如此重要,必然有其独特之处。卢梭对于法律的界定对于现代法律学说而言非常重要:

> 当全体人民对全体人民作出规定时,他们考虑的是他们自己,这时,虽然形成了一种双方关系,那也只是从某个观点来看的整个对象对从另一个观点来看的整个对象之间的关系,全体并未因之分裂。这时,由于作出规定的行为者是公意,它所规定的事情就是一般性的。正是这种一般性的规定,我称之为法律。当我说法律的对象永远是一般的,我的意思是说法律所考虑的是全体属民和抽象的行为,而绝不考虑某个个人或某个个别的行为。因此,法律可以规定某些特权,但它绝不明确规定把这些特权授予哪一个人。
>
> (Rousseau 1994, p. 74)

于是卢梭区分了法律和命令(decrees)。法律是公意的行为,因此其对象是一般性的;但命令针对特定对象或个体。

31

此外,卢梭社会契约学说中还有三方面内容证明了从自然状态创造社会的自由主义契约论逻辑的不足。首先,“立法者”这一形象(人们认为立法者制定了基本法律,并提交给共同体获得准许)不在社会契约范围内:为了建立妥善的宪法,外在于社会的立法者必不可少。尽管立法者的性质是一个谜,它对社会契约而言具有的根本必要性以及它主要外在于社会契约的存在,否定了社会契约建立在个体自主性上这一观点。其次,主权诞生后,它的权威必然会扩张并得到保护。在此意义上,卢梭清晰区分了主权和政府。后者被界定为“属民和主权之间的中介性实体,以确保两者间彼此一致,同时承担实施法律、维护社会与政治自由的任务”(Rousseau 1994, p. 92)。政府既然与行政权相关,它就需要被赋予力量。不过正是由于这个原因,卢梭指出政府的活动要受到约束。卢梭青睐“有限政府”,但与洛克不同,他并不支持保护个体权利的理念。准确地说,他认为有限政府对于保护主权的权威来说必不可少。最后,根据他对民众习俗和道德所发挥作用的描述,卢梭显然认为国家法律反映着一种具体的共同体气质。法律显然在双重意义上是“一般的”:首先,其主体和对象是一般的;其次,其依赖于需要基于具有一般性的公民习俗和美德。公民也需要培育一种对政治共同体的依赖,因为他们的行为是对抗任意妄为的政府权力的最终屏障。

1. 积极自由和实质平等

自由和实质平等的综合构成了卢梭的核心关切,要探究其原因,就需要了解他对政治经济学的批判。这并不是说卢梭完全解决了自由与平等的关系。近来,弗雷德里克·诺伊豪泽尔(Frederick Neuhouser, 2013)提出如下强有力的论断,即平等(特别是经济平等)在卢梭法律理论中只具有工具价值,只有自由具有内在价值。这种解读尽管无法排除,但却小看了实质平等在塑造卢梭法律与政治哲学中发挥的作用。

为了避免误解,有两点一定要强调。卢梭自己提到,实现完美的实质平等是不可能的:“就平等而言,一定不要认为这个词意味着权力和财富程度应当完全一样。”(Rousseau 1994, p. 87)平等具有非常重要的实质维度,但它无法通过严格的数学计数加以衡量。按照这个原则,卢梭也承认存在不同形态的实质平等——比如在一些情形中,用后来社会理论家皮埃尔·布迪厄(Pierre Bourdieu)的术语,象征资本或社会资本才是关键,而非物质福利。从卢梭有关私有财产作用的讨论中清晰可得,平等直接与生存条件有关,但不止于此。权力和教育的平等,是塑造特定类型公民的固有之意,没有这类公民,真正的政治秩序就无法获得。

32

紧接着第二点是说,平等在卢梭著作中发挥着主导作用。一个很重要的层面是,平等构成卢梭批评现代社会化形态的基础。在规范性层面,它是其法律秩序理念的基石:

> 基本公约不仅没有摧毁自然平等,反而以道德和法律的平等取代了自然所造成的人与人之间身体上的不平等;因此人与人之间虽然在体力和智力上不平等,但由于公约和权利的保证,他们人人都是平等的。
>
> (Rousseau 1994, p. 62)

换言之,平等在其著作中发挥双重功能:揭示现代社会政治经济学的不足,为更彻底的立法形式提供基础。

洛克的财产学说最为明确地体现出，上述对于实质平等的强调，在很大程度上依旧不见于古典自由主义哲学传统之中。强调实质平等的最终结果，体现为对社会和法律秩序关系看法的转变。从这一有关卢梭著作的解读中，可以学到：现代社会发展导致特殊利益与自我利益占据主导地位，限制了同如下更加真诚的参与形式加以调和的可能，该形式中包含着个人与集体参与（自我统治的价值）和有关平等的主张（正义价值）。

2. 洛克与卢梭：财产问题

把握卢梭针对现代法律提出的替代性方案的最好方法，是分析财产权如何得到界定。正是在这方面，我们可以看到卢梭的法律哲学如何演绎自他对古典政治经济学的批判（尽管卢梭自己了解多少现代政治经济学是有争议的）。简言之，关键对照是洛克的自由主义法理论被构建为保护私有产权的工具。当然，要仔细分辨洛克对财产权概念的使用，因为这个词在广义上通常包括自我所有权的意思。如前所述，在此意义上，财产权扩展到了生命、自由以及房产或物资方面。

但不同于洛克，卢梭的法律理论并不是保护有关财产的自由权利的工具。它以共同利益为取向，假定私有财产衍生自后者。这一对照集中体现在它们各自对土地的看法上。它包含两个方面，都反映在《社会契约论》中，在此卢梭讨论了财产特别是土地的标准：

> 一般来说，要认可最先占有者占有某块土地的权利，就必须符合这样几个条件。首先，这块土地尚无人居住；其次，他只能占有为了维持其生活所需的数量；再次，对于这块土地的占有，不能单凭某种表面的仪式，而是要凭他的劳作与耕耘——在缺乏法律观念的情况下，这两项是财产权受到他人尊重的唯一标志。
>
> （Rousseau 1994，pp. 60-61）

33

第一个主题是根据每个人的需求来约束私有财产。这一主题通过《论人类不平等的起源》（*A Discourse on Inequality*，初版于 1755 年）与每个公民及其家庭的生存所需相关。生存的标准发挥两方面作用：它是一个不可逾越的门槛，但也引入了获得独立性的最低必要标准。这就如转让自由这个情形一样，转让生存必需的最低数量的土地是无效的。这是如下这种具体自由观的基础：没有最低限度的财产，就无法实现自我统治，因为支配关系轻而易举地弥漫于整个社会。

第二个主要差异是劳动成为财产原始获得的正当性来源。在原始获得土地后，洛克引入使用和改善土地的条件，将注意力转移到土地肥力的保持，以及通过契约和金钱运用他人劳动的可能性方面。但卢梭认为个人劳动一直都是财产权的正当性因素。因此，财产权源自人们使用和保持财产的持续性个人劳动，它是"所有权的唯一标志"。这确保了生产周期直接与消费和生存而非积累相关。正如他在《论人类不平等的起源》中强调的，这一巨大转变发生在如下时刻：人们决定开始出于未来而非即刻消费而积累资源，工具理性为一种自主的经济活动形态提供了空间。

不同于洛克有关社会不平等的正当性的平和论调，卢梭认为在社会分化过程中萌生了人类将会堕落的种子。劳动分工、不平等的财富分配以及一种扭曲的自尊心（自私，*amour propre*）出现，逐渐与社会共存。卢梭富有戏剧性寓意的论调认为，财产具有腐蚀性，是通向平等目标的障碍，这与洛克对私有财产出现的平和论断大相径庭：

> 自从一个人需要另一个人帮助的时候起，自从人们觉察到一个人拥有两个人食粮的好处的时候起，平等就消失了，私有制就出现了，劳动就成为必要的了。广大的森林就变成须用人的血汗来灌溉的欣欣向荣的田野，不久便看到奴役和贫困伴随着农作物在这里萌芽和滋长。
>
> （Rousseau 1984，p. 116）

与洛克的自然主义方法形成对照的，是卢梭提出的有关劳动的历史分析：劳动从一开始就被视为一种社会建构。在卢梭看来，财产的使用在社会语境中获得其意义。正是财产使用与社会共同善的功能性连接，证成了所有者与被视为他们"财产"的事物之间的关联。

卢梭的法律和政治哲学尽管不乏争议，却成为民主主义者和共和主义者灵感的不竭源泉。特别是他的作品被许多法国革命家推崇为重要参考（Furet 1981，p. 31）。有关他的影响的一个典型例证，就是1789年《人权与公民权宣言》（Declaration of the Rights of Man and Citizen）第6条："法律是公意的表达。"更明显的是，卢梭的法律与政治核心概念出现在雅各宾派起草的《元年宪法》（the Constitution of the Year I，它从未正式生效）。制定该宪法的主要推动力体现在人民权力被赋予的角色上。卢梭的理论在所有对民主 34

法律秩序感兴趣的人眼中,已成为不可忽视的贡献。

阅读文献:

霍布斯的《利维坦》(1996),特别是第13章至第31章,是核心阅读文本。有关霍布斯的二手文献众多,但昆廷·斯金纳(Quentin Skinner)的作品总是充满洞见[比如可以读他的《霍布斯和共和主义自由》(*Hobbes and Republican Liberty*, 2008)]。登特列夫(1951)很有帮助地将社会契约论置于历史语境之中。有关主权这一概念与观念演变的更一般性的论文集可参见沃克(Walker, 2003b),罗伯特·杰克逊(Robert Jackson, 1999)的历史学论文对于理解《威斯特伐利亚和约》以及欧洲主权的新版图尤有助益。

洛克的《政府论(下篇)》是阅读其著作的起点。拉斯利特(Laslett, 1988)撰写了有关洛克的优秀"导读"。有关占有性个人主义可参见麦克弗森(C. B. Macpherson, 1962)的作品。对洛克财产学说的批评,可参见塔利(Tully, 1980),沃尔德伦(Waldron, 1988, ch 6)以及米克辛斯·伍德(Meiksins Wood, 2012, ch 7)。诺奇克(Nozick, 1974)提出了知名的当代版洛克政治理论,爱波斯坦(Epstein, 1985)提出了一种有关洛克财产权的学说。

施克莱(Shklar, 1969)提出了富有洞见的卢梭社会理论导读,欧哈根(O'Hagan, 2003, pp. 112-125)为卢梭法律理论中意志的角色提供了一个概览。有关卢梭哲学中平等和不平等的分析,可参见柯恩(Cohen, 2010)和诺伊豪泽尔(Neuhouser, 2013)。布鲁克斯(Brooks, 2005)编撰了关于卢梭法律观的很有帮助的文集。黛拉·沃尔普(Della Volpe, 1978)比较了卢梭与马克思。

第三章　法律和市场体系的兴起

我们将在本章更详细地讨论资本主义发展巩固的经济社会语境。我们会尤为关注推动这一发展的法律条件,并考察该发展带来的一些社会影响。 35

18 世纪末,工业革命使得欧洲社会生产力得到迅猛提升,但与此同时,欧洲普通人的生活可能遭遇着前所未有的激烈动荡。我们将会看到,由于帝国主义的全球扩张,不同形态却彼此关联的动荡扩散到世界诸多地区。市场经济的流行与经济系统的扩张开始在不同时期出现,并且由于欧洲不同地区各具地方特色的文化与劳动实践而呈现出不一致的步调和形态,此时现代性的进程得到极大推动,并与它们的出现紧密相关。这一切的发生,与前现代的、前资本主义的或传统的社会形成鲜明对比。前现代社会的生活方式依靠农业且主要在农村,现代社会则是工业化的,围绕资本主义经济组织起来。如果说传统社会的基础是与家人和熟人在小范围、自足共同体中的面对面互动,那么现代社会的基础则是不同形态的、经过中介的沟通,并且典型的经济交易形态是与陌生人交易。如果说传统社会基于对巫术的信念而得到组织,并且宗教或神秘符号在社会生活组织中发挥重要作用,那么现代社会的特征是否定宗教的重要性,并相信运用科学可以扫除社会和自然世界的神秘。

从前现代向现代社会、从封建社会向资本主义社会的转变,既是革命性的,又不乏焦虑紧张。一方面,市场引入了自己独有的动态机制,使得人们围绕新的沟通和交易技术联结在一起,这直接对立于封建主义欧洲传统社会的封闭形态,后者在挑战等级制度和吸取智慧方面机会有限。扩展知识的新机会以及价值的多元性,与工业区和城市环境的兴起相伴而生。但另一方面,生活与地方性语境的剧烈脱嵌,动摇了人们对支配其社会生活的价值体

36 系的依赖，并且随着人们逐渐涌入工业城市的工厂工作，那些无法找到工作或被解雇的人受制于饥饿的真实威胁，也发展出对工厂主和工业大亨的具有严重后果的依赖。一种和新的不安绑定的新的自由，构成了有关现代性的全新社会体验。这些转变具有持久的影响力，不仅影响着我们的生活方式，也影响着我们对自身的认识以及我们对自己和所处世界关系的认识。实际上，由于思想家试图理解自身正在经历的社会变迁的性质，社会学——有关社会的科学——植根于18世纪和19世纪的思想便毫不奇怪。

让我们更细致地考察市场体系的兴起。18世纪90年代到19世纪30年代的英格兰和南苏格兰，生产和经济历经了天翻地覆的变化。就农业来说，地主和耕种土地的佃户之间的关系越来越采纳租赁模式，地租不再像过去那样由习俗或法律来固定，而是开始遵从市场条件，灵活可变。在佃户承受竞争压力的地方，发展出了新兴农业资本主义，这意味着佃户需要提高生产率，依靠农业的"改善"并从农场上为他们工作的雇佣劳动者身上赚取更多价值，以便在实际上已成为租赁市场的环境中存活下来。这种引入的竞争使得可以称作纯粹经济形态的强制得以可能实现，因而它出现在英国；但在欧洲大陆其他地方，特别是法国，地主阶级需要动用政治和军事形态的强制力来监督佃户，并维持工业生产模式的条件；在英国，强制力掌握在市场法则手中。

1790年到1830年的几十年，也标志着人口从乡村到工业区的史无前例的大迁徙，结果到1830年，城市人口占比上升到40%（与之对比，同一时期法国有95%的人口居住在乡村地区）。那些在围绕着"血缘和土地"组织起来的老共同体中无法继续维持生计的人们、那些生产和交换物品的能力在当地受到束缚的人们，蜂拥而至工业区，导致史无前例的地理流动，以及城市的飞速发展和社会生活方式的巨大变迁。我们认为工业革命意味着技术的飞速发展、机器得到使用、工业区兴起、贫民窟出现、儿童长期劳动、污染增加以及工业集聚。一系列因素导致了这些发展：瓦特发明推动机器的蒸汽机当然位列其中，它就如创新的机遇和财富积累的动力一样，为劳动分工的深化和生产过程的专业化提供了非比寻常的全新契机。在这一问题上我们不再多言。相反，为了理解生产力提升的程度、社会动荡的规模，我们必须回头看看制度如何设定了这一转型的最初条件，进而从文化方面探究市场心智的兴起。接下来我们将考察这两个维度：

1. 制度方面：法律在这些发展中发挥的重要作用。

2. 文化方面：一种新的市场心智如何得到造就而创造了新的资本主义精神。

一、制度维度

37

在约翰·洛克对财产权的辩护中，我们已看到他的学说至少部分上是从反对“浪费”角度来证成财产权的。以“改善”的名义圈定不然就会被浪费的财产，英格兰都铎王朝的立法废除了人民对土地的共同所有权。圈地法案的通过，废除了共同使用权和习惯法上的使用权，剥夺了人民获得公有土地及其资源的权利，因此实际上剥夺了他们传统的生活来源。1760 年到 1830 年间，英格兰总共圈定 600 万英亩的公有土地，使得农业人口转而依赖货币工薪。同样，在苏格兰，18 世纪中期到后期以及 19 世纪早期的高地圈地运动，强制驱逐苏格兰高地和西部岛屿的居住者，使得传统氏族社会解体，苏格兰农村人口减少的状况开始出现。其中最恶名昭彰的部分出现在 1810 年到 1820 年间，驱逐了成千上万个家庭，焚烧了他们的村社和大牧羊场的设施。在这些过程中，资本主义现代社会的新阶级登场，它们按照市场中的租金和薪水的经济逻辑组织起来，并以下述方式两极分化：一部分是拥有生产资料并因此掌控农业和机器大生产的人；另一部分是除了他们的工作能力外没有其他谋生手段，只能委身于资本家以交换生活资料的人。

我们需要区分这一转型过程在政治和法律层面得到制度化的两种路径。一方面，这一从封建生产形态向资本主义生产形态的转变，受到国家运作、常规以及有时超常规运用的暴力的政治影响。这一转变中出现一个政治过程，新兴的资产阶级以此逐渐使得国家工具服务于他们自己的目的。另一方面，从法律上看这一过程密不可分地同如下因素联系在一起：新型财产权的创制、习惯法权利和特权的废除，以及劳资关系的规制。因而，如卡尔·马克思所说，从政治上看，国家权力被用来“如同在温室一样，加速封建生产形态向资本主义生产形态的转型，并缩短这一转变过程”（Marx 1865/1990, pp. 915-916）。与此同时，这一政治过程得到彻底重塑财产组织关系方式的法律的背书和支持。在穷人依靠土地使用权维持自己独立生计的地方，出现了深刻的法律转型。用爱德华·汤普森(Edward Thompson)的话说,农村人正目睹“恰恰是维持日常家计的支柱……受到侵蚀”,因为一系列立法“标志着法律人士逐渐转向绝对财产所有权的观念,法律厌恶使用权的混乱复杂”(Thompson 1977, pp. 240-241)。立法和法律工具有效地迫使人们离开“共有土地”,进入工薪劳动。在这个有时被称为“资本主义前史”的时期,“圈地”法案在英格兰伴随着法律对流浪、乞讨、流窜等任何可被视为“脱离”工薪劳动行为的严厉禁止。1723 年的《黑匪法》(The Black Act)创制了 50 种新死刑罪名,“标志着 18 世纪报应刑洪流的巅峰”(Thompson 1977, pp. 206, 223)。由于后续立法的支持,以及策略性司法解释的发展(参见 Hay 1975),它成为一种强有力的压制工具,用来惩罚比如对“绅士表现出恶意”之人,通过力图消除大众对不满的任何表达而强化了维持稳定的手段。

38

土地上市场的出现,使得佃户竞争使用权;劳动中市场的出现,使得无产阶级竞争工作岗位。这的确带来了一种不依赖政治手段的经济强制力,但我们不应忽略法律制度和国家为这种新型生产关系背书和提供支持的方式。制度性支持既可以被理解为内在的,也可以被理解为外在的。我们可能会认为“内在的”是对资本主义所依赖的新型交易方式而言,制度性支持是推动性的,甚至构成性的,此时不同的契约和财产形态得到转换以便资本主义交易得以可能:财产权的对象被扩展到包含劳动,也即一个人的工作能力。这就如财产权的“示例”被扩展为包含比如“可转让性”一样:财产成为可在市场中自由交换的商品的所有权。不过法律也为资本主义制度提供了外部支持,比如通过刑法来维护市场统一,包括起初通过反对乞讨等行为的严酷立法(上文中的《黑匪法》),通过司法有选择的起诉来监督“主人和仆人”的非对称关系(下文会更详细谈到),以及整个 19 世纪对工人联合和团结的禁止。艾伦·米克辛斯·伍德将法律的功能总结如下:

> 法庭将所有者盈利的权利置于诸如非所有者长期享有的习惯法中使用权,或生活权等其他各种权利之上。特别是在法国大革命的唤起下,政治当局以更粗暴的态度纠正不公正的价格和市场行为。换言之,国家的强制力被要求用来实施市场的强制力。
>
> (Meiksins Wood 2002, p. 62)

渐渐地,法律开始全面规制劳动条件——它包含诸如工作日时长以及薪资水平等问题。毫无疑问的是，这里的诸多法律工作都旨在增进资本积累，以至于就连亚当·斯密都会说："无论立法机关何时想要规制业主及其工人间的不平等(differences)，它的顾问们总是由业主构成。"(Smith 1976, p. 157) 1823年的《主仆法》(The Master and Servant Law)实际上并不符合任何意义上两者间的形式平等。它规定，业主一方违反契约是民事犯罪，但雇工一方违反契约却是刑事犯罪，要受到多达3个月的监禁和苦工的惩罚。[有证据表明，由于1823年的《主仆法》，每年大约发生10000件诉讼(参见 Doogan 2009, p. 106)]。不过对阶级关系的规制也有更仁慈的形态，比如19世纪中叶的工厂立法，就是保护工人的，并且实际上使得工人权力在物理意义和道德意义上获得巨大重生，对此马克思展开过持久分析(Marx 1865/1990, pp. 406-408)。不过，认为回应18世纪晚期和19世纪早期英国工业行为(它导致工厂工人普遍精疲力竭、时常死亡)的保护性立法，构成保障劳动力再生产的方法却并非牵强附会。 39

在上述过程中，我们见证了**市场社会**的兴起和巩固。制度性变革与经济思维的变迁紧密相关，清晰无误地同阶级关系的新形态以及新商人阶级的兴起彼此相连，后者的力量是经济性的，通过他们的购买力得到行使，热衷于迫使社会的重要资源进入交换领域。这些发展都离不开对于这个时代的文化想象的滔天巨变，这便是我们可称之为的新**市场心智**。

二、市场体系

如肯尼斯·加尔布雷斯(Kenneth Galbraith)在讨论经济学史时指出，如果亚当·斯密是"工业革命取得成就的先知，是其主导规则的来源"(Galbraith 1998, p. 58)，那他在1776年出版其最为知名的著作《国富论》时，就本不会有太多机会感受到工业革命所带来的巨变。显而易见的是，当时有机器生产厂房和矿井，但却既没有大工厂，也没有生产的提升。可是斯密却先知般着迷地描绘了极大提升资本主义企业效率的劳动分工与专业化。在一个著名段落中，他如此描绘机器生产大头针的工厂中的劳动分工："一个人抽出金属丝，另一个人把它拉直，第三个人再把它切断，第四个人让它变尖，第五个人打磨它的顶部以便安上钉帽；制作钉帽需要两种或三种不同的操作。”劳动分工带来的史无前例的效率和巨大提升的生产力,以及人类“交易、交换和以物易物的自然倾向”构成了商业活动的基础,并成为这一新体系动态机制的核心。斯密不仅对其推动生产力提升印象深刻,而且在这一早期阶段,斯密就强调了如下这个重要矛盾:新工作方法支配工人生活与心智的能力。工人工作分解为简单的重复劳动导致了精神缺失,并使得他们丧失了对自己的工作与最终产品关联的认识:这种断裂——或如马克思所说,是一种**异化**——在资本主义生产的后续历史中具有重要意义。

斯密基于这些洞见构建了经济学的“主导规则”。这一科学的基础,建立在对人类最大化自身效用、出于自利而行动的自然动机的理解之上。他知名的表述是:“我们的晚餐不是得自屠夫、啤酒商或面包师的仁慈,而是源自他们自身的利益。我们不是诉诸他们的人性,而是其利己自爱。”(bk 1, ch 2)此外,市场中对自利的竞争性追求,是公共善的来源。市场机制体现出个人利益之间紧密的协作。斯密将之比喻为“看不见的手”:“如许多其他情况一样,这里个人受到看不见的手的指引来实现一个不在其意图之内的目标。”(bk 4, ch 2)

通过赋予个人经济动机,论证价格机制与价值的关联,以及对自由贸易的肯认,《国富论》确立了市场体系的基础。在**经济人**学说中,斯密具有原创性和独创性地为我们勾勒了个人利益最大化和公共善之间的一致;“看不见的手”这个概念中包含着偏好和社会价值分配的自发秩序。当然,我们只能公允地说,在斯密看来,这些行为只发生在经济领域,无法解释道德和政治领域中美德行为的动机,更无法为一般意义的社会关系提供基础(比如,可参见 Veitch 2017)。如波兰尼所言,在斯密看来:

40

> **财富**仅仅是共同体生活的一方面,就其所服务的目的来看……他的著作没有暗示资本家的经济利益奠定了社会的法律……没有任何迹象表明,经济领域的出现会成为道德法则和政治义务的来源。
>
> (Polanyi 1944, pp. 111-112)

但是,这样一种非道德的、根本是反斯密式的经济学,还是来临了。

从历史上看,市场社会的兴起、市场心智的风行以及资本主义生产的增进,当然实际上没有多少是自发形成的。尽管斯密假定市场心智(交易、交换和以物易物的倾向)是人类境况的自明真理,既是自然的,也因而体现在整个社会历史中,但实际上“交易获得的利润和收益先前在人类经济中从未发挥重要作用。虽然在晚石器时代之后,市场制度相当普遍,可它对经济生活的作用不过是附带性的”,卡尔·波兰尼在《大转型》这部现代经济学史中如此论述。就如下洞见而言,这一分析仍未被超越:市场社会的创造与其主要资源(土地、劳动和货币)的商品化密不可分。有关斯密将营利动机的自然化,波兰尼写道,由于市场思维伴随资本主义经济在欧洲的扩张而占据主导地位,“回顾过往,可以说对于过去的误读从未被证明对未来有如此预见力”(Polanyi 1944, p. 43)。

马克斯·韦伯(Max Weber,他的论述我们会在下章更系统地加以讨论)针对这一艰苦过程为我们提供了抽丝剥茧般的社会学分析,通过该过程,市场心智取代了早前的情形,使自己成为经济思维的核心特征。在他出版于1904/1905年的第一部主要著作《新教伦理和资本主义精神》(*The Protestant Ethic and the Spirit of Capitalism*)中,韦伯指出新教信念,特别是路德的天职(calling)和卡尔文宗对于预选说的信念,构成了资本主义精神兴起的前提。韦伯的分析表明,物质生产并非完全由今天所说的经济理性掌控。他以纺织品生产为例,这是18世纪和19世纪英国及欧洲其他地区的核心产业。在19世纪30年代之前,该产业是工业生产与居家工作的个体劳动的结合,其中后者生产的产品占据更大比例。在19世纪30年代之前,人们难以相信家庭纺织工会彼此竞争或能够以市场——“理性”方式产生最大利润。韦伯在《新教伦理和资本主义精神》如此描述家庭纺织工的劳动:

> 他们的营业时间不长,大约一天五六个小时,有时则少得多;到了忙季,时间则长些。他们赚钱不是很多,但足以过上像样的生活,年景好的时候还可以存点儿钱。总体来说,竞争者之间的关系也相当好,他们对于经营原则保持着高度的一致……
>
> 这种(工业)组织形式,如果考虑到激励那时企业家的精神,就还是传统主义的:传统的生活方式、传统的利润率、传统的工作量、传统的劳资关系调整方法,以及本质上是传统的顾客圈子……
>
> 有一天,闲适自在的生活突然被打破了,并且常常是组织形式完全没有发生本质变化,比如向统一工厂、向机械纺织过渡等。相反,更常见的新情况则是,某个出身于包工制雇主家庭的年轻人来到乡下,仔细挑

41

选他要雇佣的织工,大大加强对他们的劳动监督,于是便把他们从农民变成了工人。另一方面,他开始尽最大可能直接接触终端消费者……他会调整产品质量,直接迎合顾客的需要和愿望。同时,他也开始引进薄利多销的原则。

这一理性化过程到处并且始终会一再产生这样的结果:那些不愿这样做的人只能关门歇业。在激烈竞争的压力之下,那种田园牧歌式的状态分崩离析了。大量财富积聚了起来,这些财富并没有用来放贷以赚取利息,而总是重新用于商业投资。从前那种闲适自在的生活态度让位于一种无情的节俭……

新的精神,即现代资本主义精神,开始发挥作用了。

(Weber 1930/1905, pp. 66-68)

新的经济思想施加的"无情节俭"如何占据主导地位,消除了汤普森所说的传统"道德经济"的老派生活方式的规范与期待,并代之以导致工人更长工作时间、雇主更多利润的"痛苦的竞争比拼",以上是一个绝佳的概述。

不过,尽管上述过程对于资本主义发展至关重要,同样重要的是要牢记劳动阶级在欧洲的出现伴随着从**殖民地**攫取财富,这种耦合关系使得资本主义在殖民地的宗主国获得了非比寻常的繁荣。对殖民地的剥削通常是抢劫和掠夺,但也有更为系统的方式:合法化从当地居民手中征用和圈定殖民地土地的行为,并向边缘地区输出资本主义体系。

为了满足资本主义逐利习性而无止境地追求原料、廉价劳动力和市场扩张,使得资本家在全球围猎机遇。在这些活动中,私人企业家根据需要,能够依靠源自帝国的行政、法律和军事资源。为了保持英国鸦片商的开放市场,英国海军在18世纪中叶对中国的枪炮轰鸣,就是一个最好的例证[这使得维多利亚女皇成为巨型国际贩毒集团的头目,成为当下美洲毒枭可望而不可即的存在(Galeano 2000, pp. 133-135)]。尽管秉持着正当的"3C"诫命——商业(Commerce)、基督教(Christianity)和文明(Civilization)——殖民主义日常的野蛮记录数见不鲜。不过这些行径的极端残暴,不应使我们忘记殖民统治日常运作中的"常态"暴力。

42

尽管存在重要差异,帝国征服者将殖民地人民带入以诸多方式复制欧洲法律化的市场体系和工人生活的经济关系中。一方面,我们再次发现劳动、土地与货币的商品化——通过公共债权和债务体系——受到私法范畴保护,并由国家确立和实施。另一方面,我们看到私人企业家如何运用彻底改变被殖民者生活境况的技术。一个事例是,哈维(Harvey)指出:“19 世纪及之后的殖民者当局”抱怨,“印度或非洲的问题在于,你无法让当地人民工作够一个‘正常的’工作日,更别提工作够一个‘正常的’工作周了。他们典型的问题就是工作一会儿就消失不见了。”(Harvey 2010, p. 147)这个问题的部分根源在于,新的——“现代的”——工业革命的工厂中发展出来的、按照小时甚至分钟的时间与计时观念,被用来规训当地人民。这些新的时间度量远非“自然而然”形成的,而是现代社会的发明,它构成了资本主义发展所带来的“市场力量”的一部分。

马克思在描述皮尔先生这位英国殖民者试图在澳大利亚西部建立资本主义企业却失败的故事中,指出了殖民地存在的一般性问题:除了生产资料外,皮尔先生有预见性地带着包括男士、女士以及孩子在内的 300 位工人。可当他到了目的地,“皮尔先生被孤零零地留下,没有一个仆从为他铺床或从河里打水”。不幸的是,皮尔先生携带了一切,却未将英国的生产方式输出到天鹅河畔!

马克思指出,在这一情境中,很显然“资本不是一种物,而是人与人之间经由物中介的社会关系”(Marx 1865/1990, pp. 931-933)。只有通过法律引入的依附关系的精细却又无情的运作,以及对时间和人类的规训,“正常的”资本主义关系才可确立。出于这些理由,马克思提醒我们,“自由市场”绝非自发形成,资本来到这个世界上“从头到脚每个毛孔都滴着血和肮脏的东西”。

不过现代社会中对人的取代、人的脱嵌和人的规训并不只与劳动商品化以及农民阶级变为无产阶级有关,这至少出于如下这个重要原因:现代社会同时也是欧洲主导的奴隶贸易将**人作为财产**大量商品化的时期。西方帝国主义列强,包括英国、葡萄牙、西班牙以及之后的美国,在 300 多年的时间里强迫大约一千两百万非洲男性、女性和儿童迁徙为奴(一百万以上人口在迁徙途中死亡)。奴隶劳动因此对殖民经济权力的发展和巩固至关重要。它的强度在 18 世纪达到高潮(启蒙时代),主要向南美洲和北美洲提供劳力以开发食糖、烟草、棉花等产品的工厂与贸易。作为“非自由”劳动力,它并不属于资本主义生产方式,但它的成功运作仍然依靠法律范畴、制度和执行机构。直到 19 世纪,在美国是直到 19 世纪 60 年代内战后,这种贸易,如果不

43

算其残余影响的话,才告一段落。

在分析资本主义的兴起时,卡尔·波兰尼总结道,"大转型"的出现源自市场心智对社会的渗透:

> 我们认为社会脱嵌的大动荡迄今超过了英格兰发生的圈地运动;这场浩劫伴随着经济的巨大发展;一种全新的制度性机制开始在西方社会发挥作用;而且直指要害的危险,在首次登场后便几乎永远无法被克服。(Polanyi 1944, p. 40)

有关波兰尼引文中巨大的制度性机制,我们尤为关注的就是法律。如我们今天所知,资本主义在这一时期的发展体现出其所有革命性的潜质,但也正是在此第一阶段的发展中,缺乏之后出现的社会保护机制来缓冲暴露在市场体系中的风险,此时就连生活中最基本的必需品都被生产出来用于营利性交易,社会最基本的资源、自然以及人们生产产品的工作能力,也遵从商品化和交换的相同逻辑,听命于竞争与利润最大化的同样要求。法律在如下两方面发挥重要作用:它既鼓励允许上述基本产品(土地和劳动)所有权转让的财产制度,又通过准许可执行的契约而使得交易成为可能。我们也看到刑法在监督劳动市场发展中的重要作用:严禁逃离劳动市场的"退出机会",确保无产劳动者不得不为了生计而出售自己的劳动换取薪水。人口中的绝大多数人深深依赖着市场,如我们会在马克思那里看到的,这相应地为购买他们劳动的人创造了利润。

马克思指出资本主义基础的野蛮,波兰尼反驳斯密的学说以及韦伯有关这一转型的文化/宗教解释,都最终指向了这一点:这一影响封建主义向资本主义转变的过程在历史上是独一无二的,因而是具有偶然性的发展。没有任何必然性推动着它。个人利益和盈利动机、效用最大化和积累的需求,并不是人类某种自然倾向的实现,也并非某种社会关系内在逻辑的答案。它们是制度上得以可能并受到监督的发展,并如韦伯的分析同样表明的那般,它们根除了旧有的情感与生活世界。资本主义是"特定历史条件下晚近和局部的产物"(Meiksins Wood 2002, p. 117),其"扩张性动力,是其自身历史性独特内在运动法则的产物。这些运动法则使得社会转型与巨变水到渠成"(Meiksins Wood 2002, p. 117)。

44 我们目睹了市场体系诞生后社会与经济领域的巨变。我们将考察大转型的最后一个维度，即政治体系，作为现代性的诞生这一部分的结尾。

阅读文献：

亚当·斯密的《国富论》（*An Inquiry Into the Nature and Causes of the Wealth of Nations*, 1814）以及马克思的《资本论》（*Capital*, 1865）描述并影响了现代社会诞生之时经济系统的转型。卡尔·波兰尼的《大转型》（1944）是经济学史领域的杰作，考察了市场社会的兴起。其他重要的历史著作包括霍布斯鲍姆的《革命年代：欧洲 1789—1848》[E. Hobsbawm, *The Age of Revolution: Europe, 1789-1848* (London: Weidenfeld & Nicholson, 1962)]；加尔布雷斯的《经济学史》（K. Galbraith, *A History of Economics*, 1998）；汤普森的《辉格党与猎手：黑匪法的起源》[E. Thompson, *Whigs and Hunters: The Origin of the Black Act* (London: Allen Lane, Penguin, 1975)]，以及《英国工人阶级的诞生》[*The Making of the English Working Class*, London: Penguin, 1991（或 ed. 1963）]。艾伦·米克辛斯·伍德（Ellen Meiksins Wood）的《资本主义的起源》（*The Origin of Capitalism*, 2002）是马克思主义有关封建主义向资本主义转型的简洁凝练且非常易读的著作。与此相关的可参见欧文顿的《英格兰的农业革命：1500—1850年的农业经济转型》[M. Overton, *Agricultural Revolution in England: The Transformation of the Agrarian Economy 1500-1850* (Cambridge: Cambridge University Press, 1996)]。

马克斯·韦伯的《新教伦理和资本主义精神》（1930/1904）从社会学角度分析了这一转型，尤为强调文化和宗教维度。

道格拉斯·哈伊的《阿尔比恩的命运之树：18 世纪英格兰的犯罪与社会》（Douglas Hay, *Albion's Fatal Tree: Crime and Society in Eighteenth-Century England*, 1975）为犯罪以及维护有产阶级的法律体系提供了引人入胜的社会史研究。*

有关奴隶贸易可参见 www. slavevoyages. org 的数据，美国奴隶制的经典文献，参见杰诺韦塞（Genovese 1988）。有关帝国主义的法律和政治分析，比如可参见安吉（Anghie 2005），马丹尼（Mamdani 1996），有关大英帝国的内容参见纽辛格（Newsinger 2013）。

---

* 在当时，罪犯会被绞死在命运之树（fatal tree）。——译者注

第四章 法律和政治

45 本章将更详尽地探讨法律与现代国家之间发展演进的关系。我们会阐明如下主题:"公共"政治权力的性质,主权,权力分立,法治和权利的作用。我们会考察国家主权的增强和集中与约束它的各种尝试之间的持久动态过程。

一、现代国家的要素

昆廷·斯金纳认为:"17世纪伊始,国家的概念——国家的性质、权力以及要求服从的权利——逐渐成为欧洲政治思想中最重要的分析对象。"正因如此,现代国家已逐渐成为政治秩序统一的代表,展现出"无所不能但又非人格化的力量"。(Skinner 1978, pp. 358, 349)

从历史上看,现代国家兴起时有三个要素形塑了它,并界定了国家与社会的关系。第一个因素,在16世纪由于宗教冲突历经严重压迫与歧视性暴力的欧洲社会,寻求世俗权力成为保存自身的必要手段(Koselleck 1988; Loughlin 2010)。为人熟知的**世俗化命题**指的是:国家替代宗教来维护社会秩序,但其主要概念(主权、权力分立等)却深深依赖神学概念(Schmitt 1985)。就法国和英格兰而言,宗教战争显然至少在巩固这些现代国家的某些决定性特征方面发挥重要作用。和平的基础就是承认信仰与宗教并非国家法律秩序的决定性正当化因素。

第二个因素关乎产生如下这种性质可被界定为**公共性**的权力的能力;这种权力是一般的和抽象的,它无差别地适用于社会,被认为或视为与私人权力形态具有**本质差别**。因此,国家创造制度与机构用以服务公共利益,其正式地位并不直接由私法或家族利益决定(Thornhill 2011, pp. 56-61)。与封建制度不同,现代国家包含个人与职位的分离。理论上,政治和法律权力产生于制度,而非人。只有以这种方式,国家创造的权力才能变为**自主的**政治权力,它进而被转变为一般和抽象的法律,无差别地适用于整个社会。上述操作要求一系列基础制度的建构,使得国家权力以囊括整个社会的方式运作起来。 46

第三个因素与前两个相关,涉及国家与社会关系、公民个人行动与官员公务行动关系的塑造。国家的**统治**活动主要旨在达成、协调凝聚社会的妥协。因此尽管如我们方才所见,国家实施公共权力,可它却绝非中立的行动者:为了产生和维持社会共识,国家积极地介入社会。新马克思主义理论家尼科斯·普兰查斯(Nikos Poulantzas)如此表述这一点:"(国家)是力量间的关系,或更准确地说,是阶级之间和阶级各部分间这种关系的物质凝结,比如它必然会以特定形态在国家中得到表达。"(Poulantzas 1980, pp. 128-129)当然,在现阶段的分析中,很难考察"物质凝结"这个词或他所说的特定形态的含义。但我们从中可以获得的一个观点是,国家具有**积极**作用,它指的是国家并不随附于任何**既定的**有序社会,而是积极地形塑它,现代国家的发展离不开社会生产与再生产的根本性发展。实际上,通过政治系统与市民社会的分离,现代国家通过有选择地运用公共权力使得私人财产得以积累和受到保护,进而使得资本主义繁荣发展。

上述三个起源性要素有助于界定现代国家的兴起,并为解释国家形态之间的过渡提供了理由。应当强调的是,独立于宗教的自主公共权力的诞生、资本主义社会政治经济学的兴起以及现代国际法的形成,使得国家法成为统治的核心要素。法律理论领域从法律多元主义向统一的实证法立场转变,为权力的集中和中心化提供了翔实的解释工具。19 世纪见证了国家中的民族被首次承认为主要的集体行动主体(因而出现了"民族国家"这一表述),继而**法治国**(*Rechtsstaat*),也即建立在法治之上的国家,特别是在欧陆(法国、德国、意大利以及勉强算上的西班牙)得到承认,绝非偶然。由于实证法在界定这种国家形态中的作用,我们就能理解为什么马克斯·韦伯将国家定义为在既定领土中对正当使用暴力的"垄断"了。

现代社会中,国家成为政治体联合的典型形态,取代了诸如城市、城邦、多民族的帝国或联邦等其他形态的政治组织。现代国家现在被认为具有如下五种本质性和决定性的特征:(1)它们拥有**领土**,主张必要的话在此范围内通过武力对抗外部和内部的威胁来实施有效控制;(2)它们主张这种领土控制是**正当的**,因为统治权威实施的控制是基于某种道德——政治理由的权利;(3)它们主张在领土内的**普遍管辖权**,涉及立法的权力以及审判领土内一切犯罪和法律争端的权力;(4)它们主张**独立性**,理由是一国人民有权获得免于其他国家外部干涉的统治形式;(5)其他国家一致**承认**上述对领土、正当性和独立性的主张。实际上,在国际法中,国家被定义为拥有**得到承认且有效的政府**的领土,基于互不干涉原则,每个国家有权得到尊重。合起来看,这五种特征体现了国家独特的现代政治/法律形态。

47

二、主权

主权原则伴随着现代国家的兴起,它的出现对于理解法律和政治权力如何在国家范围内运作至关重要。这个词虽然在中世纪时也用,但其独特意涵却因现代性的诞生而发生巨大转变,以至于如贝特朗·德·儒弗内尔(Bertrand de Jouvenel)所说,尽管人们在中世纪"对于等级这种具体的事物有着深刻认识,但他们却不了解主权这种抽象的事物"(De Jouvenel 1975, p. 171)。因此,主权这个概念与现代性的发展相伴相生——即使它的含义依旧有争议。

从历史上看,主权原则的功能在于克服权威和权力各种渊源的碎片化,因为它们在整个欧洲被把控在城市、帝国和诸多封建形态组织的手中。在16世纪和17世纪遍布整个欧陆的宗教战争中,主权允许通过"*cuius regio, eius religio*"原则(字面意思是"谁的王国,谁的宗教")而搁置冲突(或有时的暴力镇压),确立了统治者宗教决定被统治者宗教的原则,构成了欧洲天主教与新教冲突的一种协调。同时,这个原则也包含着公共领域和内心意识的区分(参见 Koselleck 1988),因为如霍布斯所强调的那样,对主权属民的要求,并不是他们真正改宗国家宗教,而不过是在公共领域正式承认忠诚于主权的信仰。此时所谓的 *libertas philosophandi*(用现在的话说,就是思想自由)恰逢其时地为个人保留了内在却又重要的自由领域。这成为产生公民自由进程的开端,它的叙事与主权原则深深联系在一起。实际上,现代社会的发展将尤为围绕主权权威和现代个体自由的辩证历程展开。开启这一辩证历程的否定性力量,就在于个体的内在自由。

18 世纪卢梭的著作,已经标志着同霍布斯对主权的基本理解分道扬镳。卢梭和霍布斯一样认为主权是不可让渡和分割的,但他通过将主权者等同于人民而为之引入一个重要的约束。此时,主权者就不再是单个具体的人或制度;因此"主权者"和"主权"别无二致。这一理论进而成为卢梭《社会契约论》中其他创新观点的前提。这部书中,主权和政府被明确区分开。主权通过公意转变为具有一般性的法律,政府则是根据命令行动(卢梭会补充说,主权是民主的,政府却是独裁的)。立法是抽象和一般性的,命令针对特定事件与人。

48

在伟大的德国哲学家黑格尔(Georg F. W. Hegel)这里,有关主权的哲学反思达到顶点。他根据卢梭的思路,在主权者和主权原则本身之间做出明确区分。主权者是政治秩序统一体的象征性代表,主权原则是该政治秩序中发挥作用的逻辑。更具体来说,在起始于宗教战争并历经现代革命和市民社会兴起的漫长历史历程的终点,黑格尔在主权原则中发现了以追求个人利益为核心的市民社会的特殊性与国家法的一般性主张之间的中介。注意这里同霍布斯主权学说的差别:《利维坦》的作者在主权原则中看到将自然状态内生冲突加以中立化的方式。这就是缔造一个毫无争议的最终权威,它的命令构成了这片国土的法律。主权者的权威基于个人理性和自私的计算。不过,这一成果的代价很高,因为作为主权体存在的国家的诞生,是以社会的存续为代价的。当主权解体或崩溃后,社会本身也不复存在,人们就又被抛入自然状态。与这种对国家和社会关系不加区分的观点不同,黑格尔认为主权是一种**中介**,因为它在区分市民社会与国家的**同时**,也直接保存了两者。在《法哲学原理》(*Elements of the Philosophy of Right* , §278)的一个著名段落中,黑格尔这样界定主权:

> 构成主权的理想主义作出了跟动物有机体论相同的规定,按照这个规定,在动物有机体中所谓的部分其实不是部分,而是肢体,是有机的环节,它们的孤立和分离的存在构成了疾病……因为主权是一切特殊权能的理想,所以人们容易而且很惯常地发生误解,把主权当作赤裸裸的强力和空虚的任性,从而把它同专制相混淆。但专制一般是对无法无天状

态的描述，在这里，特殊的意志，不论是一个君主的意志或一个民族的意志(ochlocracy)，本身属于法律……但主权却是在合法的、制度化的条件下，构成特殊领域和特殊事务的理想环节。

(Hegel 1991, pp. 315–316)

黑格尔对主权的刻画极为重要，因为它并没有将主权还原为个体意志的表达，而是将主权原则定位在一方面是国家，另一方面是市民社会这彼此不同的两极之间。黑格尔提到的“理想”并非“赤裸裸的强力和空虚的任性”，而是普遍性和特殊性之间的中介。主权者并非暴君，它的法律(源自个体与普遍利益的中介)确保了个体自由在法律秩序中安于其位(并受其约束)。实际上，在国家法律秩序之外，个体意志间的互动导致了冲突。但尽管在霍布斯看来，原子化和抽象的个体间总是充满斗争(比如，自然状态的拟制)，可黑格尔认为这是一种具体和历史性的斗争，以至于在现代社会，这是一种包含作为社会自由(也即关系性自由)的现代自由理念的斗争。通过主权的中介，这种斗争得到中立化；它的功能就是确保国家与市民社会彼此相关**却又**彼此有别。主权并不是对法律的否定；它的实现反而要在“合法的、制度化的条件下”发生。

49

这里我们可以停下来分析一下。“主权”既是政治概念也是法律概念，包含着两者间的某种关系。但如太多横跨法律与政治边界的概念一样，主权这个概念指的是一系列彼此相关的观念，而非明确界定的单一立场。此外，就其包含的几乎所有观念来说，它充满争议，因为不同的理论进路争论有关它的正确解释或定义，通常还对其实践关联产生分歧。有时它主要在**政治**意义上得到使用，指的是一种统治者针对被统治者不受约束的权力。有时它在**法律**意义上得到理解，被视为最高规范性权力或可能最高法律权威。就连它主要适用于哪类实体，也不存在共识。有人认为它是国家中一个人、一个实体或机构的属性，比如皇帝、国王、独裁者或议会。有人认为它主要是国家本身的属性——一个“主权国家”就是完全自我统治且不受外部控制的国家。有人认为它主要属于一国领土内的人民，因为人民才是国家在领土中所确立制度的最终掌控者、自我统治者。“我们人民”接受一部宪法并确立了国家，后者由政府机构构成，受到我们授予其权力这个概念的约束。因此，“我们”只有通过宪法上确立的政府机构，以及“我们”建立它们时依据的宪法所规定的权力分配和约束,才能实施我们的主权。换句话说,只有符合宪法规定的程序,我们才能实施宪法修正案的宪法权力。

不过,除了"人民"之外,我们还可以将主权赋予其他人。一个是英国普通法律师认为主权在英国议会的观点。这为主权归属于国家内的一个实体提供了典型实例。严格说来,这是一个复合体,即"议会中的女王"的主权,其中女王是君主,与议会的两院(上议院和下议院)按照程序上确立的方式行动。不过,随着民主作为统治背后的意识形态的发展并最终获胜,在这一复合主权中下议院成为主导要素。但即便此时,当一个党派在下议院获得相当多数时,它的领袖作为首相在内阁支持下(首相可以任命和解雇内阁成员)能够获得个人拥有的主导地位:单一政治领袖享有高度集中的权力,至少暂时如此。因此议会主权意味着议会拥有无限权力来制定它选择的任何法律,但对之后议会具有约束力的除外;法律赋予议会的,是可在政治上以更加独裁方式实施的权力。

有关上述学说的法理学反思,体现在杰里米·边沁(Jeremy Bentham)和约翰·奥斯丁(John Austin)的法律实证主义中,它深刻地左右了 19 世纪和 20 世纪英国法学的想象力。他们的学说在很大程度上基于最初由托马斯·霍布斯提出的观点。尽管边沁和奥斯丁拒绝将自然状态与社会契约的拟制作为解决之道,他们却无疑支持如下命题,即法律总是依赖某个主权者或主权者的集合,一定范围领土内的人们无论基于何种理由事实上都习惯性地服从他或他们。因此,法律就是主权者通过一般性命令发布的任何事物。 50

随着民主理念作为统治正当性的意识形态不断发展,人民主权学说的影响也逐步增强。主权由人民所有(人民所享),他们接受宪法的约束,后者决定了他们得到的统治实际上是自我实施的统治。当然,宪法的确立总是要有"国父们"作为先驱,但依据他们自己的表述,他们起草的宪法要求人民按照具备人民主权正当性的合适形式加以修正。在此语境下,主权无法被可靠地赋予国家内任何单一政府组织,且人民的概念本身就等同于主权,因为这一理念中所有悖谬的内容——在践行人民主权的时刻,绝对的人民主权自己转变为有限的宪法主权——都为政治正当性提供了永久的检验标准。

一种摆脱上述悖论的替代方案,就是将主权归属给"国家"本身。实施奥斯丁意义上的主权(这里主权被归属给一个人或制度),意味着对某片领土及其人民实施有效统治。当这类主权存在时,意味着该权力的持有者逻辑上独立于任何更高的这类权力。当然,在不同的领土内会有不同的主权。逻辑上看,它们必须是彼此独立的,因为如果一个统治者实际上是另一个统治者的君主,那么后一个统治者就不再拥有主权。因此,彼此独立就如领土分离一样,是主权者的一个必然属性。

可是在体现出某种人民主权观的立宪政府中,最有可能的是宪法并未顾及或构成任何主权者或制度——实际上,法国宪法明确禁止这一点。在这种政治体中,宪法框架典型地确立了某种形式的经典的“权力分立”(参见下文)。在最低限度上,行政权、立法权和司法权被赋予不同机构,在机构间存在着某种形式的权力制衡。在大型政治体中,联邦或类似联邦的政府形式使得宪法图景进一步复杂,因为有彼此不同的州,每一个都有内部分权,而且在每个州的权威与联邦政府权威之间还有权力的划分。在这些情形中,没有任何个人或制度实施无限制的最高权力;也即,不存在奥斯丁意义上的“主权者”。

不过在上述宪法下的国家——无论是单一制还是联邦制——都会和君主或独裁者拥有主权抑或议会拥有主权的国家一样,享有完整的法律和政治独立性,不受其他类似实体可实施的权力的干涉。在此意义上,该国家或联邦享有主权。时常或实际上通常发生的情况是,国家或联邦的宪法因得到人民某种认可而产生,这种认可表现为全民投票、宪法惯习等。同样常见的是,宪法通过类似程序为自己提出修正案。当这一切都实现时,人民主权就与国家主权明确地联系在一起。国家在与其他国家的关系中就是主权者。51 但在国家内部,决定或更改实行统治的法律框架的权力,属于按照宪法设定方式行为的人民。民主形式的政府也涉及人民的意志,这通常体现为政治党派,它们的目的是决定或至少强烈影响立法过程以及政府实施的政策。

三、责任制主权

霍布斯与奥斯丁这样的思想家加以理论化的、其他统治者通常试图充分利用的那种强大的中央集权国家的出现,导致了如下不无道理的恐惧,即无限且任意的权力会被施加到属民头上。接下来,我们讨论对这一问题的三种回应:权力分立学说、法治以及个人权利对主权权威的实施可能具有的“制动”效用。

1. 权力分立

制约国家权力威胁的一个经典策略就是**分权**(或分配)**原则**。如我们先前所见,权力分立的早期形态与宗教和世俗权力的关系有关,它的推动使得自主的政治空间成为可能。根据这一分离,另一种分离,即政治制度自身**之内**的分权,成为了焦点。

在前现代,对抗权力集中被视为理想社会秩序的一个条件,因为据称如此可保社会稳定。有关权力组织的最常见理解,就是混合政府的理念。混合政府是一种基于身份的政府:根据社会中不同身份地位来分配权力。古典时期,亚里士多德通过假定理想的政府,就是包含君主制、贵族制和民主制要素的政府,已经正式提出了这一学说。同样的原则也暗含在波利比乌斯和李维对罗马共和国的赞颂之中,他们将之称为贵族制和平民制的混合,这种统治导向这样一种宪法,即它在制度上赋予这两个社会群体诸多否决点(veto points)(McCormick 2011)。这样看来,所有主要的社会阶层(君主、贵族、教士和从事生产的群体)都得到了政府的代表。在欧洲,这是现代法律秩序完善发展之前的标准统治模式。

不过在洛克和孟德斯鸠(Montesquieu)的著作中,一种替代性的政府理念开始生根发芽。分权的理由同样是保护个人自由。只有分立的权力才能约束使得权力更有可能任意而为的权力集中。受到缔造中央集权国家结构的启发,他们认为应当分立的不是社会权力,而是国家功能本身。尽管有一些微不足道的差异,他们识别出如下三种功能且都与法律相关:立法权、执法权和司法权(这一区分呼应着三种主要的人类官能:思维、行动和判断)。政府三个分支的任务相应就是:制定法律并监督行政权(立法机关);行政部门在实施法律抑或法律框架内实现公共政策(行政机关);在私人争端和私人与公共权威争端中公平裁判,维护法律(司法机关)。在这些分支中维持某种形态的权力分立,长久以来被认为对自由(而非暴政)统治必不可少。 52

分权原则的一个核心内容是这些功能不仅应当在概念上分离,还应由不同且至少一定程度上自主的机构实施。只有将权力分配给不同**机关**,一个分支(或权力)才能约束或控制其他分支。理想状态下,立法功能应当分配给代议性会议,行政功能应分配给政府和公共行政机构,司法功能应当分配给司法机关。最后这一点在孟德斯鸠具有重要影响的著作《论法的精神》(*The*

Spirit of Laws, 1748/1989)中,被视为良好的权力分立的本质原则。事实上,立法权和行政权可以在同一个机关内部混合性地分配,这本身不会威胁个体自由。但有关法律是否得到正确适用且未违背个人权利的决定,不能由负责立法或执法的机关作出。这会导致明显的冲突,就如被裁判者也成为作出裁判的人一样。因此,只有自主且独立的法官能够裁断涉及政府的争端。即便在今天人们通常也会假定,这是在法律秩序中维护法治的前提条件。

1787年《美国宪法》经典地表述了分权原则,其前三条是对此原则的说明,因为每一条都把一个功能赋予了一个独特的机构:第一条确立了国会的立法职能,第二条界定了总统的行政职能,第三条界定了法院的司法权。在之后的几十年,美国宪法向一种更为混合的体系发展(总统在今天具有许多法律职能),但制宪者显然想要缔造一种严格的分权原则。法国《人权和公民权宣言》第16条甚至更是一口咬定,一个社会"没有权力分立,就没有宪法"。事实上,革命者为了在不同机构之间平衡分配职能付出了巨大努力,典型例证就是国家是否应当具有否决权的著名论战。应当补充的是,在上述两种(法国和美国)情形中,宪法起草者的关切是对抗先前的绝对主义制度。因此,权力分立逐渐被视为约束权力恣意而为的主要宪法策略。

在分权模式中,我们可以界定不同类型的**责任制**(*accountability*)。政府关切秩序的维护、某种共同善观念的实现,抑或国家及其公民的某种公共利益的实现。当某种可能形态的分权得以实现时,诸如警察这种政府的行政分支以及法律执行机构的活动便是在属于立法机关职责的一般规则下活动。立法机构也可以使得行政机关肩负政治责任。就政府实施权力行为的合法性而言,司法对于立法机关制定的法律的界限,或者法律是否包含在宪法本身框架之中,具有最终决定权。简言之,在合理界定的情境中有规则允许官方使用武力,但这些规则也禁止在自卫情形之外非官方地使用武力。

53

如我们稍后将会更详细地看到,"法治"这个理念意味着所有政治和政府权力实际上都要根据法律规则行使。但很显然,有效统治绝不仅是"遵循规则"——它要求政治才能和政治承诺,它的目标表述在政治纲领而非法典之中,为国家不同机关作出的裁量和判断留有相当多的余地。不过,一部宪法,无论是被正式采纳的宪法文本还是一系列混合的法律与习俗,典型地都不仅指定了不同机关人员的职能,还代表着他们选举或获得任命的方式。这使得有效的分权制衡不会让国家权力的任何持有者实际上享有无限权力,而是享有宪法授予的有限却又广泛的权力。这意味着立法在未来授予行政机关权力或约束其权力时，永远不会保障没有约束的自由裁量，并且法院会对政府行为加以审查以确保其界限得到尊重。

当如上所述时，相关事态的行为就可能真正地在法律之内展开。不同个体、机关和制度之间的某种分权(尽管未必完善或完美)因而成为立宪国的决定性特征。作为立法机构一部分或行政部门首脑或成员的公务机关的民主选举——尽管司法机关(一些例外不算)并非如此——也逐渐成为这些国家的一种属性。基于"一人一票"的完全民主化的选举制度，出现在权力分立之后，无法在其他条件下出现或存续。

说到这些不同形式的责任制，重要的是明白它预设了法律可以被理解为一种**规范秩序**——它通过参照确立了人们及公务人员应当或必须如何行动的标准，以及他们对自身行为负责的方式，提供并维护着人类行动和事务的权威基础。法律因此(在某些意义上)是制度性的，因为它由立法机关制定或修改，由行政机关和执法官员实施，并由法院作出裁判。现代国家的法律也具有**强制性**特征，因为国家的行政和专业化执法机构能够通过法院(无论是借助刑事处罚还是民事救济)施加物理强制力以确保裁判的执行，而法院通过立法者制定的法律或司法先例的发展获得权威并受到约束。国家法因而是规范性的(与应当做什么、必须做什么或不做什么有关)、制度性的和强制性的。

最后，在权力分立良好运作的条件下，整个体系必然包含某种融贯性。**体系性**取决于制度和机构的活动、实践在何种程度上以相对融贯的方式彼此一致。这一点取决于各种制度承认存在一系列共同的宪法性或次宪法性规则与原则，它们授权每个制度依据自身逻辑行动并试图协调彼此活动，同时规制和授权公民的行动。有"权力分立"的地方，就可能有"法治"，因为每个制度实现或被迫实现符合制定法的功能，只有在得到法律授权或公民违反法律时，才会对抗公民。在此语境下，法院肩负的一个重要任务就是规则的最终解释，而包含法院自身在内的一切制度的权力和权威源自规则授予。因此，可以认为一切相关的行为规则和原则系统性地彼此相关，因为法院，特别是最高法院，认为这是一种义务，即只有满足其起源或内容的共同标准的规则才能得到实施。它们这么做符合对相关标准的共享解释(参见第二部分第十一章)。

54

2. 法治

我们之前捎带提过“法治”，这正是我们接下来要深入探讨的概念。“法治而非人治”这个学说的谱系，如果并非毫无争议，也是源远流长。我们在此概述一些它的壮志雄心，即它是一种对抗国家权力现实或潜在的恣意而为，并以保护个人自由为目标的方法。

首先，只有在官员忠诚地遵守法律和宪法的约束时，法治才是可能的。没有法律授权的行为或超越公务授予权限的行动——*ultra vires*（超越权限）——不会不受处罚。法治因而促进了一种责任制，尽管这种责任制与通过分权实现的有所不同。这种责任制的核心，就是通过要求官员行为的明确法律授权，或通过独立司法机关审查而宣告缺乏授权的行为无效，来挑战影响个人利益的政府行为的能力。人们通常认为，如果存在一个法律体系，它主要由非常明确阐明的规则构成，且该规则通常只以非溯及既往的方式执行，并由一般性范畴加以表述，那么上述情形就是可能的。这种规则也应当契合实际地设定可完成的行为要求，应当整体上形成某种融贯一致的行为模式而非一团随意彼此冲突的要求，同时应当可预计地得到官员的执行。

这种受规则支配的行为和执行规则的可预测性，与法治的另一个特征有所冲突，这便是法律包含的自由要求承认法律还具有**论辩性**特征。由于人们认为法律的规则或法律部门背后体现了彼此竞合的原则与价值，任何法律文本都有多种可能的解释。人们有权支持一种青睐的解释来反对另一种，并且在公民之间或公民与国家之间的论辩中，每一方都会诉诸符合他们自己对事物看法（或希望的结果）的解释。这种对命题的检验，也适用于对事实的认定方面，后者构成了法律工作的大部分内容，因为诉讼双方有权检验证据的可靠性（包括交叉询问证人的可能性），挑战对方提出的事实主张而非将一方论述视为法庭面前的真理。当诉讼中有一方可以支配更大权力或更多资源时，就像它是一个国家机关——比如，一位政府官员或警察——或大公司时，承认法律的论辩性极为重要。检验每一方提出的法律和事实主张，关注提出的每个重大事项的每一方，就不会立刻站在权力、偏见或显而易见的确定事实这一边，这些能力因而都具有价值，必须与可预测性的价值共存。

55 牢记这一点，我们可以认为法治推动的价值是法律确定性、法律期待的稳定性以及公民免于政府及其机构任意干涉的安全性。因此法治得到遵循的地方，有关人们行为得到评判的规则和标准，以及他们的交易行为具有法律有效性所必须满足的要求,人们预先就拥有合理的确定性。进而他们对他人的行为,特别是法律范围内身居公务职位之人的行为的期待,具有合理的稳定性。在此情形中,人们认为公民——实际上是每个身处司法审判权之下的人——有信心相信他们的行为会按照既定的法律规则和原则得到裁判。因此,他们的个人自由以及开展私人与经济活动的自由会受到约束,但只能受到被明确赋予个人的、在由法院法官解释的宪法或立法之下依据国家权威行使的权力的约束。在这个意义上,公民自由取决于对法治的尊重。最后,人们通常认为法治的出现间接地增进了另一种价值——社会和政治**信任**。这是因为期待的稳定性允许个人基于如下知识展开规划,即其他公民和国家官员的行为根据法律是理性可预见的而非任意或武断的,并被认为是对其行为负责的。

但是,假若一切(或者许多方面)都是可论辩的,且结论是不确定的,有关真正的"法治"(它确实认为人类事物中包含可容许的确定性),就会存在某种程度的怀疑论。特别是人们会担心有关法律议题的裁判归根结底是法官的自由裁量。法官如何基于他们偏好的理由作出裁判决定了个人的法律结果,并通过司法先例体系决定社会整体的法律结果。"法治而非人治"可能不过是意味着一群人(法官)而非另一群人(立法机关)的统治。如此看来,宝贵的"权力分立"可能表现出虚伪的一面,法律的自主以及基于政治的裁判或恣意判决,可能是得到揭示的真相。

上述怀疑论主张的一种可能表现,就是认为法治和权力分立理论中暗含着(且孕育了)一种错误意识。人们可能被教导去相信法治或 *Rechtsstaat*(即"法治国"中可能取得的成就以及法律确定性的美德)。他们可能受到如下想法安慰,即法治实际上在他们自己国家已经实现了,可这一信念是种幻觉。即使在下述情形中,它也不为真,即法律诉讼的实质结果有违个人利益或阶级利益时,至少形式正义得以实现;抑或所有公民受到同样规则支配,并且规则得到公平的适用。从这个角度来看,司法和执法是恣意无端和充满偏见的,舍此无他。法律的不确定性无所不在,法律裁判的作出是在法治话语伪装下对意识形态的回应。

我们稍后会更详细地考察提出上述看法的批评者,与那些像汤普森一样在法治中寻找某种"人类无条件的善"的学者之间展开的论战。但即便持有下述主张的人们,即法治保护的自由具有真实价值,也会承认考虑到权力在社会中的运作,这种自由是不充分的。法律面前的平等和法治下的自由,与巨大的经济社会不平等和实际上的不公正并行不悖。当法律导致对人们来说在实质上看起来令人难以满意的结果时,**信任**(或不信任)问题就被再次提起:公正司法对不同个体和阶层利益有极为不同的影响,人们为什么要接受它的"庄严的平等"包含任何价值呢?其他形态的权力责任制(比如民主制中的责任制)隐含的可能性,可能为此提供了答案。但即便如此,与法治相关的价值,特别是法律确定性和可论辩性之间的动态平衡,依然被认为是值得尊重的。

56

3. 权利是种约束

国家主权将巨大权力创造并集中在为数不多的制度中。这是国家制度组织的独特特征。但如前所述,主权与现代个人主体观念相伴而生。伴随这一个体观念的,还有一种法律主体应当怎样的独特观念。如果现代性的承诺是带来秩序**和**自由,那么对个人施加某种法律保护就是必然的,以便允许他或她至少享有一种消极自由。消极自由可被简单理解为没有任何外部阻碍施加在个体身上,以至于主体能够根据他或她的个人意志行动,且不会受到权威或其他人的强迫。于是如我们在洛克那里看到的,难怪权利最初被理解为盾牌,对抗合法垄断强制力的国家。因此,作为保护消极自由不受集中在主权国家手中巨大权力侵害的手段,个人权利从保护领域逐渐演进为主权发挥功能的一部分。

在现代社会伊始,权利话语借助自然法传统就已出现,自然权利的观念便提取自后者(Tuck 1979; Tierney 1997)。但权利最初并没被视为统一的法律裁判工具,而是被视为包含在事物客观秩序中的道德概念。以自然权利为例,它们通常被视为理性人共有的道德属性(简单来说,以最进步的表达,是所有人共有的)。实际上,正好可以将人权话语的起源追溯至这一自然法传统。但只有在现代社会兴起、有关国家制度创制的现代理解出现时,权利话语和逻辑才逐渐一步步深入政治秩序和正式法律秩序之中。

权利代表着一种非常特殊的讨论法律和政治的方式。它们基于形态独特的论证,提出一种特定类型的政治主张。我们可以再来看看约翰·洛克的自然权利观念,它已经包含着这类分析的基本要素,且建立在个体的自然权利之上。如我们所见,洛克指出人类最初生活在自由且平等的自然状态中,在这里他们拥有或获得某些自然权利,特别是对自己身体的权利和源自他们劳动的财产权。同意政府实施的有组织的统治,目的在于国家能够更好地保护自然权利和自由,并且随着政治社会的形成,自然权利没有消失,而是通过现在基于共识的制度性政府程序制定的实证法得到保护。这突出了权利和国家的彼此"互嵌":换言之,这意味着国家的形成(及其一直以来的目的)**同时**被界定为保障和保护权利的责任。因此洛克为自然权利的实证化(也即得到法律保护)提供了证成,同时这种实证化为政治权力的行使提供了重要约束。

57

这在当时是一种激进的思维方式,标志着与古典政治思想的彻底决裂。在此之前个体被视为有义务服从其统治者的属民,并且这些统治者(比如詹姆斯一世和查理一世)通常将国王源自上帝的"神圣权利"作为自己统治权的基础。但基于新的学说,人民现在被视为不可剥夺的权利的拥有者,权利无法被赋予或褫夺。在这种观点中,自然权利享有优先性——既是在时间顺序的意义上,也是在对抗国家可能加以干涉的意义上。就其本身来说,这些权利对自身拥有权力或最终发言权,因为它们并不服从代表主权实施特定政策的功效计算。这意味着权利不能——或至少不应——听命于对支持权利的结果好坏与否的测算:如果某人拥有权利,那么这种权利就应得到支持而不论其后果。如果某人拥有财产权或不受酷刑的权利,那么这些权利不应只是因为国家认为不保护权利可能带来有利结果就受到侵害。如果一个人拥有这种权利,国家能够做的行为就被施加了清晰的约束。用罗纳德·德沃金(Ronald Dworkin)的类比来说,权利就像纸牌游戏中的王牌一样:它们优先于后果主义表述的政治主张。

不过权利如果被视为对主权行使的持久**约束**,这就不应减损权利与生俱来的**革命性**潜力。如登特列夫所言:

> 恰当地说,现代自然法学说根本不是法律理论。它是权利理论。身披同样的词语表述外衣,一个巨大的转变发生了……在美国和法国大革命发生的前夜,自然法理论已成为一种自然权利学说……一个解放原则,现代人用它来挑战既有制度,可谓得心应手。
>
> (D'Entreves 1951, pp. 59-60)

从历史上看,美国和法国这两场革命发生在 18 世纪最后四分之一的时间里,是个人权利法典化的重要时刻。法国《人权和公民权宣言》(1791)以及美国《独立宣言》(1776)和美国《权利法案》(1789)最终出台,都是标志着权利缓慢但却逐渐成为现代法律和政治秩序核心内容的文件。曾经主要围绕涉及权力结构的法律规则建构起来的事物,逐渐被视为与权利相关。我们已经指出,这种第一代权利所保护的重要价值是一种"消极自由"。它所包含的逻辑已经在法国《人权和公民权宣言》第5条的解释中得到承认:"法律仅禁止有害于社会的行为。凡未经法律禁止的行为即不得受到妨碍,而且任何人都不得被强制去从事法律所未要求的行为。"对于这一条款的解释塑造了对现代法律秩序的自由主义理解,因为它预设一切未经法律明令禁止的行为都不应当受到妨碍。从这一结论中人们通常假定,在未被明令禁止的领域内,每种社会或私人活动都可被解释为法律所允许的。不过,当然只有在这种自由与法律秩序的目的并不冲突时才得到法律支持。

58

即便如此,人们习以为常地将这种第一代个人权利界定为"消极权利",因为它们保护的是上述这种消极自由。消极权利是只与不作为义务相一致的权利。比如,以表达自由或言论自由为例。伴随这些权利的核心义务并不要求国家实施积极行为,比如为其公民提供表达或沟通的渠道,接近媒体或观点论辩与传播的机会。它施加给国家的义务是在其公民意见形成和表达过程中**避免**任何干涉,最多当这种自由侵害了他人权利(比如,他们的隐私权)时加以介入。对于这种消极权利的制度保护逐渐被赋予司法机关。法庭被视为提供了一个理想场所来展现双方有关消极权利受到侵害的对质,特别是有关一方是国家行为,另一方是个人利益的对质。争论的问题就是国家行为或干预是否违背了个人的消极权利。

要了解这个概念的持久影响力,我们可以留意即便在今天,在许多司法裁判中,一种国家行为的正当性也要基于其关涉个人权利的合比例性加以衡量。欧洲人权法院有关公约第8条至第11条的判例法,就是一个例子。这些判例总是涉及国家约束其公民个人自由的程度。不过这并非唯一可及的权利观念。在两场大革命时期,就有一些观点请求承认一系列"积极权利",特别是居住和教育权[比如,托马斯·潘恩(Thomas Paine),孔多塞(Condorcet)]。尽管美国《权利法案》只包含了消极权利(以至于即便在今天,美国宪法中其他社会经济权利也没有得到宪法承认),可其他论辩看到了如下需求:将要求国家**积极**行动的权利加以表述和法典化,将实现某些积极权利的任务赋予立法机关。我们将会看到,只有在随后的阶段,主要是在

20世纪，权利逻辑背后的自由观念才根据"积极权利"这一需求所表达的法律秩序的全新根本目标得到修正。

但从权利出现伊始，早期的革命性宪法就为权利设置了两重持久角色：他们为国家权力提供了制动，同时基于分权和法治学说，在个体的要求下对权利的承认又得到国家保障。

有关国家的阅读文献：

现代国家的历史的深入分析，参见波吉（Poggi，1990）、蒂利（Tilly，1992）和罗坎（Rokkan，1999）。有关国家的理论分析，参见杰索普（Jessop，2016），他受到普兰查斯（Poulantzas，1980）的启发，也可参见米利班德（Milliband，1977）。政治哲学角度对国家局限性的概述，参见克罗齐和塞尔瓦托（Croce and Salvatore，2015）。超越国家的宪法维度参见托伊布纳（Teubner，2012）。

59

有关主权的阅读文献：

富有影响力的当代主权理论，参见阿甘本（Agamben，1998）、洛克林（Loughlin，2003a）和格林姆（Grimm，2015）。近来有关主权原则的重构，参见塔克（Tuck，2015）。本顿（Benton，2010）重构了主权定义中海洋和陆地的关系。有关当代法律秩序中主权界限，重要的参考文献是麦考密克（MacCormick，1999）；也参见沃克（Walker，2003a）。

有关权利的阅读文献：

权利学说的一般性概览，参见坎贝尔（Campbell，2006）。权利的历史重构，参见博比奥（Bobbio，1996）；有关权利的经典文本的优秀文集（和评注），参见沃尔德伦（Waldron，1987）。自然权利，参见塔克（1979）和蒂尔尼（Tierney，1997）。有关权利极富影响力的观点源自德沃金（Dworkin，1977）。

专题二　现代性的理论家与批判者

第五章　法律、阶级和冲突：卡尔·马克思

63　依据前文“法律和市场体系的兴起”这一章的讨论，工人将自身劳动力投入工厂生产的条件得到系统性保证，是工业生产组织和资本主义兴起的先在条件与唯一前提。马克思将这一存在于资本主义之前的时刻称为“原始积累”。土地被“圈定”起来，人们被从共同所有的土地上赶走（比如，英格兰发生的清除活动），游牧生活和依靠土地为生不再受到法律保护。在马克思这位对资本主义最敏锐且历史上最具影响力的批判者看来，这些受到法律保护的途径是迫使新的无产阶级沦为“工资奴隶”的条件。一旦这些条件就绪，抵抗这种新型经济活动的可能性就变得微乎其微，被剥夺一切形式财产的人们除了听命于资本家外别无选择，此时他们工作的一大部分价值会被拥有生产资料的资产阶级攫取，其依据则是符合资本主义生产逻辑的“自由”契约。

要想理解劳苦大众工作价值被“攫取”的方式及其不正义属性，并理解法律在组织其条件过程中发挥的作用，我们需要回过头来看看马克思学说的一些基本前提。

马克思的起点是有关生产者的学说，生产者只有通过创造性劳动才能实现其存在的真正本质（马克思将之称为“类存在”）。由于人类历史被理解为需求的创造、满足和再生产的持续过程（与需求固定不变的动物相对照），人与物质世界互动以便创造满足这些需求的手段，同时人与社会之间的互动，即**生产**，正构成了社会的基础。劳动成为人与物质世界及与他人关系的基础：因为生产要求人与人之间的合作与相互依赖，社会生活的基础中包含个体劳动的协作，因此任何社会都建立在一系列特定生产关系之上。在马克

思主义理论中,个体的**社会**属性是根本性前提,因为一个人只能通过集体行动和社会相互依赖关系实现自身的创造性自我。马克思继续考察和抨击建立阶级社会中相互依赖关系的剥削本质。马克思认为,一切人类历史都是阶级社会形态发展的历史,它们各自都有独特的"生产关系":奴隶社会中阶级结构是围绕对人的所有权制度(奴隶)展开的;封建社会中是依据不同身份地位(封建主和封臣);资本主义社会是依据生产资料所有权出现的阶级对立。此时出现了拥有生产资料(工厂、土地、技术和原材料)的阶级,还有除了劳动能力(如果这种能力的实现方式遭到拒绝,它依旧是一种空洞的抽象)一无所有的阶级。我们从上文中明白马克思所说的"原始积累"阶段如何使得工人阶级完全依赖于工厂的所有者。但是这种强迫却是以自由的话语来"表述"的,这是马克思深刻洞悉的诸多矛盾之一。生产资料所有者和"拥有"劳动力的雇员、劳工的"意志"在雇佣合同中"达成一致"。这份契约被视为双方为了以劳动交换薪水而签订的"自由协议"。强迫因此以自由的面目出现:签订或放弃雇佣合同。马克思因此认为这是他所说的**意识形态**的一种关键示例。

马克思在资本主义核心发现的不正义,其关键就是资本主义生产条件下,一小群人(占据统治地位的资产阶级)由于拥有生产资料所有权,能够攫取大多数人(劳动阶级)劳动的一大部分价值。与他之前的经济学家(亚当·斯密、大卫·李嘉图等)一样,马克思认为劳动生产决定了社会中的价值。但他革命性的洞见在于,这些价值中有一部分被并不产生价值的阶级篡夺了:这部分价值被他称为"剩余价值"。剩余价值是产品在市场中达到的价值与生产这些产品的人(工人)得到的补偿价值(就是他们得到的仅仅维持其生存的工资)之间的差额。资本主义的不正义体现为如下事实:生产产品的人所得到的价值只是他们所生产产品价值的一部分;资产阶级攫取了剩余的部分。实际上,工人生产产品的效率越高,生产所有者所攫取的边际价值就越大,事实上导致的悖谬结果就是工人因此就越廉价。在资本主义条件下,剩余价值被攫取,工人劳动的一部分价值遭到劫掠,资本因而获得"积累",阶级走向对立。正因如此,两大基本阶级登场并逐渐固化:一个是劳动的从属阶级,一个是攫取剩余价值的统治阶级。这导致了如下两者间潜在的剧烈冲突:一方是规模不断缩减的一小群财产所有者(因为强有力的市场参与者通过规模效益以牺牲较弱的市场参与者为代价而变得愈加强大),另一方是越来越贫穷的劳动阶级,他们走入了一个恶性循环:他们越具依赖性,失业"后备军"就越庞大,他们的雇主就越能够压低薪水。马克思指出,资本主义包含着自我毁灭的种子,因为其核心正包含这一"矛盾"。

在上述分析中,马克思显然是以生产为起点,将经济活动视为社会根本的组织性因素,是其他一切事物的基础。经济是每个社会的**基础**,决定了社会的形态及其制度属性——至少"最终"如此——这就如一个建筑的地基一样,可以说决定和界定了在它之上建筑物的形态。马克思著名地使用"基础"和"上层建筑"这个比喻来描述阶级社会的社会结构。在社会的"基础"层面,经济以一种可被描述为因果作用的方式(不过是在宽泛意义上,而不是说经济中的任何变化都直接引起社会变迁)作用于市民社会的(其他)制度。马克思指的是,我们的经济活动组织会决定政治、法律、宗教、教育、文化等我们拥有的制度形态。因此,法律位居上层建筑的制度之中,亦步亦趋地与生产方式的条件**相伴相随**。它的运作大体上反映了生产方式的必要特征,它的功能就是维持和规制**资本主义**经济与社会关系。比如,契约如果是现代法律的典型形态,这是因为契约形式支配着经济关系——特别是劳动力的出售。但是法律,这种将契约视为两个平等个体公平交易的形态,遮蔽了社会不平等以及合同法系统性地再生产了资产阶级经济利益这个事实。因此在马克思看来,法律的形态是一种系统性再生产特定社会阶级利益的手段,并且遮蔽或掩盖了背后的经济不平等。法律制度以这种方式维持和固化了经济关系中的权力差异。

65

如果经济基础**最终**决定了我们在上层建筑中拥有的那类制度,上层建筑的角色就不限于单纯反映社会的经济关系。马克思指出,我们拥有的上层建筑中的政治制度**当然**会反映、推动而非阻碍经济利益(比如,可以看今天的伦敦和英国政府的关系,后者试图以温和手段掌控前者,以及工业家对党派的金钱资助等);我们拥有的教育制度**当然**会反映并再生产生产关系(这种教育系统会区分在私立学校接受昂贵教育的人士,以及接受适宜于未来工人角色教育的人们);我们的文化制度**当然**会反映和再生产支配性价值,等等。但这对马克思来说只是说出了故事的一半。故事的另一半是上层建筑如何掌控、缓解和平息经济系统不正义所导致的潜在毁灭性矛盾,以及上层建筑因而如何有助于缓解阶级冲突。上层建筑的制度所具有的重要意涵就是为资本主义生产方式提供正当性,它们提供的这种正当性相应地与意识形态相关。意识形态旨在缓和矛盾、使社会团结无间。如何最好地理解这一过程?

以宗教为例。当马克思主义者将(基督教)宗教称为“人民的鸦片”时,他们的观点是“将另一面脸颊”转向敌人的宗教训诫,抑或温良谦顺的人会拥有世界的承诺,会使无依无靠的人们放弃在此时此地对正义的诉求。或者当马克思主义者抨击议会制度是资产阶级的“清谈俱乐部”时,他们的观点是大众受到欺骗,以为自己在立法机关的民主意见形成过程中得到代表,但影响(或毁灭)生活的真正决策是在资产阶级或(化用列宁的格言)诸如世界银行、国际货币基金组织(IMF)、世界贸易组织(WTO)以及G20等全球资本制度大门紧闭的会议室中作出的。我们在上述例子中看到的是上层建筑制度显而易见的正当化功能:这些例子中,宗教和政治的功能直接就是遮蔽、辩护或维护资本主义社会关系的不正义。 66

一、法律的功能

人们通常认为,有关法律制度,马克思几乎没有直接论述,至少没有系统性地阐发。如我们所见,马克思的基本分析范畴是社会阶级,阶级是通过它们在与生产资料关系中的地位得到界定和理解的。但尽管马克思提出的**经济**分析集中于资产阶级如何通过压低劳动力价格、借助控制市场供需来维持产品价格的手段攫取利润,这里却包含着极为重要的**法律**维度。经济层面的生产**资料**因此伴随着独特的生产**关系**,后者目的在于主要而非只是通过法律手段再生产社会地位和统治阶级权力。

讨论这一维度,我们转向苏维埃法学家叶夫根尼·帕舒卡尼斯(Evgeny Pashukanis)会颇有帮助,他借助“法律的商品形态学说”来讨论法律和经济关系,这在很久之后逐渐变得极富影响力。帕舒卡尼斯指出,法律的形态,特别是**法律主体**、**法律关系**以及**法律规范**这些基本范畴具有的形态,直接与商品交换的市场关系彼此相关。资本主义生产的形成与资产阶级法律的发展携手并肩,法律形态与商品交换彼此一致。这很重要。帕舒卡尼斯实际上是在论证法律不仅仅是反映经济关系的上层建筑中的一种制度,它还具有的一层重要内涵就是构成了这些经济关系。如果资本主义关系是围绕所有权和工资关系展开的,就可以说正是财产权(生产资料的所有权)和契约(劳动合同)的法律范畴伴随着不同的经济形态,并允许经济系统发挥其所发挥的功能。法律也在社会生活商品化过程中居于核心地位,不仅是将财产权范畴拓展到了每个人的工作能力——记住,在马克思看来这是最具**人类属性**的活动——还通过契约、资金、利息等构成了社会互动的节点。资本主义社会中这一切都得到法律的认可和监督。正是在这种社会里**商品化**的概念也变得重要起来。市场机制要想运作,就需要一种有关交换中货物的等价方程,因此就需要引入一种允许比较的共同标准。从人类活动的各个领域中概括得到等价概念,它涉及对使用价值的抽象,后者使得上述活动对人们自身以及彼此之间充满意义。现在交换逻辑占据上风,随之而来的则是盈利动机导致的价值绑架。货币,马克思所说的"金钱关系",允许市场中流动的一切事物都是可通约度量的。它将一种标准引入交易中的一切事物。马克思指出,这里便存在一种减损:事物不再因为它们之所是而具有价值(使用价值),而是由于它们在交换中的价值(交换价值)而具有价值。承受这一代价最沉重的就是最为根本的活动:劳动。在向交换价值逻辑以及工厂生产组织的物质条件双重屈服的过程中,工人的创造性劳动仅仅沦为**消耗性资源**(*expendable* 67 *energy*),不过是与在工厂消磨的时间一样抽象,可以被工人出售、资本家买入。通过这一分析,帕舒卡尼斯重要地补充道,以一种根本方式包含其间的,正是法律**形态**。

让我们回过头来总结一下马克思所分析的资产阶级法律的功能。法律通过确立拥有一件商品的意义以及商品交换的条件使得市场得以运作。财产和契约的法律概念都是将**形式赋予**经济生产关系的根本条件。同样重要的是我们作为法律主体在法律中的身份。尽管在马克思看来身份的意义恰恰取决于我们同他人的互动,但作为法律主体,将我们联为一体的却是金钱以及我们购买和销售的能力。法律从社会身份中**抽象出**那些与市场中商品所有者关系相关的特征。法律主体因此抽象自我们的社会情境。在法律中,我们仅仅成为权利和义务的载体,这在自由主义法律中意味着我们是商品所有者,在市场中**自由**交换商品,并**免于**任何(主要是源自国家的)干涉。这在一定程度上构成马克思所说的资本主义社会中出现的**异化**过程。当交换价值代替了内在价值,协作性生产活动就受到了极大的破坏。早期的马克思充满激情地认为劳动的商品化"将工人分解为一个人的片段,破坏了他劳动的成果"(Marx 1844, pp. 77-87)。马克思认为,资本主义社会之后的共产主义世界中,这种异化形式会随着资本主义国家及其法律的消亡而消失。资产阶级法律会被技术性规范、对事物的规制而非对人民的阶级压迫取代。在马克思看来,那时我们会复原自己真正的本质,而现在它受到法律形态的遮蔽,在这种法律表述下我们将自己理解为财产的所有者和商品的交换者。

二、意识形态

马克思主义者使用的**法律意识形态**概念与解释法律如何运作、如何遮蔽社会关系的剥削本质这一"迷惑性"功能有关。意识形态有助于解释为什么资本主义的"矛盾"并没有导致系统的"阻塞"或更简单地说,按照马克思和恩格斯在他们1848年的政治宣传册《共产党宣言》(*Communist Manifesto*)中著名的表述,工人阶级"失去的只是锁链",可为什么大部分进步倾向的工人阶级没有起来推翻这种剥削制度?我们之前看到,如果马克思提出了这样一种社会理论,其中核心的组织要素就是社会的生产方式,那么上层建筑并不完全被动地反映这些经济关系。它也反作用于经济基础来掌控、缓解和平息阶级冲突。它的制度的重要意涵就是为资本主义生产方式提供正当性,它们提供的这种正当性相应地与意识形态有关。

尽管在平时用语中意识形态通常指的是一系列观念和信念,但在马克思主义术语中它被定义为一种**功能**。这种功能就是通过表象(representation)层面的操作来维持统治关系。马克思启发我们去思考如下问题:既然在一个不正义的系统中,社会中的少数群体(统治阶级)对多数人(工人阶级)作恶,为什么这个系统还继续着再生产这些非正义关系的过程?这与真实社会关系在何种程度上得到表象和体验(live)有关吗?人们与他们自己理解的自身生存境况之间的关系是什么?马克思将意识形态置于表象系统之中,后者是他与其生活的物质条件的中介,也即简言之,它是人们感知自己在社会世界处境中鲜活实在的视界或镜头。意识形态这里揭示了某种歪曲与误读,它允许一种将自身呈现为自由的支配体系持续存在。如约翰·汤普森(John Thompson)所说: 68

> 意识形态的概念要求我们留心**意义被用来服务**于占据统治地位的个人与群体**的方式**,也即通过这种方式,符号建构和传达的意义被用于确立和维

持结构化的社会关系,从中一些个人和群体要比其他人或群体获益更多。

(1984, p. 73)

“歪曲”究竟是如何发挥作用的?在最通常的层面,一个由一般性和形式化规则构成的框架施加在存在真实不平等的次级领域中,这个框架既是一种对真实差异的“神秘化”即掩盖,也是对这些潜在不平等的一种强化。如我们所知,根据合同法,交易双方基于形式上平等的地位展开交易(无论这是购买还是出售商品抑或劳动)。因此,尽管一项交易实际上是在具有不平等交易权的双方展开,从法律上看,这是一份可自由达成或放弃合意的平等双方之间的协议。法律平等的幻影屏蔽了交易权方面的巨大不平等或者推动失业威胁(马克思所说的劳动力“后备军”)的现实。自由主义法律秩序支持和准许市场中的个体自由,但如阿纳托尔·法郎士(Anatole France)著名的表述,这是一种在禁止“富人和穷人睡在巴黎大桥下”时非对称的自由。法律面前的平等掩盖了物质上的不平等、权力与产品的不平等分配。同时,市场的运作将权力(规模效益等)赋予最强有力的市场参与者。但是强有力的参与者的特权隐藏在形式平等背后。用马克思主义术语来说,这种隐匿就被理解为一种意识形态。正是由于它掩盖且拒绝干预,这种形式性同时促进了进一步增加社会中财富和权力不平等的资本主义活动。

马克思主义者不会否认支持统治阶级经济利益的强迫通常是“赤裸裸的”,在它受到破坏活动“威胁”时尤为如此。可是这种愤世嫉俗的有关法律的工具性论述解释力有限,且无法解释正当性的重要维度——这个重要问题就是相较于通过武力强迫,权力不是呈现为纯粹强力而是具有权威性、正当性,公正且产生出义务。任何秩序,特别是资本主义秩序这样不公正的秩序,如果并没有表现出具有正当性,就无法长时间持续存在。举一个休·柯林斯(Hugh Collins)在有关法律和马克思主义(1982, pp. 41-42)研究中使用的例子。将工人之间的“联合”界定为犯罪的法律,对于认为迫切需要免遭工会活动攻击的早期资本主义体系而言至关重要。但这种禁令需要表现得具有正当性,意识形态具有的正当化功能就体现为支持劳动合同双方的平等;任何允许工人推动更高工资的联合因此就显得并不公正,是一方某种程度上联合起来对抗另一方。可这枉顾了如下事实,即一开始的交易地位是极为不平等的。正是在这样的例子中,我们明确地看到一种体系如何诉诸正义和平等来追求

69

正当性,同时这一体系不愿只依靠纯粹强力来维持生产关系的再生产。

意识形态的“迷惑性”功能通过许多方式发挥作用。马克思主义者认为,法律意识形态化的运用,使得诸如私有财产和通过合同的交换变得“自然而然”,好像它们构成了人类的本质;通过形式化平等来“神秘化”或掩盖实质不平等,以及通过平等权利来掩盖没有任何权力的事实;将社会斗争“去政治化”,也即剥离其政治维度,使之变得仅仅是一种犯罪;同时以消耗它们且使之变得可掌控的方式呈现它们。马克思在《德意志意识形态》(*The German Ideology*)中这么说:

> 支配物质生产资料的阶级,同时也支配着精神生产资料。因此,那些没有精神生产资料的人的思想,一般是受统治阶级支配的。
>
> (1932/1977, p. 176)

物质生产和思想生产的掌控之间存在关联,但这不是故事的全貌。从早年著作开始,马克思就热衷揭露资本主义借助表象层面微妙的操作和策略来抵消反抗与批判的细微手段。他最著名的批判之一就是《论犹太人问题》(“On the Jewish Question”,1843),在该文中他著名地区分了政治解放与人类解放。他指出,18 世纪伟大的政治革命——法国和美国革命——宣告了政治解放,但却没有触动“私权”,尤其是财产权制度,它们都被涵盖在“人权”这个范畴下,以人权的名义开展革命运动。但马克思问道“谁是‘人’呢?”“为什么这些权利被称为人权?”他回答说:“只有市民社会的成员才是,也即利己主义的人,与其他人和共同体隔绝的人……他在他人身上没有看到自己自由的实现,而是看到对自己自由的限制。”(1843, p. 52, 53)通过主张和确立“利己主义者”的权利就是公民的权利,革命实际上是以自由的名义引入了资产阶级财产关系体系,尽管它们的主张和政治权力的外延是普遍主义的,却使公民在财产所有者面前无能为力。在马克思看来,这是“革命实践与其理论无法容忍的矛盾”(1843, p. 54)。

因而意识形态发生作用的方式,就是将偶然的安排表现为自然的,或者将某些假定归为我们所认为的人类本性。比如,真的像洛克所说,(废除奴隶制后)没有人再拥有我意味着“我拥有自己”吗,还是说财产权范畴并不会不适用于这一情境?为了延续自身,资本主义必须确保生产关系以现在的形态得到再生产;没有权力的人依旧如此;因而阶级斗争不会以挑战资本主义优势分配（它通过生产资料所有权进行）的方式爆发。马克思主义者认为，法律意识形态化地运作旨在让私有财产和通过契约的交易这类活动变得“自然而然”，通过形式平等“神秘化”或掩盖实质不平等，通过平等权利掩盖无权无势，并且将社会斗争“去政治化”——剥离其政治维度，并以消耗它们和使之能够得到掌控的方式来表现它们。随着时间流逝，资本主义要想再生产自身，就必须保证生产关系以现在的形态得到再生产，阶级斗争不会以挑战基于生产资料所有权的资本主义优势分配的方式爆发。要想为这个体系提供正当性，法律就要以一系列上文表述的方式意识形态化地运作。在上述所有方面，“意识形态批判”都影响深远，它启发了许多在今天超越了严格意义上马克思主义观点的批判立场。

70

阅读文献：

易读的理论基本立场分析，参见马克思的《德意志意识形态》（Marx 1932）。他对权利和法国与美国“宣言”的批判包含在他早期的《论犹太人问题》（Marx 1843）中，有关平等的讨论在其《哥达纲领批判》（“Critique of the Gotha Programme”，in McLellan 1977）。他有关商品化、使用及交换价值以及“原始积累”的分析，出现在他后期的主要著作《资本论（第一卷）》中。

马克思有关法律的直接论述极少；卡因和亨特编撰了很有帮助的一卷选集（Cain and Hunt, 1979, esp. pp. 52-53, 56-59, 116-117, 132-137, 164-165）。有关法律和马克思主义的二手文献，对马克思的简洁导论可参见吉登斯（Giddens, 1971, chs 1-4）以及斯通（Stone, 1985）。柯林斯（Collins, 1982）和科特瑞尔（Cotterrell, 1992, pp. 106-118）也有颇有帮助的导论。讨论意识形态观念与国际法的近期论著，参见马科斯（Marks, 2000, ch 1）和米耶维（Miéville, 2005），更一般性地与法律的关系，参见赫斯特（Hirst, 1979）。齐泽克（Zizek, 1994）自己编撰的文集，特别是第1、6、9、12、13章，是马克思主义传统内有关意识形态最好的文集之一。

马克思主义传统中有关法律的其他著作，尤其可参考帕舒卡尼斯（1978）的主要著作《法律和马克思主义》（*Law and Marxism*），以及阿瑟（C. Arthur）非常有帮助的导论。与法律尤为相关的商品化、物化可参考卢卡奇著作（Lukács, 1971）的“物化现象”（“The Phenomenon of Reification”）。阿尔都塞（Althusser, 1971）提出了最负盛名之一且争议不断的有关意识形态功能的论述，他认为意识形态与他视为“意识形态国家机器“的物质实践相关。

第六章　法律、正当性和理性：马克斯·韦伯

一、马克斯·韦伯：现代性和形式法律理性

71

马克思认为法律与经济系统中的阶级冲突存在内在关联，因此最多只承认法律制度相对于资本主义经济体系具有“相对自主性”，但马克斯·韦伯认为社会显然且在很大程度上取决于法律的功能和性质。他进一步认为现代性的兴起与理性（rationality）的变迁有关，这最明显地体现在法律制度中。韦伯的主要关切是特定形态的理性在包含法律在内的不同社会生活领域中如何发展，并且在理性化过程中，这些领域在何种程度上具有共同主题或亲和性。韦伯的主要计划因而就是一种考察现代西方理性独特形态的历史社会学。**理性**是韦伯社会学的组织性概念，我们将它留到下文来考察其重要意义。

马克斯·韦伯（1864—1920）作为社会学家、哲学家和法学家的影响都极为巨大。他与马克思、涂尔干一道被视为19世纪社会学新科学的奠基人。作为哲学家，他对伴随着现代性兴起的“理性化”和“祛魅”过程的理论阐述非常重要。政治上他是第一次世界大战后自由德国民主党的创始人之一，并在1919年民主化的《魏玛宪法》起草过程中发挥关键作用。

在勾勒其社会理论的基本要素时，我们必须注意尽管韦伯通常被描述为“与马克思的幽灵作斗争”，尽管在重要方面他是现代性理性带给欧洲社会的“资本主义精神”和“祛魅”的批判者，但他显然认为资本主义精神是诸多因素中唯一推动理性化过程的因素。他写作了一篇重要的论文阐发禁欲新教主义对资本主义发展的影响；在他看来，现代资本主义的诞生与一系列因

素相关,包括股份公司的演变、新经济制度与形态的出现、与民族国家巩固以及现代形态科层制或政治行政相关的国家建构和国家能力、工业革命和技术的运用,以及至关重要的法治。但这并不意味着他忽略了经济与社会之间的关系,而是说他在前者的发展中并没有看到推动后者发展的明确因果关系。通过聚焦他视为现代西方法律独特发展的核心要素,以及追踪法律和社会生活其他形态理性组织的关系,韦伯的法律社会学是独特的分析现代西方法律的一次尝试。

在韦伯看来"理性"这个词指的是什么?要回答这个问题就要退后几步。按照德国社会学家尼克拉斯·卢曼(Niklas Luhmann)在其《法律社会学》(*Sociology of Law*)中的讲法,韦伯"真正的成就","在于彻底回归到主体相关的行动概念。人类行动不再以本体的自然属性加以描述,而是通过'重要意义'得到界定,因此被理解为某种由行动的主体所识别出的事物"。(1985, p. 16)在这种"彻底回归"中,韦伯将社会科学家的视角从客观的社会规律和结构、从"经验主义"、因而是从把社会科学视为与自然科学相近的思潮,转向社会参与者赋予其行动的主观意义。行动者必须将他或她行动的重要意义与他人的相连,以便他们能够在彼此关联中行动。为了理解和分析社会,社会科学家相应地必须试图理解社会行动者如何理解自己的实践以及他们赋予自己行动的意义。只有在这种理解的"双重性"中,社会科学家才能够归属意义并探知社会互动的模式,以便理解社会现象和行为的整合如何取决于"持续的、可习得的以及可内化的规范"(Luhmann 1985, p. 17)。正是在行动于世界中的行动者如何赋予世界"重要意义"(参见上文)这个语境中,韦伯以我们因而可称之为"解释性"(或"阐释性")的方法,捕捉到了他的"理性"概念。

现在对于**现代**个体来说,理性需要一种独特形态,法律在这一形态中发挥着关键作用。个体确信一般性规则支持下的有关他/她地位的期待,确信他/她行动的结果,因为他/她无法像前现代欧洲更加地方性的背景下继续依赖古老的信任模式以及有关环境与人的个人知识。相反,法律现在必须规制依赖市场展开交换的"相对陌生人"之间的关系,他们生活在一个经历资本主义革命的世界,且这个世界日益变得高度复杂。违背法律不再意味着违背共同体的规范秩序,而是引发了对经济损失的赔偿;体现共同体道德感的普通法法官的办公室,被司法机构的专业化和非人格化取代;等等。随着现代法律在很大程度上不再有明确价值取向(我们可以将之称为“实质内容”)而转向形式品质——概念抽象、一般性、中立性——理性化问题在这里显然至关重要。在这一转向中,它斩断了自己先前表述的规范性渊源——共同体道德、习俗、宗教权威,并在重要意义上依靠自己作为一种分化的、自主的体系来回答如何维持和再生产社会秩序的问题。它以普遍可适用的抽象和一般性规则来解答这些问题:作为自成一类的规范体系的法律的发展,与道德、政治和宗教规范有别且不同,构成了**法律形式主义**(*legal formalism*)的本质。

73

韦伯认为现代西方法律具有某种独特特征。它是普遍适用的一般规范构成的体系,有国家权力加以组织和支持,由具备独特资质的法律人士适用和解释。此外,尽管现代科层制国家本身依赖于独特的法律形态,但现代法律相对独立于政治。这些并不被理解为一切法律的必然属性,而是被视为历史发展特殊过程的结果。对于现代法律形态的研究(如对其他所有理性形态的研究一样)因此需要发展出一种特殊的方法论,关注**法律理性**和**政治权威**的形态,以及两者间的关系。在继续讨论韦伯如何在有关现代法律发展的历史社会学中运用它们之前,接下来我们将会先对它们的形态与关系加以考察。

不过在此之前,简单提一句**方法论**:韦伯在其社会学中使用“理想型”来描述特别是法律、政治权威或正当性的类型。这些类型并不是规范意义上**理想的**;它们是对社会生活中所发生事物有意识的夸大,在此意义上它们被视为理想的,以区别于真正的事物。社会生活的日常经验中并不会遇到描述中的韦伯理想型的纯粹形态。相反,它们体现了真实情境的经过选择的重要特征,并且作为启发性装置,它们能够比较进而分析真实社会现象;就我们目前的情况来说,它们能够比较和分析特定法律体系和政治组织形态的重要特征。

二、政治权威的类型

韦伯将国家界定为“一个在给定领土内(成功)主张垄断暴力正当使用的人类共同体”(1948a/1919, p. 78)。这是最为知名和广泛流传的表述之一。(暴力的)“正当”使用涉及韦伯重要的组织假设,即任何政治构成无法只依赖强制力，为了长时间地维持自身，它需要对那些它施加“垄断暴力”的人表现出具备正当性的样子。正是正当性要素使得权威不同于权力的（赤裸裸）运作。根据制度和实践（一直以来）对其参与者所具有的**意义**的强调，基于行动者所属的政治秩序形态来分析政治权威（或正当性支配）的形态。韦伯的如下三分法同样运用到了“理想型”：

> （1）**传统型**支配，建立在“对古老传统的神圣性以及该传统中实施权威的人士所具有的正当性的既有信念”（Weber 1968, p. 215）之上。
>
> （2）**克里斯玛型**支配，建立在超凡英雄主义或个人领袖的典范性格以及他/她所创造和揭示的秩序之上。
>
> （3）**法律/理性**支配，建立在有意创造的秩序的合法性以及该秩序赋予的针对特定群体发出命令的权利的信念之上。这被视为现代行政管理的独特形态。

在**传统型**支配中，秩序对服从它的人而言显得具有正当性，因为它反映出他们共享的价值，不过在它居于统治地位的社会中，支配通常并不体现为权威的运作，而是通常被视为世界的自然秩序，在此情形中这种支配无须为自己辩护，因为事情不可能有其他样子。**克里斯玛型**支配，与传统型不同，是一种革命性和不稳定的权威形态。此时权威依靠领袖的魅力以及“个人超凡的神圣性、英雄主义或典范性格，以及他所揭示或颁布的规范模式或秩序”（Weber 1921/1968, p. 217）。因此，领袖的统治权力不受外在约束，他/她对于自己工作内容与范围的确定不受任何约束，工作的可靠性也不会受到质疑。克里斯玛型权威几乎总是在传统型或法理型权威设定的边界所构成的语境中发展演变，但究其本性来说，它有挑战这一权威的倾向，并且经验表明是对既定或已接受秩序的破除。克里斯玛型权威是一种权威的过渡形态，最终会走入例行化（routinisation），按照韦伯的解释，通过这一过程，克里斯玛型权威会被一种由理性确立的权威或传统型与科层制权威的混合体所掌控的科层制继替。最后，**法律/理性型**支配是一种非人格化的秩序类型，它要求人们基于对秩序本身的尊重而服从秩序，但其他两种支配类型建立在机关的地位或某些个人的性格之上。因而在法律支配中，正当性是内在于秩序的。韦伯将这种支配形态与**科层制**的兴起关联在一起。他进一步指出，由于法律支配是一种理性的支配形态，它就倾向于拥有某些与其行政官员相关的

74

特征,他著名地将这些特征与科层制结构联系起来:公务受到规则约束;在某些划定的范围或管辖权内执行;出现在正式的规则与监督层级结构中;要求官员接受某种程度的专业训练。此外,在理性系统中,所有权和行政手段存在严格分界,没有任何职务归其职员所有。这意味着职位和个人的分离,它保证了科层制的公正和技术效率。因此"实施法律权威的纯粹形态就是借助科层制行政官员"(Weber 1968, p. 220),因为它带来了技术知识和行政能力的增长,这对劳动分工条件下经济组织和社会生活组织而言至关重要。韦伯因而在此意义上指出,理性科层制组织是现代社会的重中之重,因为它自身就能够处理财产分配和经济管理问题,并确保对社会生活的长久规制。

三、法律理性的类型

在第二个富有影响力的类型学中,韦伯对法律理性(理想)类型作出两种区分:形式与实质(或非形式)、理性与非理性。这两个比较维度涉及**理性**程度和**形式化**程度。理性衡量的是法律体系所运用的规则的一般性以及法律秩序的体系性特征,形式性衡量的是法律判决的标准在何种程度上内在于法律体系抑或来自其他源头。因此理性程度旨在分析法律体系的内在一致性,形式化标准关注法律体系相对于政治制度、宗教权威或共同体道德的自主性。因此,必须要强调的是这些类型指的既是法律体系的内在特征,又是法律体系和其他社会与政治组织形态的关系。

75

组合起来,这两类区分构成了如下四分法(表 1.6.1*):

表 1.6.1　法律理性的理想型

实质非理性	形式非理性
实质理性	形式理性

我们依次来看每一对组合。

1. 形式非理性

这指的是如下类型的法律体系,它们拥有一系列既定的法律,与其他规

* "表 1.6.1"即第一部分第六章第一个表之意。——译者注

范性(形式性)渊源有清晰分界,但在规范渊源与具体结果之间不存在**理性**关联。以神圣法或宗教法形态为例:法律的权威与规则本身的内在本质或组织社会生活的效力无关,而是完全源自它们渊源的神谕属性,在此意义上它们被视为非理性的。因此在法发现领域,可能存在得到承认的、遵从某种解决争议的既定程序的法官,但决策标准却无从知晓。这种行为的一个不错例证,就是神明裁判或决斗断讼,这是高度形式化的体系,但却诉诸神明介入来断罪。形式非理性的现代实例就是陪审团制度,它的遴选、审议规则是形式化的,但判断的得出(既无法被审查,也无法要求它在公众面前得到辩护)是不透明的,因而是非理性的。

2. 实质理性

在形式理性的对立面,我们有实质理性类型。它指的是这种法律体系:它们拥有理性的立法和颁布的程序,但却依赖于既定的外在或外部目标,譬如伦理律令、宗教和功利主义目标或政治目的等。法律被工具性地使用,其权威取决于它能够完成这些目标的程度。神权制度中的法律体系、肩负“开化”任务的殖民地行政体系,或者支持伊斯兰原则或推动社会主义目标的宪法体系,都是实质理性的不错示例。实质因素在这里与如下事实有关,即规范体系相应地从宗教、伦理或政治中获得其内容与权威。我们可以区分(如果不是那么直观)实质理性类型的内容与西方民主制的福利体系,后者建立在国家科层制上(以及因此出现的理性行政),旨在推动和增进人民的福利(这一实质理想)。

76

3. 实质非理性

在这类法律体系中,可能没有正式确立的法律内容,没有具体案件中作出裁判所基于的既定标准,法律和其他规范性要求的渊源之间不存在明确界限。可能有或没有得到承认的法官,每个案件都基于其自身的是非曲直加以裁断。裁判将都不会具有超出特定案件裁判的拘束力。它包含如下实例:小共同体中长老委员会掌管司法的体系、类似某些伊斯兰法院实践的被韦伯有时称为“卡迪司法”的实践等(Weber 1968, p. 845, 976–978)。注意,至关重要的是具有类比推理、归纳法特征以及起源于共同体道德的普通法,在韦伯的分类中呈现出强烈的实质非理性色彩。

4. 形式理性

这类指的是有正式立法过程的体系,法律在其中被认为相对独立于特定社会政策或伦理理念。会有适用法律的专门机构,法官的自由裁量将会受到约束。人们强烈期待相关法律特征方面具有类似性的案件会得到类似处理。这要求确定一个案件相关法律特征技术的发展,以及一般性规则的识别与适用技术的发展。抑或它可能只是要求遵守事实的某些外部特征,比如契约上的字据或某些话语的说出。逻辑形式性在许多方面是韦伯分析现代法律的核心,以下我们将相对之加以细致分析。

韦伯在他的主要著作《经济与社会》中为我们提供了一个有关形式理性法的最简洁的表述:

> 第一,每个具体的裁判都是一个抽象法律命题在一个具体事实情境中的“适用”;第二,借助法律逻辑,在每个具体案件中一定能够从抽象法律命题演绎出裁判结果;第三,法律必须实际上或事实上构成一个由法律命题组成的“无漏洞”的体系,或至少必须被视为这样一种无漏洞的体系;第四,任何无法用法律术语理性“解释分析”的事物也是不具有法律相关性的;第五,人类的每种社会行动必须总被视为要么是法律命题的“适用”或“执行”,要么是对于它的违反,因为法律体系的“没有漏洞”必然意味着针对一切社会行动的无漏洞的法律指令。
>
> (Weber 1968, pp. 657-658)

考察韦伯的分析之前,让我们将这两种分类放到一起来理解韦伯如何将法律同政治联系在一起,以及韦伯如何启发我们去理解法律现代性的发展。通过这些理想型,韦伯追溯了形式理性法这一理想型和法律支配理想型之间的亲和性,这一关系得到他有关西方法律的历史社会学的确证。换言之,形式理性法使得自己由科层制这一受规则约束的政府制度加以实施。但在两者存在亲和性的地方,在法律和政治组织形态与不同的法律形态同各种正当的政治支配类型加以互动的方式之间存在着紧张关系。比如,某些法律形态尽管要求法律秩序具有某种外在保证,就像实质理性法依赖宗教(卡里斯玛)或政治目标与权威,但形式理性法主张基于法律形态本身的权威或有效性。这意味着法律体系自身正当性问题在某些条件下会成为一个难题,譬如以下类似情形,当法律问题政治化后,就要求法律在政治争议中作出裁判,抑或政策事务和对福利目标的追求(涉及住房、健康、教育等),调动了如下形态的监管性法律,即如果想要达成这些结果,至少必须部分上放弃公正与

77

一般性这些理念。我们将会看到,正是在这种语境下,历史中法律与政治的区分才变得越来越不稳定。

四、法律现代性的发展

如果我们身处韦伯有关西方法律的历史社会学基本框架的语境,法律形态与政治组织的关系就变得越发清晰。这一框架的核心特征就是法律思想越来越理性化,形式理性法获胜。在其中我们能够阐明韦伯如何运用理想型作为分析特定发展模式的手段,并探求法律现代性发展如何与政治组织形态相关。

《经济与社会》中的如下段落讲述了法律现代性发展的大致梗概:

> 理论上看,法律与程序的一般发展可以被视为经历了如下阶段:首先,借助"法律先知"的卡里斯玛式法律启示;其次,法律显贵(honoriatores)依据经验创制和发现法律,也即通过决疑术法学(基于逐个案件的推理)和遵循先例创造法律;再次,由世俗权力或神权统治权力强加的法律;最后,是由接受过学术与形式逻辑的法律训练的人们对法律和专业化司法行政作出的系统阐述。从这个角度来看,法律的形式特性是这样浮现出来的:受巫术条件决定的形式主义和由神启决定的非理性结合在一起,由此产生了原始的法律程序,进而开始有了越来越专门的司法上与逻辑上的合理性和系统化,其间有时也会出现一些曲折,即神权统治或家产制条件下不拘形式的实质性权宜做法;最终,至少从外部视角来看,它们会具备越来越高度的逻辑提升和演绎的严密,并在诉讼程序上发展出一套越来越理性的技术。
>
> (Weber 1968, p. 882)

朝向理性与形式性这两股发展趋势,在上述描绘的轨迹中都很明显。78 一方面是法律的日益理性化,即法律解释("逻辑升华与演绎的严密性")和制定方面的一般性;另一方面是法律日渐形式化,即它越来越具有相对于宗教和政治权力的自主性。不过与此同时,它也描述了政治权力对法律理性形态的服从,这是形式理性法更为重要的成就之一,也是法律现代性的一个特征。

这些成就可以被分解为四个宽泛的范畴。

第一，理性法的发展借助可普遍化的规范与理性司法的发展，将个体从基于迷信、宗教或任性的主权者行为的传统权力形态中解放出来。现代性的发展因此在形式法律理性和政治权力之间确立了一种独特的关系，它是法律形态的组成部分。这种正当性使得政治权力持有者能够做某些事情，当它与理性科层制行政能力发展联为一体时尤为如此，但（根据形式理性的表达）现在法律成为任性权力的约束。

第二，法律具有一般有效性和普遍适用性这一创举稳定了人们的期待。现代民族国家的法律体系在其领土范围内是普遍的，超越一切基于身份和特殊管辖权的地方法律与特权。形式理性法在法典形态中获得了理想的表达。法律必须以能够被所有属民理解的方式提前颁布，并且仅能由法官和其他形式上独立于主权者的律政官员适用。国家及其公职人员的行为受到法律的掌控，因此变得更加具有可预见性。同样在司法领域中，私有财产的保护与合同履行变得更加具有确定性和可预见性，使得对经济事务的监管和未来规划更有确定性。通过上述方法，法治创造并维护了经济领域、政府领域以及社会生活的稳定性。

第三，复杂和专业化的推理类型得到发展，要求负责解释和适用法律的人士接受专业化训练。法律没有漏洞且具有内在一致性的理念源自对罗马法的继受，后者认为规则发展自一种归纳过程且依赖于语境，但它们被一般化为可以演绎性适用的抽象原则，因为规则被视为理性的最高成就。因此，法律问题就被视为能够通过**体系性**方式加以解决的个别化案件，其方法是识别具有法律相关性的事实并将之涵摄入抽象的法律规范。只有通过关注法律与事实的关联，通过排除诸如道德价值或社会地位等因素的考量，案件才能得到解决。

第四，作为更广泛世俗化过程的一部分，法律与伦理领域彼此分离。尽管这在一开始被理解为法律和宗教的分离（既是在废除国教的意义上，也指的是个别法律内容层面），但它对我们理解现代性具有重要影响。韦伯通过罗马法转变为现代自然法或革命性自然法的过程追溯了对罗马法的继受，现在规范在其中的正当性源自其“理性与正义”的内在原则，这允许罗马法超越自己在王权或教权中的起源。他指出，这是“一旦宗教启示及传统的权威主义神圣性及其担纲者丧失力量后，唯一持存的法律秩序正当性类型”（Weber 1968，p. 867）。不过他也指出这种正当性类型与形式理性法的发展处于

79

紧张关系，后者的权威仅建立在规范的内在**有效性**这个形式化问题上。法律现代性的发展因此打破了法律与理性或正义之间的关联。形式化的实证法不需要特定内容，且不受其他伦理或道德原则的约束。它的实证性意味着通过立法实现的法律变迁在历史上第一次成为法律自身的内在属性。形式理性法这一理念及其历史中蕴含着某种独立于其他价值和社会生活层面的专业化和自主性。

与第四个成就相关的是韦伯强调技术因素的重要性，后者与推动法律自主发展的学术训练和职业化相关。这里重要的因素是对罗马法的继受，这最初出现在教会法，后来罗马法被视作更为抽象的法律学术训练体系，成为超越传统法律形态与特殊规范的法律普遍性的基础。这对早期大学中律师的培养具有重要影响。基于罗马法形式性的法律学习，成为一种专业化的知识，并推动了法律职业的形成。它也对司法实践产生重要影响，因为受过训练的法律人无论作为官员还是法官，都要求法律与程序的理性化。这再一次增强了韦伯在形式理性法——科层制形态的理性行政的发展——与法律支配之间的关联。

我们可以从上述简单论述中看到，韦伯形式理性法的观念描述了法律现代性的重要特征。我们难以抗拒将这些成就视为理性化内在过程展开的不可避免的结果——一个朝着更完善、更理性的法律演进的征程——理想型的用语和韦伯认为形式理性法是理性最高形态的表述加剧了这种诱惑。可是有必要讨论，既然这是一个不可避免的过程，而且考虑到它与资本主义经济发展的关联，为什么这种法律会在西方独一无二地发展起来。

五、现代法律与经济体系

重要的是，韦伯并没有把这个问题简单地视为法律与经济，或不同法律形态与经济思想之间的关系，尽管他显然认为这一关系至关重要。事实上与马克思不同，韦伯尽力否认在这两者间存在严格的相关性或因果性：外在条件的变化，比如经济形态的变迁，可能对个人或集体行为有某种影响，但在任何意义上都无法被视为这些行为的决定因素。同样，法律可能保护某种经济利益，但显然这些利益可以其他方式得到保护，法律也可以服务于其他无法被还原为纯粹经济因素的利益。因此,重要的是要注意到尽管韦伯想要将经济组织形态置于自己社会学的中心,他却在下述两个方面与马克思对法律和资本主义经济的分析保持距离。首先,他关心在经济与其他相关社会层面之间建立全面关联,没有认为这些关系在任何意义上是单一因果的。其次,不同于马克思的阶级分析,韦伯关心个体行动和行为或理念形态的取向,以此作为理解社会与经济活动的途径:“人们采纳某类实践理性行为的能力与性向。”(Weber 1930, p. 26; Ewing 1987)但是,与基于某种自然或天生属性假设(比如,自利或理性能力等)的方法论个人主义的诸多形态不同,韦伯认为人类的行动或人本身并不随附任何天生属性,因此除却趋向于某些理性组织起来的活动,不会有任何组织性原则。这就使得理性这个理念成为问题,因为这一观点中隐含着世界根本上是非理性的。它为韦伯有关形式理性法兴起的分析增添了独一无二的特征:它众所周知地强调社会关系的偶然性,以及某种程度上有关组织人类事务的理性能力的怀疑论。因而对于形式理性法兴起的解释就体现在某些利益之间的一致或亲和性中,并与发展中的法律职业的内在或内部需求的分析联系起来。

80

正是在法律体系与市场经济和国家的交汇点中,韦伯在形式理性法、市场体系和科层制国家间发现的“选择性亲和”得到最为明显的表达。韦伯指出,现代类型的经济体系如果没有国家背书的法律秩序是无法存在的,后者能够确保经济关系的可预见性和稳定性:

> 现代经济生活因其天然性质而摧毁了那些曾经习惯于充当法律和法律保障载体的联合体(associations)。这是市场发展的结果。一方面,市场联合(consociation)的普遍优势地位需要一种按照理性规则可以计算其功能的法律制度。另一方面,我们已经开始明白,市场的不断扩张乃是市场联合的固有趋势,它有利于所有“合法”强制权力通过一个无处不在的强制性制度实行垄断与调整,因为所有排他主义的身份性结构以及其他强制性结构都已土崩瓦解,而他们依靠的主要是经济垄断。
>
> (Weber 1968, p. 337)

韦伯在此段落中指出法律秩序在如下方面具有核心重要性:支持市场运作,支持经济发展创造如下条件的方式,即理性法律体系以此能够超越其他社会和政治组织形态。法律的功能是增进商业和贸易利益的安全,并保护财产。它实现这一点的方式是通过组织经济关系,特别是通过契约的形式,也通过诸如代理和沟通工具的发展,使得经济关系更加有效、可预见和可执行。不过韦伯也尽力指出,这并不是法律关系本身的功能,因为“纯粹逻辑建构的结果通常与商业利益期待之间具有非常非理性的,甚至无法预见的关系”(Weber 1968, p. 855)。对于具有经济权力的人士,法律的形式抽象特征也对确保免于政府任意干涉的自由具有决定性意义,就如该特征对于那些“基于意识形态理由试图打破权威主义管控或制止非理性的大众情感以便开启个人机遇和解放能力的人一样”(Weber 1968, p. 813)。不过这里同样伴随着一个警告,它指出经济方面的契约自由和政治自由之间不存在必然关联。

81

正是在形式理性法与市场自由之间的这些联系和亲和性中,韦伯面临着某种困难,它通常被描述为“英国问题”(它的提出,参见 Weber 1968, pp. 814 and 889 ff.)。简言之,这个困难说的是当韦伯想要在法律思想中理性的最高形态(形式理性法)和资本主义中体现的经济理性最高形态之间建立积极关系时,并没有证据表明形式理性法律体系存在于资本主义首先得到发展的英国。如我们所见,普通法曾体现出且继续体现着一种归纳(“非理性的”)逻辑,它通过寻找案件之间的共同点且主要通过类比展开,而非通过演绎推理。结果就是许多学者认为韦伯的法律社会学遇到了反例。在他们回应韦伯的“英国问题”时,韦伯研究者指引我们关注与法律职业(它们使用惯例和体系性论证形式)兴起相关的韦伯有关市场期待的稳定化与确定化的其他来源的论述,抑或表明韦伯实际上将形式正义和得到保障的权利,而非逻辑层面形式法律思想,视为直接推动资本主义兴起的现代法律因素(参见 Ewing 1987)。

六、韦伯:现代性的理论家与批评者

因此,总体来说,韦伯认为法律现代性的特征就是形式理性法的发展,这一发展与资本主义经济发展相一致,并对后者有推动作用。这种法律类型众所周知的成就是提供了这样一种法律形态,它通过创造一种自主且专业化的法律推理,能够为经济、社会生活以及政治权力的宪法化提供稳定和持续的规制。这开启并推动了资本主义的飞速发展,但韦伯认为这两者间的关系绝非单一因果性，而当然是他所说的选择性亲和。

不过对于韦伯所有细致入微的剖析来说，在他对形式理性的“支持”中有一个巨大的矛盾。韦伯认为现代性施加了工具理性的“铁笼”。在这个共享价值体系和共享目的意义退居幕后且逐渐沦为个人选择问题的世界中，随着科层制不断提升效率，随着我们的技术不断产出更有效的结果，我们的社会罹患了意义的消逝，这种消逝体现在我们工具理性即**手段**理性的增进，以及实质理性抑或**目的**理性的丧失之中。在这种目的屈服于手段的两者关系倒错中，韦伯读出了现代资本主义世界的“祛魅”。

祛魅概念最意味深长地体现在韦伯著名演讲之一，即1917年慕尼黑大学举办的“学术作为一种志业”中，并在“一战”刚一结束、韦伯去世前不久的1920年发表。他将祛魅视为现代西方社会的标志性特征，认为这一同科学相关的发展主要包含如下确信，即“不复再有神秘不可计算的力量”，并且“我们无须再诉诸神秘手段来掌控或探索灵魂”。

82

如下是该讲座的节选，它展现了韦伯深邃的人文主义思想的某个侧面，以此方式直接表述了祛魅的概念：

> 我们这个时代，因为它所独有的理性化和理智化，最主要的是因为世界已被祛魅，它的命运便是，那些终极的、最高贵的价值，已从公共生活中销声匿迹，它们或者遁入神秘生活的超验领域，或者走进了个人之间直接的私人交往的友爱之中。我们最伟大的艺术卿卿我我之气有余而巍峨壮美不足，这绝非偶然；同样并非偶然的是，今天，唯有在最小的团体中，在个人之间，才有这一切同先知的圣灵感通的东西在极微弱地搏动，而在过去，这样的东西曾像燎原烈火一样，燃遍巨大的共同体，将他们凝聚在一起。如果我们强不能以为能，试图“发明”一种巍峨壮美的艺术感，那么就像过去20年的许多图画那样，只会产生一些不堪入目的怪物。如果有人希望宣扬没有新的真正先知的宗教，则会出现同样的灵魂怪物，其后果更糟。学术界的先知所能创造的，只会是狂热的宗派，而绝对不会是真正的共同体。

阅读文献：

韦伯的主要著作完成于1904年和1905年——此时他首次发表了接下来构成其著作《新教伦理与资本主义精神》的论文——至1920年他去世之

间。他综合性的鸿篇巨制《经济与社会》的大部分内容出版于他去世后的1921年2月,但直到1968年才有完整的英文版。韦伯在《新教伦理与资本主义精神》导言(1930/1905, pp. 13-31)中对推动其社会学研究的问题,提供了绝佳的简短导论。

韦伯基于理想型的法律社会学经典分析,可参见莱茵施泰因(M. Rheinstein, 1954, pp. xlvii - lxiii)。类似的论述可以参见克罗曼(Kronman, 1983, ch 4)。正当支配类型出现在韦伯1968年著作第三章(法律权威的分析,应当参阅第217-226页)。韦伯理论的一般性讨论,参见科特瑞尔(Cotterrell, 1995)、特纳(Turner, 1996)和墨菲(Murphy, 1997)。

第七章　法律、共同体和社会团结：埃米尔·涂尔干

我们已经看到工业社会所要求的地理流动如何使人们从传统共同体中脱嵌，以至于不复可能在固定的地方。另外，从固定社会角色的“解放”和基于地位的传统生活形态的瓦解，带来了在高速发展的现代城市中积累财富、发展生活方式或全新社会身份的新机遇。但在实践中，新兴的工业社会在财富分配方面制造了大量的不平等，并在饥饿的威胁下制造出大多数新兴无产者被迫投入自己劳动的劳动市场。国家与市场成为新社会中两大力量和组织原则。用波兰尼的话说：“霍布斯古怪的国家学说——一种身体由无数人体构成的人形利维坦——在李嘉图式劳动市场的构建面前相形见绌：国家成为许许多多的人类生活，它们可支配的食物数量控制着国家的存续。”（Polanyi 1957/1944, p. 164） 83

因此这一时期出现的一个关键问题就是社会秩序问题：面对日益增长的社会分化和紧张、市场秩序内社会生活的新风险和偶然性，以及传统社会秩序形态遭到破坏所引发的社会脱嵌的幽灵，是什么使得社会成为一体的呢？因此面对这些转变和新的不确定性，在传统社会结构不复存在时，**社会秩序是如何可能的**？这些问题相应地引发了人们的如下兴趣，即法律作为产生社会秩序工具的社会功能。

这一时期的三位伟大理论家即“社会学之父”与19世纪出现的社会新“科学”，以不同方式都在解决和回应这一问题。我们已经看到马克思关注社会冲突议题，指出像法律这样制度的主要角色就是抑制阶级冲突、支持特殊阶级利益的统治，使得社会秩序能够通过一个阶级对另一个阶级的统治得到解释。相反，韦伯研究身为现代理性独特形态的法律，尤其关注正当性理念，阐明在确保社会稳定性方面，伴随资本主义一同兴起的法律形态以及它 84

所要求的独特正当性类型，如何发挥关键作用。

我们现在来看“三巨头”中的第三位，法国社会学家和法学家埃米尔·涂尔干（1858—1917）。涂尔干强调社会整合与集体信念这些主题，认为法律不断变化的形态可被视为不同社会团结类型的表征。本章将关注涂尔干社会团结的概念，并以费迪南德·滕尼斯（Ferdinand Tönnies）的著述加以补充。尽管本章引入的术语 Gemeinschaft 和 Gesellschaft 是滕尼斯的，但它们捕捉到了社会与法律秩序之间的某种相关性以及前现代社会秩序的独特性，后者迥异于现代社会秩序类型，在涂尔干分析中居于核心地位。

涂尔干的主要作品是首次出版于 1893 年的《社会分工论》（*The Division of Labour in Society*）。该书从劳动分工角度——完成特定任务的工作在共同体成员间加以细分的程度，以及特定产品生产中劳动的细分——剖析了现代世界的转型，及其对社会生活组织的影响。他区分出两种形态的社会团结，每一种都与法律的一种典型形态相连。第一种是**机械**团结，存在于小型和未发展的社会中，该社会中每个部落或社会群体都是独立的经济单位。在这些社会里，劳动是共享的且主要是为了该单位的生存和再生产。这些群体以共享的信念与价值为特征。这些社会中的法律是**压制型**的，它指的是法律主要针对社会团结的巩固强化，以及惩罚或驱逐威胁集体信念的人。这类社会团结最有代表性的法律类型就是刑法，因为它既被用于保护共同体免受内部和外部的威胁，也被用作表达共同价值的一种手段。第二种是**有机**团结，以现代工业社会为代表。在这类社会中，经济具有高度的彼此依赖性，因为个体典型地忙于生产必须出售给其他产品制造者的产品，并不生产自己的生活资料。可是它们的共享信念却更少，涂尔干关注的是这些社会中产生的针对失范（*anomie*，规范的缺失）或社会无序的压力。与有机团结对应的法律形态是**恢复性**法律，旨在规制和协调劳动分工所产生的诸种关系。最为典型但并非唯一的法律类型是**合同**法，支配市场领域生产者和消费者之间的关系。这显然允许市场与劳动分工的存续，但意味着更弱形态的社会团结。因此在涂尔干眼中，法律在维持社会团结方面发挥着重要作用，但它发挥作用的方式在不同类型社会中是完全不同的。

我们可以用费迪南德·滕尼斯引入的一组重要分类来分析涂尔干这里提出的观点。这就是 Gemeinschaft 和 Gesellschaft 之间的区分，大体上可相应地翻译为“共同体”与“社会”（因此广义上对应于机械和有机团结）。滕尼斯试图以这些术语考察社会变迁与相应的法律演变之间的变革。尽管这些形态在相当程度上是韦伯意义上的理想型,但每一个在我们法律传统的演进中都(作为典范形态)主导着一个时期。 85

在**共同体**形态的社会规制中,重点在于法律是意志、内在化的规范以及共同体传统的表达,对它来说每个个体成员都是社会家庭的一部分。实际上,在什么属于私人领域和什么属于公共领域、什么是法律与什么是道德,什么是政治的合适内容与什么事关法律、宗教及道德之间,没有明确分野。规范秩序无所不包且绝不让步。用韦伯的话说,这种法律形态典型的就是实质的。司法裁判并非在独立于自身道德观点、社会地位和政治立场的法律职责内作出裁判。相反,他或她基于共同体的正义(他或她所表现的正义感)作出裁判,并且他或她这么做(同样用韦伯的话说)是非理性的,不是源自一般前提的演绎,而是按照手头案件要求,特别是以决疑术方式为之。

社会法在许多方面与之正好相反。在此我们从充满凝聚力的共同体转向自由社会,及其协调不同社会和职业角色与劳动贡献之间差异的需求。在前者中,社会作为整体施加法律命令,但**社会**法与个体主义相符合。这要求法律在保护个体的名义下,必须与社会保持距离。现在的重点是受到自利驱动的自主个体,他们进入公共领域来达成增进他或她自身利益的交易。法律在这里被确立起来并保证交换过程以及法律面前所有人的平等,在某种意义上它将自身角色限定为个体之间协议的消极执行者。为了完成这一功能,自由社会的法律必须假定一种如下形态的规则体系:它具有清晰性、可预测性、一般性(平等适用于所有人)和自足性;诉诸外部道德、政治或社会考量会破坏法律确定性以及道德和政治多元主义。这两类法律的区别映衬出有关人的不同学说的竞合。在**共同体**法中,人与共同体密切关联,他或她的身份紧密绑定在共同体中。在**社会**法中,人是原子化的、自我决定的,只受他人权利的约束;他或她首先且最重要的是权利的载体,也即一系列资格的集合,通过后者公共交易和公共生活才得以可能。

但不同法律形态之间变迁的源头是什么?这个问题的答案取决于正当性这个概念,它进一步提出了如下问题:如果法律根本上是一种强制命令,它是否只是促使人们接受它的一种强制性威胁?还是说有某种威胁之外的事物,推动人们的行为且让法律看上去好像具有约束力一样——这创造了服从法律的义务?这个问题之所以重要,是因为尽管服从法律秩序可以通过强制力在有限程度上得到保障,但只有当现有秩序获得大量人民的支持或忠诚时,长久的服从才能得到保证。

在**共同体**法中,正当性基于共享价值和共享理解。法律规则(当法律具备明确的规则形态而非习俗时)体现共享的价值承诺。此时社会通过涂尔干所说的“集体良知”或“集体意识”被团结在一起,它们是通过法律运作而持续得到表达和更新的一系列共享信念与价值。人们遵守且尊重法律,是因为质疑法律的机会不复存在:社会环境不鼓励异见而奖励服从。但是,正当性要比单纯外部压力更加深刻。对规则的服从源自如下事实,即规则表达了通常奠基于宗教信念的背景性共同道德。道德与道德的法律表达之间不存在分界线,遵守法律就不可避免地同共享道德联系起来。因为共同体首先正是依靠这种共同价值的蓄水池来理解世界,遵守法律就在强意义上得到保证,这意味着按照涂尔干的话说,任何对法律的违反都要求**压制性**惩罚的干涉以维持社会整合。

86

现代社会中经济、社会与文化条件的变迁导致正当化过程发生变迁。欧洲资产阶级的兴起以及经济与社会条件的改变,挑战了身份社会并推翻了**共同体**形态的法律。在正当性方面,市场作为交换促进者,作为并不共享同样世界观的交易参与者之间的交易促进者,推动产生出某种价值多元主义,后者破坏了在**共同体**内得以可能的那种服从。在**社会**法中,正当性逻辑被颠倒过来:它不再从共享的实质价值中获得正当性,反而恰恰是从远离这些价值中获得正当性。奠基**共同体**法的道德原则的实效受到削弱,宗教被降格到事关个人良知的私人领域。**社会**法将自身从能够挑战其正当性的渊源中解放出来,呈现为自我证成的、中立性规则构成的理性体系,独立于宗教或道德信念。法律避免推动某些不利于他人的价值,或某些不利于他人的目的,因为这都属于个人选择自由的领域。法律仅仅确定个人意志在其中会得到满足的形式性框架。它确定了实现不同目标的共同手段,确保形式上的平等、交易的条款以及协议的可执行性。自由主义时代法律的正当性恰恰取决于它撤回到社会交往的形式性方面。

在一个实质议题方面整体共识极为稀薄的社会,就分歧规则达成一致变得举足轻重。可以说法律的正当性仅仅源自确定一个框架,它旨在解决冲突并避免在该冲突中选边站队。它仅仅为彼此冲突的利益提供了技术性的妥协手段。与此同时,它为市场经济提供了制度性支撑,原则上,在该类经济中一切事物都听命于根据各方自由意志达成的协议和交换。法律通过确保这种自由获得正当性,并且通过完成该功能带来一种不同**类型**的团结,即涂尔干所说的"有机"团结。

因此,自由主义法律或**社会**法是这样一种法律形态,它依赖一种有关人的学说,该学说认为人首先并非共同体的产物。人被认为先在于共同体,是自我做主、追逐私利和利己主义的;他或她靠近共同体来达成自己的协议,以便实现他或他自己设定的目标。这便是为什么对涂尔干和滕尼斯来说,**契约**是自由主义法律的**典范形态**。并且正是上述**社会**条件的改变,揭示了为什么现代规范政治哲学如此倚重个体主义假设。这正是人作为权利载体、社会作为个体联合的学说,该学说体现在**社会契约论**的不同理论家身上,且依旧遍及自由主义政治理论。这样看来,契约或个体之间的协议,主导着社会的构成及其运作,这一重要的法律概念关联着财产和权利概念。在自由主义法律中,**财产**在史无前例的程度上成为人们享有和处置事物时不可分割的权利;之所以说这是史无前例的,是因为任何先前的财产体系要么将财产更狭义地限制为能被所有的事物(货物、资本、生产资料、智力成果等),要么将之限制为所有权的使用(incidents),即针对被所有物的权力范围:转让、管理、分割、继承。自由主义法律因此扩展了:(1)所有权使用的数目,即对于被所有物权利资格、分割、掌控和管理的范围:在**社会**法中,所有权成为绝对权,财产可被自由支配;(2)可被所有的事物类型范围:可被当作财产的事物数量激增,原则上一切事物都是可交换的、可转让的、可出售的,包括恶名昭彰的劳动力;(3)赋予所有者的法律权利以优先性和安全性,对抗具有不同权利的任何人。个体财产权制度的发展与基于市场及其背后原则的政治经济学的发展密不可分。

87

于是在涂尔干看来,现代法律的形式与功能要被视为一种理解深层社会团结性质的方式。这正是他将**法律视为社会团结"指数"**的原因。在**社会**形态中,日趋精细的分工这一现代条件使得社会秩序得以可能的事物,迥异于前现代形态中维持社会秩序的事物,但依旧与法律具有复杂关联。不过涂尔干认为,法律现在将自身内部的重心转移向私法制度和对契约形式私人协议(与之典型相关的是恢复性法律而非压制性惩罚)的承认,这种契约形式成为**有机**团结的典型特征、关键核心以及新兴形态。在从社会等级制、从旧制度内包含的社会地位与纽带向"自由"社会关系转变的过程中,法律与一种社会与政治层面实质的强集体意识一刀两断,这意味着作为一种新型**相互依**

赖形态，社会秩序只因下述条件得以可能，即 *pacta sund servanda* ——契约必须得到遵守——作为使社会得以可能的条件得到保证。现代法律通过保护个体权利和自由确保了这一点。

因此，尽管现代社会中能够发现个体主义和世俗化，但它无疑具有能够使得人们共同处于相互依赖关系之中的力量。这些力量可能要比早期传统形态共同体中的要微弱。但依旧存在一种"集体意识"，它超越个体并且具有维持和再生产社会团结的功能。实际上涂尔干评论说，悖谬的是，恰恰是个体主义**共享的**价值成为所有个体共同拥有的事物。与之相关的价值，譬如对他人观点的容忍，肉眼可见地通过保护如下权利而得以体现：诸如良心自由、宗教自由、言论自由等普遍权利，以及如我们所见，保护契约自由。因此涂尔干认为法律的功能，即使在复杂的现代资本主义社会中，就是表达集体利益，进而维护新型社会整合。

88

阅读文献：

有关社会团结和社会分工的讨论，参见涂尔干的《社会分工论》(1963/1933)，特别是第 2 章和第 3 章。涂尔干对契约和财产的分析，详细论述体现在一系列发表为《职业伦理与公民道德》(*Professional Ethics and Civic Morals*，1992)的演讲中。有关涂尔干法律思想，最优秀的分析之一出自科特瑞尔(Cotterrell, 1999)，涂尔干对社会更一般性的思考参见吉登斯(Giddens, 1971)和卢克斯(Lukes, 1973)。有关涂尔干著作的有用概要和选文，收录于卢克斯和斯卡尔(Lukes and Scull, 1983)的文集中。

涂尔干对刑法、犯罪学和刑罚的社会理论的影响尤为深远。其中最杰出的分析是加兰(Garland, 1990, 第 2 章和第 3 章)与赖纳(Reiner, 1984)。

卡门卡与德(Kamenka and Tay, 1975)广为讨论的文章分析了从 *Gemeinschaft* 向 *Gesellschaft* 的转变(以及进一步向"规制法"的转变)。从"身份向契约"转变的经典论述，参见梅因(Maine, 1861)，这一转变中合同法的变化参见阿蒂亚的权威论述(Atiyah, 1979)。

专题三　现代法律的转型

第八章　法治的兴衰

91

如果说涂尔干、马克思与韦伯在分析现代社会中法律的功能及其与经济发展的关系时存在分歧,那么他们也有某些共同的立场。这三位都承认法律形态的变迁因应着伴随资本主义经济发展而来的社会变迁;都承认法律推理中形式主义的重要性,即它对于确保法律、社会和经济关系的独特稳定性而言必不可少;都承认法治在重塑和正当化现代国家方面的重要作用。不过即便在他们著书立说之时,法律都在不断演变以回应社会与政治压力——回应通常所说的"社会问题"。我们将在本章概述一些它们在现代社会中,特别是伴随着福利国家兴起,对法律形态以及法律功能带来的一些改变与转型。在本章结尾,我们会讨论伴随着逐渐被称为全球化的发展,现代法律如何面对一系列新的压力。

一、现代法律的实质化

如我们在上一章看到的,韦伯认为现代法律是一个自主且技术性的学科,随着现代民族国家的兴起,它需要完成的任务是为政治体系提供正当性。但是,他承认在法律和政治权力之间存在内在紧张关系,因为实施特定政策的政治需求易于破坏法律体系的形式理性。根据韦伯的表述,"法律形式主义使得法律体系像一部技术合理的机器那样运作"(1968, p. 811)——通过立法来实施政策——但其结果却破坏了法律对立于政治权力的能力。法律现代性创造出一种没有理想的形式理性,在其中法律职业如技术员一样为既有权力服务，法律被用来实现工具性目标。因此：

92

> 如下这种观念不可避免地发展起来，即法律是一种理性的技术工具，由于方便和考虑到它剥离了任何内容的神圣性，它会不断处于转变之中。这一命运会受到现行法中保持现状（acquiescence）倾向的掩盖，出于许多理由该倾向在许多方面不断增强，但法律无法真正静止不变。
>
> （Weber 1968，p. 895）

他识别出三种使得现代法律的形式理性承受独特压力的发展——他将之称为形式法的“实质化”。首先，他强调法律中“特殊主义”的复兴和增长，尽管不是排他性地但特别地体现在商业和劳动法领域。同时，如我们所见，现代性的发展特征是身份特权和管辖权的废除，以及普遍适用规则对它们的取代。写作于20世纪早期，韦伯注意到如下趋势：某些法律领域内独有的实质性方便的考虑，损害了法律形式主义。因此他指出，在商业贸易领域，法律的适用逐渐由交易的实质特征所决定，这意味着交易的经济目的而非契约的形式特征决定了法律适用。与之相伴的则是专门裁判庭的发展，譬如商业法庭，它们显然寻求发展适用于它们试图规制的活动的裁判规则。这一趋势的延续也得到后来理论家的关注，比如，他们评论说，商业合同争端的结果更有可能受到合同双方关系而非合同文字的决定，法律知识被用作最后的手段（Macaulay 1963；*Social & Legal Studies* 2000）。我们还可以注意到专门化的非正式纠纷解决制度的持续发展，比如仲裁法庭或法院，它们拥有自己专门的管辖权和规则。

其次，韦伯强调律师身份要求的运作。法律形式主义试图通过如下方式最小化律师的作用：承认法律应当为人所知和可被人理解的政治要求，并在法律的解释和适用中减少司法裁量。但是韦伯指出，这与律师的职业意识形态相冲突，后者建立在下述主张之上，即法律是一种复杂的科学，理解法律要求专业化训练与知识。事实上，他暗示律师在维持法律复杂性中有利可图，并且通过试图维护自身利益、保有自身社会地位的方式来应对法典化或简化法律渊源与法律表达方式的政治运动。因此在复杂性的职业需求与可理解性的政治需求之间存在着根本冲突，其现实结果就是法律内容向越来越具有技术性、内在分化的方向发展。

最后,他强调社会冲突与不平等对法律的影响,因为法律越来越被用作管控阶级冲突的工具。他指出,这在一定程度上影响了法律成为抽象和公正的裁判体系的能力。一方面,社会冲突的存在质疑了法律对一切个体一视同仁的抽象主张,它导致了如下政治需求,即需要一种更加具有社会性的法律来回应某些不平等。因此也出现一种以维护政治权威正当性为目标的法律政治化——它指的是将法律用作达成特定政策目标的手段。另一方面,在法律解释和适用的过程中,存在如下主张,即需要司法创造性通过与特定争议的含义和语境相关的证据来补充法律的抽象表述。因此,律师会主张发现了契约双方的“真实”意图,而非探究其纯粹形式化特征,并要求承认诸如“善意”或“合理使用”等范畴,这使得法官应当更具评价性,而非仅仅执行协议的形式条款。它反映出一个主张的“功利主义”意涵与其在逻辑一致性要求支配下的形式法律意涵之间出现内在不一致。两者只能在以法律的形式特征为代价的条件下得到统合,特别是放弃法律是完整且“无漏洞”的观点,以支持实质正义更无定形且具伦理性的标准。

93

尽管韦伯的分析主要集中于施加在法律身上的外部压力,值得强调的是它体现出法律形式中普遍和潜在的内在紧张。这体现在法律实证化的两个不同方面——这一发展(如我们先前所说)被韦伯视为法律现代性的一个核心成就。一方面,实证化体现出法律与社会事实之间的根本冲突,它可被追溯至现代自然法中形式与实质正当性的关系。现代自然法试图通过法典化社会关系的自然属性(natural qualities)来确立法律的规范正当性。因此它主张法律和社会事实之间存在直接关联。但是,这种法律形态很容易被实际社会事实证据摧毁,或被针对法律正义提出的伦理主张这种实质需求打败。因此,由于社会生活未能符合法律形态,法律与社会事实之间就存在着不可避免的鸿沟。所以形式化法律形态尽管明白无误地建立在法律与社会正义彼此相称的前提下,现代性的经验却暗示着事实并非如此,法律实际上摆荡在退回到形式主义和这种形式主义在寻求特定实质目标中丧失殆尽之间。这意味着由于法律和社会之间被创造出无法跨越的鸿沟,法律或社会的规范性平等,两者有其一居于优先地位。与此同时,法律的实证化导致法律领域的专业化。这加剧了有关法律形式的意识形态的普遍主义与法律解决社会冲突的有限能力之间的根本性紧张关系。

二、福利国家的法律

韦伯所发现的各种各样的社会发展与 20 世纪中叶西方国家中福利国家的兴起一同出现。后者的兴起是对“大萧条”毁灭性影响以及美国罗斯福政府“新政”的一种回应,呼应着后来第二次世界大战后对正义与平等的关切。在获得胜利的同盟国中出现如下情形,比如在英国,1945 年的工党政府承诺了一份史无前例的基于社会民主学说构建的教育和健康体系的纲领。据此,无法或拒绝满足人民在生存、健康、教育、雇佣与居住方面的基本需求,被视为对人民尊严的侵犯。不过在战败国德国也是如此——这对今天宣称在衰退时期不愿资助这些项目的人来说,可能充满矛盾——对福利国家的认同恰与重建强有力的经济息息相关。后来,在被证明是福利主义扩张的最后阶段,20 世纪 60 年代和 70 年代初经历了欧洲和美国的大众动员与学生/工人运动,以及进一步扩展社会权利与保护的需求。随着市场免于权力染指的掩饰被拆穿,随着阶级不平等和社会等级越发明显,出现了考验自由资本主义“持久力”的合法化危机,这种自由资本主义承认了逐渐为人所知的“福利国家折中方案”。但在 20 世纪 70 年代末,如我们将会看到的,这一折中方案的“毁灭”萌芽以及战后协议的崩溃已经近在眼前。

94

我们会对这段历史多说几句,但重要的是首先要识别出伴随着远离经济自由主义古典形态发展而出现的国家新角色的特征。国家变得具有干预主义色彩,它承担对经济的宏观调控任务,越来越介入解决社会不平等、改善工人生活与工作条件以及拓展社会权利的议题。在完成收入与资源再分配、规制与计划(“社会工程学”)的任务中,国家从中立的守卫者这一自由主义角色转向了福利国家。

因此,福利国家的典型特征就是消解了国家与社会的严格分野。自由主义社会中,不同社会领域(经济、家庭以及更具一般性的私人领域)和国家及其法律之间存在严格界限。新兴的福利国家以统治和管理这些领域的名义介入其中。在经济领域,它以国家规制的资本主义补充市场形式,比如,通过国家对非生产性商品的需求、垄断规制以及对不同形态经济集中的规制。在劳动领域,国家为工作场所的工人提供保护并反对解雇。在社会领域,国家通过全国性保险提供教育（包括基于智识能力而非付费能力的职业教育）和医疗卫生服务（基于医疗需求而非支付能力）。国家也在下述情况中取代市场，它将资本投入重新引向受到忽略的部门，或者减轻所需资本以改善某些生产的社会成本（方式是提供失业补偿金或承担生态破坏的成本）。

但国家的干预主义角色也体现在现代法律自身的转型过程中。以合同法为例。正如合同法早先体现出从 Gemeinschaft 向 Gesellschaft 社会的转变一样，它体现了从自由主义向后自由主义法律的转变。合同法过去是自由主义法律的典范形态，因为它表达了个体意志的汇聚，这些个体拥有达成和缔结协议的自由。合同法现在则不复如此。想一想雇佣合同以及国家作为合同"第三方"的角色：最低工资的确定、规定的强制性产假和其他假期、补偿标准以及从规定雇佣权利到规制工会成员权和监督合同的"公正性"的其他各种干预。托马斯·维尔赫姆森（Thomas Wilhelmsson, 1995）在分析合同时提出一种"社会合同法"的观念，它的核心立场不是自由地达成协议以满足个人**欲望**，而是满足（客观）**需要**的（客观上）公正交易。他通过瑞典私法中的例子，描述了这样一种体系：法官在其中有权为合同双方重写合同并变更不公正的条件（而非宣告它们完全无效），国家机构会干预同大公司的谈判，以确定符合公共利益和保护消费者的标准条款。与内容中立的"古典"自由主义合同法不同，福利主义合同法是有内容导向的，法官根据法律政策和社会利益来解释合同。古典合同法被理解为社会中对立倾向的表达，但福利国家的合同法可能从合作角度解释合同。长期的合同，特别是雇佣合同，取代商品出售成为合同法的典范。上述发展的另一典型现代表现，就是承认消费者组织这类压力团体以"公众"名义挑战公司的法律地位。

95

我们可以将类似的分析扩展到财产法。所有权古典的 Gesellschaft 观念包括占有、使用、管理和破坏、处分、收益以及免于征收的权利。与之相对，从福利主义角度理解财产权可能会以共同利益的名义约束这些权利，比如在环境领域，就有公共知情权或公共水域权，这样所有者实际上无法以纯粹牟利的方式使用土地。所有权自由这种自由主义理念仍居主导地位的社会，比如美国，典型特征是很少会约束权利，在征收时，以市场价值全额作为补偿。福利主义观点占据主导的社会会密集地运用公法规制，以确保私有财产的使用对于公众有益，或至少无害。

我们将以上私法领域的例子视为规制型福利国家引入的范式转变的核心

"指数"。如我们所见,如果在 Gesellschaft 形态中,个体只能对可被归属于他们的行为(刑法与侵权/不法行为)或他们自由展开的交易(契约)负责,这一原则以各种方式被另一个原则即严格责任取代或"补充"。以工作地点发生的意外为例。比如,工厂和建筑工作有风险,谁来支付伤害的成本这个问题对于我们的工业和经济至关重要。如果福利主义的法律体系原则承认严格责任,雇主的责任因此就是即便自己被证明不存在疏忽也承担工业事故的成本,这是因为人们假定这些成本不应当由不太能支付得起它们的人群,即工人来承担,并且生产的社会成本也要由工业组织中获得利益最多的人群承担。

我们这里的分析所包含的更一般的问题可以这样表述:作为规制手段的法律所假定的不同功能如何影响了自身的形态以及(从效果来说)法治?用非常一般性的话语来说,我们可以认为福利国家将法律从形式主义转向了政策取向,将其关切从形式正义转向了实质正义。

96 我们可以将下述特征界定为规制型福利主义法律形态中的典型特征(与矛盾):

1. 科层制、正义和工具主义

大部分论者将福利国家等同于大型的国家科层制的增长,人们认为这种制度越来越昂贵和无效——它们更有可能以形式化和机械化的方式保存自身或适用规则,而非敏于个体之所需。这就与韦伯的立场形成了有趣对照,他在描述 19 世纪末的科层制时看到的不是冲突,而是科层制结构、形式理性的传播与法治之间内容丰富的一致性。科层制为形式正义和掌控司法提供了社会与行政保证。监督的层级和劳动分工是处理不同情形最有效的方式,规则的统一性和规整地适用是该制度结构的一个结果。但是,这种保证反过来可能成为法治的威胁,因为效率与正当程序之间并非直接相关。因此,当代许多有关法律管理的分析集中于下述一般趋势,即机械性规制和科层制目标的错位。

2. 自由裁量的使用

与现代福利国家发展相关的第二个趋势,同前述趋势在所谓的自由裁量权的增长以及从个人权利为基础的法律向社会管理的转变相一致。国家科层制日益涉足与福利干预主义相关的实质伦理和政策议题。司法裁量的扩张因此就与下述要素相关:(1)制定法条款或标准日益具有抽象性或开放性;诸如"儿童的最佳利益"这类本身具有裁量性的概念取代了基于过错的法律行为；（2）执政政府短期内对法律的政策性使用加强；（3）宽泛的政策管理和狭义法律管理的法律内容——诸如通过法律来影响社会正义（比如，机会均等立法）——之间的界限变得模糊。人们越来越期待法官在他们能力之外的专业技术领域——社会和经济政策——作出裁判。此外，特别法庭和诸如机会均等委员会等规制机构得到广泛适用，它们和家事法中调解程序一样，基于非正式程序。

韦伯指出，主导法律自由主义时代的特征，即形式性和中立性，会在未来发展中无所不在。他认为，中立的规则由于对科层制组织逻辑而言显然是不可或缺的，因此它特别有益于科层制的运作，会不受挑战地得以维持并扩展到新的领域。规制性法律尽管已经经历了从立法机关到行政的巨大转变，但韦伯预计它会保留的形式即形式理性，依旧保留着。不过这当然并非故事的全貌。我们可以说法律的科层化和福利主义之间既有冲突也有一致。冲突是因为科层化的法律是理性法，它的形态是具有一般性的抽象规则，但福利主义规制却是实质的、特殊的和决疑术式的。一致是因为通常福利主义关切的是科层制中的核心内容，比如，福利主义从过错（即社会意义上的不正当）转向符合科层制效率的要求，但在此之前，案件的快速裁判由于要**探索复杂侵权法标准的适用**而受到禁止。

97

3. 特殊化立法

法律的实质化标志着特殊化立法的倾向：这场运动的目标是将一般范畴打碎为法律区别适用的子范畴。法人这一宏大范畴让位给范畴的专门化，法律主体形式上的等价让位于不同法律地位的法律主体的涌现：消费者（消费者法）、工会（worker/trade）成员、雇员、接受福利救济者和商业特许经营人。每种情形中，法律都在更为特定的描述下处理法律主体的问题，其中还存在着从形式化向实质化的转变。但更进一步的是，在自由主义法律中合为一体的自然人和拟制人，由于特定法律目的而彼此分化，以至于比如自然人的隐私权得到保障，但公司的隐私权（数据获得、信息自由）却并不受保护。

4. 权力分立与形式平等受到侵蚀

比如，一旦要求法院判定政府行为是否维护公共利益时，权力分立和自由主义法律的其他关键特征，就受到了侵蚀。这同样发生在立法机构将制定一般指令的职责授权出去的情形，因为执行的国家机器有资源把工作做得更好。就专门法院的增加来说，也是一样，这标志着从法院适用的一般性法律范畴转向更加非正式的纠纷解决机制。最后,一旦为了处理既有的不平等而使得“反向歧视”或“平权运动”(对弱势群体的反向优待)在法律中得以制度化,形式平等就会受到削弱。

三、超越福利国家

法律中的转型不可能是彻头彻尾的修正。在从共同体法向社会法转变的过程中,前者的要素保留在后者之中。从社会法向规制型福利主义法的转变中,也遇到了相似的惰性。我们无法为了方便、为了把事情做好而将自由主义法律的核心内容轻易抛在一旁。自由主义价值依旧启发着我们谈论法律、谈论在法律中观察到的正当性的方式。另外,我们期待源自法律的回应性,也即我们期待法律满足社会需求和渴望。在这种回应性中,法律行动逐渐成为一种工具,通过它群体和组织能够参与到公共政策的制定中。

上述重要的张力,尽管在某些方面依旧在我们身边存在,却也在很大程度上受到削弱。福利国家及其立足于社会民主的意识形态基础已经步入衰退。当然,是以不同的速率、不同的程度衰退,但无疑是在衰退。与之相伴的,则是福利国家步入危机时期。随着美国和欧洲新右翼在20世纪70年代末和80年代的兴起,撒切尔和里根政府最初启动的去规制策略和货币政策得到采用,同时随着华盛顿共识在全球逐渐风靡,福利国家折中方案开始“毁灭”,战后协议开始崩溃。如莫里斯·格拉斯曼(Maurice Glasman)所说:

98

> 新右翼将下述两者关联在一起:一方面是限制福利、边缘化工会、禁止国家在经济领域进行直接生产性干预的经济理论;另一方面是在物质分配领域将国家等同于压迫,将市场等同于自由的道德学说。
>
> (1996, p. xiii)

从政治角度说,福利国家这个折中方案让左右两翼都很失望。左翼(太过)迅速反对福利国家导致的依赖性,这是实施社会保障法的实践所推动的一种趋势,该实践产生出一种对救济申请人而非社会福利权利拥有者资格的依赖。或者就如哈贝马斯在其更激进的时代抨击福利国家的更富论辩性立场一样,福利国家已成为“技术专家统治的资本主义”(Habermas 1976)。另外,右翼发现再分配有违生产激励,失业补贴提供给工人“逃离”雇佣的机会而削弱了经营权,规制使得市场竞争负担沉重,并且经济增长只有通过反对福利主义的优先权才能够获得。事实上,公司越来越不愿意资助福利国家,我们一直到今天还能观察到这种不情愿。

上述发展与国家大幅度的撤退(或削减)以及全球层面资本主义活动新确立的自由相关(且共同推动其出现)。基于这一论调,"全球化"这个词通常被用来描述资本主义超越国家层面的整合过程,它受到新的国际和区域组织、国家投资条约和其他国际工具的推动。这些转变要求我们也要调整自己的工具与法律理论来处理和理解这些变迁。全球化现象确实挑战了法律现代性论述背后的许多核心假设。因此,比如韦伯在国家法的巩固和单一性中看到法律现代性,但全球化却看到主权的碎片化;我们对法律现代性的理解基于国际法的一般性和普遍性,但全球化却看到法律秩序的多元化和多样性。我们在下一章会更全面讨论全球化在何种程度上要求我们修正或替换自己对法律现代性的理解。但现在一言以蔽之,就全球化过程对通过基于需要和功绩的税收为了全民利益而构筑公共资源池的观念带来严峻挑战而言,就区域和国际自由贸易协定将国内健康、教育甚至安全和监督市场向市场机制开放来说,就利润原则和投资机会胜过团结原则的程度而言,就上述每一个要素通过国内和国际层面私法机制的重新估值而正在施行来说,显然在许多方面我们正见证着资本主义和民主之间关系的再调整,它目睹着我们正从"超越福利国家"走向施特雷克(Streeck 2014)所说的"债务国家"。按照他的表述:

99

> 由公民统治和供给的(作为税收国家的)民主国家,一旦当其存续不仅取决于公民的财政出资,还在相当程度上取决于债权人的信心时,就演变为民主**债务**国家。与税收国家的**国民**(*Staatsvolk*)不同,债务国家的**市场国民**(*Marktvolk*)的整合是跨国性的。他们作为投资者而非公民,单纯由于契约关系而与民族国家存在联系。他们同国家相关的权利具有私人而非公共属性,并非源自宪法而是民法(私法)。
>
> (Streeck 2014, pp. 80-81)

阅读文献:

有关从自由主义向规制型法律典型形态的转变,参见桑托斯(Santos, 2002),pp. 39-60。合同法领域的转变,参见阿蒂亚(Atiyah, 1979);有关这两种典型形态的规范性分析,可对比维尔赫姆森(1995)和柯林斯(Collins, 1982)以及弗里德(Fried, 1981)。在弗里德的《契约是承诺》(*Contract as Promise*, 1981)中,合同法和承诺原则与社会施加的补偿、赔偿以及分担义务相对比。弗里德深深植根于自由主义典型学说的学派,认为承诺创造的义务是契约根本的、有效的原则。也可一般性地参见《社会和法律研究》(*Social and Legal Studies*, 2000)有关合同法和法律理论的研讨会。

转型背后的危机问题,参见哈贝马斯(Habermas, 1976),桑托斯(Santos, 2002)以及格拉斯曼(Glasman, 1996)。尼尔肯(Nelken, 1982)讨论了法律领域中的"危机"问题。昂格尔(Unger, 1976, 第2章和第3章),科特瑞尔(Cotterrell, 1992, 第5章)以及卡门卡和德(Kamenka and Tay, 1975)也非常不错地讨论了形式法的转型。有关福利主义对法律的不同影响,参见阿德勒和阿斯奎斯(Adler and Asquith, 1981)文集中克里勒(Criller)、莫里斯(Morris)以及麦克林托克(McClintock)的几篇文章。

福利国家历史与当代转型的有用概览,参见加兰(Garland, 2016)。施特雷克(Streeck, 2014)为"税收国家"向"债务国家"及其后的转变提供了极具洞见的论述,特别强调了出现在欧盟的转型。福柯视角下有关债务的原创性论述,参见拉扎拉托(Lazzarato, 2015)。

有关全球化论战的导论,参见黑尔德和麦格鲁(Held and McGrew, 2003)以及斯科尔特(Scholte, 2008)。有关全球化与法律的导论,参见特维宁(Twining, 2000,特别是第1、4、7章;以及2009,特别是第1、2、9章)。

第九章　法律和全球化

有关全球化的文献汗牛充栋，包含许许多多法学院课程通常并不熟知的主题。从哪里开始讨论全球化研究与法律理论的相关性这一问题，会显得异常艰巨。因此，重要的是明确我们提及全球化论战的目的。在此我们聚焦于下述关键议题：全球化语境中所讨论的民族国家受到的压力，是否意味着我们迄今分析的现代性典范形态的终结？考虑到先前指出现代性与我们当下如何理解法律密不可分，这个问题就在更一般意义上对法律理论有重要的意涵。尤其是现代性如果身陷危机，这就要求我们重访某些当代法律思想的核心假设。在更细致地考察全球化为何会导向时代巨变的主张之前，我们通过勾勒全球化论战的主要轮廓而为此讨论奠定语境。之后我们对比下述两种回应：通过采纳现有法律概念来应对这些挑战，以及我们需要转变现有法律知识的基础。本章的结尾是分析现代性之后的法律可能会具有何种形态的一些实例。 100

全球化的论战通常会在认为民族国家不再是社会的主要组织原则的人士以及认为全球化意义甚微的怀疑论者之间展开。一个核心议题是国家领土和政治之间的关联是否受到削弱，同时国家在超国家、次国家以及非国家层面是否受到取代，不再是政治权威的首要掌握者。如下主张，即压缩了贸易往来时间和空间的技术创新导致全球规模的经济活动组织出现，遭遇到全球经济是一种神话的回应，后者旨在提出当下盛行的新自由主义政策的替代品并不存在。一些人认为全球文化正在兴起，它被形象地称为“麦当劳世界”，但另一些人强调国家身份和文化制度之间依旧具有强有力的关联。这两种有关政治、经济和文化全球化的视角为介入全球化论战提供了有用工具，但它们只是起点。此外，它们远不止不同的立场，而是具有不同程度的复

101 杂性。比如,针对全球经济的规制制度发展,是否制约了国家政策创新?文化变迁是推动了其他形态的全球化,还是说它们是次要的现象?

贯穿这些争议的问题就是全球化是否代表了一个典范转变的时期。换句话说,上述讨论的变迁意味着现有过程的加剧(但却是继续),还是代表着与过往更为根本的决裂?以民族国家作为首要分析单位的知识形态,是否依旧足以理解进行中的变迁?这也涉及有关现代性政治失败的主张:一些人将加入全球化的危机视为民族国家无法兑现获得更广泛解放诺言的证据,其他人则强调现有制度的韧性。这些争论必然彼此相连,并让我们知道全球化政治的样貌。一种倡导全新研究框架的典范式解读,大体上与想象超越新自由主义的社会组织形态的转型政治策略相关。此典范式解读趋向于假定资本主义的存续,但试图调适现代性的资源以驾驭现代性的泛滥。

我们可以区分出全球化削弱现代法律思想中某些根深蒂固假设的三种方式。第一种,法学研究越来越难以涵盖在国家法律体系的领土范围内。要想理解正式国家法的运作,我们需要考虑超国家的法律渊源的激增,譬如从欧盟或世界贸易组织中衍生的法律。与之相对应的是在国际层面,主权由于在更大程度上接受对国家内部事务的干预(比如,通过人道主义干预的立场)而受到削弱。第二种,尽管传统法学只是集中于国内法和国际公法,但全球化要求关注其他形态的法律秩序,比如欧盟**独特的**法律秩序。但并非所有法律秩序都有正式的谱系。一个绝佳的例子就是跨国商事法(*lex mercatoria*),它通过注入国际仲裁等活动在官方法律外规制全球商业公司之间的交往。其他没有被完全纳入标准范畴的法律还包括伊斯兰法,它在多国境内生效,有时对立于国家法。第三种,涉及全球化以何种方式削弱法律的文化独特性,并讨论作为回应,我们可否构建一种跨文化的法律理论。换言之,我们是否能够发展出一种概念性语言,它可以理解比如国家和超国家、正式和非正式、次国家和非国家语境之间的关系?

一、全球化和重塑后的国家

在现代社会,国家一直是法律和政治领域论战的核心。政党的主要战利品就是控制国家的立法与行政制度,拥有被视为推进其政策纲领的制定国家法律和政策的权力。这一框架依旧具有影响力:许多政治活动依旧针对国家议会和政府展开,研究法律主要包括学习学生所在国家的法律体系的规则。但是,这一聚焦于国家的传统却受到了来自我们生活在全球化时代这一主张的压力。在这个意义上,全球化意味着国界线对于社会生活实践而言正变得不那么重要。比如,全球性经济组织或全球性文化形态的出现,充分说明我们生活在一个彼此紧密相连的世界,这通常与自由资本主义和西方消费主义的传播密不可分。 102

我们可以区分出民族国家作为政治权威单一且主要所有者这一观点,在全球化时代遭受挑战的三种方式。第一种如前文所说,从国家层面到像欧盟(EU)、世界贸易组织(WTO)、国际货币基金组织(IMF)、世界银行等这样超国家实体,存在着权力的再分配。尽管这些超国家实体的原初目的通常都表述得相对狭隘,比如确立共同的习惯义务,但这些实体商讨的事务现在却广泛影响着国内公共政策的制定,比如农业、健康、贸易、知识产权与社会政策。第二种还应包括在内的发展有监督人权保护的区域和国际机制,比如欧洲人权法院以及与之运作模式迥异的国际刑事法院。源自这些实体的法律工具通常要比国内法律具有更高的形式位阶,不服从它们,就会面临惩罚的威胁。

政治权威也可被视为向上或向下流动。主张权力在现有国家中更大程度下放,本身就是一种全球化现象,无论在英国(出现在苏格兰、北爱尔兰或威尔士)、西班牙(加泰罗尼亚和巴斯克地区)、加拿大、意大利抑或苏联各成员国,都是如此。这些现象通过将政治权威再分配给通常受到宪法保护免于中央侵蚀的次国家领域,进一步挑战了民族国家。与强调国家之上或之下的新制度不同,第三种挑战强调权力在国家之外的分散。它出现在政治权威在多种背景下的运作,比如超国家组织中新的决策形态、国际机构网络或多国协作行动。

结果就是国家在相当程度上得到了重塑。它先前的一些核心功能在别的地方得到实现,要么在全球规制机构,要么是私人化的机制。它所保留的功能通常要受到新的制约,比如它们会遵循诸如效率和效果这类基于市场的理念。有人认为,重要的是将这些发展置于地缘政治的语境,采纳新自由主义经济政策(也即减税、财政紧缩、放松管制、私有化、自由贸易和不受限制的货币)的世界趋势,必然导致虚弱的国家。上文提到的其他过程也可被视为加剧了国家的衰弱:超国家经济与人权制度会约束国家政策创新的空间,同时次国家实体就更没有力量来抵制盛行的全球共识。

一些学者从多层次统治这个观点来理解当下政治权威模式的复杂性。当政治活动家寻求游说国会议员或政府部长时,他现在可能需要关注一大群潜在人士,他们都是下属议会或区域议会的成员、欧洲议会成员(MEPs)、非政府组织成员(NGOs)、国际机构成员、社会运动或董事会成员。有时可能搞不清谁才说了算。结果就是国家不再居于法律和政治领域核心这一预定的位置。这正如马丁·洛克林(Martin Loughlin)所说,“过去两百多年间现代国家的胜利主要是基于它推动经济福利、维持物理安全以及增进其公民独特文化身份特征的能力”(Loughlin 2000, p. 145)。这一论断现在受到了全球化的质疑。

103

二、全球化后的主权

在先前章节中,我们将主权描述为一个充满争议的概念。如果是这样,那么全球化语境下有关主权的争论将变得更为激烈。这些争论的起点就是民族国家的消散,后者被理解为同质化的人民通过单一的一套公共制度实现自我统治。根据这一传统学说,主权被视为国家政治自主性的表达。政治自主性具有内在和外在维度:针对特定共同体的内在权威,以及相对于其他国家的外在独立性。我们会发现两大论战使得这一学说越来越受到质疑。一个争论主要涉及上文罗列的发展中的前两个,也即新的次国家和超国家制度的兴起;另一个争论涉及全球化显而易见的影响,也即全球经济的兴起。每种进路都引入了完全不同的视角来处理主权是什么、谁拥有主权以及作为全球化的结果,主权要在何种程度上重新加以概念化这些问题。

如果我们先来思考各国内或跨国运作的新制度结构,一些像尼尔·麦考密克这样的理论家指出,在多层次统治的时代,主权可能已证明了自己作为一种概念的效用。麦考密克关注欧盟的发展,他指出欧盟的成员国在宪法上并不拥有无限的立法权,因为它会遭到欧盟法推翻。更进一步的结果就是这些国家在对外关系中不再享有不受约束的政治权力。不过这并不意味着主权被转让给了欧盟,因为欧盟在其成员国外并不拥有政治或法律的独立性。因此,绝对主权的观念无法解释当下法律与政治关系的属性。这就如我们所见,麦考密克认为所谓的主权国家很可能是一种历史上的过渡现象,我们现在身处“后主权“时代。这被设想为研究法律和政治的一个更受青睐的立场:一旦我们否定了绝对主权观点,这种学说使得我们有关民主的讨论更适合于多元主义法律与政治秩序的现实,比如通过承认有些时候公民的需要最好在更低层次的政府中得到满足,但其他时候则是更高层次的政府。

其他论者指出,更好的做法不是认为合适地回应全球化与主权概念无关,而是思考如何转变主权概念(参见 Walker 2015)。他们强调,尽管有放弃主权话语的呼吁,但在政治争论中依旧存在的是,比如,抵制欧盟的进一步整合。尼尔·沃克(Neil Walker)将当下描述为“晚期主权”时代,意指我们同过往尚未实现彻底的概念决裂。在沃克看来,克服威斯特伐利亚进路的局限的关键,就是从把主权描述为权力的某种客观尺度,转变为将主权视为“有关特定政治体中最高命令性权力的存在与特征的主张”(Walker 2003b, p. 6),该主张的实际重要性取决于政治体系中关键行动者认为它所具有的合理性(plausibility)。

104

沃克分析的语境是非国家实体比如欧盟的涌现,它们主张主权,成为国家的竞争者。但是,这一阶段主权的独特性在于,主权主张不再被认为是绝对的。出现这种情况是因为超国家实体不倾向于针对特定领土内所有事务实施权威,而只是针对某些功能。比如,尽管欧盟主张在农业、渔业等事务中具有最高法律权威,但成员国依旧保留权限。因此,我们无法再将绝对权威的主张同领土排他性联系在一起。沃克认为这种多元及重合主张权威(包括国家和超国家)的景象,能让我们更好解释正在兴起的全球法律格局。他认为,这也具有一种规范性维度,并提供了如下指导性伦理,即法律和政治应当建立在不同权威主张的彼此承认之上。

其他理论家认为谈论“后”或“晚期”主权是不成熟的。洛克林发现主权最初的概念基础与今天有高度相关性(参见 Loughlin 2003a)。在他看来,主权体现着统治者和被统治者之间的政治关系。这一关系将现代国家中主权的两个侧面关联在一起:权限(指的是其正式法律权威)与能力(指的是政治权力实际归属)。他认为把握住这一点,像欧盟等机制的发展并不应被视为对主权的侵蚀。尽管成员国可能同意和欧盟共享司法管辖的权限,但这不等于共享主权(根据洛克林的立场,这在概念上是不可能的)。这是因为主权问题并不由新的制度设计决定,而主要与政治能力有关。他指出,主权存续的标准是成员国是否能够退出欧盟。洛克林认为在这一场景所设想的危机情形这种例外状况中,国家毫无疑问保留着退出权,这在他看来意味着国家依旧拥有最终权力和权威。英国在 2019 年退出欧盟,尽管在政治和司法上带来混乱,却似乎在某种程度上证实了这一分析。但即便如此,同样显而易见的是在后脱欧时代的英国,政治与法律**权限**之间的关系,以及**能力**问题,特别是经济能力,依旧是高度不确定的。

以上详细分析的论战都是针对公共制度发展的,国家之外私人政治权威的发展如何呢?萨斯基亚·扎森(Saskia Sassen, 1996 and 2007)提出一种替代性方案,他认为对主权的相关挑战源自全球政治经济的变迁。基于这一关联,他设想了一幅"新权力地理学",其关键地标既包括超国家组织,也有全球资本市场、跨国律所、国际商事仲裁、国际人权法案以及电子经济活动。它们共同重塑了领土与主权之间的交往关系。比如,对一些人来说,纽约是提供诸如垃圾清理这类地方服务的市政当局,但对其他人来说,这是国际债券机构中心,后者的信用评级能够否决国内经济政策。在这种方式下,新的地理学部分地取代了基于国家领土的经济活动。

105

洛克林承认这些发展可能会对作为能力的主权带来更强挑战,因为放手给全球市场的权力并不是刻意通过正式法律权威宣布的法令能够完全收回的(Loughlin 2003a)。但这个观点对法律和政治间的关系提出了重要问题:按照洛克林的看法,如果主权最终取决于政治能力,是否在某一时刻私人主体行使的权力会被转变为法律权限?扎森给出肯定的回答,并强调在公共制度背景外运作却又存在于多国合作活动中的新法律体制。在解释这些比如适用于规制网络或知识产权,抑或像保险和海洋产业这类国际贸易的各个方面的规则与程序时,这些制度至关重要。

在有关超国家实体的争论中,一种强烈的倾向是认为主权属于公共权力的表达,并从讨论中排除有关私人或经济领域的思考。但在全球化影响下的不断变迁的统治版图中,诸如公共与私人领域的区分现在可能已经过时或不再有帮助。这使得上文中提到的论辩展现出不一样的意味。如洛克林对我们所说,如果主权是政治关系的表达,全球化时代一些最重要的关系可能是个人与以重要方式影响他们生活品质的公司之间的关系,或者是规范秩序(它可能现在是国家法剩余实效的基础)的国家、超国家以及非国家形态之间的复杂活动产生的关系。或者按照沃克的说法,如果主权现在被更好地理解为一种主张,它应当被限定为提出自觉的主张吗?还是说我们应当将它扩展为涵盖那些私人主体呢?后者可能由于不想招引对其行使的政治权威的无谓审查而保持沉默。因此,转向更广泛的全球化过程,潜在地代表着在概念上与传统主权观念更加彻底的决裂。

三、超越国家的宪政主义

全球化所带来的政治权威弥散,使得权力如何承担责任成为重要难题。传统上,宪法为讨论法律和政治问题,特别是权力的正当行使问题,提供了制度与规范性框架。现代社会中,具备宪法正当性的制度逐渐被视为体现民主价值的体制。就主权而言,我们有关宪政主义的概念工具最初是参照民族国家发展而来。因此在理想状况下,宪政主义是一国之内主权者通过让政治听命于法治来掌控他们的统治者的工具。但在全球化时代,以国家为中心的宪政主义可能只处理更广泛的政治权威丛(Constellation of political authority)的一部分问题。比如,宪法保证国家议会自由且公正的选举,但在超国家科层制或多国公司的决策中,尽管这些团体决策会影响到人们的生活,但宪法一般只提供微不足道甚或程度为零的大众参与。因此,可以认为全球化激起 106 了正当性危机,因为国家宪法无法继续保证公民对其统治者施加有效民主控制。

超越国家的宪政主义观点近来获得了相当数量的瞩目(Walker 2008)。沃克(2003a)认为,宪政主义——指的是使得法律和政治彼此关联的这个概念——内在于政治体中,被视为给政治行动设定了背景。在晚期主权时代,政治体不限于国家,因为我们现在应当将宪法与诸如欧盟或世界贸易组织这样的实体联系起来。沃克指出,我们需要了解国家宪法的一些传统功能(比如划定正式的法律等级或具体化公民权利),现在如何在超国家层面得以实现。不过以宪法来刻画任何超国家实体,是一个程度问题。就此而言,沃克认为欧盟(成员国承认欧盟法的至上性)要比世界贸易组织(没有与欧盟同等的规定)在宪法化道路上走得更远。

超国家宪政主义并不仅仅是在更大规模上复制国家宪法形态。它在许多方面具有本质不同,因为这些政治体和国家不一样,它们的管辖范围有限且并不打算在封闭的边界内提出全面的法律秩序。因此,如前述有关主权适应全球化时代的不同努力的讨论所表明的那样,将基于国家的宪法概念翻译为超国家层面的,并不直截了当。但是在沃克看来,完成这项任务的关键在于理解国家宪法秩序并未消失,而是必然存在于同非国家宪政主义的关联中,后者的目的通常是影响或指引国家法律体系。于是他指出,我们当下生活在一个“宪法多元主义”的时代(Walker 2002)。

沃克认为,在超国家层面恢复宪政主义话语至关重要,因为推动传统宪政主义的通常满是争议的议题(比如,代表制的性质,以及制度权力应当如何组织和规制)仍然相关且重要,但却在当今时代被重新定位。这一规划的一个有力反驳是,它会赋予超国家实体所不配的正当性。宪政主义具有民主这一强烈的积极意涵,比如,如果认为世界贸易组织是一种宪法实体,就意味着它有能力对世界贸易实施民主监督,而它不具备这一能力。沃克的回应是,宪政主义的价值和实践(妥当采纳的)是介入有关正当行使权力论辩的最佳路径,它们没有不妥当的终结对话,而是就新兴的超国家宪政主义实体的民主资质如何能够提升展开对话。

超越国家的宪政主义的另一种进路就是“新宪政主义”概念。斯蒂芬·吉尔(Stephen Gill)认为,新宪政主义是一种“全球经济治理方案,旨在世界范围内‘锁定’资本的权力收益”(Gill 2000, p. 6, 11)。这一方案的语境是20世纪80年代以来新自由主义经济政策的兴起(诸如私有化和低税收等),吉尔认为这些政策试图规训国家政府,以便它们不再干涉自由市场。新宪政主义支持上述过程,其方法是通过难以推翻的法律和政治手段为更具再分配意味的宪政主义(比如,这会推动降低实质不平等的社会民主目标)设置障碍。这里也强调了超国家法律形态,它可能是世界贸易组织对违背全球经济共识国家的惩罚,或是要求国内宪法改革以适合对内投资的双边协定。不那么正式的机制也很重要,比如当国家想要吸引公司的工厂和岗位时,公司施加给国家减税或降低国内规制标准的压力(导致批评者所说的“逐底竞争”)。

107

新宪政主义的核心问题在于是否应当认为经济过程与宪法分析相关。我们对这个问题的解答,对于我们在全球化时代如何看待宪政主义与民主的关联,具有重要影响。根据传统理论,像个人这样的经济行动者,被视为遵从于国家的宪法管辖权。因此全球经济中私人权力的增长给民主带来的问题,可以通过合适的调整以适应现有的宪法机制加以解决。在这一关联中,可以说超国家层面正在发展的宪政主义可能为确立对全球经济力量的民主监督提供更好的机遇。

但从另一个角度来说,在公司会比许多国家更加富有、更有权势的时代,经济和政治的分离不再能够得到维持。比如,将年销售额同国内生产总值(GDP)加以对比,通用汽车的营业额要比丹麦国内生产总值更高,索尼公司要比巴基斯坦更高。如果公司现在应被视为重要的政治行动者,它们的行动和决策对数百万人的生活具有直接影响,这意味着政治权力(或政治体)不应局限于国家和超国家组织的公共制度设计。根据新宪政主义的观点,这进一步意味着有关主权所有者以及权力的行使和责任的问题,现在必须不仅要考虑国家和超国家实体之间的关系,还要考虑非国家层面的宪政主义。此外,后者在实践中可能是最重要的,所以如果我们的目标是建立对市场的某种程度的宪法规制,仅关注前两者就作用有限。这表明构思创新的解决方案可能是必要的,这种方案不是接受而是继替当下的宪法实践。在一些人看来,实现对全球经济有效治理的唯一方式,就是建立一种真正的全球政治体——比如,具有全球性(而非国际性)的代议制度——但另一些认为,答案是诸如全球社会运动中法律和政治新形态的发展这类自下而上的方法,而非自上而下的。似乎清晰无误的是,全球化时代中许多有关法律和政治的长久以来的假设,需要得到修正或重新思考。

四、“不假思索的”现代法律

我们最后来看葡萄牙理论家鲍温图拉·德·苏撒·桑托斯(Boaventura de Sousa Santos)著作中对于上述议题重要且富有影响力的分析。桑托斯指出,现代性导致的问题无法在现代性智识与政治资源中得到解决。他最初的动力是发展出一种回应全球化引入的现代性政治危机的解放性法律观念。108 尽管他的方案显然是社会政治领域的,但桑托斯对全球化的回应也处理了我们有关法律知识的范畴。在他看来,这两者是紧密关联的,因为只有通过“不思考”(unthinking)当下法律知识的基础,法律的解放性潜能才能得到实现。

桑托斯的法律和全球化理论植根于他对现代性终结的更为广泛的论述中。如我们在第一部分第一章所见,桑托斯认为现代性在规制(或秩序)与解放(或良好秩序)之间确立了一种动态紧张关系。现代性成功的基础建立在如下承诺之上,即(对解放的)分量十足的期待能够被转化为经验(解放性斗争被转变为新的规制形态),以至于像平等和自由这样不相容的价值,能够处于平衡之中。这一过程通过民族国家借助法律工具适用科学知识得以实现。但是,他指出我们这个时代的特征是解放活动完全崩塌为规制,这就像比如福利国家遭到来自新自由主义形态全球经济的压力一样。

桑托斯将全球化界定为"这样一种过程,某个给定的地方性条件或实体借此将自己的范围成功地扩展至全球,并且通过这一过程,发展出将与之竞争的一种社会条件或实体命名为地方性条件或实体的能力"(2002, p. 178)。他首先在两种占据霸权地位的全球化形态间作出区分:"全球化的地方主义",指的是"一个给定的地方性现象成功全球化的过程"——比如,美国大众文化的传播——以及"地方化的全球主义",指的是"跨国实践和命令对地方性条件的独特影响,后者为了回应跨国命令而丧失原有结构并得到重组"(2002, p. 179)——比如自由贸易领域的兴起。核心工业化国家专门输出前者,边缘的发展中国家则是地方化全球主义的主要进口商。每一种都以次典范形态运作,因为它们都假定了全球资本主义的持存。与此同时,桑托斯提出了反对霸权全球化的两种形式:次等世界主义(subaltern cosmopolitanism),指的是对支配性全球化的跨国联合抵抗,比如,在世界社会论坛保护下的新型政治激进主义;以及人类的共同遗产,它推动了围绕诸如臭氧层破坏以及核武器激增等议题展开的政治斗争。它们代表了对待全球化的典范方式,因为它们针对的听众是那些试图想象超越资本主义的不同社会组织形态的人们。桑托斯批评那些只关注霸权过程的法律与全球化进路,因为它们忽略了源自不同环境中日常斗争的新型法律的重要意义。

桑托斯认为"法律领域的全球化"是上述过程的构成性要素。一个重要的例证就是自由民主宪法改革传播到欧洲中部、东部以及拉丁美洲新建立的民主制度中。尽管这些改革通常由象征着善治的国际机构支持,桑托斯认为它们是全球化的地方主义,将西式民主视为唯一的全球化形态。不过,这些过程却并非仅仅在实质上具有霸权主义、强化了全球南北力量的不对称性,它们还通过对法律现象的一知半解在形式上强化了这种霸权。伴随这些改革的,是一系列用来支持法治的标准,比如,为财产权提供保护。不仅法律在这里被单一地理解为正式国家法,而且这种观念还被认为对全球资本主义活动基础构造来说至关重要。 109

这就使我们来到桑托斯批判的关键点,也即将法律还原为国家法是现代性极为偶然的政治产物,这一点有助于解释法律解放性上的局限。桑托斯认为,这种还原基于国家和市民社会之间人为的区分,它遮蔽了超越正式程序(比如,在工作场所)的政治权威的存在。此外,将法律单一地等同于国家,在维护资本主义方面发挥着关键作用。首先,自主且科学的国家法被当作工作,通过管理资本主义最糟糕的过分无度以确保社会进步。但这也是一种去政治化的策略,它正当化了民主政治被限定在国家范围内的现象,同时将民主政治从其他社会权力领域排除出去。所以,尽管现代性比如通过公民享有平等投票权的立法,增进了国家中的形式民主,却纹丝未动工厂中存在的不平等权力关系。

桑托斯指出,全球化使得这种有限的法律观念无法描述法律的实际样态,同时它作为法律应然状态的学说也是不可接受的。在他看来,典范转型的一个特征就是越来越能看到超越国家的法律样态。这要求我们扩展知识,特别是将下述类型法律纳入视野,即跨国公司产生的法律、诸如原住民所主张的历史权利等当地法的复兴形态,以及包含国际机构和非营利组织活动在内的广泛国际人权制度。目标不仅仅是划分不同形态的法律,还包括解释它们彼此互动、相互影响的不同方式——桑托斯将之称为法律间性(interlegality)。根据这一学说,国际法是许多法律秩序中的一员,且并不必然是最有影响力的——比如,它通常在新自由主义全球经济的(法律)规范背景下运作。

桑托斯因此将这种对法律的重新概念化与全球化的政治维度联为一体。在他看来,法律与社会权力的再耦合是反霸权支配纲领的核心。这不仅是充满雄心壮志的修辞,因为他后来的作品讨论了不同形态的斗争,包括拉丁美洲反对水资源私有化的运动,或者非洲为了买得起抗逆转录病毒药品的斗争,他认为这些斗争构成了新型国际法律制度的基础。因此,桑托斯强调需要既从上至下考虑霸权式全球化,也要从下至上考虑反霸权的全球化。这必然改变了我们对国家法的看法,因为它现在只是法律激进行动者诸多可选路径之一;但就它可被成功地运用于更广泛的抵抗运动来说,它可能保留着解放性特征。比如,桑托斯讨论了消灭血汗工厂的跨国联合行动,这是一次以反霸权的方式将工作场所法律政治化的努力。

桑托斯的作品为理解作为更广泛的典范变迁理论一部分的法律与全球化,提供了富有雄心的框架。他的计划是恢复法律的解放潜能。这要求我们将关注焦点从传统的国家法律形态转变为受压迫群体的实践。这些在国家的缝隙和非西方语境中发现的新型法律,可能对于在西方传统中接受教育的学生而言,似乎是法学研究中的陌生主题。但这正是他的目的:典范转型突显了古老确定性受到削弱的方式,这要求我们"不去思索"现代主义法律观念的许多核心假设。

110 **阅读文献:**

多层次统治观点的导论,参见伊尔根(Ilgen, 2003)。洛克林对权利和能力,或主权的规范与经验观念的区分,在洛克林(Loughlin, 2000, 第10章)得到讨论。麦考密克的"后主权"理论简洁地提出于麦考密克(MacCormick, 1999, 第8章)。沃克的"晚期主权"学说,参见沃克(Walker, 2003a),以及洛克林的回应(2003a和MacCormick, 2004)。"宪法多元主义"观念的运用以及对欧盟和世界贸易组织宪法特征的阐述,参见沃克(Walker, 2001),有关全球法,参见沃克(Walker, 2015)。"新宪政主义"观点(Gill, 2000)在当下投资制度语境中的运用,参见施耐德曼(Schneiderman, 2008, 第6章)以及施耐德曼(Schneiderman, 2013)。

有关全球化典范和次典范的解读,参见桑托斯(Santos, 2002, pp.172-177)。这里涉及的桑托斯分析的其他方面,更详细的讨论参见桑托斯(Santos, 2002, pp.1-11, 89-98, 177-193 and 465-470)。对全球化加以概念表述的其他替代方式,基于有关南半球的著作,参见桑托斯和罗德里格斯-加拉维托(Santos and Rodriguez-Garavito, 2005, 第1章)。特维宁对桑托斯理论的讨论,参见(2000, 第8章)。

本部分学习指导

111

指导1：主权

112

来到课堂，准备回答下述有关主权原则的历史、含义及当代发展的问题。

阅读文献：

《法理学：主题与概念（第3版）》，边码第17—19页、第一部分第四章。

Martin Loughlin, *The Idea of Public Law*, Oxford University Press, 2003, pp. 72-98.

思考题：

1. 现代主权的起源是什么？前现代与现代法律秩序的主要差异是什么？
2. 主权必然是绝对的吗？或者说有可能约束主权吗？
3. 非国家的法律秩序（比如，欧盟）可以构成主权吗？
4. 全球化时代你如何理解主权？

指导2：社会契约论

113

阅读文献：

《法理学：主题与概念（第3版）》，第一部分第二章（社会契约论）。

Martin Loughlin, *Sword and Scales: An Examination of the Relationship Between Law and Politics*, pp. 26-29, 161-175.

本指导邀请我们思考只要有国家就不可避免会出现的政治权力、政府与法律的问题——谁应当是统治者？谁应当统治？统治者与被统治者的关系是什么？社会应当如何组织？以及如下根本问题：拥有国家的目的是什么？

我们寻找霍布斯与洛克为这些问题提供的答案。洛克林（Loughlin）的著作分析了这些作者以及他们思考国家、权利与政治权力之间关系时提出的洞见与价值。它也引入了一些对他们著作的批判。

本指导的整体目标是强化我们对于当代法学与政治学领域所使用的核心概念的分析。

思考题：

1. 从下述角度对比霍布斯和洛克的学说：

   a. 他们有关自然状态的不同观点如何影响了他们对国家目的的看法？

   b. 他们如何看待社会契约的目的？

   c. 国家是否能够或应当受到制约？

   d. 实证法的功能应当是什么？它与个体自由的关系是什么？

2. 在理解国家和公民、法律与政治权力关系时，社会契约论的观点在何种程度上依旧有所帮助或具备说服力？

114 指导3：法律与公意：卢梭的社会契约论

阅读文献：

《法理学：主题与概念（第3版）》，第一部分第二章（社会契约论）。

Jean-Jacques Rousseau, *The Social Contract*, Book I, Chapters V–VIII; Book II, chapter VI（任何可获得的版本）。

在《社会契约论》中，卢梭发展出一套允许个体仅服从自己并因之保有自由的政治联合理论。他的解决方案是想象一种可被还原为如下表述的社会契约："在公意的最高指引下，我们每个人将自身和一切权力交由公共所有；我们作为一个整体将每个成员视为全体不可分割的一部分。"这一信约不仅标志着从自然状态过渡到政治状态，也对人带来了深刻改变：从自然自由到公民自由（"受到公意的约束"）。法律的诞生对于实现这一转变至关重要：

道德地位的获得……加上道德自由的获得,构成了唯一使得人类成为自己主人的事物;因为仅仅受到我们嗜欲驱动是一种奴役,但服从我们施加在自己身上的法律则是自由。

卢梭的理论为我们从自治角度理解法律秩序提供了基础。本指导启发我们反思卢梭贡献的重要性以及理论困难,后者影响了一种与积极自由理念密切相关的法律观念。

思考题:

1. 是什么推动人们从自然状态过渡到政治状态?

2. **众意**和**公意**之间有何区别?

3. 法律为什么对公民自由来说至关重要?对比卢梭与霍布斯和洛克的回答。

4. 根据卢梭的看法,不服从法律是否一直都具备正当性?

5. 按照公意采纳的法律,其合适形态是什么?

指导4: 财产权: 证成与界限

115

阅读文献:

《法理学:主题与概念(第3版)》,第一部分第二章("洛克"和"卢梭"的相关内容)。

John Locke, *Two Treatises of Government*, *Second Treatise on Civil Government*, chapter V.

本指导的目的是评判基于劳动的财产学说与洛克认为个人拥有自己身体的观点间的潜在冲突。*Moore v the Regents of the University of California*(由加利福尼亚州最高法院在1990年作出裁判)一案有趣地呈现出这种冲突。

1976年10月5日,约翰·摩尔(John Moore)在加州大学洛杉矶分校医疗中心进行医学检查后确诊患有毛细胞白血病。研究员戴维·戈尔德(David Golde)采集了摩尔的血样、骨髓以及其他体液来确定该诊断,并推荐了脾切除手术。摩尔在书面同意书上签字,授权展开手术。该同意书授权医院

"以火化形式处理任何切割下来的身体组织或部分"。加州大学洛杉矶分校医疗中心的外科大夫摘除了摩尔的脾脏。

仅仅几天后,摩尔的血项就恢复正常了,但对他脾脏的进一步检查,使得戈尔德发现摩尔的血细胞很特殊,因为它们产出一种刺激白细胞生长的蛋白质,而白细胞则保护身体免受感染。

随后的 7 年间,摩尔一直在加州大学洛杉矶分校医疗中心问诊。1983 年 9 月,在一次定期复查中,摩尔被要求签署一张以研究目的使用其血液的同意书。这份同意书包含这样一部分内容,要求患者在下述选项间画圈:"同意"或"不同意""将我或我的继承人对从我身上获得的血液和/或骨髓发展而来任何细胞系或其他潜在产物所拥有的任何与所有权利自愿授予加州大学"。摩尔拒绝授权,但戈尔德坚持他应当授权,这促使摩尔寻求法律支持并提起法律诉讼。与此同时,戈尔德和他的研究员们获得了完全从摩尔身体组织中发展出来的细胞系的专利权。专利权被转让给加州大学,后者接着从该细胞系中发展出商业产品。据称,加州大学和戈尔德都从该专利权中获益。

1984 年摩尔提起诉讼,他主要提出的诉由是侵占(不当干涉他人财产)。如果法院同意他的诉求,与之相伴的严格责任的现实意涵,就是该细胞系(以及源自其中的所有产品)的所有权会归还给摩尔。初审法院(加利福尼亚高级法院)驳回了摩尔的主张,但上诉法院推翻了判决,认为"支配自己身体的权利,以及人们因此拥有的利益,在许多案件中得到承认。这些权利与利益和财产利益如此相近以至于将它们另呼别名就是一种掩饰"。该法院基于如下假定作出自己的判决:如果摩尔没有通过进行脾脏切除手术专门放弃自己的脾脏,他就保有控制自己身体的权利,并拥有对自己细胞的财产利益。

116

专利权所有者针对这一裁决发起上诉,加利福尼亚最高法院推翻该裁决,肯定"因为摩尔显然没有期待保留自己摘除后的细胞的所有权,要想起诉专利所有者的侵占,他必须已经保有对这些细胞的所有权利益"。法院认为,"摩尔对从其身体摘除的细胞不具有财产权,但留待审理的问题是医生是否违反职责获得了摩尔的知情同意,以及是否违背了对于作为其患者的摩尔的忠诚义务"。在法院推理中具有相当权重的理由是保护科学研究的政策理由。最高法院关注细胞系的发展,而非它们摘取自摩尔。这一焦点使得他们判定摩尔对细胞系并不具有财产权,因为他没有对其发展有任何智识性贡献。专利权通常授予发明者。法院考虑了摩尔是否可被视为发明者,并判定"他没有做任何事情去发现自己细胞的作用或改善其效用,也没有对将自己身体组织转变为可具备专利权属性的细胞系的研究有任何帮助";因此,由于他对发现没有投入任何劳动,法院否定了摩尔任何基于财产的权利资格。

思考题:

1. 在你看来财产权的主要证成是什么?

2. 摩尔对于自身的所有权包含对自己细胞的所有权吗?

3. 你认为使用财产权话语来描述对人类身体的占用是否合适?可能用于人体及其构成部分的其他法律范畴可能(更好)是什么?

4. 阅读洛克的财产权劳动理论并将之运用于上述裁判。何种结果更加接近洛克的财产权观念?

5. 你会如何裁判这个案件?

指导5:财产权

117

阅读文献:

《法理学:主题与概念(第3版)》,第一部分第二章(社会契约论)和第三章(法律和市场体系的兴起)。

来到课堂,准备讨论下述问题:

圈地运动的**正当性证明**是什么?法律如何支持这一正当性证明?

讨论洛克的如下命题,即法律体现为**个体财产权**。

讨论如下源自卢梭《论人类不平等的起源》的著名引文:

> 谁第一个把一块土地圈起来并想到说:这是我的,而且找到一些头脑十分简单的人居然相信了他的话,谁就是文明社会的真正奠基者。假如有人拔掉木桩或者填平沟壑,并向他的同类大声疾呼:"不要听信这个骗子的话,如果你们忘记土地的果实是大家所有的,土地是不属于任何人的,那你们就要遭殃了!"人类会省去多少犯罪、战争、谋杀,以及多少痛苦和恐惧。

118

指导6：理解法律现代性

阅读文献：

《法理学：主题与概念（第3版）》，第一部分第五章（法律、阶级和冲突：卡尔·马克思）以及第六章（法律、正当性和理性：马克斯·韦伯）。

为了回应工会运动和左翼政党，乌克兰议会在1930年通过立法，要求雇主在工人生病无法工作时依旧支付多达2个月的薪水。该立法在1931年1月生效。

1931年2月，联合洗涤有限公司的工厂出现纠纷。这家公司生产家用产品加工所必需的零部件。6位工人由于连续3天旷工遭到解雇，公司认为他们的行为导致产量大幅下降。工人解释说自己一直生病无法工作，并且在未上班期间本应得到病假薪水。公司回应说在解雇他们前已经支付了未上班期间的薪水。工会接手了这个案子并对公司提起法律诉讼，要求恢复这几位工人的职位。法院一审认为不应当恢复工人的职位：立法中没有任何规定阻止公司解雇病重无法工作的人，并且他们患病期间已经得到公司支付的工资，符合立法规定。

工会将本案上诉到乌克兰最高法院，5位法官提出了下述意见。

安东尼法官：本案的核心争点在于立法的措辞，它是议会意图的唯一表述。裁判案件时法院不能且切忌超出这一措辞，因为这样做会损害法律体系独有的（very）正当性。本案中立法为患病的雇员提供保护，但立法却没有阻止公司在任何时间终止合同，无论工人的健康状况如何。

贝琳达法官：我没有被我的同事安东尼法官说服。议会的意图作为整体119体现在立法中，非常明确的是该立法的精神或意图正是保护工人免受他们雇主这类行动之害。如果这些保护被如此轻易地规避，制定法所赋予的权利就不再有意义，因此立法必须要从议会保护雇佣的安全与品质这个意图加以解释。如果法律不以这种方式加以解释，法律的正当性就不复存在。

查尔斯法官：贝琳达法官的论断包含许多有价值的东西。她关注法律正当性问题是正确的，但不幸的是她的论断完全是思辨的。眼前这个案件无法仅仅基于对立法的狭隘解释得到裁判。如果法院想要妥当地处理这些议题，它们必须了解有关洗涤制造厂盈利能力的更多信息；了解这一经济领域中由于疾病和伤害导致的损失时间的更多信息；了解这一领域技术工和非技术工的收入和受雇就业能力的更多信息；了解所有工人对待法律的态度的更多信息等。如我们所知，这些信息对于现代社会和经济的管理而言至关重要，是其他政府部门决策的基础。如果法院依旧把自己局限在对制定法本身措辞的解释上，就会有变得越来越无关紧要的危险。

戴安娜法官：我根本不认为这是法院要处理的问题。在我看来显然立法制定得很糟糕，因为它允许雇主以显然违背法律精神的方式行事。迫切的是，议会应当重新考虑和修正制定法以填补这一漏洞。不过这是一个政治问题，法院不应陷入这种政治争议。法律必须远离政治。

埃里克法官：处理本案争点的最好方式，就是将它纳入我们现存法律中有关雇主和雇员关系的语境中。这一关系是法律的重要内容，它历经了几个世纪的发展，既能够体现也能够规制雇佣关系的性质。新的立法切忌被理解为取代传统法律，而应被仅仅理解为将之发展和拓展到新的情境。按照传统法律，信任是雇主与雇员关系的根本基础，法院应当趋向于阻止任何一方试图破坏这一信任的行动。本案中雇主的行为完全属于对信任的破坏，所以工人们应当恢复职位。

思考题： 120

1. 根据韦伯法律理性的类型，我们如何归类上述裁判？

2. 不同的裁判表达了对于法律体系正当性的不同态度。你认为哪一个最准确地体现了法律正当性的合适基础？为什么？

3. 这些不同的裁判体现出对于法律现代性的不同态度和理解了吗？

指导7：全球化和规制 121

阅读文献：

《法理学：主题与概念（第3版）》，第一部分第九章（法律和全球化）。

无限国际洗涤公共有限公司（WUI）是总部在乌克兰的多国公司。1999年它关闭了乌克兰境内所有工厂车间，并在苏联成员国鲁里坦尼亚开设厂房，后者提供廉价劳工和低程度的健康与安全规制。但鲁里坦尼亚是欧洲委员会成员，且是《欧洲人权公约》的签署国。

2013年，在鲁里坦尼亚一直掌权的民族主义新自由派政党在大选中落败，被社会民主党取代，后者的竞选基础是改善鲁里坦尼亚的工作条件，并约束外国公司的权力。上台后社会民主党人首先采取的行动就是针对外国公司的利润收税，并引入他们承诺会得到积极实施的健康与安全规制体系。WUI马上宣称该政策太过具有限制性，它们会考察关闭鲁里坦尼亚工厂的方法。作为临时措施，它们很快解雇100位雇员（他们都参与过反对公司雇佣活动的公共抗议），理由是遵从这一规制导致成本上升。

思考下列源自上述情形的议题：

1. 鲁里坦尼亚政府联系你咨询如何以最佳方式修改所提出的规制方案。他们明白这种规制可能对商业来说成本高昂，但他们想要完成自己的民主任务。你会如何分析这一情境并提出建议？

2. 被解雇的工人咨询法律建议。由于在鲁里坦尼亚法律中没有任何就业保护权，他们决定针对WUI提起法律诉讼，理由是它侵犯了他们在《欧洲人权公约》（ECHR）中的和平反抗权。WUI认为ECHR无法适用于私人企业，并且鲁里坦尼亚法律是最高位阶的。鲁里坦尼亚政府支持被解雇工人的法律诉讼，认为他们的独立性受到WUI这样公司行为的削弱。

a. 这一纠纷中涉及哪些不同类型的法律秩序？

122 b. 全球化理论如何有助于我们理解这一纠纷的复杂性？

c. 讨论人权不适用于私人主体的理论基础。为什么这种豁免受到法律全球化进程的挑战？

123 指导8：权利的结构

阅读文献：

《法理学：主题与概念（第3版）》，第一部分第四章（法律和政治）。

Marin Loughlin, *Sword and Scales*, pp. 197–214.

法律权利话语的扩张，可能代表着现代法律最为成功的发展。今天几乎每个法律纠纷都以权利保护或权利冲突为形式。本指导的目标是反思权利的历史与结构，同时也讨论其局限。

思考题：

1. 法国《人权和公民权宣言》第 16 条指出，“一切社会，凡权利无保障或分权未确立，均无丝毫宪法之可言”。这是否意味着没有权利的法律秩序是不可想象的？

2. 谁可以成为权利的主体？动物有权利吗？环境有权利吗？请给出合乎逻辑的理由。

3. 权利是否包含对他人施加义务呢？

4. 主权国家确立前，权利是否有效（也即，在法律秩序诞生前，人民是否拥有权利）？裁判个体权利与主权之间的冲突，意味着什么？

5. 所有权利（公民权利、政治权利、社会/经济权利）共享同样的结构、保护同样的对象吗？

6. 人权效力的基础与其他国家赋予的权利有区别吗？存在获得食物的人权吗？

7. 权利司法化会带来何种影响？

本部分参考文献

Adler, M and Asquith, S (eds), 1981, *Discretion and Welfare*, London: Heinemann.

Agamben, G, 1998, *Homo Sacer*, Stanford: Stanford University Press.

Althusser, L, 1971, 'Ideology and Ideological State Apparatuses', in L Althusser (ed), *Lenin and Philosophy, and Other Essays*, London: New Left Books.

Anghie, A, 2005, *Imperialism, Sovereignty and the Making of International Law*, Cambridge: Cambridge University Press.

Arendt, H, 2012/1950, *The Origins of Totalitarianism*, New York: Shocken Books.

Atiyah, P, 1979, *The Rise and Fall of the Freedom of Contract*, Oxford: Oxford University Press.

Atria, F, 2015, 'Social Rights, Social Contract and Socialism', 24 *Social & Legal Studies* 598–613.

Bauman, Z, 1989, *Modernity and the Holocaust*, Cambridge: Polity.

Bauman, Z, 2000, *Liquid Modernity*, Cambridge: Polity.

Benton, L, 2010, *In Search of Sovereignty*, Cambridge: Cambridge University Press.

Berman, H, 1983, *Law and Revolution: The Formation of the Western Legal Tradition*, Cambridge, MA: Harvard University Press.

Bobbio, N, 1996, *The Age of Rights*, Cambridge: Polity.

Brooks, T (ed), 2005, *Rousseau and Law*, London: Routledge.

Cain, M and Hunt, A, 1979, *Marx and Engels on Law*, London: Academic

Press.

Campbell, T, 2006, *Rights: An Introduction*, London: Routledge.

Cohen, J, 2010, *Rousseau: A Free Community of Equals*, Oxford: Oxford University Press.

Collins, H, 1982, *Marxism and Law*, Oxford: Oxford University Press.

Cotterrell, R, 1992, *The Sociology of Law: An Introduction*, 2nd edn, London: Butterworths.

Cotterrell, R, 1995, 'Legality and Legitimacy: The Sociology of Max Weber', in R Cotterrell (ed), *Law's Community*, Oxford: Clarendon.

Cotterrell, R, 1999, *Emile Durkheim: Law in a Moral Domain*, Edinburgh: Edinburgh University Press.

Croce, M and Salvatore, A, 2015, *Undoing Ties*, London: Bloomsbury.

Cutler, AC, 2003, *Private Power and Global Authority*, Cambridge: Cambridge University Press.

De Jouvenel, B, 1975, *Sovereignty: An Inquiry Into the Political Good*, Cambridge: Cambridge University Press.

D'Entreves, AP, 1951, *Natural Law*, London: Hutchinson.

Della Volpe, G, 1978, *Rousseau and Marx*, London: Lawrence and Wishart.

Doogan, K, 2009, *New Capitalism?*, Cambridge: Polity.

Douzinas, C, 2007, *The End of Human Rights*, Oxford: Hart.

Durkheim, E, 1963/1933, *The Division of Labour in Society*, New York: Free Press.

Durkheim, E, 1992, *Professional Ethics and Civic Morals*, London: Routledge.

Dworkin, R, 1977, *Taking Rights Seriously*, Cambridge, MA: Harvard University Press.

Epstein, R, 1985, *Takings*, Cambridge, MA: Harvard University Press.

Ewing, S, 1987, 'Formal Justice and the Spirit of Capitalism: Max Weber's Sociology of Law', 21 *Law & Society Review* 487–512.

Foucault, M, 1984, 'What is Enlightenment?', in P Rabinow (ed), *The Foucault Reader*, Harmondsworth: Penguin.

125

Fried, C, 1981, *Contract as Promise*, Cambridge, MA: Harvard University Press.

Furet, F, 1981, *Interpreting the French Revolution*, Cambridge: Cambridge University Press.

Galbraith, K, 1998, *A History of Economics*, Harmondsworth: Penguin.

Galeano, E, 2000, *Upside Down*, New York: Picador.

Garland, D, 1990, *Punishment and Modern Society*, Oxford: Oxford University Press.

Garland, D, 2016, *The Welfare State: A Very Short Introduction*, Oxford: Oxford University Press.

Genovese, ED, 1988 [1974], *Roll Jordan Roll: The World the Slaves Made*, New York: Random House.

Giddens, A, 1971, *Capitalism and Modern Social Theory: An Analysis of the Writings of Marx, Durkheim and Weber*, Cambridge: Cambridge University Press.

Giddens, A, 1990, *The Consequences of Modernity*, Stanford: Stanford University Press.

Gill, S, 2000, 'The Constitution of Global Capital', accessed 14 March 2007, www. theglobalsite.ac.uk/press/010gill.pdf.

Glasman, M, 1996, *Unnecessary Suffering: Managing Market Utopia*, London: Verso.

Grimm, D, 2015, *Sovereignty*, New York: Columbia University Press.

Habermas, J, 1976, *Legitimation Crisis*, London: Heinemann.

Habermas, J, 1990, *The Philosophical Discourse of Modernity*, Cambridge, MA: MIT Press.

Harvey, D, 2010, *A Companion to Marx's Capital*, London: Verso.

Hay, D, 1975, *Albion's Fatal Tree: Crime and Society in Eighteenth-Century England*, New York: Pantheon.

Hegel, GFW, 1991, *Elements of the Philosophy of Right*, ed by A Wood, Cambridge: Cambridge University Press.

Held, D, 2002, 'Law of States, Law of Peoples: Three Models of Sovereignty', 8 *Legal Theory* 1–44.

Held, D and McGrew, A, 2003, 'The Great Globalization Debate: An Introduction', in D Held and A McGrew (eds), *The Global Transformations Reader*, 2nd edn, Cambridge: Polity Press.

Hirst, PQ, 1979, *On Law and Ideology*, London: Macmillan.

Hobbes, T, 1996/1651, *Leviathan*, Cambridge: Cambridge University Press.

Horkheimer, M, 1972, *Critical Theory*, New York: Herder & Herder.

Ilgen, TL, 2003, 'Reconfigured Sovereignty in the Age of Globalization', in TL Ilgen (ed), *Reconfigured Sovereignty: Multi-Layered Governance in the Global Age*, Aldershot: Ashgate.

Jackson R, 1999, 'Sovereignty in World Politics: A Glance at the Conceptual and Historical Landscape', 67 *Political Studies* 431–456.

Jessop, B, 2016, *The State*, Cambridge: Polity Press.

Kamenka, E and Tay, A, 1975, 'Beyond Bourgeois Individualism: The Contemporary Crisis in Law and Legal Ideology', in E Kamenka and RS Neale (eds), *Feudalism, Capitalism and Beyond*, London: Edward Arnold.

Kant, I, 1991/1784, 'What Is Enlightenment?', in H Reiss (ed), *Political Writings*, Cambridge: Cambridge University Press.

Kelman, M, 1987, *A Guide to Critical Legal Studies*, Cambridge, MA: Harvard University Press.

Kennedy, D, 2003, 'The Disenchantment of Logically Formal Legal Rationality, or Max Weber's Sociology in the Genealogy of the Contemporary Mode of Western Legal Thought', 55 *Hastings Law Journal* 1031.

Koselleck, R, 1988, *Critique and Crisis*, Boston: MIT Press. 126

Kronman, A, 1983, *Max Weber*, London: Edward Arnold.

Laslett, P, 1988, 'Introduction', to Locke (1988).

Lazzarato, M, 2015, *Governing by Debt*, Cambridge, MA: The MIT Press.

Lenin, VI, 1917, *The State and Revolution*, various editions.

Locke, J, 1988, in Laslett, P (ed), *Two Treatises of Government*, Cambridge: Cambridge University Press.

Loughlin, M, 2000, *Sword and Scales*, Oxford: Hart Publishing.

Loughlin, M, 2003a, 'Ten Tenets of Sovereignty', in N Walker (ed) *Sover-*

eignty in Transition, Oxford: Hart Publishing.

Loughlin, M, 2003b, *The Idea of Public Law*, Oxford: Oxford University Press.

Loughlin, M, 2010, *Foundations of Public Law*, Oxford: Oxford University Press.

Luhmann, N, 1985, *A Sociological Theory of Law*, Abingdon: Routledge.

Lukács, G, 1971, 'The Phenomenon of Reification', in G Lukács (ed) *History and Class Consciousness*, London: Merlin Press.

Lukes, S, 1973, *Emile Durkheim. His Life and Work: A Historical and Critical Study*, Harmondsworth: Penguin.

Lukes, S and Scull, A, 1983, *Durkheim and the Law*, Oxford: Robertson.

Macaulay, S, 1963, 'Non-contractual Relations in Business: A Preliminary Study', 28 *American Sociological Review* 55–67.

MacCormick, N, 1999, *Questioning Sovereignty*, Cambridge: Cambridge University Press.

MacCormick, N, 2004, 'Questioning Post-Sovereignty', 29 *European Law Review* 852.

Macpherson, CB, 1962, *The Political Theory of Possessive Individualism*, Oxford: Oxford University Press.

Maine, HS, 1861/1917, *Ancient Law*, London: Dent.

Mamdani, M, 1996, *Citizen and Subject: Contemporary Africa and the Legacy of Late Colonialism*, Princeton: Princeton University Press.

Marks, S, 2000, *The Riddle of All Constitutions*, Oxford: Oxford University Press.

Marx, K, 1843, 'On the Jewish Question', in D McLellan (ed), *Karl Marx: Selected Writings*, 1977, Oxford: Oxford University Press.

Marx, K, 1844, 'Economic and Philosophical Manuscripts', in D McLellan (ed), *Karl Marx: Selected Writings*, 1977, Oxford: Oxford University Press.

Marx, K, 1849, 'Wage Labour and Capital', in D McLellan (ed), *Karl Marx: Selected Writings*, 1977, Oxford: Oxford University Press.

Marx, K, 1851, 'The Eighteenth Brumaire of Louis Bonaparte', in D McLellan (ed), *Karl Marx: Selected Writings*, 1977, Oxford: Oxford University Press.

Marx, K, 1865, *Capital*, vol. 1, many editions, e.g., 1990, Harmondsworth: Penguin.

Marx, K, 1932, 'The German Ideology', in D McLellan (ed), *Karl Marx: Selected Writings*, 1977, Oxford: Oxford University Press.

McCormick, J, 2011, *Machiavellian Democracy*, Cambridge: Cambridge University Press.

McLellan, D (ed), 1977, *Karl Marx. Selected Writings*, Oxford: Oxford University Press.

Meiksins Wood, E, 2002, *The Origin of Capitalism*, London: Verso.

Meiksins Wood, E, 2012, *Liberty and Property*, London: Verso.

Miéville, C, 2005, *Between Equal Rights: A Marxist Theory of International Law*, Leiden: Brill.

Milliband, R, 1977, *Marxism and the State*, Oxford: Oxford University Press.

Montesquieu, CL, 1989/1748, *The Spirit of the Laws*, Cambridge: Cambridge University Press.

Murphy, WT, 1997, *The Oldest Social Science? Configurations of Law and Modernity*, Oxford: Oxford University Press.

Nelken, D, 1982, 'Is there a Crisis in Law and Legal Ideology?', 9 *Journal of Law and Society* 177-189.

127

Neuhouser, F, 2013, 'Rousseau's Critique of Economic Inequality', 41 *Philosophy and Public Affairs* 193-215.

Newsinger, J, 2013, *The Blood Never Dried: A People's History of the British Empire*, 2nd ed, London: Bookmarks.

Norrie, A (ed), 2000, 'Symposium on Contract Law and Legal Theory', 9 *Social & Legal Studies* 397-447.

Nozick, R, 1974, *Anarchy, State and Utopia*, New York: Basic Books.

O'Hagan, T, 2003, *Rousseau*, London: Routledge.

Pashukanis, EB, 1978, *Law and Marxism: A General Theory*, London: Pluto Press.

Poggi, G, 1990, *The State*, Stanford: Stanford University Press.

Polanyi, K, 1957/1944, *The Great Transformation*, New York: Beacon Press.

Poulantzas, N, 1980, *State, Power, Socialism*, London: Verso.

Reiner, R, 1984, 'Crime, Law and Deviance: The Durkheim Legacy', in S Fenton (ed), *Durkheim and Modern Sociology*, Cambridge: Cambridge University Press.

Rheinstein, M, 1954, 'Introduction', in M Rheinstein (ed), *Max Weber on Law in Economy and Society*, Cambridge, MA: Harvard University Press.

Rokkan, S, 1999, *State Formation, Nation-Building, and Mass Politics in Europe*, Oxford: Oxford University Press.

Rousseau, J-J, 1984, *A Discourse on Inequality*, London: Penguin.

Rousseau, J-J, 1994, *The Social Contract*, Oxford: Oxford University Press.

Santos, de Sousa B, 2002, *Toward a New Legal Common Sense*, 2nd edn, London: Butterworths.

Santos, de Sousa B and Rodríguez-Garavito, CA (eds), 2005, *Law and Globalization From Below: Towards a Cosmopolitan Legality*, Cambridge: Cambridge University Press.

Sassen, S, 1996, *Losing Control? Sovereignty in an Age of Globalization*, New York: Columbia University Press.

Sassen, S, 2007, *A Sociology of Globalization*, New York: W.W. Norton.

Schmitt, C, 1985, *Political Theology*, Chicago: University of Chicago Press.

Schneiderman, D, 2008, *Constitutionalizing Economic Globalization: Investment Rules and Democracy's Promise*, Cambridge: Cambridge University Press.

Schneiderman, D, 2013, *Resisting Economic Globalization: Critical Theory and International Investment Law*, London: Palgrave Macmillan.

Scholte, J-A, 2008, 'Reconstructing Contemporary Democracy', 15 *Indiana Journal of Global Legal Studies* 305.

Shklar, J, 1969, *Men and Citizens: A Study of Rousseau's Social Theory*, Cambridge: Cambridge University Press.

Simmons, J, 1992, *Lockean Theory of Right*, Princeton: Princeton University Press.

Skinner, Q, 1978, *The Foundations of Modern Political Thought*, Cambridge: Cambridge University Press.

Skinner, Q, 2008, *Hobbes and Republican Liberty*, Cambridge: Cambridge University Press.

Smith, A, 1976, *An Inquiry Into the Nature and Causes of the Wealth of Nations* [1776], Oxford: Oxford University Press.

Smith, A, 1978, *Lectures on Jurisprudence* (1762), in RL Meek and DD Raphael (eds), *The Glasgow Edition of the Works and Correspondence of Adam Smith*, vol. V, Oxford: Oxford University Press.

Stone, A, 1985, 'The Place of Law in the Marxian Structure-Superstructure Archetype', 19 *Law and Society Review* 39-67.

Streeck, W, 2014, *Buying Time: The Delayed Crisis of Democratic Capitalism*, London: Verso.

Swedberg, R, 2000, *Max Weber and the Idea of Economic Sociology*, Princeton: Princeton University Press.

128

Teubner, G, 2012, *Constitutional Fragments*, Oxford: Oxford University Press.

Thompson, EP, 1971, 'The Moral Economy of the English Crowd in the Eighteenth Century', 50 *Past and Present* 76-136.

Thompson, EP, 1977, *Whigs and Hunters*, Harmondsworth: Penguin.

Thompson, J, 1984, *Studies in the Theory of Ideology*, Cambridge: Polity Press.

Thornhill, C, 2011, *A Sociology of Constitutions*, Cambridge: Cambridge University Press.

Tierney, B, 1997, *The Idea of Natural Rights*, Emory: Eerdmans Publishing.

Tilly, C, 1992, *Coercion, Capital and European States (990-1990)*, Oxford: Blackwell.

Tuck, R, 1979, *Natural Rights Theories*, Cambridge: Cambridge University Press.

Tuck, R, 1996, 'Introduction', to Hobbes (1996).

Tuck, R, 2015, *The Sleeping Sovereign*, Cambridge: Cambridge University Press.

Tully, J, 1980, *A Discourse on Property: John Locke and His Adversaries*, Cambridge: Cambridge University Press.

Turner, B, 1996, *For Weber: Essays on the Sociology of Fate*, London: Sage.

Twining, W, 2000, *Globalisation & Legal Theory*, London: Butterworths.

Twining, W, 2009, *General Jurisprudence: Understanding Law From a Global*

Perspective, Cambridge: Cambridge University Press.

Unger, RM, 1976, *Law in Modern Society*, New York: The Free Press.

Veitch, S, 2017, 'The Sense of Obligation', 8(3) *Jurisprudence* 415–434.

Waldron, J, 1987, *Nonsense Upon Stilts: Bentham, Burke and Marx on the Rights of Man*, London: Methuen.

Waldron, J, 1988, *The Right to Private Property*, Oxford: Oxford University Press.

Walker, N, 2001, 'The EU and the WTO: Constitutionalism in a New Key', in G De Burca and J Scott J (eds), *The EU and the WTO: Legal and Constitutional Aspects*, Oxford: Hart.

Walker, N, 2002, 'The Idea of Constitutional Pluralism', 65 *Modern Law Review* 317–53.

Walker, N, 2003a, 'Late Sovereignty in the European Union', in Walker (2003b).

Walker, N (ed), 2003b, *Sovereignty in Transition*, Oxford: Hart.

Walker, N, 2008, 'Taking Constitutionalism Beyond the State', 56 *Political Studies* 519.

Walker, N, 2015, *Intimations of Global Law*, Cambridge: Cambridge University Press.

Weber, M, 1930, *The Protestant Ethic and the Spirit of Capitalism* (1905), London: Allen & Unwin.

Weber, M, 1948a, 'Politics as a Vocation' (1919), in HH Gerth and CW Mills (eds), *From Max Weber: Essays in Sociology*, London: Routledge & Kegan Paul.

Weber, M, 1948b, 'Science as a Vocation' (1917), in HH Gerth and CW Mills (eds), *From Max Weber: Essays in Sociology*, London: Routledge & Kegan Paul.

Weber, M, 1968, *Economy and Society, An Outline of Interpretive Sociology* (1921/22), 2 vols, Berkeley: University of California Press.

Wilhelmsson, T, 1995, *Social Contract Law and European Integration*, Aldershot: Dartmouth.

Yack, B, 2001, 'Popular Sovereignty and Nationalism', 29 *Political Theory* 517–536.

Zizek, S, 1994, *Mapping Ideology*, London: Verso.

第二部分

法律体系与法律推理

专题一　合法性和有效性

第十章　法律与道德的分化

如本书第一部分的分析,理解现代法律诞生与发展的一种方式,就是将之理解为一种分化过程,在此世俗权威与宗教权威彼此分开、民族国家管辖权原则确保(越来越多的)民主立法得到制定、国家科层制度在民族国家领土范围内实施实证化的立法。分化这个概念指的是道德、法律、政治、宗教等不同的规范秩序渐次出现和确立。这种分离意味着宗教教义不再是法律的渊源,抑或个人信念不再是身居公共职位之人介入公共领域的一个标准,相反信念可被视为一种私人事务(宗教自由)。它指的是无所不包的世界观逐渐让位于价值认同的相对多元性,后者事关个人权利而得到承认与保护。正义逐渐越来越退回到社会交换的形式领域(法律面前人人平等),不再体现任何得到法律实施的整全学说。

在概念层面,这些发展对法律和其他类型价值之间的关系提出了普遍质疑。法律表达价值,特别是道德和正义这种价值,是可欲的,我们理解法律时能够不必然诉诸它们吗?换言之,不参考其他类型的规范或评价标准来判定有效的法律,是否可能以及可欲?

法律实证主义传统对这些问题予以肯定回答。法律实证主义在杰里米·边沁和约翰·奥斯丁(他们两位是活跃在18世纪末和19世纪初的英国法学家)的著作中作为一种独特的法律分析方法出现,并在汉斯·凯尔森(Hans Kelsen)和哈特(H. L. A. Hart)这两位20世纪法哲学家的著作中得到巨大发展。这些思想家虽然在方法上有所不同,但他们都认为不诉诸道德价值问题来判定有效法律的需求至关重要。他们指出,法律是什么与法律应当是什么，是不同的问题并且需要不同类型的答案。如奥斯丁的名言所说："法律的存在是一回事，它的优点和缺点则是另一回事。它是否如此是一回事；它是否契合所设想的标准则是另一回事。"（Austin 1954/1832, p. 157）

134 许多法理学著述都有下述问题重重的倾向，就是将这些论述和它们背后的困境从产生它们的历史语境中抽象出来。这不仅使得我们对这些论争的理解单薄贫乏，也使得答案的复杂性因之受到简化。法律实证主义兴起于特定的历史条件，是对有关政治权威的激烈论战的回应。比如，霍布斯将主权视为**法律—命令**（*juris-diction*，也即利维坦为属民颁布法律的绝对权力）这一深刻论断，就是**实证主义**的高峰，它产生自查理一世遭到驱逐后英格兰的政治动荡。洛克有关财产的**自然权利**学说不仅启发而且构成了美国革命中核心人物的宪法思想，它确认了美国财产所有者的权利，对抗英国国王的法律命令。宗教改革本身对源自亚里士多德并途经托马斯·阿奎那著述而得到发展的自然法思想传统具有重大影响，它强调道德智慧的养成[在亚里士多德笔下是*phronesis*（实践智慧），在阿奎那笔下是*prudentia*]，这种道德智慧非常依赖作为人类事务中道德理性表达的自然法（很快会详细谈到这一点）。路德反对以（人类）理性（*ratio*）"代替"上帝意志（*voluntas*），他坚持认为每个人都有责任让他或她自己理解上帝的意志。

这并不是说理解彼此竞争的思潮不可避免地关系到有关它们的最初表述或背后历史冲突的叙事。而是说实证主义和自然法的各种学说体现和表达着它们与之割裂便会缺失意义的思想传统。在我们讨论马克斯·韦伯时，我们看到他将普通法（主要）刻画为"实质非理性类型"：它通过个案式类比得到发展（并非通过演绎性——"理性"——的规则涵摄），由于非常依赖公共价值和道德而是"实质"的。它提供的救济是基于个案的，对抗着概括性的分类与划分。它与不同内容组成的法律全书格格不入，后者即布莱克斯通明确努力要将体系性引入法律而撰写的《英国法释义》（*Commentaries*），它将彼此不同的材料加以分类和排序。这种排序的一个预设是存在某些理性原则，或许使得融贯地汇集材料得以可能。作为18世纪自然法学术成果的一个范例，《英国法释义》是一种使得法律成为理性整体的努力，它所基于的假定是法律材料体现着自然理性，因而问题就仅仅是使材料的外在形式（surface）具备融贯性。注意在早期英国法律史中这一张力的深刻程度以及它浮现出来的方式。一方面，我们拥有的是自然法认为原则和理性超越了普通法救济的异质性,构成法律思想的本质,并得到洛克所代表的传统中的自然权利思想背书,它认为自然法是体现人类自然权利的法律;另一方面,在 *auctoritas, non veritas, facet legem*("权威而非真理制定了法律")传统中,我们拥有一种避开这些原则化重构的实证主义,认为法律与立法者的意志保持一致。

有关法典化的张力与困境,我们在欧陆发现的一个重要对应物就是后来为人熟知的**历史法学派**的发展。在 19 世纪初,杰出人物弗里德里希·冯·萨维尼(Friedrich von Savigny)在著述中十分雄辩地表明法律是民族的活的文化表现。他写道,"法律不具备自足的存在……它的本质是人类自身的生活"(1831, p. 46)。尽管萨维尼并不反对法典化本身,但他强调将法律自发发展中实现的民族集体态度的鲜活表达加以捕捉、静止并最终固化的危险。

135

在新兴的社会科学中,贯穿整个 19 世纪的"价值无涉"式分析的可能性在许多不同学术研究领域非常具有影响力。它的哲学基础是大卫·休谟的洞见:首先,在事实陈述(情况是如此这般)与评价性陈述(情况**应当**是如此这般)之间存在巨大差异;其次,后者无法在逻辑上从前者推导出来。在休谟看来,描述性(事实性)的精确不应当混同于(评价性的)可欲性:"解剖学家",他写道,"从不应当模仿画家"(Hume 1978/1739, p. 620)。以休谟的洞见为蓝本,法律实证主义者通过抛开有关法律应当为何物的价值判断来试图澄清我们对法律的理解——描述法律为何物。

但是如果这种"分析法学"寻求清晰性,它就不会否认追求诸如正义和平等这样的道德与政治价值对社会而言具有真正的重要意义。事实上,主要的法律实证主义者撰写了大量著述,阐发这些价值是什么,以及包括法律途径在内的追求它们的可能最好方式是什么。但他们主张,这类研究与判定有效法律的问题不同。此外(且乍一听相当古怪),对于法律实证主义者而言,有不错的**评价性**理由来追求一种非评价式的法律理论。如果我们能够准确描述在任何给定的司法管辖权内哪些法律发挥作用,就能够作出独立的批判性评价,对之加以清晰和融贯的评判。一个法律体系,比如它的立法具有极端歧视性,即使许多公民和评论者会认为它在政治与道德上是令人厌恶的,但它依旧包含有效的法律(假定它们在程序上得到妥当的制定)。将政治或道德视角中这些法律的不可欲混同于它们在法律上是否有效的问题,就是混淆了如下两个不同的事物:(此时此地)法律是什么,以及如果法律会更加公正和平等，它应当是怎样的。指出这一点之所以重要，不仅有分析上的理由，也是因为法律改革为了使得法律相应地得到改善，本身取决于能够准确描述法律之所是以及法律如何变迁。休谟总结道，我们并不期待解剖学家像画家那样具有创造力，但是他“极为适合给画家提出建议……在我们能够优美或正确地设计图案前，我们必须对其部分、情境与彼此关联具备准确的知识”(ibid, p. 621)。因此，混淆法律有效性和道德与政治判断完全搅浑了分析与未来改革的水池。

重要的是认识到作为一项分析性事业，法律实证主义并不适合与通常所说的“自然法”传统展开比较；它在范围上更为狭窄和技术化，而自然法在目的和资源上更加广泛，法律有效性问题只是对不同时代和语境中人类价值的更为丰富的探索的非常小的一部分。但在其更为狭窄的领域中，法律实证主义的分析方法及其描述性成就与“价值无涉”分析方法的优势一直以来且在一定程度上依旧具有极强的影响力。

后续章节中我们会阐发哈特和凯尔森的一些核心观点，并考察两者间的某些差异。在此我们分析其理论所基于的视角，是法律中政治与道德价值的作用这一主题关切的一部分(稍后我们会回到他们著作的不同内容)。在接下来的部分，我们从法律的形式与内容命题出发考察对法律实证主义者工作的杰出批判，并分析道德对于理解法律的形式和内容具有偶然性(而非必然性)这一法律实证主义的核心论点。

136

第十一章　判定有效的法律：实证主义命题

一、哈特的法概念

137

尽管哈特同情边沁与奥斯丁的法律实证主义，却在他们的分析中挑出许多问题。对奥斯丁来说，“被合适地这样称呼”的法律是以惩罚的威胁作为背书的主权者命令。他将主权者界定为“一位确定的身居高位的人，他没有服从类似身居高位之人的习惯，但却接受特定社会大部分成员的习惯性服从”(Austin 1954/1832, p. 166)。如哈特所见，这种法律的“命令学说”可能非常类似于我们对刑法的通常感知，却不足以完整地描述法律。之所以如此的一个核心理由，就是存在不同**类型**的法律，有许多根本不像命令这样运作，而与授权有关。公法领域中可以发现这些权力，诸如和司法管辖权相关的法律——比如，确立或区分法院或法庭管辖权的法律——以及缔结契约、确立遗嘱或设立公司的无数私法权力。哈特指出，在所有这些情形中(同时这些情形为数众多)，将相关法律描述为命令是不准确的。认为它们的作用与惩罚的威胁有关也是不合适的。在哈特看来，法律实证主义传统要想依旧有说服力，就需要一种替代性理解。

这种新的理解涉及将关注点从命令转移到**规则**。哈特认为法律体系最好被理解为“初级规则与次级规则的结合”(参见 Hart 1961, ch V)。初级规则施加义务——比如，税法或过失法给公民施加了法律义务：有义务为或不为特定行为。这些法律呈现出规则而非命令形态。重要的是，规则具备的某些品性使之不同于命令：哈特论证说大街上的一个抢劫犯可能会要求你交出钱财。你可能感到是在被迫这么做。但要说你有“义务”这么做就错了。相反,“催税单”所做的恰恰是施加纳税的义务,这些义务的渊源是立法所建立的法律规则。你可能感受到被迫去纳税,也可能无此感受。这类初级规则因此是施加义务的:它们是确立有拘束力的法律义务的规则。

138 但如前所述,并非所有法律规则都是这种的。哈特指出也有次级规则。它们“与初级规则处于不同层面,因为它们都是**关于**后者的规则”(Hart 1961, p. 92,强调为原作所加)。这些规则的重要性在于它们同初级规则处于一定关系之中,进而构成了法律**体系**。哈特认为存在三类次级规则。第一类次级规则是确立谁或何种机构具有**裁判法律纠纷**、处罚违背义务行为的法律权威的授权规则。它们还确立了作出这些判断所遵循的程序。哈特将之称为**裁判**规则。在通过判定权威机构和程序来确定法律结果这一处理法律纠纷的过程中,它们顾及一定的效率。

第二类次级规则是确立由谁或何种机构根据何种程序具有法律权威来改变法律规则的授权规则。这是次级规则中的**变迁**规则。在最明显的意义上,这些规则确立了引入新的初级规则或修改老规则的条件。思考一下我们法律体系在不同层面规定的变迁规则:在“宪法修正”的层面上,也即可以修改宪法的条件;修改立法的层面;授权地方政府根据司法管辖权限范围调整法律标准的权力等。不过变迁规则并不局限于国家权威;它们也被授予个人。此时变迁的次级规则就是私法中那些允许个人按照规定的方式变更法律状态或地位的授权规则:通过结婚改变你法律地位的权力;通过合同设定义务的权力;设立公司的权力等。这会相应地(对你)创设新的初级法律义务,但它们如哈特所说,要求权力在不同于这些初级规则的层面得到授予。

第三类次级规则就是**承认**规则。它最简单的表达就是“初级义务规则的最终判定规则”(Hart 1961, p. 92)。哈特认为,在复杂的法律体系中,可能有许多这样的规则,它们可能会有不同的形态。但它们的共同特征就是都为**判定**有效法律而设立了确定的标准。正是承认规则,或在复杂背景下的一个“终极承认规则”承担这一任务。这种终极规则的内容会因司法管辖权的不同而有所不同:比如在英国,哈特强调最终的承认规则是“女王在议会中制定的任何事物都是法律”。除了为承认有效法律提供标准外,这一规则也引入了如下关键理念,即无论初级规则还是次级规则,所有这一切共同构成了法律体系:“规则现在不仅是离散不相关的规则集合,而是以一种简单方式统一起来。”(Hart 1961, p. 93)

正是在此意义上,法律体系最好被理解为"初级规则与次级规则的统一"。但当然同样必要的是,法律体系的规则,特别是义务规则,大体上是具有实效的;大部分人在大部分时间中必须根据法律规则行动,当他们不这样做时就要受到惩罚。这是法律体系存在的一个必要**条件**。这要求为一切其他规则提供效力判准的承认规则至少被该体系中的**官员**接受为一种共同标准。哈特指出,规则具有两个面向:"外在"面向,指的是规则主要是对人们 139 如何行为的预测(比如,红绿灯变红时我们预测司机会停车);以及"内在"面向,指的是从**参与者**的视角出发,规则为人们以特定方式行为提供了**理由**(红灯是司机**之所以**停车的内在化理由)。哈特认为在复杂社会中,大部分人无须从内在视角接受法律规则。相反,"承认规则,如果存在的话,只是作为一种共享的社会规则存在,它被手握公职权力的人士**接受为一种具有约束力的共同行为标准**,这种权力作为一种'法律权力'完全取决于这一规则"(MacCormick 2008, p. 34, 强调为原作所加)。在法律体系中,这一终极承认规则本身并非法律规则,而是一种惯习性规则:"它通过习俗以及受其约束的人们的使用……而'存在'。"(ibid, p. 137)哈特总结道,因此终极承认规则"既不可能有效也不可能无效,只是以这种方式被完全接受为适于使用"(Hart 1961, pp. 105-106)。

某种程度上,哈特的法律实证主义方案的重要性体现在他认为法律有效性和政治或道德价值没有**必然**关联。比如,一个法律体系可能会实施死刑,但另一个却没有;一个会允许基于种族或性别的歧视,但另一个则主张这些歧视非法。在所有或任何这类情形中,法律有效性问题并不取决于它与特定政治或道德价值的相关性。准确地说,回答这一问题要参照本身最终事关官员实践的法律体系的终极承认规则。

哈特确实认为一切社会通常都具有某些基础性规则,以及法律所珍视的价值:反对暴力、盗窃、欺诈等行为的规则。他认为这些规则属于一切法律体系中包含的"最低限度的自然法"(Hart 1958, pp. 78-81)。在他看来,基于人性的事实使得一切法律体系都有必要提供基本的最低限度的保护。人类的脆弱性意味着法律必须严格限制暴力的自由使用以及攻击的使用;有限的利他主义要求彼此忍耐宽容的制度体系;有限的资源要求某种财产权体系;有限的理解和意志力要求某种形式的惩罚。哈特主张,这些有关人性的基本事实使得法律包含最低限度的对人身、财产和承诺的保护是一种"自然必然性”。在《法律、自由与道德》(*Law, Liberty, and Morality*)一书中,他甚至提出“实际上可以论证的是,一个在自己的道德中根本不承认(这些价值)的社会,在经验上或逻辑上都是不可能的”(1963, p. 70)。他也支持一系列他认为在体面社会中被信奉为可欲的道德和政治价值,且理想状态下该社会的法律内容会体现它们。但这种可欲性以及法律包含特定价值的偶然性,不应混同于对何种事物构成法律体系中有效性的描述。此时某种“解剖学家的”现实主义——回想休谟——一定占据主导地位。即便在政治与道德上是邪恶的政府,也会制定和实施对许许多多臣属于它们的人带来巨大伤害的有效法律。就连这种情况,哈特都会说:“这种情形中的社会可能悲惨如羔羊;羔羊的结局可能就是进入屠宰场。但没有什么理由让我们认为法律在这种社会中不存在或否认它具备法律体系的名号。”(Hart 1961, p. 114)

我们在本章之后的内容中会回过头来收集某些对这一方法的批判。但现在我们可以关注麦考密克在同情式处理哈特著作时提出的一个洞见。麦考密克评论说:“或许在任何地方‘法律’与‘政治’之间都应加以区分,但跨文化比较中更为明显的一个事实是,在不同的地方两者的边界不同。”(MacCormick 2008, p. 8)尽管哈特的法概念试图得到普遍适用,但它不可避免地具有其时代的印记:“它显然被视为20世纪英国法学家的成果。”(同上)在那时,其实也在此之前,政治与社会正义事务完全属于“政治国家”领域。麦考密克指出,正是在该领域资格与权利问题得到争辩和解决,这些结论的结果在合适的条件下被纳入法律之中。在这种体系下,法律官员被期待去适用政治体系颁布的法律,因此他们需要明确的标准——承认规则——来识别什么是法律上有效且具有拘束力的规则,什么并非如此。这些规则的政治道德并不是官员,特别是法官,所要介入的问题。

140

麦考密克认为,即便没有比较不同类型的法律与宪法传统和实践,哈特所吸收和描述的有关法律与政治界限的英国立场本身也在近几十年来历经巨大变迁。两个因素尤为突出:一个涉及超国家实体的大规模影响(特别是欧盟的法律与政策)以及国家内部分权调整的叠加影响(苏格兰议会,威尔士以及北爱尔兰议会);另一个是《欧洲人权公约》被纳入国内法,它尤为突出的影响是为确定法律的内容开辟了一片新的解释性空间,并且使得司法在先前被认为是由“政治国家”所独占的领域中发挥越来越直接的作用。这与主权的碎片化和重新联合、法律秩序的多元化以及管辖权的竞合与重叠,一道使得法律版图迥异于哈特撰写其著作的时期。一方面,这些发展使得根据一种为单一英国法律体系提供统一性的终极承认规则来判定有效法律规则的问题更为复杂。但更重要的是,它们正好挑战了法律自主性的观念,(如我们先前所见)此时法律的政治化以及政治的法律化标志着法律和政治之间合适的边界发生了明确转变。这些原因使得试图在法律与政治和道德价值之间保持概念性区分的法律实证主义的描述性事业更加充满问题。

二、凯尔森的“纯粹”法理论

奥地利法学家汉斯·凯尔森提出的另一种法律实证主义处理了法律有效性独立于政治与道德价值的问题。同样追随规范性陈述(“应然”)无法推演自事实陈述的休谟立场,凯尔森认为规范的有效性只能源自其他规范,而非源自有关世界或人类状况的事实陈述。因此在法律领域中,凯尔森强调“规定自身的创设是法律的一个特点”(Kelsen 1957, p. 365)。不过如我们现在将要看到的那样,他的方法在许多重要方面都不同于哈特。

141

凯尔森认为,存在一种有关法律规范的科学,“它的目的不外乎了解和描述其对象”(Kelsen 1967, p. 1),它的对象就是实证法。分析法律规范的合适方法必须是客观的;他指出,它不能诉诸其他主观标准:比如,法律是否是善的、好的或公正的。法律科学因此提出一种“纯粹法理论”,脱离这些其他主观的“异质性因素”。在此意义上,法学才是“价值无涉”的。

凯尔森区分了行动的主观与客观含义。比如,你会写下一份意愿清单,列着你去世后会从你所属物品中获益的人,并在清单末尾签了字。这份清单的存在以及它对于你的意义,可与其客观法律意义相区分。如果你所属的法律体系承认这一行为足以设立遗嘱,现在就有一份法律上有效的文件,其内容是创设某些你去世后可在法律上得到实施的(如果需要的话,是由法院实施)某些法律权利和义务。相反,你可能做出了一模一样的行为——出具一张纸,有你的意愿清单和签名——但如果你所属的国家的法律要求你的签名得到证明,那么这张纸就未能创设法律上有效的文件:它的客观含义(在此情形中,这一被签署的文件没有创设可实施的法律权利与义务)就非常不同,尽管你的主观行为是一样的。在凯尔森看来,法律因此提出了一种“解释框架”,它将客观法律含义授予行为:“判定一种在时空中展开的人类行为具有‘法律’(或‘非法’)属性,是一种独特的也即规范性的解释的结果。”(Kelsen 1967, p. 4)凯尔森指出,这种法律所独具的规范性框架——实证法规范——构成了法律科学的对象,我们能够也应当不参照道德与政治价值问题对之展开分析。

法律规范赋予人类行为客观含义。但是什么使得这些法律规范有效呢?也即,是什么使得它们具有这样的拘束力以至于“个体应当按照规范所确定的方式行动”?(Kelsen 1967, p. 193)思考一下我们之前使用过的案例:有一封来自税务部门的催税单,通知你有责任缴纳一笔它们计算的税费。是什么使得这一税务要求在法律上有效?和哈特一样,凯尔森认为施加在你身上的这一法律义务之所以有效,是因为一个更上位的规范,比如立法,确立了特定税务以及如何计算的基础。相应地,这一立法之所以有效,是因为它的渊源;它是议会依照程序制定的法案。但又是什么使得议会这一行动有效?这就又指向了更高的规范,在此情形中最有可能的是宪法将议会法令的有效性规定为法律。如果我们继续这一追问,凯尔森说我们就会将宪法的有效性回溯至“历史上第一个”或原初宪法。这个问题就来到了紧要关头:如果在此之前没有任何宪法——也即它的有效性无法诉诸更高的宪法或法律规范——那么什么使得它有效?这就是哈特与凯尔森的不同之处。回想一下,哈特在这一问题上诉诸官员的惯习性实践及其有关承认规则的“内在视角”。但凯尔森的回答是每种法律秩序必须在这一阶段诉诸一个“基础规范”——德语就是 *Grundnorm* ——它独自可以给整个法律秩序注入效力。

何为基础规范?凯尔森认为这是一种逻辑上的预设:“一个人应当按照宪法规定来行动。”因此它不是一种法律行为,也与意志无关:它只是一种思维——它必然是被预设的。但为什么需要预设它,它服务于何种目的?

142

凯尔森指出,它之所以必须被预设,是因为一旦我们将法律规范的权威回溯至历史上的第一部宪法,我们就无法再诉诸另一部更高的得到设定的规范了。可以说,我们由于回溯到历史上的第一部宪法,已经穷尽了(实证的、得到设定的)法律上得到授权的规范。但由于事实和规范之间存在概念鸿沟,没有任何事实陈述可为这部宪法提供效力。我们就有必要假定它在下述意义上是有效的:“强制行为**应当**按照历史上第一部宪法及根据它创设的规范所规定的条件与方式得到实施。”(Kelsen 1967, p. 201,强调为本书所加)只有这种思维中的预设能够解答法律有效性如何**可能**的问题。它独自就能回答“为什么这种法律秩序应当得到遵守和适用”(p. 212)这一终极问题。按照麦考密克的总结,“没有任何实证的、得到制定的规则能够授予宪法制定者权威来这么做。每个人只是不得不好像具有这种权威一样来行动”(MacCormick 2007, p. 45)。

至于它的目的,“基础规范构成了属于同一个法律秩序的所有规范的多样性的统一”(p. 205)。换句话说,不同层次的法律规范的有效性可以通过法律授权层级得到了解,后者的根本就是基础规范。当一个特定主张无法按照这种方式获知时——比如强盗要抢你的钱财,或一份未签署的意愿清单——那么它就不属于这一效力授予体系。这一要求或愿望没有授权法律官员按照它来行动。在此意义上,凯尔森于是写道:

> 基础规范的功能就是建立实证法律秩序的客观有效性,也即解释人类行为的主观意义,正是通过人类行为的主观意义,有效的法律秩序规范得以创制,并构成该行为的客观意义。
>
> (Kelsen 1967, p. 202)

从这一结论中我们应当注意两点。首先,凯尔森明确法律作为一种“强制秩序”,必须具有**实效**:“最低程度的实效是有效性的一个条件。”(Kelsen 1967, p. 11)但凯尔森用实效表达了两个含义:一方面是法律规范“由法律机构(特别是法院)适用,这意味着惩罚在具体案件中得到组织和执行”;另一方面,个体大体上服从这些规范:“他们以避免惩罚的方式行动。”(ibid)重要的是细致地区分作为有效性**条件**的实效,以及法律规范有效性的**理由**。法律规范有效性的理由,独自创设了人们**应当**遵从的客观上具有拘束力的规范,它只能是另一个规范,其有效性如我们所见,最终可回溯至基础规范。

其次,法律有效性在任何意义上都不取决于它和政治或道德**价值**的关联。同样,这不是说我们不应尽力让法律变得公平、公正或合理。如凯尔森所言,“如果正义的理念有任何作用,那就是它是制定善法的典范,是区分善法与恶法的标准”(Kelsen 1957, p. 295)。但是问题在于通情达理的人们(跟遑论不讲理的人们)对正义的要求有所分歧。这种“主观性”——正义依赖于人们的视角、利益或偏好——无法成为客观法律含义的渊源。善法与恶法依然都是法律，只有纯粹法理论，抛开什么算是“善”或“恶”的主观问题，才能描述法律上有效的规范的客观存在。但这一立场的影响极为巨大：“**任何**种类的内容都可以是法律。”(Kelsen 1967, p. 198，强调为本书所加)

143

本部分其余内容将从可以说源于自然法学说的对立视角与反命题立场出发，重访我们先前讨论过的实证主义思想的两个根本原则。我们讨论过的实证主义命题关乎法律的内容和形式。就法律规范的**内容**而言，实证主义者坚称无论它们被视为正义还是不正义的，都完全分离于它们的有效性。就形式来说，他们主张法律以规则形态得到确定和**设立**，是一种社会事实。

第十二章 自然法的挑战

一、形式问题

144

形式为什么重要？法律表现为规则，为什么在道德与政治上是重要的？最直接的答案源自法治理念。在我们的社会中，民主自由的最佳表现就是政府的运作服从于法律。那“法治”的含义是什么呢？如尼尔·麦考密克所言：

> 它在法律政治学中是这样一种立场，据此，法律规定或法律争议只要可能，就应按照具有相当程度一般性和清晰性的事先确定的规则展开，这些法律规定或法律争议中的法律关系由参照这些规则得到合理明确界定的权利、义务、权力以及豁免权构成，并且在其中的政府行为无论从目的论意义上多么可欲，都要服从于对这些规则和权利的尊重。
>
> (1984, p. 184)

这里似乎有两个维护法治的一般性理由。首先是**公平性理由**。法律对社会关系的规制通过如下方式实现，即一般性规则以不偏不倚的方式适用于所有情况类似且提前知晓法律的人们。规则得到法学专家根据法律体系的内在逻辑与有效性的公正适用，排除任何个人或非法律的考量。因此，一般性和对形式渊源的诉诸确保了公平性的某些根本意涵。法治意味着：(1)法律主体在法律面前平等，因为单个案件根据事实本身得到处理，无人例外；(2)政府的责任制，进而对其任意行为的控制(包括法官的行为)——分权学说指的是法官应当仅仅适用而非创设规则；(3)因为法律体系涉及强制与谴责/污名化，法治试图通过规制强制力的使用而使之成为“自由的朋友”。我们可以将上述所有内容理解为“法治而非人治”这句话的含义。

其次是一些可被称为**工具性的理由**。在管理无法预设潜在的价值共识且充满利益冲突的多元主义市场社会时,法治提供了社会管理的有效工具。法律的统一性和可预测性推动了个人与商务的规划、企业家在市场以及私人活动领域的创造精神。清晰且在技术上得到授权的一般性规则,成为实现社会与个人任何目标的绝佳工具。韦伯认为,具有一般性的形式化和抽象化规则形态的法治,推动了资本主义的兴起;如我们所见,马克思主义者也指出它与资本主义社会具有密不可分的关联,认为它为不公正的社会秩序提供了正当性。

145

1. 富勒与“法律的内在道德性”

上述内容可能都是非常没有争议的。法律应当具有一般性、清晰性且不溯及既往的规则形态,这一立场并非区分实证主义者和自然法学家的一个理由。当我们探究法理学对法治提出的最有意思的辩护之一时,我们才开始领略到这一分歧的性质。该辩护是由富有影响力的美国法理论家朗·富勒(Lon Fuller)在20世纪50年代和60年代提出的。富勒将法治的核心特征提升为他所说的“法律的内在道德性”。在他看来,合法性就是“使得人类行动服从规则统治的事业”(Fuller 1969, p. 106)。这种内在道德性完全根据法律的形式特征提出一些根本性约束。

这种内在道德性的特征是什么?合法性的特征是什么?富勒提出八个必要的特征。在某种程度上,这八个特征都体现在作为整体的法律体系中。合法性是一种艺术,我们必须在这些特征间加以平衡,以便我们能够达至最佳配比。但是某种被称为法律体系的事物的条件,就是能够实现这一配比。

(1)必须存在规则:这被解释为一般性的要求。必须存在某种规则,它们的本质特征就是它们在适用范围上必须具备一般性。

(2)公布:要求法律应当公之于众而非秘而不宣。公民不可能知道所有法律的内容,但他们必须能够查找到这些内容。

(3)不溯及既往:规则必须是适用于将来的。这指的是为了规范人们的行为,规则必须提前设定,以便公民能够决定是否服从。罪刑法定这个基本人权体现了该原则。

(4)清晰性:规则必须尽可能明确,以便它们能够得到理解和遵循。尽管某些解释性空间无法避免,同时标准的某种弹性是可欲的,但有意为之的规则模糊与根据规则规范人类行动的可能性相矛盾。

(5)法律中没有矛盾:规定相互矛盾的行为的规则没有明确指导人们法律期待何种行为。

(6)法律不可强人所难:要求公民做无法做到的行为的法律,无法使得公民的行为服从它。

(7)稳定性:法律若要人们对法律所要求之事产生稳定的期待,就绝对不能一直剧烈地变化,当然这并不意味着法律不能逐渐改变,以满足变化社会的需求。

(8)官方行为与所公布规则的一致性:官员的行为必须和提前设立的法律相一致,否则规则所要求的行为与规则的适用之间出现差异,以至公民听命于当权者的恣意权力。

146

界定法治理念得以实现的条件时,富勒借用了德国社会学家格奥尔格·齐美尔(Georg Simmel)的下述观点:

> 在遵循规则方面,政府与公民之间存在一种**相互性**。政府实际上对公民说:"这里有我们期待你遵从的规则。如果你遵从它们,你就会得到我们的保证:它们是适用于你的行为的规则。"当这种相互性关联被政府最终且完全破坏后,就没有留下任何事物作为公民遵循规则义务的基础。
>
> (Fuller 1969, pp. 39-40, 强调为本书所加)

富勒认为法律秩序中每个原则都要得到例示,以便法律的根本目的——使得人类行动服从规则统治——能够得以实现。这些原则内在于法律之所以存在的意义。与此同时,它们是政府与公民之间产生"相互性"可能的充分必要条件。这是法律的成就,在它的产生中(与单纯的制度化权力有别),它要求一种"道德"维度。这就是富勒为什么会说"法律的内在道德性"的原因。

我们需要一步步地来看这一点。富勒认为,合法性的目的就是防止我们受到任性意志的统治。这意味着法律在这里是为了防止我们受到声称了解什么对我们最好的官员和他人的任性意志的支配。它在这里是为了开启或保留人与人之间的自由交流。富勒认为,这正是合法性(它被理解为包含如下标准的一种复杂理念,人们据此来评价和批判**声称自己合法**的决定)为什么是"使我们自身服从规则统治"的合适方式的原因。在富勒看来,这一理念存在的地方,官方行为无论其意图多么良善,都会受到规则之网的约束和限制，没有权力会免于批判或完全自由地凭兴趣做事。正因如此，法律被视为内在地包含我们上文讨论过的八项原则所构成的一种程序性**内在道德**。

尽管相互性理念要求坚定地认同合法性八原则的实现，但这并不意味着——公开性是个例外——在所有情形中它们都能够得到同等程度的完全实现。富勒使用“愿望”(aspiration)这个词来说明这一点。他认为我们可以有效地区分“愿望的道德”和“义务的道德”。愿望设立了任何实践(包含立法活动)都必须追寻的完美的标准；“义务”设立了最低门槛，达不到它，任何对愿望的实现都不会不与该愿望矛盾。富勒笔下的立法者雷克斯(Rex)应当在知晓清晰性无法在起草所有法律中得到完全实现的条件下追求清晰性；但是他不能做的是，在不与立法实践相矛盾的条件下未能达到最低门槛(“义务”)，此时公民无法理解他的法律。合法性的其他要求也类似，法律确实随着时间在变迁，就此而言稳定性受到减损；严格责任原则，即行为者要为他们在能力范围内可能已尽力阻止的后果承担责任，在某种意义上的确强人所难；有时在变更或“发展”法律的普通法裁判中，不溯及既往原则可能看起来作出了让步(比如，参见“婚内强奸”的案件，苏格兰的*Stallard v HMA*或英格兰的*R v R*)。

147

哈特著名地反对富勒将合法性得以可能的要求界定为一种“道德”。哈特认为这种要求曾一直是对法治的纯粹形式性论述，与道德维度本身没有必然联系。毕竟，法西斯、种族主义或其他集权主义政府在不牺牲其纲领的条件下，就无法满足这些理念了吗？在哈特看来，这种所谓的“内在道德”严丝合缝地契合于对不道德目标的追求。如果确保特定实践的实效或效用的原则被判定为“内在道德”，那么我们就会说“毒害行为的内在道德”以及其他奇谈怪论。哈特认为，效用不应当同道德混淆。

但富勒的立场更为深邃。他的观点是：在你提出有关法律的论断之前，你需要知道法律的目的；或者说任何有关法律的论断都要对其目标敏感。如果你将法律视为控制社会秩序的社会技术，那么哈特的反驳，即“内在道德”坍缩为效用可能有些道理。因此，此时法律被看作仅仅是管理社会的中立技术，由于手段和目的分离，或许效用问题事实上的确与道德价值有别。但法律不仅是一种技术。如果像富勒一样，你认为法律具有产生相互性的道德目的，那么达成该目标的手段(清晰性、不溯及既往等)本身就要求具有道德维度：它们皆为使该相互性得以可能的事物。

富勒这里追随亚里士多德的观点，后者认为一项活动得以完美的条件是内在于该活动之中的。法律实践是“使自身服从于规则统治的事业”，进而在日常生活中消除恣意。法律原则恰好是这一饱含价值事业的实例。尽管与法律的**形式**有关(一般性、清晰性、不溯及既往等)，让法律得以可能的这八个原则，也使相互性原则得以产生的理性事业成为可能，该原则是法律秩序的基础，也是良序社会原则的条件。

下文会更加深入地讨论约翰·菲尼斯(John Finnis)的重要著作，但有关合法性和形式的讨论中，我们可能已经从他这里获得重要洞见。它关乎实践合理性(*practical reasonableness*)这个概念。他主张，任何健康共同体都要求的一个事物，就是某种共同权威。除非我们都承认某种共同行动法则的权威，不然我们就根本无法在共同体中一起生活。任何共同行为法则的实施，都要求某种或某些机构的制度化，它针对违反共同法则的行为作出裁判。一个政治社会变得越复杂，它就为善的不同表达提供了更为丰富和多彩的机会。但越是如此，我们彼此间面对的协调问题也越多。因此，我们需要的公共机构就会变得更加复杂，它们裁判、执行、实施以及修正或丰富我们共同且具有权威的社会行为法则。按照这种方式思考，社会协调作为一项法律成就，就成为人类幸福(flourishing)的一种手段——成为道德善的达成。法律既是获得事物的手段，本身也是善的一部分。下文中我们会讨论“善”这个理念。现在指出这一点便足矣：菲尼斯有关实践理性的观点使得富勒认为法律要求相互性与关联的观点更有道理。法律不只是组织社会的中立手段；毋宁说它是某种自身便是一种道德事业的事物。这种生活方式**本身**对我们来说在道德上就是好的。正是这样，法治本身成为保护和丰富我们的一种共享互动。

148

2. 沃尔德伦与对法治的“程序性”辩护

在近来同法律实证主义的一次交锋和批判中，杰里米·沃尔德伦(Jeremy Waldron)通过强调我们如何看待法律而非其他形式规则与纪律统治的意义，修正并复兴了富勒的批判。沃尔德伦指出，根据法律实证主义方案，法治(或者我们也可以称之为合法性原则)“完全是一系列我们适用于法律的理念(比如正义、自由或平等)，而非任何与法律理念本身有更紧密关联的事物”(Waldron 2008, p. 59)。如我们方才所见，基于这一观点，可能会得出法律是什么与政治或道德价值无关的立场。沃尔德伦指出，这一观点是错误的。相反他认为，“我们如果不能**同时**理解法治包含的价值，就无法真正把握法律的概念”(Waldron 2008, p. 10 强调为本书所加)。因此，下述情况是不可能的,即先判定有效的法律,接着在另一个问题中分析和适用法治的价值(根据情况,可能不涉及价值)。沃尔德伦写道,法治"是一种理念,旨在修正政治权力实施时一般意义上会出现的滥用风险,而非特别针对源自法律自身的滥用风险"(Waldron 2008, p.11)。选择**法律**作为约束或组织政治权力实施的手段——也即选择"依据**法律**统治"而非通过管理或命令——意味着法律自身"被规定为一种救济,而非一种与之分离的理念——法治——试图修补的问题"(Waldron 2008, p.11)。因此,法治并非法律有效性问题可选择的附加,而是不可避免地与"能够识别出有效法律意味着什么"关联在一起。

为了辩护这一方法,沃尔德伦指出我们需要特别留意"法律实践的**程序性**与**论证性**维度"(Waldron 2008, p.5, 强调为本书所加),它们一同将大部分人所认为的法治的基本内容,与更丰富的有关法律在保护和增进人类尊严与责任的潜在价值方面所发挥的作用的表述联系起来。为了更好理解这一点,沃尔德伦通过"民主"这一术语的使用提出了一个类比。先前的民主德国将自己称为德意志民主共和国,但是它的实际情况与它对自己的称谓是两个不同的事情。为了**成为**民主制度,需要达到某些标准,比如定期举行自由和公正的选举。换言之,某些标准为将该实践判定为民主制度提供了独立标准,这与该实践如何自我描述无关。

法律与法律体系这些术语的使用同样如此吗?对于它们的使用要具备正当性,必须满足独立的标准吗?沃尔德伦认为确实如此,并且批评法律实证主义者在用法律这个术语时太过随意和宽容,因为他们以此称呼任何只需有效且可识别的规则所构成的中心化的秩序体系(比如,在哈特的学说中,诉诸一种精英的承认规则)。在沃尔德伦看来,要想具备指称法律或法律体系的资格,需要的不仅是法律实证主义者让我们相信的事物,因为"将权力的实施描述为立法或法律适用的实例,已经就是用某种**品质**(character)来使之具有尊严"(Waldron 2008, p.12, 强调为本书所加)。这种"品质"有可能实际出现在中心化的组织秩序中,也有可能不实际出现。因此,正如一个自称民主的国家可能实际上并非如此一样,"不是每一个自称法律体系的命令与控制体系都是法律体系"(Waldron 2008, pp.13-14)。理解了合法性原则与我们用法律名称赋予尊严的事物(existence)彼此**不可区分**,我们就必须超越法律实证主义的主张。

149

那么法律与法律体系的品质所要求的独特特征是什么呢?沃尔德伦指出有

五个特征。第一个特征:必须有法院。通过法院我们不仅理解了将法律适用于单个案件的制度,还理解了这之外的许多事物。法院是以独特方式适用法律的实体,为争讼双方提供了中立的第三方裁决。但最为重要的是,它们是在某种**程序性**条件下为之的。比如,它们倾听并允许双方陈词,根据既定证据规则和程序向双方提供机会来挑战证据和解释。此外,案件的询问和质证都在“公开法庭”中进行,判决的理由同样向公众开放。当我们通过阅读知晓法治受到威胁的国家时,这种威胁的一个常见理由恰恰就是无法或未能实现这些我们将之与法院的存在联系起来的程序性保障;比如,匿名官员的秘密审判,此时当事人一方无法找出所适用的证据与规则。在这种情形下,我们可能不仅会批判这一程序的公平性,也会质疑这些机构的统治是否应当被尊称为法治。

第二个特征针对“一般性公共规范”的需要。规范的一般性是我们先前分析富勒著作时考察过的因素,沃尔德伦在此共享着他的洞见,强调法律的一般性对在法律观念中居于核心地位的“非人格化和平等原则”的实现具有重要作用(Waldron 2008, p. 25)。沃尔德伦也尤为强调“公共性”的价值。在缺乏该价值的地方,比如,发出并执行秘密或不为人知的命令来规训公民时,就有可能涉及中心化组织性权力的运作,但没有理由将这种权力运作称为法律。在沃尔德伦看来,与单纯强制人们行为或放牧牲畜不同,法律统治下的人们需要公开知晓或至少能够在帮助下找到适用于他们的规范性规则。唯有如此,他们才被视为可靠的行动者,能够理解这些作为规范性命令的规则(这些他们应当去做却未做的事情),并根据这一知识做出决策。合而观之,法律与合法性的前两个特征合在一起,首先尊重了人们“作为能够解释自身的存在者的尊严”,其次是“尊重作为行动者的人们;尊重自愿性行动与理性自我掌控的尊严”(Waldron 2008, p. 28)。

150

沃尔德伦将“法律的实证性”描述为第三个本质特征,但认为它要比法律实证主义者所说的更具重要性。他们都承认如下观点,即人类的法律是被设定(实证)的法律,因此将之理解为一种“统治方式”,它是人为的,而非通过某种神秘的或先天的洞见得以发现的。但深埋于这一观点之中的是某种更为根本的立场。法律是人为的,意味着它会因人类的手段而发生改变。法律可能会与现在的样子有所不同,意味着“法律的理念因此传达了一种基本的自由意涵,这种意涵指的是我们自由地拥有任何我们喜欢的法律”(Waldron 2008, p. 31)。当然,在实现这一点的路途中会有许多障碍,其中一些可能是可欲的，一些则不是。但同样在法治受到威胁的地方，在权力以非法律形态运作的地方，正是自由这一非常基本的意涵通常得到否定的地方。

第四，沃尔德伦以如下表述界定了“公共性”的另一个维度：法律“以某种方式呈现自身——**以公众之名长期有效**且**以公共善为取向**……是其典型特征之一”（Waldron 2008，pp. 31-32，强调为本书所加）这个事实。“呈现”这个词在这里很重要，因为任何特定法律体系或一系列法律可能**事实上**无法传达某种看起来对所有人都好的事物。但沃尔德伦认为，这种失败不同于有意无法尽力满足或达到共同善。我们不应当将“法律”的尊严授予一系列完全旨在增进少数人利益的指令与规则体系、一系列以所有人的名义明确否认规范会普遍且平等地适用于所有人的指令与命令体系。因此，要具备法律的资格，法律制度和法律必须“在它们的公共呈现中以共同体的善为目的——换言之，以超越当权者自身利益的正义和共同善的议题为目的”（Waldron 2008，p. 31）。对比哈特的主张，我们可以说在一个许多人像羔羊一样得到对待且羔羊“最终进入屠宰场”的社会，基于上述原则，我们**非常**有理由“否认这种社会配得上法律体系之名”。

沃尔德伦所说的最后一个特征是“体系性”。同样，这是一个比法律实证主义对体系有效性的解释更为丰富的概念。它借用了如下意涵，即体系中的实证规则都是彼此融贯的。这一点最常见是通过要求特定规则背后的价值彼此融贯而实现的。这在普通法裁判中或许体现得最为明显（在后续章节有关司法推理，特别是德沃金和麦考密克的著作中，我们会回到这一点），但它也诉诸于立法。在制定新法时，立法也应当被理解为融入作为整体具有融贯性的持续变化的法律内容，这一点通常明显地由合宪性检验加以保证。在此意义上，体系性并不只是事关有效法律的判定——尽管它也涉及这个问题——还包括更为深刻的价值：“它意味着法律能够向其属民呈现为一项人们可以理解的统一的统治事业。”（Waldron 2008，p. 35）

沃尔德伦认为，不同于其他统治方式，拥有法律要求将法律视为共同的“公共资源”，尽管这需要某种可预测性，但同样重要的是，它是论证和争议的资源。这要求程序上保障论辩的机会，我们不仅去论辩法律应当是什么，还要讨论法律实际上是什么、有何要求。法律的这种“论辩性”特征，如麦考密克所说，对于我们理解法律实践至关重要，它典型地体现为对支持或反对法庭中律师提出的特定命题的检验。在有关融贯性这一品质——或广义上的体系性——之含义的法

151

律论证的论辩中，位于核心地位的就是法律制度同样支持服从它的人们的理性与尊严。法律实证主义者忽略了这一更广泛的含义，因而提出了一种贫乏的法律理论。这一立场不仅与法律的愿望性品质有关，也在描述意义上对通过法律的治理这回事的含义至关重要：如沃尔德伦所说，"法庭、听证与论辩并非法律内容中可有可无的东西；它们是法律运作的组成部分，对于法律在整体上尊重人类的能动性而言不可或缺"（Waldron 2008, p. 60）。

沃尔德伦认为这五个特征表明，在描述意义上，有关法律有效性的非评价性论述是错误的。拥有有效的法律和有效的法律体系，要求我们知道通过**法律**的治理和仅仅运用中心化的组织性权力是两码事。它意味着法律实证主义学说并没有提及的程序性与制度性因素在发挥作用。它意味着理解这些因素与法律有效性之间的一致性绝非偶然。正如定期举行自由且公正的选举是民主制度的必然要求一样，法律的**概念**和**法治**的理念必须要一起和同时得到理解，而非相互分离或有先后之分。

二、内容问题

1. 拉德布鲁赫与"不可容忍的不公正"

在我们讨论的最后一部分，判定有效法律的问题直接与法律的实质**内容**问题相关。最简洁的表述是，我们可以探究，凯尔森认为**任何**类型的内容都可以成为法律这一观点是否正确？

这一问题最为重要的否定答案之一，来自20世纪德国法律理论家古斯塔夫·拉德布鲁赫（Gustav Radbruch）。在回应1933年到1945年间纳粹的暴行时，拉德布鲁赫对法律实证主义主张提出了深刻的批判性分析。他的观点不仅影响了法律理论家同仁，还影响了肩负论证和裁判案件、需要评价纳粹时期立法有效与否的律师和法官。一种大屠杀政策有可能也是合法的吗？那些犯下大屠杀罪行的人们能够通过说自己的所作所为在当时得到法律授权而为自己行为辩护吗？法律实证主义认为"法律就是法律"的立场是否意味着有关法律有效性，只能提出这些法案尽管极为不人道但却依然合法的观点？拉德布鲁赫认为并非如此，德国联邦宪法法院在自己的推理中支持了他的分析。

根据拉德布鲁赫的转述，"二战"后不久，一位德国检察官的论点出现了这样一类理由。这个案件事关起诉一个名叫普特法尔肯的人,他是纳粹时期司法部的一名职员,向当局报告另一个人(戈蒂希)在墙上写了"希特勒是大屠杀刽子手,要为战争负责"。普特法尔肯的告密使得戈蒂希受审、定罪并被执行死刑。现在他自己因听命于刽子手而站在法庭上,普特法尔肯能够主张自己的所作所为在当时是合法的吗?检察官评论道:

152

> 任何在这些年中揭发检举其他人的人需要明白——并且事实上也确实明白——他是在把受到揭发之人交由恣意的权力,而非将他移送给在决定真实情况、获得公正判决方面具有法律保障的合法程序。
>
> (引自 Radbruch 2006/1946, p. 2)

这显然呼应着沃尔德伦有关法治的主张,并且法律确实本身要求某种程序性保障,以具备成为法律的资格。当这些特征被武力的运作取代而消失时,比如在纳粹德国,就如这位检察官竭力主张的那样,我们就有权不再将此制度称为法律体系。

普特法尔肯被判定有罪。如何处理告密者的问题,以及实际上如何处理基于告密信息而判定戈蒂希这样的人死刑的法官,是许多类似情形中突出的问题。不过这些情形尽管重要,但当然绝非与纳粹统治相关的暴行中最严重的。数以百万计的犹太人和其他民族的人被该制度灭绝,深刻质疑了所谓得到国家及其法律许可的行为的可辩护性。正是在这里,拉德布鲁赫有关法律**内容**的分析变得最为重要。

如我们所知,拉德布鲁赫"公式"认为,"极端的不公正就不是法律":"当正义的努力都不复存在,当正义的核心,也即平等,在实证法的颁布中被有意违反,这部法律就不仅是'有瑕疵',而是完全丧失了法律的属性。"基于此,纳粹国家不是创制了糟糕但却有效的法律。在拉德布鲁赫看来,它根本就没有创制法律:"它从未实现有效法律的尊严。"(Radbruch 2006/1946, p. 7)如律师在其他语境下所说,它**自始**无效。

以上就是如下主张的核心,即政治与道德价值——主要是正义和平等——**确实**约束着何者算是有效的法律。拉德布鲁赫认为,在判定有效法律的工作中,某些内容完全**不能**算是法律。

拉德布鲁赫谨慎地承认通常存在有关实证法导致的不公正或人们感受到的不道德的抱怨,且它们通常是有道理的。作为一名法律人,在绝大多数这些情况中,他坚称实证法的有效性必须依旧存在,原因包括了稳定法律期待的需求等诸多理由。“有制定法就比没有强”,他指出,“因为至少它创设了法律的确定性”(Radbruch 2006/1946, p.6)。但这并非法律有效性问题本身的最终答案。还有一些情况中,“制定法与正义的冲突达到如此不可容忍的程度,以至于‘有瑕疵’的制定法必须服从正义”(Radbruch 2006/1946, p.7)。这些“极端不公正”的情形超越了“不可容忍”的门槛,以至于就连“经过正当程序制定且具有社会实效的规范都丧失了法律属性”(Alexy 1999, p.17)。这些立法可能具有要求服从的组织化的集体行动形态,但由于内容,它们不仅在政治或道德上是可谴责的,在法律上也是无效的。这些权力的运作,譬如纳粹的所作所为,可能事实上“构成具有强制性的‘必须如此’的基础,但它们永远无法成为具有义务属性的‘应当如此’或法律有效性的基础”(Radbruch 2006/1946, p.6)。正是在这方面,存在着一种约束,它构成了有效性的政治—道德边界检验。

153

可什么算作“极端不公正”难道不是饱受争议吗?拉德布鲁赫承认,可能会如此,并且在极端(“不可容忍的”)和仅仅是“可容忍的”不公正之间无法划出清晰的分界线。但这本身并不会使得公式无效,因为我们无法判定清晰界限的事实,并不意味着我们无法判定极端不公正的实例。如联邦宪法法院所说,有关下述事实不会存在任何争议,即“根据‘种族’标准在物理上或实质地消灭一个国家的部分人口(包括消灭妇女与孩子)的做法”,构成“极端的不公正”(Alexy 1999, p.33)。至少这是一种明确情形。

罗伯特·阿列克西(Robert Alexy)认为,上述例子具有决定性,它表明在法律有效性和道德与政治价值之间确实存在必然关联。这种关联得到如下事实的支持,即确定如何制定或修改法律除了需要具有社会实效和程序性的技术外,还需要某种更为根本的有关法律的东西,它必然决定了法律内容的界限。

这就是阿列克西所说的法律的“正确性主张”。他说,试想一个大多数人受到少数人压迫的国家制定了一部新宪法,它的开头第一句话写着:“X是一个具有主权的、实行联邦制度的非正义的共和国。”这似乎在直觉上就有某种谬误。这不仅是说它不符常规或可能在政治上不够明智。甚至也不是说它在道德上颇成问题。这种表述体现出一种更深层的缺陷,似乎“在某种程度上疯狂无比”(Alexy 1999, p.28)。它之所以荒谬,是由于下述事实:它包含着一种深刻的**矛盾**,因为“主张正确性必然与制定宪法的活动紧密相关,而在后者中最重要的是主张正义”(Alexy 1999, p. 29)。这就使宪法条款中存在着“施为性矛盾”(performative contradiction),因为一部明确表述自己是非正义的宪法或法律,与我们对宪法和法律之所是的潜在理解相矛盾。宪法和法律会主张(至少是潜在的)正确或正当(right)——而非错误或不正义。阿列克西总结道,正是这一主张“决定了法律的特征。它排除了将法律理解为仅仅是权力者命令的观点”(Alexy 1999, p. 28)。

拉德布鲁赫公式曾在“二战”后法律推理中被用来否定许多纳粹时期立法的效力。在1989年柏林墙倒塌后,它也在法律论证中重新出现。几位民主德国士兵被指控射击试图从东柏林向西柏林翻墙逃亡的老百姓。联邦最高法院运用拉德布鲁赫“不可容忍”命题认为这些行为“是对更高位阶法律的违反,并体现出对正义和人性根本立场的显而易见的巨大违背”,因此判决士兵们在辩护中试图依据的“边境法”“自始无效”。

2. 菲尼斯、共同善与法律的“核心含义”

“高级法”是一种在整个自然法传统中具有深刻反响的观点。它指的是有一些价值可以通过理性的运作得以把握,超越了任何特定国家的法律;这些价值认为善(的存在)独立于事实上是否得到国家的承认;这两点一直以来是政治观念与政治实践以及辩护或批判法律的重要动力。随着时间流逝,它们主张的合理性与普遍性意味着不同的事物,这一点也颇具反讽意味地成为该传统的重要组成部分。比如,在保守立场中,它们在某些时期将奴隶制和父权制的现状辩护为符合自然的;在革命立场中——作为自然或不可剥夺的**权利**——它们激励着对政府的反抗。在它们近来的表现形态即“普遍人权”中,它们通过被认为对人类至关重要的原则来审视政府的行为。菲尼斯认为,针对自然法理论提出的核心问题,正是基本价值与实证法之间的关系一直以来构成其答案的关键:

154

> 法律如何以及为何……给予其属民充足的理由来根据它行动?一个规则、一个判断或一个制度的法律[“形式的”或“体系”]有效性,抑或它作为一种社会现象的事实性,如何能够在其属民的慎思中具有权威?
>
> (Finnis 2007, s. 1)

据此,正是面对法律规范在政治与道德上不正义时的**效力**问题,拉德布鲁赫公式发展了一个可以回溯至圣托马斯·阿奎那的传统,在此传统之外该观点可以被拉丁语表述为“*lex iniustia non est lex*”（恶法非法）。菲尼斯指出，这一立场不应被在任何意义上过分简单地理解为“不正义的法律不是法律”。它指的毋宁是不公正的法律“并非直接就是法律或不加限定地成为法律”。这是说它在指出这是一种不公正的法律时，依然承认法律存在，但这种存在只是在一种扭曲意义上的，就好比我们会说“无效的论证不是论证”或“不忠诚的朋友并非朋友”一样（Finnis 2007）。在阐明一种特定的法律情形是上述意义的扭曲后，法律有效性还会在一些情况中战胜道德或政治角度对其不正义属性的反驳，此时合适的问题就是：根据良知，这种有效的法律仍然应当得到服从吗？但也可能有其他情况，比如拉德布鲁赫公式在纳粹暴行中判定的那些情形，此时我们简略的回答是：当法律内容“极端不正义”时，法律未能创设**法律**义务，因为立法本身在法律上就是无效的。

在菲尼斯看来，尽管法律可被视为一种体系，但它不是从其谱系而是从其产生**共同善**这一功能中获得规范性的。菲尼斯遵循亚里士多德的立场，认为男性与女性在实现对他们而言处于基本地位的价值与善时，都倾向于过上“幸福生活”（亚里士多德的用语是 *eudaimonia*），而这些价值与善的实现只能通过与他人一同达致。正是这一点使得亚里士多德认为城邦（*polis*）是人类得以幸福的环境，菲尼斯认为这一环境是**共同体**。那么这些基本善又是什么呢？菲尼斯列出了七种：生命、知识、游戏、审美体验、友谊、实践合理性与宗教。（Finnis 1980，pp. 85–90）基本善自身就是善的；它们的善是客观且不证自明的：它们提供了道德证成的基础；它们本身无须进一步证成。这些善为人类生活提供了可理解的目标这一事实，提出了如下问题，即具体情境中每个人在它们所提要求之间**加以平衡**的问题，以及在追求各自对善的不同实现中彼此加以**协调**的问题。这些问题使得我们需要法律。菲尼斯指出，法律作为一种实践推理，通过实现基本善而增进共同善。

另一方面，法律推理作为一种实践理性，体现并充实着基本善。合乎理性且具有社会性的生命必须承认，自己与他人结成共同体的需求是追求善的必要环境。创造出共同体所有成员都有充足机会参与共同善（通过使用实践合理性来实现其他善）的条件，是该共同体所有成员所共享的一种善的实现。法律有益于这一追求。 155

菲尼斯的分析中需要记住的第二点，就是他强调任何健康的共同体都需要某种共同权威。如前所述，如果我们没有都承认某种共同行为法则的权威，我们根本就无法在共同体中一起生活。任何共同行为法则的实施都要求某个或某些机构的制度化,它来裁断对共同法则的违反。一个政治社会变得越复杂,它就为善的不同表达提供了更为丰富多彩的机会。但越是如此,我们彼此间面对的协调问题也越多。因此,我们需要的公共机构就会变得更加复杂,它们裁判、执行、实施以及修正或丰富我们共同且具有权威的社会行为法则。

这与法律推理的另一个重要观点相关。菲尼斯借用阿奎那**决定**(*determinatio*)的观点(源自亚里士多德)来表达善的抽象要求如何获得特定形态,并为我们提出具体的道德律令。生活幸福、知识丰富等基本善,所处的层面太过抽象以至无法为实践困境提出指引,这要求实践理性——在此语境中典范性的就是法律理性——作为中介。菲尼斯认为,法律推理身居人类活动的推动力(基本善)与要求规制的具体情境之间的空间,使得自身必然成为实践理性的一个分支,且同样必然与道德相关。

实证主义者反驳说,清晰的分析性思考要求我们在"是"与"应当"之间作出区分,也即区分法律是什么和法律应当是什么的问题。他们认为法律的定义必须运用适合加以描述的标准,而非评价。首要的任务是判定法律;评价或批判法律是接下来的事情。菲尼斯对这一基础性命题提出了有力的方法论反驳,并在《自然法与自然权利》(*Natural Law and Natural Rights* , 1980)一书开头将之作为自己对自然法辩护的基础。

> 比如,一位理论家想要将法律描述为一种社会制度。但人们已经认可且用来形塑其行为的法律(以及 jus, lex, droit, nomos, ……)的观念,是非常多样的。这位理论家描述的主题无法和社会生活与实践的其他特征清晰地区分开……那么这位理论家除了罗列这些不同的观念、实践以及它们相应的标签外,还能做些什么呢?这位理论家出于描述的目的,如何确定何种事物算作法律呢?
>
> (Finnis 1980, p. 4)

菲尼斯以凯尔森为靶子。他发现凯尔森理论中"对以价值无涉或描述性法理论为目的的概念**选择**所体现的方法论问题,没有批判性关注"(Finnis, 1980, p. 5, 强调为本书所加)。但是,凯尔森**确实**发现这一点:**目的**(point)**或功能**内在于我们对该主题的描述性理解。因此凯尔森将法律界定为一种独特的社会技术;在他看来,法律是"通过违背法律时适用的一种强制的威胁来产生人们可欲的社会行为的社会技术”(Finnis 1980, p. 5)。

菲尼斯问道,“但是凯尔森打算如何证成这个定义本身呢?”他引用凯尔森的表述: 156

> 在专断酋长领导下的一个黑人部落的社会秩序——一种同样称为“法律”的秩序——与瑞士共和国的宪法有何共同之处? [让我们插入一个问题:谁在将之称为法律,进行这种命名? 谁这样称呼部落的社会秩序(以一种语言来表述专断的酋长及其臣民不介意作出的区分)的意愿具有如此决定性意义?]不过这里有一个共同因素完全证成了这一术语(的使用)……因为这个词指的是特定的社会技术,尽管它有不同形态,但对于在时间、空间与文化方面存在巨大差异的所有民族而言,本质上都是一样的。
>
> (Finnis 1980, pp. 5-6)

菲尼斯插入的问题多么富有启发性! 他使得凯尔森面对如下反驳:凯尔森实际上已经**选择**将酋长的专断体制纳入法律概念的外延,因为他认为“产生特定社会行为的技术”(参见上文)具有**决定意义**。菲尼斯更加细致地提出自己的反驳:

> 还有什么会更加简单? 有人(即凯尔森)谈“法律”这个词。忽视了它的许多含义与指代(就如“自然法则”“道德法则”“社会学法则”“国际法”“教会法”“语法”中一样),更无视指称比如“黑人部落社会秩序”的其他方法,以自己(未经解释的)已经选择的这个词的使用方法来判定该词指称的主题范围。他寻找“一个共同因素”。这种共同因素就是法律“本质”的标准,进而是用来刻画和描述性解释整个主题的一种特征。因此就有一个概念,基于它,一切人们愿意称作“法律”的事物,在前理论使用中(理论家为了决定自己的理论性用法而允许这种使用),都可以被同等且在相同意义上(即意思明确地)被称为法律。
>
> (Finnis 1980, p. 6)

“前理论”是这里的一个重要术语,因为(对实证主义者来说)它捕捉到了收集法律实例时最初的“描述性”时刻,好像这种收集即使缺乏挑选原则、仅仅基于对“法律”的语义描述就是可能的。(实证主义者认为)理论化法律的任务是接下来的步骤,位于下述工作之后,即“理论化术语(这里是“法律”)直截了当意思明确的含义”，引领着对一种最低限度的共同特征、最高程度的共同要素或“一个共同因素”的探究。为了反驳这一点，菲尼斯采纳了源自亚里士多德的“核心含义”(focal meaning)的观点。他认为，每种定义一个制度的努力都必须将某些标准突显得具有重要性，这种选择必然具有评价性因素。“基于何种视角、出于何种关切来评价重要性与意义?”法律的实例并不承载允许它们得到“前理论”性汇集的判定性标签。理论介入总是提供了选择的标准。该标准与人们将何者理论化为该制度相关的重要价值(核心含义)有关。

157 再举一个亚里士多德强调过的关于“友谊”的例子。存在或多或少算是边缘的情形(商务友谊、相互利用的友谊、别有所图的爱、逢场作戏的关系等)。一方面，没有理由否认边缘情形属于友谊的实例。事实上，对于它们的研究，通常将之视为大打折扣的核心情形，或有时算作参照核心情形对人的态度的剥削利用。但它们之所以如此，属于边缘情形，是因为它们是友谊中关键要素的相对成问题的实例。我们可以将这种关键要素可靠地理论化为友谊的构成性价值和必要基础：忠诚。友谊的边缘情形之所以边缘，是因为它们是忠诚更为遥远的近似物。另一方面，可以说超出某一点后，它们都不再能被视为边缘情形，因为我们可以认为主张自己是另一个人“不忠诚的朋友”的人，**误解**了友谊的意义。友谊和法律的理论化之间明显存在着对应：判定两者的实例都需要将下述内容加以理论化(它们都非“前理论的”)，即何种标准被提升为判定一个实践**属于**友谊或法律时的重要因素。

菲尼斯指出：

> 实践哲学是一种对人类行动中可以实现的善以及实践合理性要求的经过训练的、批判性的反思。因此当我们说描述性理论家(他们的目标并非实践的)在他们不可或缺的概念选择与形成中，必须依赖一种实践视角展开工作时，我们指的是他们必须评价自己主题中相似性与差异所包含的重要性或意义，其方法就是探究对于其关切、决策以及活动创造或构成了该主题的人们来说，该领域中何者是重要的。
>
> (Finnis 1980, p. 10)

他将这一“在当下分析法学中发挥作用或潜在的方法论长征”最终关联到马克斯·韦伯的解释学方法。

> 韦伯更迅速地得出了如下结论(尽管其基础是更为广泛的社会科

学)：也即，对于用来描述诸如法律或法律秩序这类人类事务之概念的选择或形成来说，理论家自己的评价是不可或缺且具决定性的构成部分。因为理论家无法判定他们用来识别自己主题的核心情形的实践视角的核心情形，除非他们确定与所有人类事务和关切都相关的实践合理性的真正要求是什么。就法律来说，理论家想要知晓和描述的最重要的事情就是，在理论家判断中，什么使得从实践角度来看拥有法律是重要的——因此，它们是安排人类事务时，在实践中不可忽视地要对之加以“关照”的事物。当这些“重要的事物”(在一些甚至许多社会)实际上缺失不见、受到轻视、遭受利用或存在缺陷时，理论家所要描述的最重要的事情就是体现这种缺失、轻视、利用或缺陷的情境的各种情况。

(Finnis 1980, p. 16)

他问道：

158

这是否意味着描述性法理学(以及整个社会科学)不可避免地受到每位理论家有关什么是善、什么具有实践合理性的观念与前见的影响？既是又不是。“是”，是因为如果理论不仅是以许多不可通约的术语所描述的杂乱事实堆砌而成的垃圾堆，就不可避免如下理论要求，即必须作出有关重要性或意义的判断。

(Finnis 1980, p. 17)

他总结说：

描述并不演绎自评价；但没有评价，我们就无法确定何种描述是真正富有启发且有重要意义的。

让我们以讨论艾尔代尔国家医疗服务信托诉布兰德[*Airedale National Health Service Trust v Bland* (〔1993〕 2 WLR 316)]这个著名案例来结束有关法律和道德区分的讨论。安东尼·布兰德(Anthony Bland)在希尔斯堡球场惨案*中遭受严重伤害。他一直没有恢复意识，依旧处于持续性植物人状态

---

* 1989年4月15日在英国谢菲尔德希尔斯堡体育场举行利物浦队对阵诺丁汉森林队的英格兰足总杯半决赛。由于球场结构问题和现场组织混乱，比赛开始后有5000余名利物浦球迷未能入场。警官开启大门后却没有给予必要的指导，导致大量人群涌向看台，造成96人丧生、200多人受伤。由于现场警官的谎言和媒体的恶意报道，事实真相一直被掩盖。一直到2012年9月12日调查结果出炉，才真相大白。2016年英国最高法院陪审团裁定，踩踏事故遇难的球迷属于被“非法致死”。——译者注

(PVS)。医学专家判断他没有希望复原或改善。这个信托机构申请宣告移除一切医疗救护措施,包括维持其生命的喂食。英国上议院同意了这一宣告。

显然在此案例中有许多重要且关键的道德议题在起作用。这一结果在道德上是否得到证成?它是否得到法律规定的证成?杀掉他是否比让他死去更糟?我们如何评价生与死之间的界限?这些区分中有哪个具有道德上的价值?在这些案件中生命质量是法院应当顾及的一个议题吗?上院议员们与这些问题缠斗:来看一看上议员布朗恩-威尔金森(Browne-Wilkinson)在这一决定中感受到的挣扎:

> 对一些人来说,我所得出的结论看起来几乎是非理性的。为何允许一位患者在几周内没有食物的情况下,虽然没有痛苦却是慢慢地离去是合法的,但通过注射致命性注射剂使他立刻死亡,避免他的家庭遭受另外的痛苦却是非法的……?我很难为这个问题找到道德答案。但这毫无疑问就是法律。
>
> (引自 Finnis 1993, p. 329)

菲尼斯会强调,如果分析上的清晰是我们的首选,布兰德案中实证主义法官会如何试图严肃地维持伦理立场与"何者毫无疑问是法律"之间的区分呢?由同一个行动者(医学专家)以同样的意图(终结布兰德的生命)完成的且具有相同结果(布兰德死去)的两个行为,因为一个是完成一种行为(比如,致命性注射剂)而另一个是某种行为的不作为(移除维持生命的治疗手段)就要做出区分(一个"合法",一个"非法"),这真的是理性的吗?菲尼斯当然论证说生命这种"基本善"不能基于任何理由(无论道德还是法律)被终止;我们或许会赞同这一问题的伦理立场,也可能不赞同。不过他是否在这一区分的"非理性"中或许指出了法律裁判的某种非理性?布朗恩-威尔金森阁下所说的"何者毫无疑问是法律",表明法律裁判挣扎着远离伦理立场,要将自己的理据都建立在法律本身的妥当性上。

159

阅读文献:

法律实证主义理论衍生了大量文献,既有支持的,也有批评的。进一步阅读的最重要的起点就是该立场在20世纪的主要支持者哈特(Hart, 1961)、凯尔森(Kelsen, 1957, 1967, 1992)以及拉兹(Raz, 1980)。对法律实证主义最简洁的论述,参见哈特(Hart, 1958)。有关法律实证主义的颇有帮助的概述(特别是第1、2、4节)可以参见 http://plato. stanford. edu/entries/legal-positivism。对哈特著作的同情式解读,参见麦考密克(MacCormick, 2008)。莱西有关哈特的传记(Lacey, 2004)将其著作置于法理学论战以及当时的社会背景之中。图尔与特维宁(Tur and Twining, 1986)对凯尔森的著作有重要的讨论,鲍尔森夫妇同样也是如此(Paulson and Paulson, 1998)。有关奥斯丁"法律的命令学说"(1995/1832)也可参见肖尔(Schauer, 2015)。有关主导分析法学的实证主义/自然法之分,尤可参见德沃金(Dworkin, 1977)。

哈特与德沃金的讨论,参见他在1979年的讲座(发表于 Hart, 2016)。有关法律有效性的性质这类问题对法律现代性兴起的社会学意义这一问题的语境,可参见本书第一部分。

登特列夫(1965)、斯通(Stone, 1965)以及菲尼斯(1980)从非常不同的角度或许为自然法思想提供了最佳导论。菲尼斯(2007)这个作品是杰出的简论。有关菲尼斯对法律的界定,参见(1980, pp. 276-290)。他有关法律的评价与描述、核心含义的方法论立场,在菲尼斯(1980)第一章中提出。布兰德案的讨论,参见菲尼斯(1993),自然法与伦理学关系的简洁论述,参见菲尼斯(1999)。菲尼斯的著作现在汇集为五卷本丛书(Finnis, 2011),尤可参见第四卷。

阿列克西(Alexy, 1999)简明扼要地分析了拉德布鲁赫的学说,也与法律实证主义者对他的批判展开直接交锋。有关富勒的很有帮助的传记,参见萨默斯(Summer, 1984)。"哈特-富勒"之争可以参见哈特(H. L. A. Hart, 1958)(有关"告密者案",可特别参见 pp. 615-621)以及富勒(Lon. L. Fuller, 1958)(特别参见第5部分)。大卫·戴岑豪斯一文[David Dyzenhaus, 'The Grudge Informer Case Revisited', *NYU Law Review* (2008, pp. 1000-1034)]对该争论进行了广泛再评价;Lon L. Fuller, 'Positivism and Fidelity to Law-A Reply to Professor Hart', p. 71; *Harvard Law Review*, p. 630 (1958) (特别是参见第5部分)。在"邪恶的法律体系"中对富勒学说的运用,参见戴岑豪斯(Dyzenhaus, 2010)对南非种族隔离的分析,近期的重述可参见朗德尔(Rundle, 2012)。有关法治的更一般性介绍,参见宾厄姆(Bingham, 2011)以及高德尔(Gowder, 2016)。

专题二　法律推理学说

导　论

163　试想下述情境。一位女士产下连体双胞胎。医学建议是如果不将两个婴儿分开,她们都会在出生后不久死去。这位女士和丈夫便从戈佐岛离开马耳他,来到曼彻斯特寻求在马耳他无法获得的医疗诊治。尽管分开联体双胞胎的医学干预是可能的,但它只能让一个婴儿活下来,另一个会必然死去。玛丽是双胞胎中更为孱弱的一个,她只是依靠自己的姐妹朱迪提供的含氧血维持生命,没有含氧血她无论怎样都会死去,无法继续存活。但另一方面,医生身负尽力挽救生命的职业责任,并承担以儿童最佳利益展开行动的法律义务。但是在利益多元的条件下,一个孩子的存活要以且只能以另一个孩子为代价时,什么是儿童的最佳利益呢?面对父母不愿意让他们进行手术,医生请求法院授予他们进行手术的法律权威。法院会如何裁判呢?它们可以基于有关生命的道德信念作出裁判吗?这些因素会发挥作用吗?救治的成本是需要考量的相关因素吗?还是说他们必须遵循现有法律规则?但是在没有或似乎没有既定规则时该怎么办呢?

在本案中,上诉法院的法官经过痛苦挣扎,判定支持合法的分离手术,但却基于非常不同的推理依据。手术如愿进行,玛丽去世而朱迪活了下来。

再举一个例子。2001 年英国《反恐法案》生效后 5 天,有 8 人在清晨被从自己家带入戒备森严的监狱,作为 A 类罪犯被拘留。他们立刻被关入单间,每天长达 22 到 23 小时;对其中一些人来说,只是能够与家人会面、接听电话就需要等待大约 3 个月。这些人没有被带到警署接受讯问,也没有任何人讯问他们,他们没有受到任何指控也没有被告知拘留的理由。在随后没几个月的时间里，又有9人被围捕，他们17人被关押的条件与关塔那摩湾的三角洲营地别无二致。上诉法院基于如下理由允许拘留，即“政府认为存在的紧急状况，证成了该状况外不可接受的行动”，最终对此拘留的挑战到达了上议院9位大法官面前。大法官需要决定授予政府权力无限期拘留非本国国民的2001年法案是否合法；换言之，英国政府是否可以合法地减轻**1998年《人权法案》**中规定的禁止无限期拘留的义务。被拘留者主张，不存在允许这一拘留的“威胁国家生存的国家性紧急事态”，并且拘留条款基于“国籍理由”对之加以歧视。尽管法院基于该条款确实具有歧视性且不适当而支持该挑战，但多数意见也承认法院不该决定是否存在紧急事态，并授权政府决定这一问题。这里有必要引用宾厄姆阁下在他的意见中概述的司法部部长提交的意见： 164

> 议会和行政机关来评估国家所面临的威胁，因此是这些机构而非法院来判断保护公众安全所必需的回应手段。这是具有政治特征的事务，需要政治而非司法判断。

本书这一部分旨在描述法律推理中所使用的那类论证及其背后的规范性学说，重点关注何种论证对法律推理而言是**合适的**。

当然，如果我们不知道法律是什么，就无法讨论法律推理中何种论证合适。比如，如果我们认为所有法律都是一种规则体系，那么我们会认为法律论证仅仅涉及将规则“机械”适用到落入其范围内的案件中。但随后我们会发现很难解释是什么使得一些案件如此棘手，并且为什么顶尖律师和法官通常会对法律的要求产生分歧。换一种视角，如果我们认为法律应当被理解为一种必然涉及道德与政治问题的论证性实践，这一看法就会将我们领向有关如何最佳理解和展开法律论证的非常不同的结论。或者同样，如果我们认为法律本质上是一种结局开放的实践，“社会工程”或维持现状的政策是决定性因素，那么我们对于司法裁判的性质与目的会有不同看法。诸如此类。

这一部分中我们会考察理论家与法官如何以不同方式处理和解答这些问题，以及他们如何看待法律推理的性质、法律的性质以及两者间的关联。如果法律论证事关通过原则与价值证成法律的适用，那么法官介入道德与政治方面的正当性论证就是正确的，人为地排除它们反而是错误的。相反，在不理解法官的推理会如何受到他们表面上没有介入的因素（他们的职业或阶级背景、性别议题或政治偏见)影响时,我们可能不想授予法官诉诸道德与政治论证的权力。

我们如何解答有关法律性质与法律推理的更加一般和抽象的问题,直接与每一个法律案件中我们论证何种解决方案正确直接相关。在此意义上,司法裁判实践与依据法律的推理,它们的潜在特征、合理性或偏见,都对我们理解法律的运作至关重要,因此需要更为详尽的批判性考察。

165

作为律师或法学研究者,我们当然会在**法律**中寻找答案。根据假设,身为律师我们不应诉诸政治、宗教和其他规范秩序,抑或在自己的内心良知中寻找正确的法律答案。诉诸法律根本上意味着诉诸法律的**渊源**。法律渊源有许多,一些情况下包括习俗,另一些情况下则包括具有约束力且施加义务的国际条约,有时候甚至包括像布莱克斯通或休谟这样的学者的权威著作。但大部分情况下,就普通法而言,法律的主要渊源是**制定法**(我们议会中制定的法律)以及**先例**(我们法院先前具有约束力的判决)。当渊源提供彼此矛盾的规定时,就会有规则告诉我们如何解决这种冲突:新法取代旧法,宪法优先于普通法律等。所有这些渊源作为一种事实**存在**:它们被制定为法律、裁判为案件、同意为条约、遵守为习俗。所以如果源自法律渊源的明确规则为法律问题提供了答案,并且当这些答案彼此冲突时,这些规则通过(有关废止与合宪性的)形式检验提供了解决冲突的方案,法律论证中还有什么可争论的,道德与政治如何(且为何)与法律论证相关呢?情况难道不是当我们讨论想要制定何种法律时,它们对这些讨论当然有所启发,但在此之后讨论结束并作出决定(典型体现为在我们议会中),政治分析在法律产生的这一刻便终止了吗?

这里至关重要的,正是我们宪法体系的核心组织原则:分权原则。如果适宜在议会这种民主论域讨论的这类政治分歧并没有在议会中得到讨论,反而“溢出”到法院的论证中,那么(议会中)法律的政治制定及其(法院中)法律适用之间的区分就受到妥协。如我们将会看到的那样,法治的根本原则也受到了损害。这种“溢出”或政治与法律论证之间的连续性是某种**能够**且**应当**避免的事物,还是某种我们可能有理由欢迎它的事物?

这些都是复杂却无法避免的问题。即便在我们阅读、解释和适用法律时并不总是直接与它打交道,这些问题也塑造了法律推理实践。因此在我们讨论这些塑造和启发法律推理实践(这一实践由法官、其他国家官员、法学教师或学生以及针对自己法律权利与义务展开推理的普罗大众完成)的更深层次问题之前,让我们按照通常做法在法律推理的两个阶段之间进行分析性区分——有关"事实"的推理,以及有关"规则"的推理。

通常来说,有关事实的分歧会导致争议。"事实发现"影响着法律推理,带来我们在法律中有关程序和工具的诸多难题。通过这些程序和工具,根据何种可采性原则、证据标准以及"证明责任"分配(也即哪一方具有证明何种结果的"责任"),我们认定什么可被算作一个事实已经发生的证据,什么可被视为证明了该事实已发生。尽管许多内容都属于"证据法"这个部门,与我们这里的关切没有直接关联,但它当然也对什么算作需要法律回应的"事实情形"有直接影响。在此意义上,它与法律推理直接相关,我们要在本书这一部分讨论"事实发现"的问题。不过法律推理当然也与"规则"有密切关联,与我们如何基于法律渊源提供的"规则"展开推理、如何理解有关事实的推理以及有关规则的推理这两者间的**相互作用**相关。 166

谈到理解"规则"以及规则不明确时如何处理案件,法官通常诉诸某种"经验法则":"文义法则""黄金法则""除弊法则"。第一个法则规定法官首选一条规则的"字面"含义,这意味着法官要以字典来解决术语的模糊。如果这种探究规则"字面"或"通常含义"的活动导致不合理的结果,"黄金法则"告诉我们要偏离该含义,在极端的情况下甚至忽略该含义;"除弊法则"指的是介入和指引法官判定规则想要矫正的"弊端",或基于引领规则制定的目的而使法律生效。

对于这些法则的广泛应用来说,它们的价值显而易见是有限的,要么是循环论证,要么就是彻底回避实质问题。只是简单来说,"黄金法则"在何者算作足够"不合理"以至于能够超"文义"解释的问题上进行了循环论证;相应的,"文义"法则忽略了如下基本洞见,即任何陈述的"通常"含义只有在**给定语境**中才能获得,且任何陈述在某种语境下可被视为"通常"的含义只在这些语境中相关。"目的"法则要么提出了显而易见的问题(也即一条规则是基于一种应当对其含义有所启发的目的制定的),要么针对立法者的"原初"含义或法律的"目的论"方法提出了非常困难的问题,这是简单诉诸"目的"所回避的。因此,就如弗朗西斯·本尼恩(Francis Bennion)值得关注的观点所说:

即便查找几乎任何其他最新版本的制定法解释著作，你会发现同一只老鹦鹉在饶舌："解释标准由文义法则、除弊法则以及黄金法则构成，法院在它们之间作出选择。"这不啻于交流的严重崩溃。

(Bennion 2001, p. 2)

他总结说：

不存在黄金法则。也不存在除弊法则、文义法则或任何其他包治百病的经验法则。相反，会有一千零一种解释标准。幸运的是，在每个案件中并非所有的标准都会出现；但出现的标准却提出了解释者必须形象地加以权衡和平衡的因素。这就是我们所能达到的最接近黄金法则的程度，且这一立场并不十分清晰。

(Bennion 2002, pp. 3-4)

接下来我们就来考察诸种法律和法律推理学说，它们对如何处理法律中的"疑难"案件以及恰恰是疑难案件与简单案件事实上如何区分这一问题提出了非常不同的答案。这类问题正是法律推理学说所关注的，也是我们现在将要加以论述的。

第十三章　形式主义和规则怀疑论

一、形式主义的承诺

167

形式主义的极端形态呈现出这样一幅景象:法律是且应当是完全自我决定的体系,法官从来不会遭遇那些只有通过法律之外的因素,譬如道德或政治价值,方可作出选择或处理的替代性解释方案。因此对形式主义者来说,这些因素绝不会影响法律结果的确定。

19世纪欧洲的许多法学家和政治家将构建上述这样体系的计划作为一项严肃的志向。在欧洲大陆,德国和法国的伟大法典(前者的BGB*,后者的《民法典》)将我们所说的"概念法学"(注释学传统下抽象的、概念性的和逻辑化的法律学术)与罗马法的复兴融为一体(德国社会学家马克斯·韦伯分析了这一历程的历史发展)。在英国,杰里米·边沁将法典化作为自己以启蒙和自由主义范式改革法律这种一般性尝试的一部分。在这两种情形中,法律的法典化都被视为对抗法院恣意以及法律程序中行政机关干预的屏障。分权原则至关重要这一观点,以及民主社会的理念,催生了下述法律学说:认为法官机械地适用法律,不过是立法机关意志的执行者。19世纪既在欧洲大陆也在普通法法学家当中以法典化法律体系面貌出现的强有力的法律学说,可以被总结如下:我们越接近构建一种由明确和融贯规则构成的法律体系(它包含精确且经过"科学"分析的术语,由经过完美分析与综合的概念表述,且该概念在所有法律内容中都一成不变地在相同含义上得到使

* 此即民法典德语全称 Bürgerliches Gesetzbuch 的缩略。——译者注

用)，我们就更成功地产生出一个没有漏洞、高度形式化进而足够(properly)理性的法律体系，能够确保"法治"。

总而言之，自足的规范体系这一理念构成了形式主义的抱负：我们可以说，这一体系中法律问题的答案已经包含在该体系之内。这里可能有必要重复马克斯·韦伯对于形式主义的准确界定(源自本书第一部分)，并将之与罗伯托·昂格尔的表述联系在一起，稍后我们会回过头来分析对形式主义的批判。

168 韦伯认为，形式主义(或法律的"形式理性"类型)意味着：

> 其一，每个具体的裁判都是一个抽象法律命题在一个具体事实情境中的"适用"；其二，借助法律逻辑，在每个具体案件中一定能够从抽象法律命题演绎出裁判结果；其三，法律必须实际上或事实上构成一个由法律命题组成的"无漏洞"的体系，或至少必须被视为这样一种无漏洞的体系；其四，任何无法用法律术语理性"解释分析"的事物也是不具有法律相关性的；其五，人类的每种社会行动必须总被视为要么是法律命题的"适用"或"执行"，要么是对于它的违反，因为法律体系"没有漏洞"必然意味着针对一切社会行动的无漏洞的法律指令。
>
> (Weber 1921/1978, pp. 657-658)

在昂格尔看来：

> 形式主义认同如下这种法律证明方法，因而也相信它得以可能：这种法律证明方法对立于人们称之为意识形态的、哲学的抑或宗教神启的关乎生活基本概念、没有固定答案的论争。这些冲突非常缺乏得到严密论证的推论法则，后者是形式主义观点认为法律分析所具有的。
>
> 第二个独特的法律形式主义命题是，法律学说只有通过受到约束的、相对非政治性的分析方法才得以可能……根据形式主义观点，学说之所以存在，是因为在法律分析更加确定的合理性与意识形态论证更不确定的合理性之间存在着一种对照关系。
>
> (Unger 1983, pp. 1-2)

1. 法律推理和纯粹法学说

前文讨论法律有效性时，我们探讨了汉斯·凯尔森有关"纯粹法学说"

的重要论述。我们可以将形式主义视为凯尔森建立纯粹法律科学这一雄心在法律推理中的体现。凯尔森认为,适用于个别案件的司法裁判的作出,就是个别法律规范的制定。规范创制与规范适用之间不存在任何重要的区分,它们都归属于有效性这个标签下。在他看来,法律适用就是被授权如此行为的法律体系的官员发布**法律—命令**(表述法律)的时刻。这意味着什么? 这意味着在获得个别裁判时——宣判违法犯罪者、宣布特定合同无效、宣告婚姻解除抑或为儿童指定监护,**无论**这个裁判内容会是什么——法律体系的官员会丝毫不差地遵循同样的授权逻辑,后者指引着一般规范的产生:这就是有效性的逻辑。个别法律规范的产生得到一个更高位阶规范的授权,后者确立了法院的管辖权,并以抽象规范提供了裁判的内容;这些抽象规范在手头案件中得到具体表达,而具体化的方式与政府机构在设立和确定其权力的制定法授权下创制规范的能力别无二致。这也与议会在宪法规范的授权和约束下制定法律的方式如出一辙。这是同样的有效性逻辑,即一个高位阶规范创设低位阶规范的逻辑在发挥作用,只是所处的层面不同而已;或用凯尔森的话更准确地说,是规范的层级逻辑。

169

在《纯粹法理论》(*Pure Theory of Law*, 1967/1934)中,凯尔森这样描述法律的客观意义如何附着于个人的主观行为:

> (让我们)分析一下任何像法律这种事物——(比如)一个司法判决——的条件。我们可以区分两种要素。一种是发生在时空中可感知的行动,它是一种外部过程,一般来说是人类行为;另一种是在此行动或过程中所附着或内在于它的重要性(significance),一种独特意义……一个人身着法袍,在较高的位置上向站在他面前的人说着一些话。这个外部过程**意味着**一个司法审判……这些外部环境,由于它们是可感知的、时空性的事件,在每一种情形中都属于自然的一部分,本身受到因果律支配……实际上根本与法律无关。使得这一过程成为法律(或非法)活动的,并不是它的事实性,也不是它的自然性、因果性存在,而是与之关系密切的客观重要性、它的意义。
>
> (Pure Theory of Law, p. 478)

凯尔森总结道:

> 纯粹法学说作为独特的法律科学,认为法律规范并非自然实在、并

非意识中的事实，而是意义构成的内容(meaning-contents)。它认为事实只是法律规范的内容，只是规范所决定的事物。它的问题在于发现意义层面的独特原则。

(Pure Theory of Law, p. 478)

凯尔森在这里提出的是一种有关法律自足性的激进论断，如我们所见，这是形式主义的本质。法律通过给世界中的事件注入法律的客观意义，也即在凯尔森看来通过有效性的棱镜，作为一个独特的意义领域出现。为什么“身穿法袍的人”的行为**意味着**进行审判呢？因为法律通过一些规则赋予它客观意义，而这些规则决定了何种条件下它具有作为法律行为的有效性。因此这个行为就与**司法裁判**的概念密不可分，授权的链条将法官的言语行为回溯至法律的内容，法官的言语是该内容的一个实例。法官因此是在宣告法律。他的声音就是法律的声音，不是他个人良知的表达，也并非道德或宗教的论断。因此凯尔森写道：

这里至关重要的是把法律从传统中与它相关的联系中解放出来——从与道德的联系中解放出来。这当然不是质疑法律应当具有道德内容的要求。这一要求不言而喻。这里质疑的只是如下立场：法律本身是道德的一部分，因而每种法律，作为法律都在某种意义上、某种程度上是道德的。

(Pure Theory of Law, p. 478)

170

2. 形式主义与演绎

推动客观性、公正性与中立性价值，都离不开确定的法律适用这一形式主义关切。尼尔·麦考密克生动地描述道：

实证法体系，特别是现代国家的法律，试图以相对稳定、清晰、具体且客观上可理解的规则来具体化宽泛的行为原则，并为这些原则的适用提供彼此间值得信任且可以接受的程序。该程序在下述情形中尤为可见，即某种人际纠纷出现，抑或社会秩序或正义被认为需要公共机构组织加以监督，并强制人们遵循不如此就不会得到自愿遵从的规则。在这些情形中，个体反抗者或公共规则实施者必须提出有关世界中事态的一些主张，并基于适用于这些事态的某个规则，试图表明事态如何需要干预。因此，规则适用的逻辑是“法治”中现代法律理性范式内法律的核心逻辑。

(MacCormick 1994, pp. ix-x)

用最简单的方式来说，麦考密克认为这里发挥作用的学说可以通过下述公式加以表述：

R + F = C 或“规则加上事实等于结论”

或者用更为熟悉的方式，将它分解为包含规则的大前提和包含事实的小前提。根据这一表述：

$$
\begin{array}{l}
[1]\ X_1, X_2, X_3, X_4\cdots\cdots, X_5 \rightarrow P \\
[2]\ X_1, X_2, X_3, X_4\cdots\cdots, X_5 \\
\hline
[3]\quad P
\end{array}
$$

陈述[1]被称为三段论的大前提，它将“操作性事实”附加给一个制裁。这些操作性事实是法律制裁发生效力的充分必要条件。它之所以必要，是因为它们都要得到满足；之所以充分，是因为法律除此之外不再要求别的条件。比如，思考一下法律为遗嘱生效设立的所有条件。它们与立遗嘱人的精神状态以及外部客观条件（比如，存在见证人）都有关联。这会在大前提（X_1，……，X_n）中得到穷尽式表达，法律的“制裁”（P）（有效遗嘱的设立）取决于它们都得到满足。

陈述[2]被称为三段论的小前提，它涉及确定大前提中规定的必需条件事实上在经验证据方面都得到了满足。要确定小前提，当事人和法院就要展开“事实发现”，确定何者作为一种事实发生。

如果在陈述[1]与[2]之间确立了一致，也即如果法律在大前提中设定的一切操作性事实在小前提中被确立为事实，那么法律的“惩罚”也即（P）就是逻辑上的后果。不再需要进一步的法律论证。将陈述[2]涵摄入陈述[1]得出法律结果是理所当然的。**肯定前件式**（*modus ponens*）这种依赖于演绎的推理方法是形式主义法律理论的核心。通过运用证据规则而确定的内容或相关事实，于是被涵摄入规则。法律形式主义指出，确定法律结果因此就是一个理性证成的过程，而非评价性或主观的判断。这至关重要，因为它约束着法官的自由裁量，并提供着法律中的确定性、可预测性与客观性。

171

在大前提陈述[1]中提出的法律规则,可能其渊源是**制定法**条款或基于**有拘束力的**先例的规则。它可能也将习俗、国际条约或制度的书面文件作为渊源。无论陈述[1]的渊源是什么,“一个人可以完全通过将事实涵摄入法律而非通过创造性的介入发现法律”这一形式主义的雄心,并不会由于确定陈述[1]的内容时所遭遇到的困难而动摇。这种确定大前提准确内容时面临的困难,当该内容是先前司法裁判的结果时便一览无余,此时启发裁判且对之后具有拘束力的“规则”并没有得到清晰、明确的表述。法官在先前案件中说出的话,不是每一句都具有相关性或拘束力;因此需要识别先例的**判决理由**(*ratio decidendi*),将之与仅仅算是一个案件的**附带意见**(*obiter dicta*)区分开,并以规则形式表述它。当然,什么是**理由**(*ratio*)或如何在任何给定案件中找到它,并没有统一的意见。但麦考密克指出,这并不是怀疑它可以从一个判决中被提取出来的可能性的理由。“当法院针对一个法律问题给出的裁决被认为对其特定裁判的证成必不可少时,不将这一裁决视为该案的**理由**似乎是不理性的。”(1978, p. 83)

如我们所说,形式主义假定法律推理和演绎逻辑存在关联。如下是现实中演绎逻辑的一个实例,它以呈现法律确定性时的三段论推理为典型形态。在丹尼尔斯(Daniels)案件中,原告由于喝下受到石碳酸严重污染的柠檬水而中毒,他们起诉生产商要求得到有关疾病、诊治费用以及患病期间收入损失的赔偿。如下是三段论转述:

> (1)任何情况下,如果一个人出售给另一个人的货物存在瑕疵,不符合仅在正确使用的意义上对货物的使用,且在通常检验中并不明显,那么这些出售的货物就不具有可出售的品质。
>
> (2)在本案中,一个人出售给另一个人的货物可能存在瑕疵,不适合仅在正确使用的意义上对它们的使用,且在通常检验中并不明显。
>
> (3)因此,本案中出售的货物不具备可出售的品质。

如我们所见,句子(1)和(2)在此都是“前提”,而句子(3)是这一论证的“结论”:(1)是“大前提”,规则;(2)是“小前提”,事实;(3)是结论。这三者共同构成了被称为“三段论”的论证。这一论证是演绎式的,结论演绎自前提。三段论演绎中,重要的是论证的有效性完全取决于其逻辑形式。只要前提为真,结论也一定为真;我们无法不自相矛盾地主张前提但否认结论。这

172

种演绎论证形式可以公式化地表述如下：

所有 M 都是 P	比如著名的例子：	所有人都会死
S 是 M		苏格拉底是人
S 是 P		苏格拉底会死

在法律规则中，大前提通常表现为条件句形式：一种“如果—那么”句式。比如：“如果一个人同意做任何有败坏公共道德倾向的事情，（那么）此人在普通法上有罪”；或者“如果卖方（于某个地方）在商业过程中出售货物，（那么）隐含的条件是按照合同所提供的货物具备可出售的品质”［《1979年货物销售法案》，第 14(2) 节］。如我们前文中详细讨论的，为了三段论成立，手头案件的实质内容必须符合大前提中设定的“操作性”事实。这样结论——句子的“那么”部分——就会作为法律上——也是逻辑上——得到证成的结论生效。尽管法官很少在其判决中真正运用逻辑共识，但麦考密克认为这本身并没有否定 R + F = C 这一公式在法律推理中“本质上为真”。

我们已经将形式主义立场刻画为体现着一种在法律裁判领域运作的法律理性学说。法律被理解为由已知的一般规则构成的体系——它被推定是清晰明确的且在理想条件下能够通过纯粹文义解释加以理解——由法官演绎性地适用于事实情境以得出结论。相应地，案件事实必须可被呈现为易于判定的典型情境，允许法律规则简单且无争议地适用。在这些情形中，法律结论必然遵循逻辑推导且因此得到证成。在麦考密克看来，由于法律体系由规则构成，而规则强制性适用于它们明确指涉的每个案件，法律证成的一个必要因素就是遵循演绎逻辑的要求。

3. 形式主义与法治

形式主义理论与理念既有描述性的一面，也有规范性的一面。形式主义是这样一种学说，涉及法律**实际上**如何在其形式化、体系化结构中包含一切会在法律与法律论证中提出的问题的答案；与此同时他主张这种包含是件好事，因为它将法律问题与我们可能认为属于正义或政治领域的问题分开。这不是说形式主义者不希望法律公正。它只是说法律公正与否并不影响它是法律，并且根据我们先前看到的哈特对这一问题的论述，将这两个问题分开是件好事。我们可以说，形式主义的关注重点是法律内容包含一切法律答案的动态机制。我们在这方面越成功，法律就越是由一系列一般性的——且逻辑一致的——规则构成,能够被“演绎性地”适用于每个得到证实的事实的相关情形。越是如此,法律就会变得越加确定、可预测和统一。

173 形式主义是法治理念的一种实现,此时:

> 政府的所有行动都受到事先确定和公布的规则的约束——这些规则使得我们有可能以相当程度的确定性预见在特定情形中权威如何使用强制力,并基于该知识规划个人事务。
>
> (Hayek 1944, p. 54)

根据这一论述,重要的是注意形式主义观点的政治立场。这是说法律形式主义不仅是有关法官如何或应当如何裁判他们所面对的案件的理论;它也是一种试图支持和增进某些政治与道德目标的方法。这可能看起来充满矛盾。但是对形式主义美德的信念与在法治学说、权力分立、个人、政治与经济自主性以及政治系统中的司法责任制中持有特定立场密不可分(参见本书第一部分)。

二、美国法律现实主义的挑战

1. 抨击形式主义

法律形式主义理论不是从来都没有遭受过挑战,20 世纪早期我们可以在整个西方世界看到甚至可以称为“反抗”形式主义的不同形态的立场。这不仅是对理想化的演绎式规则适用模式的反抗,更是对较为细微的形式化论证形态的批判。这一批判通常与法律社会学与“社会学法学”中的新方法有关,涉及的人物有美国的罗斯科·庞德(Roscoe Pound)、法国的弗朗索瓦·惹尼(François Gény)以及德国的鲁道夫·冯·耶林(Rudolf von Jhering)、欧根·埃利希(Eugen Ehrlich)和许多自由法发现运动(Freirechtsfindung,“Free law-finding”)的支持者。

美国法律现实主义者是一个由法律学者与实务工作者(比如卢埃林、弗兰克、奥利芬特、霍姆斯、罗德尔等)组成的松散群体。他们并不考虑提出一种法理论,甚至不考虑提出一种法律推理学说。他们关心的是变革法学教育、法律实践以及法庭程序,以便将有关法官造法的政策议题公之于众。出于下述理由这被认为很重要:首先,它对律师和法官的培养很重要;其次,对于提高司法裁判的可预测性很重要；最后，它对法官更新法律以处理不断变化的社会条件时应当展现的灵活性很重要。哲学中的实用主义（约翰·杜威与威廉·詹姆士）以及对科学专家能够有所作为的信念影响了这些思想家的观点。他们并非严格意义上的哲学家或社会科学家，但他们对美国法学教育和实践具有深刻影响，在英国也有延后且零散的影响。

他们的批判指出形式主义解释实际上并非理解法律学说与法典的唯一可能（或通常运用）的方法，认为形式主义有忽略社会利益之嫌，而法律真正建立在后者之上，且应当参照后者得到解释和发展。这种对形式主义的反抗在 20 世纪 20 年代和 30 年代的美国尤为激烈，当时罗斯福“新政”与保守的宪法激进主义之间正处于早期对抗阶段，美国最高法院大法官加入后者，基于宪法理由系统性地扼杀再分配政策。其中最典型的事例就是美国最高法院在 1905 年洛克纳诉纽约州［*Lochner v New York*，198 US 483（1905）］一案中的判决，它定义了美国最高法院宪法学说的一个时代（“洛克纳主义”）。洛克纳案是一个劳动法案件，涉及政府（基于健康和安全理由）通过限制工时引入保护性的手段，雇员（在面包房）被允许一天工作 20 个小时或一周工作 60 小时。多数意见认为纽约州法律违反了美国宪法的正当程序条款，构成“对个人契约自由与权利的不合理、非必要与任意干预”。换言之，最高法院给以肯定回答的问题是，美国宪法对自由的保护是否禁止以劳动保护和约束自由市场运作为目的的法律。有关形式主义以及法律和政治的关系涌现出大量理论争论，在随后的几十年里法律理论领域逐渐出现了某种类似于“运动”的现象，慢慢被人称为“法律现实主义”——其主要支持者的立场等同于对法律形式主义一切内容抱持不同形态的多少有些极端的怀疑论。

174

怀疑论对形式主义有关规则是否能够决定案件结果的抨击，与一种“社会工程学”的强大政治纲领相关，后者认为法律可被用作政策的工具，同时相信科学专业技术能够对社会在法律的帮助下如何“运作”产生真正的影响。将批判与纲领这两者合为一体的，是研究“行动中的法律”这一新议程。它不像“书本中的法律”所表现的那样，由于对自由和财产的非语境保护与认同，包含着某种宪法上不可挑战的事物，而是认为法律嵌入制度且被用来追求社会与福利目标。在罗斯科·庞德看来，英美普通法体系典型特征就是“个体主义精神与集体主义时代不相适应”，并且由于将许多宏大的社会与经济议题转变为私人法律争议而引发怨怼，鼓励了“在需要全面改革的地方小修小补”（1960, p. 185）。

卡尔·卢埃林（Karl Llewellyn, 1931, pp. 55–57）提出了富有影响力的有关现实主义主要学者的“共同起点”，总结了如下立场：“变迁中的法律”观念、法律的司法创制、以目的解释法律并以效果评价法律、变迁中的社会概念（社会的变化速率要快于法律，因此需要法律迎头赶上）、“不信任传统法律规则与概念以至于试图**描述**法院或人民的实际行为”、坚持以效果评价法律。

2. “法律的道路”：法律是预言

上述一些论题已经在奥利弗·温德尔·霍姆斯早先的演讲“法律的道路”（1897）中提出，这依然是法律著述中的杰作之一。在这篇演讲中，霍姆斯作为美国法律现实主义者的先驱，认为作出法律裁判的实际情况不应被如下借口掩盖，即法律是由已知规则构成的体系，法官适用法律获得逻辑结果——“法律确定性的深化”。霍姆斯说，法律的生命不在于逻辑而是经验：

> 人们感受到的时代必然性、盛行的道德与政治学说、公共政策的直觉，无论它们得到公开主张还是未被人意识到，甚至法官与其同僚共享的偏见，在决定人们应当受到何种规则统治时都要比三段论有用得多。
>
> （Holmes 1897）

175

“法律的道路”包含许多令人称奇的主张，但或许没有任何一个像霍姆斯邀请法学学生采纳“坏人视角”激起这么多争议：

> 如果你只想了解法律而无他求，你就必须像**一个坏人**那样看待法律，坏人只是关心法律知识能够让他预测到的实质后果，而非像好人那样在法律之内或之外、在良心更为模糊的标准中找寻自己的行动理由……思考一下这个根本的问题：“是什么构成了法律？”你会发现有些作者告诉你这个问题的答案是某种不同于马萨诸塞州或英格兰法院判决的东西，它是一种理性体系，演绎自伦理学原则、得到承认的公理等，它不一定与判决一致。但如果我们采纳我们的朋友、这位坏人的视角，我们会发现他并不关心公理或演绎这两个没有用处的事物，他实际上想知道马萨诸塞州或英格兰法院事实上可能会怎么做。我很赞同他的想法。有关法院事实上将会做什么的预言，这种朴实无华的事物，就

是我所说的法律。

(Holmes 1897, pp. 460–461)

因此对霍姆斯来说,研究法律的目标就是“**预测**”,或如他所说的“**预言**”:

> 所谓的法学研究,不过就是一种预测:如果一个人实施或因疏忽而未实施某些行为,他就会因法庭的审判以这样或那样的方式承担后果;法律权利同样如此。当我们所做的预测被一般化和还原为一个体系时,它们的数量就不会庞大到无法处理。
>
> (Holmes 1897, pp. 458–459)

在其他地方,他说道:

> 如果可以的话,有关我们称之为法律的、由教义或体系性预测构成的事物的研究,我想为那些想要将法律用作自己事务的工具以便能够做出相应预测的人,提出一些根本原则。
>
> (Holmes 1897, pp. 458–459)

他以合同为例阐明这一点:

> 合同法所体现的法律与道德观点的混合可谓无出其右。特别是所谓的基本权利和义务在这里再一次被注入无法被赋予和解释的神秘重要性。普通法中遵守合同的义务意味着这样一种预测,即如果你没有遵守合同就必须赔偿损失——仅此而已。
>
> (Holmes 1897, pp. 458–459)

霍姆斯认为,是“经验”而非“逻辑”决定了结果。他说正是在这方面,出现了“第二种谬误”: 176

> 我所说的谬误是这样一种观念,即法律的发展中唯一发挥作用的因素就是逻辑……我所说的这种观念的危险,并不在于允许支配其他现象的原则也支配法律,而是如下看法,即一个给定的法律体系,比如我们的法律体系,能够像数学那样基于某些一般的行为准则被制定出来……这种思维模式完全是自然而然的。律师接受逻辑方面的训练。类比、区分以及演绎过程是他们所熟悉的事物。司法裁判的语言主要是逻辑话语。

逻辑方法与形式逢迎着每个人心中对确定性与静止的渴望。但从整体上看,确定性是一种幻觉,静止也非人类的宿命。逻辑形式背后是有关彼此竞争的立法理由之间相对价值和重要性的判断,它通常是一种未明言的、无意识的,却是真实发生的,是整个过程的基础和关键。你可以给任何结论赋予一种逻辑形式。

(Holmes 1897, pp. 458-459)

霍姆斯说,"我不得不相信"如下事实:

如果律师所受的训练使得他们习惯性地更加明确和清晰地思考他们制定的规则得到证成所必须基于的社会利益,他们有时就会在现在充满信心的地方感到犹豫,并且明白自己是真的在可争论且通常是亟待解决的问题中选择立场。有关逻辑形式的谬误就说这么多。

(Holmes 1897, pp. 458-459)

3. 规则怀疑论

这里会简述两种吸引许多目光的现实主义怀疑论:规则怀疑论——该学说指的是规则在法律裁判中没有且无法发挥形式主义赋予它们的决定性作用;事实怀疑论——它指的是"事实"不是被法律程序发现的独立实体而是命题,涉及被法律程序建构的人们认定的真实(supposed reality)。

规则怀疑论认为,实际情况是法官通常并不是完全通过遵循规则与先例裁判案件,因为这些规则永远不是完全确定的。同样,霍姆斯明确地表达了这一点:"没有任何案件能够由一般命题解决……我会承认你喜欢的任何一般命题,却以另一种方式裁判案件。"(Holmes et al., 1953, p. 243)

根据威尔弗雷德·朗布尔(Wilfred Rumble, 1968)早先有关规则怀疑论颇有帮助的分析,法官由于许多原因面临着不同的解释方案,这些原因包括但不限于如下内容:

- 法律语言的模糊性意味着案件和制定法存在不同解释。
- 先例丧失意义:你可以为对立观点的任何一方或几乎任何立场找到先例。

177

- 有多种技术描述先例确立的规则。如何确定判决理由?
- 一个给定先例的范围有多大?你如何在其宽泛和狭窄的意涵之

间确定界限？在没有先例的情形中，你如何分辨既有的规则是否涵盖了这一情形？

- 区分案件的潜在可能：没有两个案件从来就是一致的。基于判决目的，什么是重要的法律或事实差异？

- 比较的可能性：曾经看上去非常不同的案件可能会在某些重要方面逐渐具有相似性。

因此，规则怀疑论在制定法解释和先例使用中发现许多含混暧昧。法律并不是清晰、一般、明确的规则，而是极为不确定的。类似案件类似判断的理念提出了有关类似性和差异的严峻问题。结果就是总有空间使得法律规则之外的某种因素能够决定判决——这些因素从偏见的影响到对政策关注无所不包。它们可能随机地发生作用，也可能提供并非源自规则本身的有关法律的另一种规律性和可预测性。

因此现实主义批判存在不同形态。在法律批判层面，现实主义通过展示形式主义隐匿在权威和对规则的司法尊崇这一外衣下的偏见与任意裁判，试图揭露其伪善与双重标准。在另一层面，它更多涉及如下日常观察：有关司法结果的预测可能更多取决于同规则本身无关的因素的知识（如律师常说的，"了解你的法庭"）。

现实主义者认为，无论何时法官考虑一个案件，都不会从一般规则"出发"，而是从看似合理的那类结果逆推。因此，判决书中最终呈现的任何三段论都会对立于判决实际得出的逻辑。

于是这一议题，至少在主流法理学中，一直被理解为有关司法判决的问题。司法创造性被视为对分权学说进而是法治理念的挑战。规则怀疑论显然质疑了任何主张法律可被描述为纯粹规则体系的学说。但作为回应，我们可以说现实主义者将下述两者混为一谈：一方面是我们思考或获得结论的过程（判决的"发现"），另一方面是它得到证立的方式。以物理科学类比，"发现"就等同于法官对结果应当是什么持有一种观点的时刻，这个过程很可能是非三段论的，涉及预感、个人看法以及可能的法律之外的考量，包括有关政策的看法（就如伟大的科学发现可能是无法预测和灵光乍现的一样——以一种"顿悟"的方式）。但这些洞见需要得到检验，来看它们是否涵盖在法律真理的相关领域内，只要如此，它们就得到证成。三段论推理只是出现在第二阶段的检验和提出理由中。法理学只关心证成过程。只要一个判决可以通过参照一个既定的法律规则得到证成,该司法权就没有超出其宪法权限。但可以说这只是推迟了问题。这种证成性推理本身是理性和确定的吗?现实主义的批判也适用于它。

178 4. 事实怀疑论*

人们一直认为,形式主义者和怀疑论者都忽视了司法裁判中与事实相关的难题。事实是法律适用过程中的一个重要因素,但在何种程度上法院——法官、律师或陪审团——实际上会获得抑或能够获得"真相"呢?法庭,进而律师的许多时间都花费在确定或论辩事实上,但这一环节却在思考法律裁判的证成过程中受到忽略。法律现实主义者中的"事实怀疑论者"转而关注这些问题。

他们认为应当关注源自下级法院所处世界的挑战。从这个角度来看,有关法律解释的宏大争论就显得遥远且学究。"上诉法院法学"集中于享有盛名且具有智识挑战的"疑难案件",却因此忽视了法院日常生活中许多沉默但更为庸常的方面。因此杰罗姆·弗兰克在20世纪40年代至50年代的著作中这样嘲笑自己的法律现实主义同伴:规则怀疑论者关注行动中的法律的非常有限的一部分,可是大部分案件却是基于其事实得到裁判的。与他的怀疑论同伴一样,弗兰克极为怀疑法律结果的可预测性。此外,有可能出现的情况是法官与陪审员发现的事实与实际发生的事实并不一致。

最简单来说,弗兰克的怀疑论可以被理解为一种有关事实发现的心理学。证人的观察与记忆可能极为模糊,但他们却被迫在法庭中作出清晰且自信的陈述。开庭前与律师的会面甚至有可能等同于某种证人训练,证人从中学会何种事实会最适合于控方或辩方的叙事。进而在交叉质证时,他们会受到许多双重确认和怀疑技术的影响。在这一从不确定起步的程序结尾,我们可能与真相相距甚远。不无讽刺的是,即便证人对真相十分肯定,讲述起来仿佛他们亲眼所见,可他们却可能是"糟糕"的证人。在陪审团审判中,陪审员对证人复杂的反应以及他们会受到律师滔滔雄辩影响的能力,加剧了上述心理学问题。可是陪审团却被视为"事实的主宰"。在这种情境中就连法官在他们的反应上都可能不会很理性,并且他们对陪审员的影响并非不足挂齿。弗兰克观点中的这一方面得到后续社会心理学家研究的发展。

为了应对这种真相发现中心理学上的不确定性,弗兰克呼吁心理学本身

---

* 本标题下内容的更完整的讨论,可参见本书第三部分第四章。——译者注

的专业知识。可以邀请专家来考察证人感知方式的准确性以及说谎的倾向(根据可靠性与可信性的标准)。陪审团应当彻底废除,但如果不能的话,就应当在学校中开设有关陪审员责任的培训,法庭中陪审员专家应当陪伴在侧并向陪审员提供建议。令人困惑和情绪化的华丽服装和仪式应当废止。法官应当接受心理分析以控制自己主观投射的倾向。

弗兰克主要关注抗辩制程序,他将之类比为这样一种审判,即每一方的士兵试图通过斗争击败对方——一种"战斗式"证明过程。尽管这在过去可能有道理,那时我们相信上帝站在正义与真理一方,但它对世俗理性化时代而言并不合适。弗兰克改为提出一种职权主义的体系,它包括由受过更好训练的法律官员、公正无私的政府官员去挖掘所有事实,由专业化的法官和国家行政人员处理现代社会的复杂事实,以及越来越多地运用专家证人。

179

在今天看来,弗兰克相信科学专业技术、自由心证以及管理式法律官员的价值可能显得天真幼稚、成本高昂且在政治上令人担忧。但在撼动形式主义认为"法律"与"事实"截然分开且陪审团能够轻松把握事实这一假定方面,弗兰克的基本观点具有深远的影响。不无争议地说,当下证明体系似乎是自相矛盾的。一方面它基于如下假定,即普罗大众能够对公布的事实加以评判并作出推断。但另一方面,获得事实的法律方法却与日常感知或理解这个世界的标准相去甚远(对许多人来说,应当如此)。无论法律证明与法律程序是否如弗兰克所说充满矛盾,法律的美德与缺陷——法律带来的困惑与保障、苦难与理想——往往同时体现在同一个法律规则与程序中。

5. 对科学的信念

依据包括我们今天可以称为社会—法律研究在内的社会科学提供的知识,法律能够被理性地用来追求特定目标:社会保护、社会融入、控制犯罪以及许多其他推动规制型国家增进社会福祉的政策目标。

这里有必要详尽引用"法律的道路"中一个段落,霍姆斯在此非常明确地表达了法律能够从科学中(而非从历史中!)有所收获的信念:

> 有关法律的理性研究,掌握文本的人属于现在这个时代,但属于未来时代的人一定是掌握统计学和经济学的。对于某一法律规则,现在制定它的理由和亨利四世时一样,这令人不满。但更令人不满的是,规则制定的依据早就消失不见了,但规则仍仅仅因盲目模仿历史而存在。

为了表明如今的刑法带来的好处要超出其坏处，我们除了盲目猜测外还有什么？我没有停下来谈论刑法对羞辱罪犯以及使其进一步身陷犯罪的影响，也没有讨论罚款和监禁是否并没有对罪犯的妻子与孩子带来比其本人更沉重的负担。我头脑中的问题较这些问题更为深远。刑法产生威慑作用了吗？我们处理罪犯是否基于适当的原则？

我期盼在某一时刻，历史在解释教义中所起的作用会非常小，我们应该花费精力研究需要寻求的目标以及追求这些目标的理由，而非精致的研究。作为实现这一理想的一步，在我看来，每一个法律人都应该试图理解经济学。目前政治经济学思想与法学的分离，在我看来体现出哲学研究尚需多大程度的发展。

(The Path of Law, p. 474)

法律作为应用科学的观念"一方面引入了对于法律秩序所服务的目标的考量，换句话说对法律蕴含的政策或价值的考量；另一方面引入了对其技术效率特别是其效果的考察"(Yntema 1960, pp. 322-323)。

180

最后，现实主义者认为法官面临着重要的政策问题。形式主义是一件用来掩盖创新和政策判断的外衣，甚至在保守立场上被用来否定变革的需求。记住现实主义承诺的是这样一种法学，它由于1929年华尔街股票市场崩盘的灾难以及随之而来的大萧条的警醒而要为"社会规划与未来"提供指引。现实主义者承认法律已经成为政策的角斗场，鼓励法官公开地持有某种立场。他们因此支持在追求特定案件或特定类型案件的公正与妥当结果时，接受某种明确的"实质理性"(参见 Weber, 1921/1978, pp. 657-658)。持有某种立场是不可避免的，法官在法律中立性的外表下掩盖自己的裁判，不过是一种隐藏自己维护现状的意识形态举动。正如约瑟夫·辛格(Joseph Singer, 1988, p. 482)精彩地论断：

(美国)法律现实主义者批判免于国家干预或管控的自我规制的市场体系理念。他们挑战公共领域和私人领域这一(传统)区分。现实主义者断言国家与社会无论在逻辑上还是经验中都无法被彻底分开。国家一旦诞生，它就改变了(或试图改变)社会中权力与财富的分配。即便是未能介入"私人"教义，国家也有效地改变了契约关系；它授权更有权势的一方将自己的更高权力或知识运用在较弱一方的身上。因此，无论国家采取行动限制还是未能限制一些人统治他人的自由,国家都决定了社会中权力与财富的分配。

就此而言,自由市场体系与规制型体系不会有重要差别。一切市场体系都会分配权力,因此构成规制型体系。生效的规则会使得一些人的利益优先于其他人的利益。法律体系不可能不这样分配权力与财富。任何对财产和合同权利的界定都必然需要国家。

不过对现实主义者有关政策观点的解读不应太依赖于语境,不应将之解释为对美国法律体系独特发展的特殊回应。相反,他们揭示出现代法律的“正义”与“工具”面向之间潜在的一种紧张。因为政策本身就指向外在于法律体系的因素(也即**社会**而非**体系**语境),一种法律解释学说在何种程度上能够要求法官对这些目标视而不见呢?如果法律是有意根据某种社会政策立场制定的,约束这些政策考量进入法律适用的方式就显得难以理解了。

现实主义对后来有关法律和法律推理的观点具有重要影响。它启发了社会—法律研究的兴起,后者旨在探究影响法律过程的非规则性要素的范围,并考察司法共同体的内在视角。在其更为激进的马克思主义形态——或如我们稍后将会讨论的批判法学运动(CLS)中,现实主义思潮不仅意味着形式主义伪装下的法治无法实现,还意味着这种法治是一种正当化内在压迫体系的重要手段,它是一种符号或概念工具,使得受害者认为不正义在道德上似乎是可接受的。 181

阅读文献:

有关以规则为基础的法律推理的简短、清晰的辩护,参见尼尔·麦考密克的前言(MacCormick, 1994),他用一系列纯粹演绎三段论对丹尼尔斯案的重构,参见该书第二章:“演绎证成”。

有关制定法适用的形式主义分析,参见麦考密克与萨默斯(MacCormick and Summers, 1991, ch 13, pp. 511–525)。基于判例法的形式主义推理的分析,参见麦考密克(MacCormick, 1994, pp. 19–29)。

有关凯尔森对纯粹法学的杰出却晦涩的分析,参见凯尔森(Kelsen, 1967),该学说是对法律体系性及其形式结构所包含内容的论述。

有关形式主义作为一种规范性理念的辩护,参见哈耶克(Hayek, 1944),特别是第六章。

现实主义传统中早期非常富有影响力的杰作和经典文本，参见霍姆斯(Holmes, 1897)。科特瑞尔(Cotterrell, 2003)在《法理学的政治分析(第二版)》(*The Politics of Jurisprudence*, 2nd edn)第六章出色地讨论了罗斯科·庞德所倡导的“社会学法学”及其与美国法律现实主义之间的异同。请特别关注“卢埃林的建构性教义现实主义”(pp. 187 ff.)这一节。卢埃林对庞德的答复，参见卡尔·卢埃林1931年的文章(Karl. N. Llewellyn, 1931, 'Some Realism About Realism: Responding to Dean Pound', 44. 8 *Harvard Law Review* 1222-1264)。也参见卢埃林的《荆棘丛》一书(Karl. N. Llewellyn, 1930, *The Bramble Bush: Some Lectures on Law and Its Study*)。

美国法律史思潮的全面历史性分析，参见霍维茨(Horwitz, 1992)和达克斯伯里(Duxbury, 1995)。

弗兰克有关事实怀疑论的分析，参见弗兰克(Frank, 1949a)，特别是第418-423页，以及弗兰克(Frank, 1949b)“导论”部分。有关“事实发现的心理学”，在作证的可靠性、交叉询问中律师辩护的技术以及叙事的建构等议题上，更新且富有启发的论述，也参见杰克逊(Jackson, 1995)。这些议题的进一步发展，参见本书有关审判和事实发现的高阶话题。

哈特对美国法律现实主义的批判，参见哈特(Hart, 1983)以及(1961, 第7章)。

第十四章　诉诸解释

一、哈特与法律语言的“开放结构”

182

在“法律的噩梦与美梦”（“The Legal Nightmare and the Noble Dream”）这篇文章中*，哈特（1983）通过提出形式主义或“绝对主义”（即“美梦”）与他归属于规则怀疑论者的彻底法律无政府状态学说之间的二分法来回应现实主义理论。在《法律的概念》（1961）中，哈特虽然向现实主义做出某些妥协，但却认为现实主义者是“心怀失望的绝对主义者”，他们过于夸大了解释性空间，因为他们隐秘地追求一种乌托邦式法治理念。

哈特认为，尽管绝大部分案件是简单案件，法律规则在其中的适用是直截了当的，但法律推理不可避免包含司法裁量因素，因为法律必然会有“开放结构”。首先，依靠维特根斯坦哲学，他指出自然语言的不确定性使得意义无法以某种方式静止于或包含在形式确定的规则中。词语和短语可能有一个含义确定的“核心”，但也总是存在含义不确定的“边缘”，这就总为解释与分歧敞开大门。其次，存在对事实的相对无知状态。我们无法预测未来会出现何种“事实情形”，在此意义上我们通过今天的一般范畴去把握未来可能发生事实的努力会受到挑战。尽管我们现在一直试图规制的恰恰是未来的行为与情形，但我们无法预知自己当下的法律范畴在未来是否充足。再次，立法过程中法律目标存在不确定性：规则无法也不应试图覆盖一切可能

---

* noble dream 直译为“高贵之梦”，意指法律形式主义是法律人的一种崇高理想，但这种理想显然无法实现，故在这里意译为“美梦”。——译者注

发生的情形。这种开放性不是弱点，反而可被理解为一种优势，因为它允许法律通过发展来应对不断变化或不可预测的情形。最后，法律适用的是一般性标准，它本身必然会带来不确定性（或至少是一种不够确定的情形）：诸如“合乎理性”（“理性人标准”“理性可预见性”等）、“邻近”（在过失中）、“公平”“善意”“衡平”等标准，都不可避免地有允许解释的空间。这些法律标准并不是我们所认为的算术规则那样的形式规则——它们在待决案件中有待解释且需要解释。

除此之外，我们知道我们法律中有效的规则或原则会彼此冲突：比如，报道名人私生活细节的报纸所主张的言论自由就会与名人的隐私权冲突。通常在这些情况下，没有简单的方法能够使得法律规则像形式主义立场所主张的那么清晰明确；这就需要解释，或在彼此竞合的有效权利主张间加以平衡。

183

另外，还会出现的情况是在基于先例的法律体系中，对于先例判决理由的判断，本身就是不确定性的一个来源。即便是在一致意见中，在确定规则是什么时也存在解释的空间，对于可能有许多有待分析的多数意见的上诉审判决来说，尤为如此。如通常所见，当特定法律领域存在一系列案件时，这一困难就会加剧，因为这些案件中有许多可被视为提供了可能的先例，并且其中至少有一些可能自相矛盾。

哈特并不赞同形式主义立场，并如我们所见，也不赞同现实主义观点。他认为法律规则无法成为法官行为的简单预测，因为它们属于裁判规则。因此在他看来，形式主义与规则怀疑论（如我们先前所见，该主张认为规则实际上不是也不能完成法律形式主义者认为它们完成的任务）都是一种夸张。法律案件中规则拥有明确含义，此时形式解释可以毫无问题地发挥作用。实际上，可以说我们所处理的大部分法律问题都符合这一范式。

但由于上述提到的理由，当法律不再明确时，哈特认为就不可避免地走入疑难案件。此时法官必须运用他或她的自由裁量将既有规则适用于新出现的情形。由于既定的法律没有为待决案件提供明确答案，法官就必须诉诸实质的（因此就不仅是形式性的、演绎式的）法外道德或政策因素为判决提供基础。不过尽管在这些“疑难”案件中法官会拥有强自由裁量权，但它不完全是裁量的问题。无论法官以何种方式仔细考虑这一难题得出他或她的结论，他们都必须以有关正义、社会政策、道德等论证的方式为其判决公开提供理由，并表明这些论证在证成他们提供的判决时如何得到最佳权衡。

基于上述观点，法律就是由制定法律的司法裁量活动所补充的规则体系，司法裁判最好被视为纯粹形式化的法律理性与追随现实主义风格而过于强调实质理性之间的中间立场。

但是如果上述（哈特与现实主义者所关注的那类）不确定性的体系性渊源确实存在，而且如果法官也确实在裁判中具有大量裁量权——至少在“疑难”案件中如此，这难道不令人担忧吗？这难道不会摧毁形式主义方法所提供的司法客观性、中立性以及可预测性价值吗？难道不存在对法官如何推理的更多实质性约束，或者在我们思考如何期待法官证成其判决时，对这些实质约束如何发挥作用没有更多解释吗？

我们知道律师确实会对特定法律规则的适用或含义展开争论，有时甚至我们最资深的法官都常常以写作反对意见的方式对法律规则的内容或如何将之适用于待决案件的事实提出异议。在这种情况下，我们可以提出两类问题。首先，有关法律意义和适用的合理分歧，是否存在任何共同类型的理由可以解释它们为何会在法律体系中出现？如果存在，这些理由是什么，我们如何理解它们发挥的作用？其次，考虑到存在分歧这一事实，这是否意味着形式主义作为一种法律解释方法在实践中甚至在理念中都是无法辩护的？或更激进地说——法律形式主义最终是否不过是一个神话？如果是这样，支持这一神话会服务于何种利益？或者法律形式主义作为法律判决得以证成的方法，是否为真？还是说它只是在一定程度上为真，在实践中需要一系列其他证成技术的辅助？如果是这样，这些技术是什么，我们该如何理解它们发挥作用的方式？ 184

二、麦考密克与司法裁量的界限

基于哈特学说并将之加以扩展，尼尔·麦考密克试图发展出一套裁判理论，它明确地表明法律推理中存在何种实质约束，以及它们如何发挥作用。如我们所见，他试图表明既有的有效法律规则通常能够在简单案件中通过简单的演绎或“涵摄”而有可适用的空间——这很重要。现在我们来看法律论证隐含的逻辑如何在其非演绎阶段或要素中发挥作用。采纳哈特有关法律开放性的洞见，麦考密克提出“扩展的形式主义”。该学说中有关法律推理的分析，对于普通法推理和约束随心所欲的实质推理的证成性论证来说，都是成立的。他指出,这种学说以实践中法官实际行为为基础。换句话说,这是一种描述性学说。不过它也有规范性的维度:也即它认为麦考密克在司法裁判中发现的证成形式应当被视为良好的做法。

展开进一步考察前,澄清法官或律师在解释法律规则时会遇到的三类问题是颇有帮助的。它们是相关性问题、解释问题以及分类问题。

- 相关性问题指的是这类问题:什么是相关的法律规则?是否有理由能够确定所提出的案件可以通过参照有效规则得到证明?
- 解释问题指的是这类问题:如果存在一个相关的法律规则,应该如何解释它?
- 分类问题指的是所提出的案件是否能够妥当地被划分为——涵摄入——相关法律规则的范围内。

在简单案件中,规则能够得到明确地确定和解释,事实划分也不存在困难,案件可被涵摄为规则的一个实例,法律判决可以毫无争议地得到确立。疑难案件则与此相反,任何上述提出的三类问题可能独自或一同出现在其中,因此就出现如下问题:当相关裁判规则并非立刻显而易见时,法官应当如何行使他或她的自由裁量权?相关性问题可能意味着我们在法律中发现"漏洞",或发现法律冲突、法律不"合适"抑或我们在确定案件相似性时,即便后来的案件可能有些牵强,却允许类比的过度使用。分类问题可能指的是法官面对的案件或许无法立刻涵摄入单一法律规则。当案例是否可被解释为涵盖在大前提所设定的条件这个问题存在疑虑或争议时,就会出现解释问题。因此,在这样的待决案件中如何作出裁判?

185

为了回应这些问题,麦考密克找出法律推理中的一系列约束——它们是法官提出的任何裁判具备法律裁判资格所必须满足的条件。首先是"可普遍性",他指出这实际是也应当是所有司法裁判的一部分。他说,事实上这构成了证成本身的本质。这意味着要提出得到充分证成的判决,法官必须作出这样的裁判,该裁判将法庭所面对的特定案件处理为一般或普遍类型案件的一个实例。麦考密克指出,法官的工作就是思考一个提出的判决是否能够普遍适用。比如,在多诺霍诉史蒂文森案(*Donoghue v Stevenson*)中,有关责任的争议不仅在于特定生产商对多诺霍夫人的过失,而是如汤姆林(Tomlin)阁下所说:

> 我认为如果上诉人要获胜，就必须基于如下主张，即任何物品的每个生产商或修理商对每个可能在之后正当使用该物品的人都负有责任……在逻辑上无法不得出这一结论。
>
> （引自 MacCormick 1978, p. 57）

这一段中对“每个生产商”“任何物品”“每个人”的强调代表着可普遍性标准，麦考密克认为一个判决要想得到充分证成，这一标准就必须得到满足。他指出，证成并非基于特定案件的内容，而是基于对此案件的普遍或一般化处理：

> 在我的生命里，我无法理解裁判任何单一案件的好理由无法成为我们所见的裁判特定类型案件的好理由这回事，也即任何单个案件的“内容”就是它所属那类案件的内容。
>
> （MacCormick 1978, p. 97）

可普遍性是形式正义要求的延伸。它要求我们对等者等之，对不等者不等之。因此，证成通过普遍化，就与以同样方式公平对待一类事物中所有成员相关。麦考密克如此描述：

> 人们之中负责作出公正评判的人，以及认为该事务关乎正义的人，至少会认同如下原则，即类似情况类似对待，不同情形要基于情境中相关因素差异得到不同对待。只要我们有理由期待我们的公共机构会以理性上可理解且可预测的方式对待公民，我们就有理由希望他们根据这种形式正义观念行动。
>
> （MacCormick 1979, p. 110）

形式正义因此要求，一个判决若想得到证成，它必须按照处理其他类似案件的方式来处理待决案件。只有案件间存在足够的相关差异，将待决案件同前案加以区分才能得到证成。

186

尽管运用上述标准可能足以处理手头案件，但可能会有两种彼此竞争的法律解释都可以诉诸形式正义（类似案件类似判断）得到普遍化与证成。因此，比如在多诺霍诉史蒂文森案中，多数意见和少数意见——前者基于过错原则认为生产商负有责任，后者认为不存在合同关系而否认该责任——恰恰都可以上述方式得到证成。

为了检验彼此竞争的法律主张,麦考密克认为,下一步就是将可普遍性与后果主义计算结合在一起。

> 一个判决的后果(包括):(1)参照它所涵盖的假设情形范围而确定的判决的逻辑蕴含;(2)当体现这些逻辑蕴含的判决存在时,将会或可能会随之而来的实践后果的结果。
>
> (MacCormick 1979, p. 116)

这里得到妥善评价的并非当事人之间单个特定主张;与此相反,得到评价的是有关关键争议点的判决后果。如果对方提出的这个或那个竞争性法律主张获胜会是怎样?这些后果与正义、共识、公共政策等如何彼此协调?后果主义通常在法律判断中被视为具有“水闸”形式的论证,表明责任根据这一理由为何不应得到扩展。但以上这些绝非唯一例证,事实上麦考密克这里还涵盖了从“正义”到“共识”“公共利益”以及“便利”这些价值标准。

将可普遍性论证与后果论证加以(非比寻常地)联结会带来何种后果?如我们所见,麦考密克认为这种联结在要求判决理由可普遍化的形式正义的名目和约束下,将有关后果论证的实质推理带入法律。法庭对待决问题的明确或含蓄(可普遍化的)裁判,因此应当通过法庭对该裁判后果的评价加以检验和证成。在有关裁判如何把握和表达至关重要的“类型范畴”的上述联结中,这是关键点。在一段著名评论中,朱利叶斯·斯通(Julius Stone)通过下述探究表达了这一点:

> 考虑到如下事实的各种联结,多诺霍诉史蒂文森案本身就可以在逻辑上提出许多命题:
>
> (1)出现死蜗牛或任何蜗牛、任何异质物体、或具有任何意料之外的品质。
>
> (2)**在**不透明的饮料瓶子里,**或**在任何瓶子中,**或**在人类消费的任何动产中,**或**在任何无论是什么的对象中。
>
> (3)由作为(饮料)生产商、**或**任何生产商、**或**任何制造该对象的人、**或**任何处理该对象的人的**被告的过失导致**。
>
> (4)等等。
>
> (Stone 1946, p. 187, 引自 MacCormick 1978, pp. 117-118)

斯通在许多范畴中考察了决定该案判决理由的可能性,但这些可能性所揭示的问题我们已经说得够多了:可普遍化本身并不能解决相关一般范畴的问题,换言之,无法解决在何种程度的一般性上提出案件的解决方法。正是在这一点,翻阅麦考密克有关后果的论证是有道理的——这里的后果源自提出具有适度一般性的判决。不同的后果来自不同程度的一般性:如果判决理由不涉及源自腐败蜗牛所带来伤害的赔偿,或赔偿责任被限制在不透明饮料瓶生产商,多诺霍诉史蒂文森案就不会有影响力,提出反对意见的法官也不会担忧"打开水闸"。 187

但如果一个判决基于后果主义论证是可证成的,是否意味着法官能够作出任何他们描绘为具有有益或高度可接受后果的判决?除了上述提到的之外,没有其他约束了吗?麦考密克指出,还有两个重要的约束。

法律**一致性**的要求:判决一定不能与先前既有法律不一致,也即不能直接与某个具有拘束力或权威的规则矛盾。这意味着如果我们发现备选的判决满足了"可普遍化"标准且具备最可欲的后果,但却与法律体系中一个有效规则矛盾,那么它就不能成为一种法律解决方法,必须排除在竞争方案之外。如果不这样,作为有效且具有约束力的规则或包含有效且具有约束力规则体系的法律体系理念就必然会无效。

法律的**融贯性**要求与一致性相仿,但有重要差异。一致性是一种否定属性,指的是不存在矛盾;融贯性是积极属性。要想满足其要求,法官对案件的裁判必须只符合与现有法律内容一致且得到其支持的判决。这主要通过依靠法律论证中的原则实现。疑难案件中的判决必须被表明可以通过参照某种法律规则得到证成,因而与既定的法律"融贯"。一致性是一种全有/全无的品质,但融贯性是一个程度问题。麦考密克指出:

> 一般性原则被认为表达了法律体系之中或对它而言至关重要的价值。它们是含义广泛的规范性一般概括(generalisations),法律体系中更为具体的规则和判决可被涵摄其中。因此"融贯性"在下述意义上通过遵循法律论证中的一般原则得到保证,即不同系列的规则由于被聚合在一起追求某种或某些期望的价值而得到理解。
>
> (MacCormick 1981, pp. 118-119)

"融贯性"的另一个重要方面体现在类比论证中。类比论证在任何意义上都不具备形式有效性。但是它们通过一定的说服力发挥作用。当案件之间一部分类似、一部分不同时,类比可能支持但却没有充分证成(compelling)该案的判决。

法官通常会合理地运用类比。尽管类比不算形式证成,它们却通常直接影响了法官如何处理案件以及他或她期待他人如何看待案件的角度。比如,连体双胞胎案[*Inre A (Conjoined Twins)*]提供了我们在本部分第一段描述的事实情形。沃德(Ward)大法官在该案中写道:

188

> 根据我的判断,处于这种可怕困境中进退两难的父母就是不得不选择他们不可避免的损失中较小的那个。如果一家人在集中营门前被告知:他们可以逃走一个孩子,但如果不做选择,两个孩子都会没命。慈爱的父母对自己的双胞胎怀有同样的爱,他们会选择挽救更强壮的孩子,并目送较弱小的孩子注定有去无回地步入集中营大门。
>
> (Re A Children 1009-1010)

总而言之,麦考密克发现法官和律师运用——且可被期待运用——的某些**种类**的论证,一方面超出了演绎推理,但另一方面被用来约束法官会如何证成其判决。在此意义上,当法官在解释法律中不得不做出价值选择时,特别是在疑难案件中,这些选择就受到体系性或实质约束的限制(参见 MacCormick 1993, p. 18)。就其本身来说,法律推理最好被视为主要与规则适用有关,当形式适用存在争议时,它依旧是一种理性证成过程。

三、德沃金、证成与整全性

1. 德沃金论“疑难”案件

罗纳德·德沃金自其最早期著作开始,就一直认为每一个司法判决都需要自由裁量(它被理解为作出判断和解释),但却并非毫无约束的自由裁量。他对形式主义——及其法律作为规则体系的核心概念——提出强有力的批判,并以形式主义对疑难案件范畴的取消为靶子。德沃金认为,我们既不是通过查阅正确的规则而发现正确的法律答案,也不是在某种意义上仅仅由于“规则穷尽”而“偶遇”疑难案件——譬如,因为法律中存在“漏洞”或规则中存在“开放结构”(参见前文关于哈特的内容)。因为我们何以知道已经穷尽了规则呢？德沃金给出的案例[里格斯诉帕尔默案(*Riggs v Palmer*)、麦克弗森诉别克汽车公司案(*MacPherson v Buick*)、布朗诉托皮卡教育委员会案(*Brown v Board of Education*);相关例子,参见 Dworkin 1986, 第1章]均极有说服力地将"规则+裁量"模式逼入困境,因为在这些案例中,没有一个是我们显然"穷尽了规则"的。在德沃金使之闻名遐迩的里格斯案中,遗嘱的期待受益人为了防止立遗嘱人改变意志而将其谋杀。遗嘱生效的形式要件并不包括受遗赠人因其谋杀行为而被剥夺资格。德沃金问道,那么当遗嘱法案在存在(经验上)或意义(语义上)等方面没有任何争议时,形式主义者会如何解释是什么使得该案件成为法官被要求作出判决的疑难案件？形式主义模式曾对这种案件给出一个明确答案,但法官会热烈地争论这实际上是否算是正确的法律答案。在德沃金看来,法官之间的分歧精准地捕捉到了法律作为一种论辩性实践的"内容"(stuff)是什么。他认为法官通过讨论法律中蕴含的**原则**来建构一种证成(它将规则涵摄在自身之下),以此寻求正确的法律答案。实际上对于形式主义者所持有的理由来说,疑难案件并不疑难:它要么产生于规则正确适用的问题,要么与我们先前对于形式主义立场的界定一样,源自特定规则的语言所包含的语义学模糊。疑难案件不能这样被"解读"为一个规则问题。辨识和争论一个疑难案件涉及法律中包含的原则、标准和目的等理论分歧;事实上,德沃金并未将疑难案件视为多少需要作出任意裁判的异常状况,而是将其视为核心问题,指向了法律的本质可争议性。如我们稍后将要指出的那样,该属性要求总是具有解释性的司法裁判。

189

让我们来一一介绍。哈特和麦考密克的理论尽管也接受了现实主义者的一些论断,但仍坚持认为法律为实质推理提供了理性约束,并认为这些限制与法律推理中占主导地位的形式主义性质有关。这涉及如下假定:法官应当总是根据法律的争议点作出判决,应当和既定法律保持一致并且应当通过寻求判决总能遵从法律原则的方式来保证与现行法融贯。他们指出,这些原则与有效的法律规则处于一种理性的、可证成的关系。德沃金批判这些观点,因为它们承认自由裁量、法官造法以及法律的溯及既往。在德沃金看来,如果法律是一个规则体系的观点是正确的,那么规则就具有全有或无(all-or-nothing)的属性;因此一旦规则穷尽,法律则无以诉诸。如果法律只是以规则形式呈现,并且疑难案件正是因为没有规则能对之加以涵摄而需要自由裁量,法官就被赋予一种事实上不受法律限制的强自由裁量权。在某种关键意义上,规则已被“穷尽”(比较哈特对现实主义者的表述和批判)。对于德沃金而言,这一不可避免的妥协是不可接受的。它在描述意义上不可接受,因为这不符合法官对作出法律裁判的理解;如果法官由于疑难案件的答案苦思冥想、争论不休,这不是因为他们认为没有可诉诸的法律来涵摄该案件,因而需要以纯粹政治或伦理的方式作出裁判。并非如此。此时仍是他们所参与的那个司法裁判实践。不过德沃金认为,形式主义(以及“扩展的”形式主义)在规范意义上也是错误的,因为承认法官应当在疑难案件中僭越立法者的角色,就是对法治理念中所体现的法律和民主价值的不可接受的侵犯。

德沃金指出,法官在法律体系中所具有的只是一种“弱意义”上的自由裁量权,但这不是麦考密克意义下的“弱”;后者对于德沃金而言仍是一种强自由裁量权,只是因为被“理性地”加以约束才被削弱。在德沃金看来,法官所拥有的自由裁量权是且应当是另一种意义下的弱。当然,作为一种判断,其结果永远不是可被预先确定的。但这并不意味着正确或错误作出判断的方式不存在。他给出了如下例子:一个军官接到指令,为一项任务“挑选五个士兵”。在此指令中他被授予的强自由裁量权,与该命令若为“选择五位最适合该任务的士兵”时所授予的弱自由裁量权极为不同。显然,后者也授予了军官自由裁量权,但它不在于选择的自由,而在于根据任务的需求就所谓“最适合”的含义作出有根据的判断。法官被赋予的正是这种自由裁量权。对德沃金而言,尽管与仅仅从规则展开演绎推理不同,如何适用法律的标准并非总是明确且需要运用判断,但总有相关的法律标准会对结果有所启发。适用法律标准非常困难且通常充满争议,但终归会有一个正确答案。法官的职责不是另立新法,而是适用既有的法律。关键在于,既有的法律不只包含着实证法律规则。

190

在其主要著作《法律帝国》(*Law's Empire*, 1986)一书中,德沃金的洞见融入法律作为解释性实践的理论之中。关于更早的论证思路与该书论述之间的不同之处,已多有讨论。尽管我们可以说德沃金的论证重点已经改变,但晚期的著作将其早期洞见融入法律作为解释这一理论中,并被法律是一种实践且在解释者共同体中得以生发的观点加以根本性扩充。由于这一发展,德沃金将有关法律性质的理解从文本转向实践,从既定的事实转向不断展开的修正。与将法律概念视为官员过往决定(实证主义)不同,在德沃金看来,法律是一种解释性概念,每条法律的含义都是解释的运用,疑难案件和简单案件之间独特的差异总是一种解释性选择。只有当我们认为法律是一种实践且以参与者身份介入有关法律含义的争论时,解释才是可能的。通过借鉴解释学传统,德沃金主张,理解一种社会实践需要诉诸它对于参与者的意义。如同每一种实践和每一个概念,法律的意义只能从一种共享的语境、生活方式和共同体中获知。作为我们法律实践意义的解释者共同体的成员,我们共享着法律实践可能意义的语境。我们之所以能够开始理解法律实践的需求,并不是因为我们坚守着某种严格的规则清单,而是因为我们能够采取参与者的"内在"视角、解释其本旨或目的以及它们如何启发我们每个案件中法律的要求。因此,在诸多可能的理解中论证最佳理解,关乎我们作为参与者就该实践的目的或本旨展开论辩。为了发现法律的要求,我们必须每一次都试图以最佳方式去解读这一制度,并从最能充分实现其隐含目的之角度理解它的需求。"建构性解释"(按照德沃金的叫法)的运用必须基于客观的基础。也就是说,不是将外在的道德或个人目的强加给实践,而是重拾内在于实践的目的,因为它对参与该实践的人们来说是可以理解的。

2."正确答案":整全法

下述看法对法律成立,对所有社会实践同样成立。德沃金认为,解释永远是一个证成的过程:人们通过证成一种实践(这里是指法律实践)的主旨来理解它;但是,这种对证成性原则或目的的归属,需要已经体现在实践中,提炼自我们对实践的最佳理解,而非我们强加给它的。例如,我们可能认为侵权损失赔偿的最佳证成,是风险的公正分担甚或是对社会弱势成员的保护。但如果那不是在我们的法律体系中理解损失赔偿实践的方式,因为比如,对于人们负有责任的证成,应与人们是否本来能够预见该损害相关,而非他们是否有能力支付赔偿,那么无论我们认为这个证成多么有吸引力,它都并非可以用来解读该实践的原则或证成——它是被强加的,而非被提炼的。因此,这个证成并没有从最佳角度审慎"看待"该实践,因为它与该实践并不适切,而是将其重构为其他问题。"建构性解释"事业为法律实践和法律裁判的得出引入了巨大的复杂性。法律中彼此竞争的解释,就是以不同方式对法律实践的历史加以理性化,它们在"适切(于实践)"这个范畴内展开角逐。证成要求某种"适切","适切"界定着某种证成。正是这两者之间的一种反

191

思平衡(一种以全体法律为背景的平衡),使得两者之间的最佳平衡被视为法律上的正确答案。

在德沃金看来,"正确答案"是权重发挥关键作用的答案。在这里,权重意味着原则的重力牵引,而原则是我们用来将规则和判决理性化为融贯整体的事物。由整全性指引的法官将会依据道德上最具吸引力的原则(也即先前判决中所确立的,在该序列中最适切且最具权重的原则)作出裁判。在实践中这意味着什么呢? 让我们来举一个例子:某人在法庭前成功煽动群众从事违法行为。我们能否追究他的刑事责任呢? 也许"道德上最具吸引力"的证成,即法律的解释者最重视的原则,是所有言论须免于起诉,且我们的政治激进分子应当得到宽恕。但是,基于他所处社群的法律实践来检验这一原则,解释者可能发现这并不"适切"于该实践。法律限制任何言论行为:从威胁性言论到不同形式的广告;另外,这一证成的包容性过大(over-inclusive)。也许,人们应当将其限制于"政治性言论"的情形,并论证对于我们法律实践最好的解读要求政治言论行为应当得到保护。或许在这种情形下,"适切"的要求已经被满足,尽管该保护或许也正受到如下不同问题的困扰:争议中的行为(即煽动群众)是否属于被保护的类别,亦即它是否属于"政治性言论"的实例;又或是这种理解"适切"的更好方式使得该证成包容性不足(under-inclusive)?

德沃金将其有关法律中正确答案的规定称为"整全性"(integrity)。整全性是指与过往裁决在原则上相一致,并要求从先例中提炼出这一最适切于制度历史(records)的作为证成的原则。德沃金生动形象地对比了整全性与实用主义,他以后者命名自己的主要理论对手,也即批判法学运动。一个实用主义者诉诸政治原则只是为了满足他(她)自身对于某种理念的追求,而非致力于提出法律所体现的共同原则框架;为了"法官(和外行参与者)作出任何看起来最有利于社群未来的决定"(Dworkin 1986, p. 95),原则就策略性地受到牺牲。不同于实用主义,"整全性要求该社群的公共标准应当尽可能地既是确定的也是公开明确的,以便表达出一套单一的、融贯的、体现正义和公平之恰当关系的框架"(ibid, p. 219)。尽管每一个关于法律是什么的决定,都可以从应当用何种原则来解读文本和先例的角度展开论辩,但整全性不同于实用主义,它并没有使得这一问题悬而未决。如我们所说,它坚持发挥作用的原则应当适切于过往法律判决史可设想的最融贯的正义框架,并在道德上证成该实践。整全性要求手头判决的理性化原则能够成为融贯为一体的理论的一部分,且从最佳角度揭示了手头判决。

为了有说服力地厘清解释和融贯性的关联,德沃金借用了连环小说的比喻,而法官在其中承担着前后相继的共同作者的角色。在将他或她的章节加入小说时,作者必须确保它读起来既和整本小说连贯,又能最佳地呈现它的体裁。对于法官来讲也是同样的道理,如果他或她的判决尊重了法律的整全性,就会使该实践被重构成一个具有意义的整体;进而通过使我们对法律实践(人们在其中争论着自己有关争议内容的观念)的理解变得融贯而维护了共同体的统一。这就是德沃金满怀雄心的有关法律是什么的看法,他将这一重大任务托付给他想象中的法官赫拉克勒斯(Hercules)。尽管每一个关于法律是什么的决定都可以从应当用何种原则来解读文本和先例的角度展开论辩,整全性并没有使得该问题悬而未决,而是为赫拉克勒斯提供了一个能够产生答案的指引性理念;它坚持发挥作用的原则应当适切于过往法律判决史可设想的最融贯的正义框架,整全性要求手头判决的理性化原则能够成为融贯为一体的理论的一部分。这就是德沃金重述正确答案命题的核心。整全性提出法律**所要求**(而非仅仅是司法偏好)的正确答案,并因此维护了法治的理念。 192

阅读文献:

有关类比在普通法中如何发挥作用的精彩论述,参见列维(Levi, 1948, sections I and II, pp. 501-519)对侵权行为这一不断变化的分类体系中危险性概念的专门研究。

"连体双胞胎案"是班科夫斯基与麦克莱恩(Bankowski and MacLean, 2006)一书中多篇文章的主题,该书也更为深入地探讨了法律推理中的普遍性与特殊性议题。

有关麦考密克分析的简明总结,参见麦考密克(MacCormick, 1979)。更完整的论述,参见麦考密克(MacCormick, 1978, 1994 第二版,第 5 章到第 9 章,特别是第 5 章"二阶证成")。有关麦考密克后来对自己法律推理学说的重述,参见他的《修辞与法治》(*Rhetoric and the Rule of Law*, 2005)。

有关哈特对自由裁量看法的进一步讨论,参见他这篇"佚失之作"(Hart, 2013)以及在 2013 年《哈佛法律评论》(*Harvard Law Review*)中讨论它的论文,特别是莱西(Lacey, 2013)和肖(Shaw, 2013)的。

德沃金(Dworkin, 1986, 第7章)提出了“整全性”概念,在此它与法律解释中其他流行观点形成有所帮助的对照。有关德沃金法律解释学说的简明总结,参见德沃金(Dworkin, 1990)。

德沃金(Dworkin, 1985)是一部有价值的文集,收录了一系列重要的分析与争鸣。

在南非种族隔离法律的语境中对整全性学说的重要运用,参见克里斯多利迪斯(Christodoulidis, 2004)。

德沃金对法律是一种规则体系这一观点的批评,参见德沃金(Dworkin, 1977)。有关他用前文中的案例来“检测”形式主义学说,参见德沃金(Dworkin, 1986, 第1章)。德沃金在(1977)中提出有关“权利是王牌”的表述,但在后来著作中则对之不置一词。

尽管《法律帝国》(1986)依旧是德沃金法律学说最重要的体现,但他在(2000)和(2006)特别是(2011)中进一步发展了核心观点,在后者中他的法律学说放弃了对“适切”与融贯性标准的某些独特认同,并将自身置于一种更为广泛的整体性价值理论中,在该理论中政治、道德和法律立场被认为是彼此支持的。

第十五章　法律推理的政治学

一、批判法律理论

193

批判理论植根于马克思主义，特别是本书先前在马克思主义对“意识形态”批判这一标题下所讨论的内容。因此，我们需要再次转向马克思以及生产过程和社会再生产来识别批判的**对象**和**靶子**。在马克思看来，社会的经济与物质再生产运作的基本范畴是对资本主义关系的表达。它们通过私法的基本范畴得以**中介**，这些范畴使得它们表现为自由的活动与自主的能动性。先前我们考察过在此过程中，社会物质组织的关键特征如何在该表达中因此受到扭曲、错误呈现或消除。正是由于这种错误呈现，人们认为资本主义体系从被统治者以及在此过程中感到生活机遇遭受削减的人们身上**汲取忠诚**。如果批判理论旨在设法消除——更不必说推翻——支配与剥削的条件，它就必须考察意义得以建构的方式，并且就法律话语而言，要考察法律概念的组织方式以及掩盖资本主义分配的方式。

涵盖广泛的批判理论所共享的一点，是它们既强调理论化的政治意义，又强调理论作为赋权和解放工具的价值。**批判**意味着理论中的转型意图：批判理论对传统和已被承认的智慧深感怀疑，其焦点是瓦解和驱逐通常有关事物实际样态的隐而不现的假设、偏见以及确定不疑的理解。它至关重要地是一种**介入**的公共哲学，而非逃避政治社会中争论与变迁的学术科目。

我们因而能够在批判研究与介入所涵盖的范围中区分出某些共同主题和立场。它们构成了在此传统中思想家以不同方式加以把握的批判理论的根本洞见,在此我们通过强调对司法理性的批判及其批判性运用来彰显这些洞见。随着我们对批判法学思想两个重要时刻的更进一步讨论,下文分为如下两个主题:美国批判法学研究运动以及司法裁判的女性主义批判。

194 首先要强调的是,批判理论常常脱胎且沉浸于特定的行动语境以及特定的社会关系与制度安排。理论在这里是一种公共介入的形式,而非孤立的学术科目。它在很大程度上被开展为对公共生活的介入,且本身处于独特的历史定位、安排、变迁与冲突之中。这也意味着它介入的**形式**,是以自己的语汇和意义规则同特定幻觉(imaginaries)展开交战。

与此同时,批判理论必须同这些情境中参与者生成、满足身份与行动意义的方式保持距离。如果无法在一定距离外审视强制,就无法撼动强制,可如果强制被界定为社会生活的一个**必然**特征,就无法在一定距离外审视它。比如,人们如果假定(客观上)能得到的工作会更少,那么他们就会接受薪水低廉且有损身心的工作;如果他们假定经理的自然特权就是规定工作关系的内容,他们就不会组织起来民主地管理工厂;当人们假设企业家的特定利润率如果无法得到保证经济就会崩溃,任何反抗社会中权力与财富不平等的行动都会被视为具有潜在的毁灭性;诸如此类。在所有这些情形中,批判理论的任务就是表明当制度安排以必然如此的面目出现时,实际上存在着**偶然性**,事情可以有另一种样子。这对批判性思维及其最为严格的要求之一来说,都至关重要。当基础性假设融入语言,体现为对特定意义体系和物质支持的调动,进而使得社会的想象性构成变得具有自明性时,批判理论要求承认这些基础的偶然性。撼动这种支配性观念立足其上的自明性通常确实是一项艰巨的理论任务。

批判理论在完成这一任务时,会如我们在讨论马克思主义时所见,揭示内在于体系的披着正义外衣将不正义加以系统化的矛盾。这个词的含义可以被扩充为包含内在不一致、压制意见、排外以及资本主义体系的承诺与**能够**实现的结果之间的不匹配。"能够"在这里是一个重要的词汇;不同于"可能",它具有结构性局限。比如,资本主义劳动市场无法实现完全雇佣的承诺,因为一个市场——在"优化"供给与需求时——要求失业这种结构性要素来将自身维持**为**一个市场。批判的对象就是揭露这些矛盾:法律承诺的平等与财富物质分配中巨大不平等的矛盾,能够获得司法救济、工作机会、医疗保健等机会与现实中一无所有的矛盾,机会平等的承诺与基于性别、种族等因素进行歧视的现实之间的矛盾。在探究这些矛盾时,**意识形态批判**旨在揭露出它们是支配利益的**系统性**表达——无论这是否为阶级利益、无论它们是否与性别、种族有关或构成其他形态压迫的基础——并号召人们对之**展开行动**。

二、美国批判法学运动

1976年,一群学者聚集起来召开名为“批判法学研究大会”的会议,一个崭新的学术运动由此诞生。尽管法学界不乏反对的声音,这一群体的影响力却与日俱增,将一大批左翼激进立场汇集在法律领域,构成一场综合性运动,并在制度上为反对“法学正统”的学者提供了统一立场。批判法学运动重现了美国法律现实主义(参见前文)的激进时刻,认为认真对待法律学说(legal doctrine)意味着揭示而非掩盖法律中的矛盾(更非通过它们来教授法律)。他们与现实主义者一道反对形式主义立场,认为规则并没有固定不变的明确含义;他们指出法律的文本可被“解构”来揭示其内在的模糊性(参见第三部分高阶话题“法律和解构”)。强调“矛盾”意味着突出法律中出现的如下选择与可能性:它们允许法学学者、实务工作者以及法官为了支持那些发现自己由于法学正统的运作而系统性地丧失权力的人,能够利用可获得的法律渊源。这与批判法学的第二个目标紧密相关——探究、批判并最终推翻法律学说、法学教育以及法律制度实践得以确立优势、剥夺弱势群体权利、维持社会中无所不在的压迫关系体系现状的方式。

195

尽管认为批判法学运动是“铁板一块”的观点错得离谱,但认为在多样性中找寻某些共同主题也并非无的放矢。第一个主题与下述主张有关,即法律中充满了真正的(而非表面的)矛盾。第二个主题涉及法律中权力如何运作来消除这些矛盾。这两个主题——法律中的矛盾,以及权力和等级的重要性——都在批判法学运动分析法律的如下方式中显露无遗,即强调以对立和彼此不相容的方式解决案件时成对出现的各种主要对立立场:规则的机械适用/敏感于情境的特别标准,主观价值/客观价值,基于意志的人类活动/环境决定的人类活动,私人/公共,个人/群体,法律/政策,理性/**命令**,自由/强制。这些配对都具有等级结构,因为对立中的一方占据主导,而另一方处于从属和辅助地位。主导的一方维持现状，在例外情形中，从属的一方允许我们质疑现状。

以合同法以及批判法学运动的一位主导人物罗伯托·昂格尔的分析为例。昂格尔指出，合同法的历史以及作为其学说体系化内容被继承下来的事物，具有内在不确定性：受制于我们每次附加给它的原则，它能够以不同方式加以解读。依据解读合同法的视角是“个体主义”还是“共同体”，我们将可替换的契约自由原则和与之对立的契约平等原则附加给合同法，从而提出彼此竞合的“理性化”合同法的方法。这两种解读都是可能的，因为它们都对先例提出了融贯的论述，即便共同体的追求和它所启发的公平原则不那么合适于合同法的历史，或对于历史中某部分的理解捉襟见肘。但（公平原则）作为“受到压制”的原则或“对立原则”，它包含着如下潜能：革新合同法的法律解释，使之对其所表达的价值更具吸引力。

昂格尔的论证大概以如下方式展开：

1. 每个规则都包含例外。

2. 该规则代表着主导原则；例外代表着对立原则，居于从属地位却依旧体现在法律中。

3. 不同的社会视角在法律中彼此角逐——个体主义与利他主义——它们构成了规则/支配原则与例外/独立原则的基础。

196 以表格方式运用到合同法中，它们提出如下三重对立（表 2.15.1）：

表 2.15.1　三重对立

规则	**例外**
Pacta sunt servanda（有约必守）	契约无效或可无效时则有例外
原则	**对立原则**
契约自由：既指缔约方也指内容	契约公平：存在下述条件时协议无效 （1）内容不公正 （2）败坏公共社会生活 （3）缔约方行为有悖良知
价值	**对立价值**
个体主义/自主	团结、保护弱势群体、共同体价值

这不可避免是概要性的。但正如昂格尔所强调的,基本观点是法律中存在论证一个案件落入规则(*pacta sunt servanda*)或例外(胁迫原则、不正当影响、不合理条款、无法履行、显失公平、善意保护和信赖较不正式的陈述等)的可能;在教义层面,解释的冲突体现了彼此竞争的原则之间的更深层次对立;相应地,在这种原则对立中体现出更为深刻和法律上无法消除的矛盾,这就是两个政治上不可和解的价值体系的冲突——自由个人主义与社会主义。重点不仅在于法律为律师提供了以任一方式论证案件的诸多可能,还在于事实上我们的法律体系既是私人交易的被动执行者,也是维护弱势一方并对抗经济上强者的具有家长主义风格的积极保护者。法律并不包含有待发现的"正确答案"。相反,法律的矛盾对应着法律中体现的有关人类联合的不同规范性立场,这些彼此冲突的视角应当得到公开讨论,特别是因为法律矛盾中受到压抑的一方被认为更具政治进步性。因此,法律被认真地视为实施激进社会变革的手段。

在后续著作中,昂格尔(1987b)谈到有必要将包括"团结权"(Solidarity rights)在内的更高阶段的权利范畴加以制度化。尽管他对这些权利的确切内容着墨不多,但我们可以基于昂格尔其他著作,设想这些权利内容可以通过强调已经出现在法律中(可能受到压抑)的原则来重新获得。前文详细阐释了这一过程的机制与逻辑。在《作为制度想象的法律分析》("Legal Analysis as Institutional Imagination", 1996)一文中,他重申了通过"辩证性地进行描绘和批判"来展开"有关制度的选择性探究"的号召。昂格尔在所有这些著作中的观点是提出一种有关推理的解释性方法,它依赖且策略性地利用现有的(可能是潜在的)制度方面的可能性。就团结权而言,重构工作会从保护现行法律(主要是合同法和侵权法)中的团结展开,比如信赖保护、弱势群体保护、善意的一般性条款以及禁止权利滥用的一般性条款等,"私法以此在支持公共关系的同时,将社会呈现为一个陌生人构成的世界"(Unger 1987b, p. 537)。

197

依靠昂格尔的工作,休·柯林斯更进一步提出了一种以他所说的横向而非纵向方式运用的法律分析学说(Collins 1987b)。依据有关法律在社会中如何发挥作用的正统理论,我们可以宽泛地区分法律分别适用的三个层面。第一个层面是公共生活。我们的公法在这里为公民(以公民权的方式)提供强有力的保护以对抗国家掌控的强权,并通过确保政治权利来组织民主制度。此时法律承认公民与国家的关系中存在某种非对称性,因此为弱势一方提供保护与保障。第二个层面是交换和工作。在这个层面自由主义法律典型地将交易各方视为平等主体,提供语言与范畴以准许他们相互交易,同时在此过程中保持中立。最后是第三个层面,神圣不可侵犯的家庭与亲密关系领域,法律在这里的介入是最低程度的,以便保持其不受国家干涉并保障被视为消极自由的隐私。

批判法学运动主张,有充分的政治理由表明这一固化的社会生活图景需要受到挑战,因为它维持压迫而非保障自由、确立不公平的有利条件而非提供机会。家庭关系如果不接受法律的审视,就会不受约束地纵容虐待、家长特权、家庭暴力、违背信义。工作和交换层面显然也不是平等主体达成交易的场所,而是公司巨头操纵个体工人、合同参与方中经济上的强者围猎弱势群体的地方。

推动激进政治变革以对抗不公平优势地位的批判法学运动纲领,运用法律来重塑不同层面之间的界限,并且利用这些边界的脆弱和可渗透的属性来激起社会变革。更准确地说,这里批判法学理论的"异端学说"的横向运用,同样取决于追溯每个层面中原则与对立原则之间成对的对立,并支持认为对立原则重要的情形。使得这种论辩策略具有可信度的,是一个层面中的对立原则在另一层面中属于主导原则。比如,在公共生活层面我们可能拥有揭露腐败权威的自由、结社以实现我们追求的自由,但恰恰是这些相同的权利在交换领域遭到否定。在工作层面,同样的活动会导致非常不同的法律后果,此时针对腐败雇主的"吹哨"行为很少受到保护,各种形式的抗议活动通常被视为犯罪。但这些彼此有别的法律后果的逻辑完全站不住脚且自相矛盾。工作和交换领域并不平等;公司的行为日益腐败,它们的活动需要被披露出来接受审查,特别是在一些公司实际上拥有甚至比民族国家还要巨大的权力的时代;面对无情的新式管理技术、管理者特权、各种形式的不充分就业以及失业威胁的层出不穷,雇员是最为弱势的群体之一。所以,此时为什么不运用法律体系提供给我们的资源来保护权利、跨越不同层面的界限(它的自主性正逐渐变得越来越没有根据)充满想象力地运用社会生活中任何特定领域的法律论证呢?

198

就昂格尔对法律分析的可能性的设想以及他对如何运用法律逻辑来拓展这些界限的细致描绘来说,他的著作引人深思且十分激进。他反对像德沃金那样将法律理解为在识别一个最佳原则的基础上寻求正确答案,他提出如下可能,即通过识别“对立原则”做出政治选择。因此,德沃金与昂格尔的争论(不过这一争论从未直接或明确展开)最好在政治理论背景中加以理解。这位批判法学学者试图将变革性政治行动的可能性注入法律。如果法律是不确定的且每次都需要被“理性化”,那么它就是容纳政治构想的可塑容器。我们认为何种法律答案合适,取决于我们的政治立场。何种理由“正确”取决于我们选择该理由背后何种政治原则是正确的。德沃金的设想典型地受到让法律远离政治这一自由主义观念的推动。他提出一种会将政治角斗场中的抉择抬升到法律原则论域的学说(参见 Dworkin 1985)。依据德沃金的看法,法律为彼此竞争的政治观点提供了中立的裁判方法,以至于我们认为法律中正确的答案并不必然等同于我们认为政治上可欲的答案。但批判法学运动是另一种立场,不仅认为在法律争论中无法避免政治选择,还认为让法律超脱于政治的自由主义努力本身就不是中立的,而是一项政治举动。

三、司法裁判的女性主义批判

1. 最初的挑战

过去几十年里对法律推理最具持续挑战性的批判中,有一些源自女性主义学者。这些批判不仅源自学术分析,也来自法律及其推理过程对女性生活非常真实且有害的影响。法律在西方化社会中的历史就是由男性书写的历史。因此毫不意外的是女性的观点和地位一直受到排斥和贬低,法律推理过程与此大有干系。女性主义分析中虽然有许多不同立场,但出现的某些思潮可被视作是对法律的批判——一方面是对法律的实质内容,另一方是对法律形式本身。

对于许多女性主义作家来说,特别是对那些在女性主义传统早期著书立说的人,他们的目标是将男性与女性之间的形式法律平等确立为法律实质内容的一部分。这些工作曾启发了——且继续启发着——许多反歧视立法及其适用背后的思考,这些思考旨在确保男性和女性在法律中拥有形式上的平等地位与权利。比如,非常突出的是在雇佣法领域女性争取同工同酬原则以及雇用机会、退休金等平等的确立,它们可以被写入信奉基于性别的非歧视普遍原则的立法之中。从这个角度来说,直接歧视女性的法律破坏了法治中的平等。如果法律心目中的自我形象是支持公正和不偏不倚,那么这些同样的标准要求男性和女性都应得到法律的平等对待。换言之,所有公民享有的形式平等原则应当全部而非部分落实。有时这一立场被称为"自由女性主义",它认为女性作为平等主体参与社会的自由,意味着坚持法律自己主张的标准。因此,既有的法律原则和法律推理能够被用来在立法和司法中发展女性完整且平等的权利。

199

这种相信曾经将女性排除在外的法律现在有能力将女性纳入其中的信念,逐渐被认为存在许多缺陷。这意味着尽管形式平等的主张已被接受,但在界定和适用一般范畴方面,法律解释依旧依赖男性视角。根据这种看法,有关平等权利和标准的解释本身包含着诸多偏见,这就是说女性仍然受到歧视。所以,比如就刑法中对于挑衅的防卫或自卫情形来说,相关法律适用于并不符合立即报复(这是一种男性气质)情形的案件时,其功能反而是排除了女性对男性长期虐待的反抗。在反歧视法本身之中,女性为了找到歧视问题能够得以解决的合适参照系,总是不得不将自己与相同情况中的男性相比较。这里隐含的就是男性标准总被假定为规范,背离了法律通过白纸黑字提出的有关平等的设想。纳菲尼如此总结其整体立场:

> 尽管法律似乎为男性和女性提供了大体平等的权利,实际上法律围绕着一个既是男性又具有男性气质的特定个体展开。法人仍然在很大程度上是男性而非女性,法律依旧为女性保留着另一个地位:法律中男性的他者。
>
> (Naffine 1990, pp. 136-137)

传统法律推理技术意味着法律即便宣称平等,可"谁的平等"这一问题倾向于将男性标准视为无可置疑和普遍的答案。纳菲尼继续说道(p. 144),根本的问题真正在于:"为什么女性不会更像男性?"有关角色、关系以及期待的更为广泛的社会理解中,法官(男性占据压倒性的多数)在决定哪些方面要得到突出或忽略时,多少有意识地通过引入男性假设来填充诸如法律人格或形式平等抽象法律范畴的内容,并以此作出法律判决,同时将之正当化为体现着平等。通过这种操作,在赋予法律内容时,女性的体验遭到贬低,或未能得到表达。

2. 批判法律推理的形式

上述洞见给自由女性主义立场提出了更为深刻的问题,它们正好与法律及法律推理本身的形式有关。与形式主义立场相关的价值——客观性、中立性、普遍性、形式正义——都受到了女性主义作家的批判。为什么这些价值本身会被视为关切的对象? 该观点的本质就是这些价值尽管声称平等待人, 200 所作所为却与此恰恰相反。如下是两种论证。

第一个论证认为试图实现客观性、公正性、中立性等价值的观点实际上体现了看待社会关系的男性视角。对这种视角如何影响了法律推理,存在两种不同的解释。一个认为男性和女性拥有不同的推理风格。心理学家卡罗尔・吉利根(Carol Gilligan 1982)依据对于道德推理的分析,发现男性倾向于倚重抽象的、个体主义的以及普遍或规则驱动的方法来解决道德问题,但女性倚重关联性以及更为特殊化或语境化的推理。她认为前者是正义伦理,而后者是关怀伦理。此外吉利根强调,“正义”风格的推理在传统中被视为更“发达”或“先进的”,因此客观性和公正性的概念被赋予优先性,超越了和“关怀”有关的概念。在法律语境中思考,可以认为法律形式主义的价值复刻了这种等级秩序,并且在此过程中潜在地体现出有关什么是最为合适且“正义”的法律解释方法的更为男性中心主义的论调。在所有这些过程中,女性的重要体验会被贬低,她们的“不同声音”被排除在理解和推理的过程之外。

这种解释受到了源自法律与社会关系一般视角的广泛批判。女权主义法学家凯瑟琳・麦金农(Catharine MacKinnon)认为,上述方法“本质化”了性别之间实际上是偶然的权力而非自然差别。麦金农指出,男性想要女性去做的事情正是关怀。她认为,准确来说不是男女之别而是支配关系解释了当下社会中的性别关系。如我们所见,尽管平等对待男性和女性意味着将男性作为对照,但她指出不平等对待并不是真实差异的结果,而是源自显而易见的通过社会实践的支配。此外,尽管存在承认“差异”的例外,但却难免这进一步固化了男性刻板印象与权力的指责。因此,即便可能是善意的法官试图保护女性“源自其女性属性”而具有的差异,但结果可能是一种破坏任何我们所认为的自由的父爱主义。麦金农提供了一个特别形象的例证:法庭判定,女性在都是男犯人的监狱不得从事接触性工作是合法的,因为女性可能会被监狱犯人强暴。对此,麦金农指出,法庭采纳了“强奸女性雇用机会的理性强奸犯视角”(1989, p. 226)。

麦金农批判的是,与法律形式主义相关的价值——客观性、中立性、公正性——本身是靠不住的,因为它们就是组织社会权力以伤害女性的基本途径。从如下角度来看,国家——它的立法与司法程序——以及法治学说本身都居于中心地位:

> 在女性主义意义上,国家是男性:法律看待和对待女性的方式就是男性看待和对待女性的方式。自由主义国家依据男性利益强制性、权威性地构成了社会秩序——其方法就是通过国家的正当化规范、形式、与社会的关系以及实质政策。
>
> (MacKinnon 1989, pp. 161-162)

比如,对于形式主义学说如此重要的客观性概念,实际上发挥着客观化女性的作用,也即将女性变为客体。因此,在麦金农看来,“从形式上看国家是男性,因为它的客观性就是其规范……在法学意义上国家是男性,因为它在法律与社会的关系中采纳了男性权力视角”(MacKinnon 1989, pp. 162-163)。

201

就其本身而言,理解法律解释必须更注重法律的形式,而不仅是其实质内容;或者更准确地说,必须关注法律形式具有的权力在确定法律内容时运作的方式。这在整个法律规制领域都是如此,正如芬利所说:

> 法律推理及其语言是家长制的……享有特权的白人男性是平等法律的规范;他们是侵权法中评价理性人的规范;男性作出反应的方式就是自卫法的规范;男性工人就是劳动法的标准。
>
> (Finley 1989, p. 893)

非常重要的是芬利强调法律推理中的语言因素,因为它不仅体现出正常化不平等社会关系的语言权力,也很关键地体现出语言的局限;这就是当潜在的不平等结构没有得到消除时,仅仅在法律中转变为非性别歧视的话语——比如过错中的理性人,而非理性的男人——不会必然带来性别平等。正是这些观察指向了法律语言、形式主义价值以及社会支配之间的紧密关联。如芬利所言:

> 普遍与客观的思考是男性话语,因为在智识上、经济上以及政治上拥有特权的男性有权忽视其他视角,并因此将自己的情况视为规范,将

自己的现实视为现实,将自己的视角视为客观。被剥夺权力的、边缘化的群体就远没有可能将自己的情况、经验与视角错当为普遍的。

(Finley 1989,pp. 893-894)

不过依旧存在的问题是,在何种程度上将所有女性的经验视为统一整体是有说服力的?以及这些学说是否有贬低女性经验在其中可能具有巨大差异的诸如种族、阶级或文化等其他社会运动的倾向?(Fraser 1995, pp. 68-93)

3. 对比不同的学说

现在让我们回到麦考密克先前界定的法律推理的一些内容,并在女性主义批判的语境中考察它们。回想一下,麦考密克认为存在三个与法律推理相关的核心问题:相关性、解释以及分类问题。现在每一个问题都可以根据思考性别偏见牵涉其中的不同方式而得到评价。

首先是相关性:相关法律规则是什么?这是争议发生的一个核心领域。让我们举一个例子:同工同酬原则是否应当适用于家务劳动的问题——这些劳动依旧主要由女性承担。通过将这些劳动从得到承认的支付薪水的雇佣领域排除出去(因此吸引了与之相关的利益或义务),女性的工作就受到了贬低,这与弗雷泽(1995, p. 78)的观点如出一辙。她在更一般层面看到一种基于性别的社会等级:她说性别"组织了有薪水的'生产性'劳动和没有薪水的'再生产性'劳动之间的基本分工,并将后一种劳动的主要责任指派给女性"。在有偿工作领域本身无所不在的歧视之外,她思考的结论就是"一种基于特定性别的导致剥削、边缘化和剥夺的政治—经济结构"(Fraser 1995)。在最基本的层面,也即社会产品的生产与再生产中,相关性问题显然在能够承认和回应——或如更常见的情形那样,是未能承认与回应——当下性别关系结构性不正义中发挥着关键作用。因此,确定一个特定法律与特定伤害的"相关性",是断言此前曾受忽视之主张的适用范围的一种重要方式。

202

解释涉及这个问题:如果存在一个相关的法律规则,它该如何得到解释?同样,这里我们遇到了与解释相关的全部问题,它们都会受到与法律相遇的女性主义学者的挑战。特别是我们可能会注意到,某些两相对立的观点(或是"二元论";参见 Olsen 1990)会如何建构和自然化解释发生所依赖的假设。公共领域和私人领域的区分就是这样一种对立,在法律思想和女性主义对之的批判方面历史悠久。人们一直认为,在这种区分里,女性的诸多经验传统上被置于一般法律规范只是不情愿地介入的“私人”领域，以便国家从理论上尽可能全面地尊重个人在其私人生活中的自主性。可是这种区分的结果却通常是常规化了在家庭环境中发生的暴力或虐待，这些行为同样主要影响的是女性，且如果“公开”发生则不太可能得到支持。如莱西所言：

> 没有规制的现实后果就是现状的固化：在事实上支持既有权力关系和“私人”领域的产品分配……公共/私人二分法的意识形态允许政府将国家对于“私人”世界的责任推得一干二净，并且“去政治化了”这样一些不公正的条件，它们通过影响“公共”领域中在“私人”意义上属于弱势群体之人的地位而不可避免地超越了这种所谓的区分。
>
> (Lacey 1998, p. 77)

尽管在提高人们的意识方面——根据“个人的即是政治的”这一口号——以及揭露法律解释未能满足它所宣称的标准方面，对于这一区分的挑战颇有成效，但它近来一直被认为在描述方面不够准确，在规范方面值得质疑。由于法律规范（诸如家庭法或社会保障法）越来越多地规制或干预传统上被视为私人领域的空间，公共与私人之间的区分就变得不那么明确。此外，如莱西所言，认为“私人”领域应当去政治化和它应当在法律上得到规制之间存在重要差异。可是尽管如此，与公共/私人之分相关的话语和刻板印象可能依旧会以一种意识形态的方式发挥作用。莱西的分析表明下述情形是多么常见：“在这种修辞中，‘公共’和‘私人’这些标签以循环论证的方式得到运用，它压抑了人们实际上预设的规范性立场。这意味着论辩听起来是一种常识，而非具有政治争议性。”（Lacey 1998, p. 78）在法律解释领域同样也是如此。莱西评论中最后一点——法律推理中看似属于“常识”的事物，本身是偶然的政治胜利所带来的结果——所具有的重要性，对理解法律解释的冲突的重要性非常关键，特别是在这些解释牵涉长久以来的性别歧视时。

203

最后，分类问题指的是案件可否被妥当地归入相关法律规则之中。最富争议的例证之一，就是有关色情文学的争论。色情文学是应当被归类为男性对女性所犯下的可起诉的伤害，还是应当被归为言论或表达自由的行为进而应当得到法律保护？如麦金农所说，“作为一种社会过程以及一种‘言论’形态，色情文学等同于恐怖主义，它增进的不是自由而是沉默。它增进了男性的自由以及女性的奴役和沉默”(MacKinnon 1987, pp. 129–130)。将色情文学归属于保护言论自由的法律,只是确证了麦金农的结论:国家及其法律在针对女性的支配和性别暴力方面形成共谋。与此相反,人们一直认为言论和表达自由的权利应当被视为最重要的,仅由反淫秽法且是在极少数情形下加以监督。此时,分类问题显然不是与法律的某种内在逻辑或依据法律原则的推理有关,而是我们应当如何在性需求(sexuality)的表达或侵犯的语境下理解伤害,以及在何种程度上有关性需求的客观、中立或公正的述说才是可能的或确实可取的,因为恰恰是这些述说的假设可能构成了问题的一部分。

在所有这些例子中,显而易见的是需要关注解释性空间以及/或法律推理所主张的“自然而然”、中立或客观以何种方式掩盖且正当化了法律中的性别区分。这可以被视为法律意识形态角色的一部分。但不应由此推断出这些解释性空间要么是偶然的,要么它的假设是确凿无疑的。更准确地说,这里呈现出的论证类型表明,性别歧视多多少少都是明确模式化的,法律范畴以及推理的解释理论都牵涉其中,不过这些剥削手段能够且应当受到更具创造性的法律干预的挑战。

阅读文献:

尤为强调法兰克福学派的批判理论的有用导读,参见布朗纳的“简论”(Bronner, 2017)以及杰伊的著作(Jay, 1996)。欧洲批判法律理论的历史阐释,参见克里斯多利迪斯和范·德尔·沃尔特(Christodoulidis and Van der Walt, 2018)。

美国的批判法学分析一直在许多法律领域中得到发展:劳动法中的卡尔·克拉雷(Karl Klare)、侵权法领域的邓肯·肯尼迪(Duncan Kennedy)、国际法的戴维·肯尼迪(David Kennedy)、私法领域的罗伯托·昂格尔等。邓肯·肯尼迪对批判法学运动的贡献可参见肯尼迪(Kennedy, 1976)和(1997);有关美国劳动保护的批判理论解读,参见克拉雷(Klare, 1997)。罗伯托·昂格尔对“形式主义”和“客观主义”的批判,参见昂格尔(Unger, 1983),第5–14页。有关批判法学运动在其不同线索中兴起的全面介绍,参见克尔曼(Kelman, 1987)。可读的概述,参见奥特曼(Altman, 1993, 第1章)。

有关女性主义对判决的批判的一般性概述,奥尔森(Olsen, 1995)提供了很有帮助的起点。女性主义与法律的碰撞,有趣的文集可参见芒罗和斯蒂 204

钦(Munro and Stychin, 2007)以及戴维斯和芒罗(Davies and Munro, 2016)。法律的不同教义部门中一直开展着重要研究,比如,巴斯和曼吉(Buss and Manji, 2005)、考恩和亨特(Cowan and Hunter, 2007)以及克劳福德等(Crawford dt al, 2017)。

亨特等人(Hunter et al, 2010)最近提出了参与法律教义的全新方案。"女性主义判决计划""开始在重要法律案件中撰写女性主义立场的另一种判决",进而"提出一种新型的批判法学研究,试图以持续和经过训练的方式表明判决如何能够以另一种方式撰写,案件如何能够以不同方式裁判"(Hunter et al, 2010, p. 4)。该方案启发了包括澳大利亚、美国以及北爱尔兰在内的许多地域的类似工作。

本部分学习指导

205

指导 1：合法性与法治

206

阅读文献：

《法理学：主题与概念(第3版)》，第二部分第十二章(自然法的挑战)。

本学习指导的目的是你应当可以解释和评价朗·富勒的法学理论。特别是思考如下问题：

1.富勒认为这些原则构成了“法律的内在道德性”指的是什么？简要概述富勒的“合法性八原则”的目的。制定法律的这八种方法中，有哪个比其他的更重要或更有说服力？

2.合法性八原则在任何意义上约束法律的实质内容了吗？如果是的话，你可以想到什么例子？

3.哈特批评富勒说这八个原则“与追求不道德的目标完美兼容”。这个看法正确吗？为什么正确或不正确？

4.你觉得法治学说支持何种价值？这与富勒的合法性八原则有何异同？

5.富勒认为“在遵守规则方面，政府与公民之间存在一种相互性”(Fuller, 1979, p.39)。基于他的“合法性原则”，你如何理解富勒这一主张？(选择两个或三个原则为例)你觉得富勒的分析有说服力吗？为什么有或没有？

6.杰里米·沃尔德伦认为法律的概念与法治是不可分割的。他这么说的意思是什么？

7.沃尔德伦指出，“一个规则体系具有成为法律体系资格的五个基本要求”支持人的尊严、理性与责任这些价值。这是何以可能的？

8.为什么沃尔德伦认为“论辩文化”对于被我们视为法律的事物如此重要？他的观点在你看来是否正确？

9.基于富勒、沃尔德伦和/或拉德布鲁赫的观点，凯尔森表述的法律实证主义主张（“任何类型内容都可以成为法律”）有道理吗？

207 ## 指导 2：法律、权力与法治

阅读文献：

《法理学：主题与概念（第 3 版）》，第二部分第十五章（法律推理的政治学）。

在罗伯托·昂格尔看来，自由社会中通过非人格化的法治来约束权力的观点依赖于两个假设。他认为这两个假设最后被证明都是没有基础的：首先是“最重要的权力类型可以集中在政府手中”；其次是“规则可以有效地约束权力”（Unger 1976, pp.178-179）。你如何看待对于现代法治理念的这些批评？在何种程度上它们是正确的？

208 ## 指导 3：判定有效的法律：法律实证主义

阅读文献：

《法理学：主题与概念（第 3 版）》，第二部分第十一章（判定有效的法律：实证主义命题）。

Lon Fuller, ‘The Problem of the Grudge Informer’, in Fuller (1969) *The Morality of Law*, pp.245–253.

David Dyzenhaus, 2008, ‘The Grudge Informer Case Revisited’, *NYU Law Review* pp.1000–1034. 本文广泛地重新分析了这一论战。可以在如下网站获得该文：www.nyulawreview.org/issues/volume-83-number-4/the-grudge-informer-case-revisited/.

思考题：

1. 我们为什么需要一种法律有效性的学说？

2. 解释(a)哈特与(b)凯尔森有关法律有效性的论述。两者之间有何差异？什么是英国的“最终承认规则”？什么是“基础规范”？

3. 阅读朗·富勒的“告密者问题”，并基于所学的理论家，回答该文最后富勒提出的问题。

指导4：判定有效的法律：自然法

209

阅读文献：

《法理学：主题与概念(第3版)》，第二部分第十一章(判定有效的法律：实证主义命题)以及第十二章(自然法的挑战)。

乌拉尼亚的专制政府在1997年的民主革命中被推翻。新政府试图依据比如可以在《欧洲人权公约》中找到的合理的宪法与法律原则行动。其中一个原则是“法无规定不处罚”，另一个原则是“法不溯及既往”。新宪法规定，涉嫌严重侵犯人权的人必须被送入监狱。它同时也规定对于应由法院裁定的争议，公民有权获得法院的裁判。

但老议会在存续的最后一段时间里，通过了一个法案，旨在保障向新体制过渡阶段的和平与稳定。该法案豁免了前政府中所有公职人员的刑事与民事责任。

有三个案件起诉到法院。

1. 两位酷刑受害者向施加酷刑的人提起民事诉讼请求赔偿。

2.一位检察官决定以合谋杀害83位政治对手(他们都死于安全部门的行动)为理由公诉安全部门前首脑以及前内政大臣。

3.一位前边防士兵因枪杀两位试图逃出国境的公民而受到起诉，尽管他辩护说自己只不过是在听从合法的命令。

假设你是司法部部长，内阁向你征询有关这些案件的看法。

指导5：法律与道德

210

阅读文献：

《法理学：主题与概念(第3版)》，第二部分第十二章(自然法的挑战)。

无论我们认为一个不正义的法律是否算法律,我们依旧需要决定该做什么。认为它是不道德的因此不是法律,与认为它是法律但由于不道德而一定不要遵循它,具有相同的实践后果。所以这个区分有必要吗?

思考如下命题:

法律与道德的严格区分无法得到支持:一个不正义的法律不是有效的法律。或至少有这样一个门槛,超过它后,一个法律就太过邪恶无法算作法律。那些在南非实施种族隔离制度的人、冷战期间枪杀试图逃出东柏林的德国人的士兵,以及纳粹制度下的官员,都无法**主张**自己是依据法律行动。一些行动——包括酷刑与种族灭绝——应当受到惩罚,无论该行动先前是否受到禁止。

思考题:

1.在你看来,证明法律的定义必须引入价值判断的论证是否有道理?

2.英国武装部队中的一员反对参与伊拉克战争,因为他认为这是不正义的,理由是该战争违反了应当保护人类生命的法律的基本价值。他现在因不服从命令接受军事法庭审判。他咨询你的意见,看是否有任何法理学理由可以支持他的辩护。你会提出什么建议?

211

指导 6: 解释法律还是制定法律?(一)

阅读文献:

《法理学:主题与概念(第 3 版)》,第二部分第十三章(形式主义和规则怀疑论),第十四章(诉诸解释)以及第十五章(法律推理的政治学)。

(一)第 1 部分

1989 年爱丁堡的斯托拉德(J.D. Stallard)被指控在与妻子一同居住的婚姻住所内强奸自己的妻子。他提出一项针对该指控相关性的答辩。该答辩基于休谟的主张(参见下文),即丈夫无法强奸自己的妻子,因为妻子已经“将自己整个人”交给了丈夫。这项答辩在初审中遭到驳回,他便上诉到了最高法院。

以下是本案事实:

[2] 你和伊芙琳·斯图尔特或斯托拉德(Evelyn Stewart or Stallard)结婚,案件由阿蓝桥警察局移送转交,你与妻子住在……所涉及的斯特灵的房子,事情于1988年8月25日发生在这个房子中。

[a] 伊芙琳·斯图尔特或斯托拉德说受到了伤害,面部遭受击打,腿部受到拳击,导致受伤。

[b] 伊芙琳·斯图尔特或斯托拉德被命令走入所涉及的房子的一间卧室,她被要求脱去衣服,并被威胁如果拒绝的话,会撕烂她身上的衣服,她脱下衣服,你就伤害了她,给她手腕戴上了一副手铐,命令她躺在床上,压在她身上,威胁她如果呼救的话就会施暴,然后你违背她的意志同她发生关系,之后跪在她身旁将精液射在她脸上,实施了强暴。

[c] 伊芙琳·斯图尔特或斯托拉德还受到进一步袭击,她的身体和腿被绳子和床绑在一起,口里塞着袜子或类似的物体,嘴上和面部都被透明胶带封着,你所做的这一切给她带来严重伤害。

1989年2月21日,被告根据《1975年刑事诉讼程序(苏格兰)法案》正式提出一份记录,试图寻求基于下述理由进行初审:

涉及的约翰斯顿·戴维·斯托拉德希望反驳指控的相关性,特别是反驳指控[2][b],认为这是无关的,因为他声称被告在和妻子同居期间对妻子犯有强奸罪。

1989年3月3日本案在爱丁堡高级法院梅菲尔德(Mayfield)阁下主持下开庭初审,有关相关性的答辩被驳回。被告就起诉到了最高法院。 212

阅读如下源自*HMA v Stallard*案上诉判决的摘要(强调为作者所加):

首席大法官(埃米利,Emslie)阁下:

毫无疑问的是,如果苏格兰的法律规定,一个丈夫不会受到强奸自己妻子的指控,那么法律规则就只是依赖于休谟的主张,该主张得到后来的刑法评论者和著述者以不同话语的全盘吸收与重复。休谟所说的"一个男子无法对其妻子犯下强奸罪"出现在一段诱拐背景下讨论强奸的策划与参与的文章中。辅助这一行为的人与实施者犯有同样的罪行。

"即便对于女性的丈夫来说,这也毫无例外是成立的。丈夫尽管认为自己不可能对他的妻子——这个以该种方式把自己交给他的人——

犯下强奸罪，但可能是对她犯下该罪的另一个人的从犯”……休谟提出了这一看法，并得到特别是伯内特（Burnett）的呼应。该观点取自黑尔（Hale）在1736年于英格兰出版的《国王之诉史》（*Historia Placitorum Coronae*）。在该书中黑尔指出（vol. 1, p.629）：

但是丈夫自己不会对他合法妻子犯下强奸罪，因为基于他们彼此的婚姻共识与契约，妻子已经以这种方式将自己交给她的丈夫，这是她不可撤回的。

因此，第一个问题就是，即便在18世纪和19世纪早期，丈夫针对妻子构成强奸罪的行为被认为免于起诉的理由是否合理。在休谟看来，该理由是妻子以“该种方式”向她的丈夫“交出了自己”。这是苏格兰法院第一次有机会考虑休谟的法律观点在他写作的时候以及今天是否合理。在HM Advocate v Duffy或HM Advocate v Paxton案中，法院无须在婚姻存续的条件下考虑休谟的观点在当时或现在是否合理，但现在我们必须这么做。在我们看来，休谟观点的合理性及其在20世纪后期的适用，完全取决于据称会证成它的理由。我们的第一个看法是，如果休谟说的是通过婚姻，妻子明确或默示地同意与她的丈夫发生作为婚姻中正常行为的性行为，这个给出的理由就没有为他的法律观点提供证成，因为强奸一直以来往往主要涉及暴力犯罪，实际上与严重伤害无异。即便在休谟那时，也不会对伤害自己妻子的丈夫免于起诉，对于包含极为粗鲁下流因素的伤害更是如此。另一方面，如果休谟说的是通过婚姻，妻子同意违背自己意志且暴力实施的性行为，**我们会不揣冒昧地质疑这种观点是否曾得到普通法的支持**，普通法源于处理夫妻关系的教会法。我们不再讨论这个问题，它不是我们面前争论的主题，因为我们对下述情况感到满意，即副总检察长的观点有根有据：无论休谟提出的丈夫免于起诉的理由在18世纪和19世纪早期是否合理，自此之后它就彻底消失不见了。**休谟在妻子“以该种方式”向她的丈夫“交出自己”的概念中表达的意思，要基于他写作时女性的身份以及结婚后女性的地位来理解。**因此，毫无疑问可以说结婚后的女性在一切事务中听从丈夫的支配。她被要求在所有事情中服从自己的丈夫。不考虑财产权的缺失，妻子的自由实际上是不存在的，特别是她没有权利干预自己丈夫对婚姻中子女的生活和养育的掌控。不过在20世纪下半叶，我们法律中女性的地位以

213

及婚后女性的地位发生了剧变。基于现实的目的,夫妻现今在婚姻中是平等的双方,都是他们孩子的教育者和监护人。妻子没有义务在所有事情上服从自己的丈夫,也无须承受源自丈夫一方的过度的性需求。她可以将这类需求视为以离婚为目的的不合理行为。**针对适用普遍规则时出现的任何例外,一个鲜活的法律体系总是会诉诸不断变化的环境来检验其理据**。现如今,无法严肃地坚持妻子通过婚姻使自己不可反悔地接受任何情形下的性行为。无论之前时代的情况如何,现在无法认为,妻子同意任何情形下的性行为(包括只是通过暴力实施的性行为),是现代婚姻中的正常行为。毫无疑问,妻子不会同意对自己的伤害,也没有任何可能的理据表明在今天她被视为同意通过伤害实施的性行为。

休谟时代之后,法律的发展立刻提出了下述问题:妻子撤回对性行为的默示同意(这是可撤回的),只能通过分居吗?在我们看来,这个问题的答案是否定的。撤回可撤回的同意,必须取决于情境。在没有分居的时候或许更难证明,但在任何案件中重要的问题一定完全在于同意是否已被撤回。**默示同意的拟制在今天的苏格兰强奸罪法律中无效**。休谟为丈夫有关强奸其妻子的指控提供的免于起诉的理由,如果曾是一个充分理由的话,今天也不再适用。因此,现在并不存在对所谓的免于起诉丈夫的证成。逻辑上看,唯一的问题就是妻子是否同意遭到起诉的行为这个事实,以及我们确认初审法官的判决,即[2][b]的指控是对上诉人接受审判的相关指控。 214

思考题

1. 在上述摘录中,首席大法官阁下依据的是何种论证?它是基于原则的吗?它是对既有法律的解释,还是涉及对法律的修正?

2. 哈特与德沃金的理论如何能够帮助我们理解该案中的法律推理?在这个过程中法治——或它的任何部分——是否受到牺牲?

(二)第2部分

阅读辩护律师阁下的报告(Lord Advocate's Reference No 1 of 2001)。它被报道于2002 SLT 466和2002 SCCR 435。

该案是阿伯丁一位法学学生在强奸指控中得到赦免后的报告。

1. 总结首席大法官阁下或科斯格罗夫(Cosgrove)女士的论证,并概述麦克拉斯基阁下的反对意见。

2. 解释支持对立观点的分歧点以及法律论证。

3. 本案中法官如何看待自己的角色？他们认为自己是在适用法律还是创制法律？你觉得他们的合适角色是什么？

4.对比斯托拉德案中的推理。如果有的话，它们都处理了哪些类似的议题？

(三)第3部分

阅读林赛·法默的这篇文章：'The Genius of Our Law' in 55 *Modern Law Review* 25.(Farmer 1992)。

1. 这篇文章如何看待法官的"实践法律方法"，它对我们将苏格兰法律的发展理解为"法律的活体"(living body)有帮助吗？

2. 在你看来，为了更具实用性的方法而牺牲"抽象法律规则"是否正确？

215 指导7：解释法律还是制定法律？(二)

阅读文献：

《法理学：主题与概念(第3版)》，第二部分第十三章(形式主义和规则怀疑论)，第十四章(诉诸解释)以及第十五章(法律推理的政治学)。

多诺霍诉史蒂文森案(*Donoghue v Stevenson*)是最为知名的普通法案例之一。阅读下述判决意见的摘要：

巴克马斯特阁下(Lord Buckmaster)：

诸位阁下，本案事实简单。1928年8月26日上诉人饮用了被上诉人生产的一瓶姜汁啤酒，这是一位朋友从零售商那里买来给她的。这个瓶子里有已经腐烂的蜗牛残骸，直到瓶中大部分液体被喝完后才会且能够被发现。结果就是上诉人主张，她受到了惊吓并罹患严重的肠胃炎，且在此阶段她的主张必须被承认为真。她因此起诉制造商，本案进入到上诉审。

可适用的法律是普通法，尽管普通法的原则能够适用于确立法律时尚未想到的新情境，但这些原则不能受到改变或补充，因为任何值得称赞的特定案例似乎都在其范围之外。

阿特金阁下(Lord Atkin):

过失责任,无论你是否这样归类它或像其他法律体系那样将它视为"culpa"(过失)的一种类型,它都毫无疑问建立在一种冒犯者必须予以赔偿的有关道德失当行为的一般性公众情感之上。但是任何道德法则督导的作为或不作为,在现实世界中不能被视为赋予每个人在受到该作为或不作为伤害后要求救济的权利。因此出现约束原告及其救济范围的法律规则。爱护邻人的规则在法律中就变成你不得伤害自己的邻居;谁是我的邻居?这一律师提出的问题会得到受约束的回答。你必须履行合理注意义务,以避免你能够合理预见有可能伤害你邻居的作为或不作为。那么在法律中,谁是我的邻居?答案似乎是——那些密切且直接受到我行为影响的人,当我想到讨论中被称为作为或不作为的行动时,我应当在思考中合理地将这些人视为受到如此影响。

216

我认为考察后会发现,任何存在我刚刚提到的情形的案件中,责任都不会受到否定。在许多案件中,人与人的关系更为遥远,人们认为他们彼此之间不存在义务。但在这样的案件中也有判决会超出裁判特定案件所需的必要范围,这使得后来的法院感到难办。我斗胆指出,英格兰处理民事侵权的法律领域,在任何意义上都完全取决于法官对一般原则的适用,但这些原则也是由法官形成的,因此尤为重要的是要警惕以超过必要限度的宽泛语词来表述法律命题这一危险,以免在对案件的宽泛研究中忽视了关键因素,且不当地约束了英国法的可适用性。有鉴于此,在侵权法领域考察这一提交的案例时,非常有必要的是应让实际裁判本身具有权威与合适的权重,当然这意味着法官的判决具有权威与权重。

……

我已经指出,这一区分事实上是没有根据的,因为在 Elliott v Hall [4]和 Hawkins v Smith [5](有瑕疵的劫掠)中一样,被告人没有掌控物品且事故的发生不在他的预料之内。根据所有这些信息,我认为本案中的裁判是错误的,因为它想要将法律限定在严格和排他性的范畴内,且没有对支配整个侵权法领域的一般原则(对因自己没有尽到注意义务而立刻受到伤害的人负有义务)给予充分关注。

汤姆林(Tomlin)阁下:

诸位阁下,我有幸能够考察由我高贵而博学的朋友巴克马斯特阁下提出的意见(我已经拜读了)。鉴于该意见的推理和结论与我的看法在各方面都契合,我就仅仅提出几点看法。

我认为如果上诉人要赢得诉讼,必须基于如下命题,即任何物品的每个生产商或修理者对于每位此后正当使用该物品的人在生产或修理中都负有适当的注意义务。没有这一点,逻辑上就是不成立的。食物与任何其他物品之间可能没有差别。此外,在密闭容器里出厂的一份食物与义务问题可能无关;这只是一个使得过失责任更容易加在生产商身上的因素。

217 被告法律顾问已经指出接受该命题有效性后令人担忧的后果,他说:"比如,就像最近发生在凡尔赛铁路的事故一样,每一个这类事故的受害者都会起诉瑕疵车轴的生产商。"

麦克米伦(Macmillan)阁下:

那么是什么情形使得这种注意义务产生的呢?在日常的社会生活或工作交往中,人们被抛入或自己投身于和同伴的无限多样的关系中;法律只能诉诸理性人标准来决定任何特定关系是否使得处于该关系中的双方之间产生了注意义务。行动的理由可能和人类的错漏一样不同且多样,法律责任的观念可能随着社会状况与标准的变迁而发展改变。判断的标准必须要适应不断变化的生活环境。过失这一范畴永远不会故步自封。责任的基本原则就是被控告的一方应当对控告的一方负有注意义务,同时控告的一方应当能够证明自己遭受的损害源自该义务受到违背。当出现观点分歧时,分歧点在于确定何种情形一方面使得双方之间的注意义务得到确立,另一方面使得受到注意的权利得到确立。

我乐于认为在面对该上诉提出的日常生活的现实问题时,这两个国家的法律体系没有任何差异,并且它们彼此类似的原则都充分回应了正义与常识的要求,承认了上诉人提出的主张。

思考题

1.整体来说

- "相邻原则"是法律原则还是道德原则?

● 按照阿特金阁下所说,如果确实是“考察后发现,任何存在我刚刚提到的情形的案件中,责任都不会受到否定”,那么在何种意义上多诺霍案是一个疑难案件?

2.与麦考密克相关

● 基于案件可能具有的后果来裁判案件,属于法庭的职责吗?

● 基于本案中法官的论点,讨论融贯性在法律中的作用。

3.与德沃金相关 218

● 整全性所要求的“适切”与“证成”之间的平衡,会要求赫克勒斯如何裁判案件?

4.与批判法学运动相关

● 讨论如下观点:多诺霍案不过是对法官信念(一切社会互动应当以社会团结的价值为基础)中的法律推理**政治学**的早期表达。

指导 8:歧视与法律推理 219

阅读文献:

《法理学:主题与概念(第 3 版)》,第二部分第十四章(诉诸解释)和第十五章(法律推理的政治学)。

(一)第 1 部分

阅读德沃金的这篇论文。Ronald Dworkin:‘Bakke’s Case: Are Quotas Unfair?’[Dworkin 1985, ch 14]。

思考题:

1.总结和解释德沃金论证的结构。

2.在你看来,德沃金是否令人满意地解决了个人权利保护和追求共同福祉之间的冲突?

(二)第 2 部分

思考下述场景:

> 苏格兰阿伯劳尔大学的医学院在考虑自己学生群体的构成。从整个群体来看,有太多学生是女性(75%),没有吸引足够的少数族群学生

或公立学校(state schools)学生。最近有研究指出,同等分数下,公立学校的学生要比公共学校(public schools)的学生在大学中表现更优秀。* 结果就是医学院引入配额来支持公立学校的学生,以解决这种不平衡。由于从统计上看,大部分少数族群学生也在公立学校接受教育,医学院希望这一政策的间接结果是也能增加少数族群学生的数量。

约翰是非裔黑人学生,他在菲蒂斯求学,这是爱丁堡的一家收费高昂的私立学校。大学拒绝了他的申请而青睐一位在苏格兰公立学校念书的不如他的女学生。

思考题:

1.你觉得引入配额实现了受教育权和其他社会与政治需求之间的妥善平衡了吗?

2.你觉得约翰受到公平对待了吗?

3.在你看来德沃金会如何回应这一问题?昂格尔会怎么说?你觉得哪种方法最有说服力?

220 指导9:法律推理和解释的范围:哈特与德沃金

阅读文献:

《法理学:主题与概念(第3版)》,第二部分第十三章(形式主义和规则怀疑论)和第十四章(诉诸解释)。

思考题:

1.哈特认为所有法律体系,"是两种社会需求的妥协:有关**特定**规则的需求,这些规则可以……安全地得到适用,无须顾虑社会议题;以及**留待未来解决的议题**的需求,这些议题只有在具体案件中出现时,才能得到妥善处理和解决"(Hart 1961, p.127, 强调为本书所加)。

---

* public schools(公共学校)指的是独立自主、自行收费,不受政府管理的学校,它也是私立学校的一种。它选拔学生的标准一般是家庭收入和学生素养。state schools(公立学校)与我国公立学校类似,招收学生一般以学区为基础,由国家出资和管理,并执行国家的教学大纲。——译者注

本部分参考文献

Alexy, R, 1999, *A Defence of Radbruch's Formula*. In Dyzenhaus, D (ed) *Recrafting the Rule of Law: The Limits of Legal Order*. London: Bloomsbury Publishing, 1999.

Altman, A, 1993, *Critical Legal Studies*, Berkeley: University of California Press.

Austin, J, 1995/1832, *The Province of Jurisprudence Determined*, Cambridge: Cambridge University Press.

Bankowski, Z and MacLean, J (eds), 2006, *The Universal and the Particular in Legal Reasoning*, Aldershot: Ashgate.

Bennion, F, 2001, *Understanding Common Law Legislation*, Oxford: Oxford University Press.

Bennion, F, 2002, *Statutory Interpretation*, 4th edn, London: Butterworths.

Bingham, T, 2011, *The Rule of Law*, Harmondsworth: Penguin.

Blackstone, W, 1830, *Commentaries on the Laws of England*, vol. 2. Collins & Hannay.

Bronner, SE, 2017, *Critical Theory: A Very Short Introduction*, Oxford: Oxford University Press.

Buss, D and Manji, A (eds), 2005, I*nternational Law: Modern Feminist Approaches*, Oxford: Hart.

Christodoulidis, E, Dukes, R and Goldoni, M, forthcoming, *Handbook in Critical Legal Theory*, London: Edward Elgar.

Christodoulidis, E, 1996, 'The Inertia of Institutional Imagination: A Reply to Roberto Unger', 59 *Modern Law Review* 377.

Christodoulidis, E, 2004, 'End of History Jurisprudence: Dworkin in South Africa', *Acta Juridica* 64.

Christodoulidis, E and Van der Walt, 2018, forthcoming, 'Critical Legal Theory', in *Oxford Handbook of Historical Legal Research*.

Collins, H, 1986, *The Law of Contract*, London: Weidenfeld and Nicolson.

Collins, H, 1987a, 'The Decline of Privacy in Private Law', 14 *JLS* 91.

Collins, H, 1987b, 'Roberto Unger and the Critical Legal Studies Movement', 14 *JLS* 387.

Cotterrell, R, 2003, *The Politics of Jurisprudence*, 2nd edn, London: Butterworths.

Cowan, S and Hunter, R (eds), 2007, *Choice and Consent: Feminist Engagements With Law and Subjectivity*, London: Routledge- Cavendish.

Crawford, BJ et al (eds), 2017, *Feminist Judgments: Rewritten Tax Opinions*, Cambridge: Cambridge University Press.

Cross, R, 1995, *Statutory Interpretation*, 5th edn, London: Butterworths.

Cross, R and Harris, JW, 1991, *Precedent in English Law*, 4th edn, Oxford: Clarendon.

Davies, M and Munro, V (eds), 2016, *The Ashgate Research Companion to Feminist Legal Theory*, Abingdon: Routledge.

d'Entrèves, AP, 1965, *Natural Law: An Historical Survey*, New York, Harper.

Detmold, M, 1984, *The Unity of Law and Morality*, London: Routledge & Kegan Paul.

223 Douglas, H et al (eds), 2014, *Australian Feminist Judgments: Righting and Rewriting Law*, Oxford: Hart.

Douzinas, C and Perrin, C, 2011, *Critical Legal Theory*, New York: Routledge.

Duxbury, N, 1995, *Patterns of American Jurisprudence*, Oxford: Clarendon.

Dworkin, R, 1977, 'The Model of Rules', extracted in R Dworkin (ed), *The Philosophy of Law*, Oxford: Oxford University Press, and expanded in chapters 2 and 3 of *Taking Rights Seriously*, Cambridge, MA: Harvard University Press.

Dworkin, R (ed), 1977, *The Philosophy of Law*, Oxford: Oxford University Press.

Dworkin, R, 1985, *A Matter of Principle*, Cambridge MA: Harvard University Press.

Dworkin, R, 1986, *Law's Empire*, London: Fontana.

Dworkin, R, 1990, 'Law, Philosophy and Interpretation [the Kobe lecture for Legal and Social Philosophy]', *ARSP* 1.

Dworkin, R, 2000, *Sovereign Virtue*, Cambridge, MA: Harvard University Press.

Dworkin, R, 2006, *Justice in Robes*, Cambridge, MA: Harvard University Press.

Dworkin, R, 2011, *Justice for Hedgehogs*, Cambridge, MA: Harvard University Press.

Dyzenhaus, D, 1991, *Hard Cases in Wicked Legal Systems: Pathologies of Legality*, Oxford: Oxford University Press. New revised edition, 2010.

Dyzenhaus, D, 2008, 'The Grudge Informer Case Revisited', *NYU Law Review* 1000-1034.

Enright, M et al (eds), 2017, *Northern/Irish Feminist Judgments*, London: Bloomsbury.

Finley, L, 1989, 'Breaking Women's Silence in Law: The Dilemma of the Gendered Nature of Legal Reasoning', 64 *Notre Dame LR* 886.

Finnis, J, 1980, *Natural Law and Natural Rights*, Oxford: Clarendon.

Finnis, J, 1993, 'Bland: Crossing the Rubicon', 109 *LQR* 329.

Finnis, J, 1999, 'Natural Law and the Ethics of Discourse', 12 *Ratio Juris* 354.

Finnis, J, 2011, *The Collected Essays of John Finnis*, vols I-V, Oxford: Oxford University Press.

Finnis, J, 'Natural law theories.' *Entry in the Stanford Encyclopaedia of Philosophy.*

Frank, J, 1949a, *Courts on Trial: Myth and Reality in American Justice*, Princeton: Princeton University Press.

Frank, J, 1949b, *Law and the Modern Mind*, London: Stevens.

Fraser, N, 1995, 'From Redistribution to Recognition? Dilemmas of Justice in a "Post- Socialist" Age', 212 *New Left Review* 63.

Fuller, LL, 1958, 'Positivism and Fidelity to Law: A Reply to Professor Hart', Harvard Law Review 630–672.

Fuller, LL, 1969, *The Morality of Law*, New Haven, CT: Yale University Press.

George, R (ed), 1994, *Natural Law Theory*, Oxford: Clarendon.

Gilligan, C, 1982, *In a Different Voice*, Cambridge, MA: Harvard University Press.

Gowder, P, 2016, *The Rule of Law in the Real World*, Cambridge: Cambridge University Press.

Griffith, JAG, 1977, *The Politics of the Judiciary*, London: Fontana.

Hale, R, 1923, 'Coercion and Distribution in a Supposedly Non- Coercive State', 38 *Political Science Quarterly* 470.

Hale, R, 1943, 'Bargaining, Duress, and Economic Liberty', 43 *Columbia Law Review* 603.

Hart, HLA, 1958, 'Positivism and the Separation of Law and Morals', *Harvard Law Review* 593–629.

Hart, HLA, 1961, *The Concept of Law*, Oxford: Clarendon.

Hart, HLA, 1963, *Law, Liberty, and Morality*, Stanford: Stanford University Press.

Hart, HLA, 1983, *Essays in jurisprudence and philosophy*, Oxford: Oxford University Press.

Hart, HLA, 2013, 'Discretion', 127 *Harvard Law Review* 652.

224

Hart, HLA, 2016, 'The New Challenge to Legal Positivism (1979)', 36(3) *OJLS* 459–475.

Hayek, FA, 1944, *The Road to Serfdom*, London: Routledge & Kegan Paul.

Holmes, OW, 1897, 'The Path of the Law', 10 *Harvard Law Review* 457.

Holmes, OW, Laski, HJ, Frankfurter, F, and Howe, MDW, (1953), *Holmes-Laski Letters*, Cambridge, MA: Harvard University Press, 243.

Hume 1978/1739, *A Treatise of Human Nature*, Oxford: Clarendon.

Horwitz, M, 1992, *The Transformation of American Law, 1870–1960: The Crisis of Legal Orthodoxy*, New York: Oxford University Press.

Hunter, R, McGlynn, C and Rackley, E (eds), 2010, *Feminist Judgments: From Theory to Practice*, Oxford: Hart.

Jackson, B, 1995, *Making Sense in Law*, Liverpool: DC Publications.

Jay, M, 1996, *The Dialectical Imagination: A History of the Frankfurt School and the Institute of Social Research*, 1923–1950, vol. 10, Berkeley: University of California Press.

Kelman, M, 1987, *A Guide to Critical Legal Studies*, Cambridge, MA: Harvard University Press.

Kelsen, H, 1957, *What is Justice: Law and Politics in the Mirror of Science*, Berkeley: University of California Press.

Kelsen, H, 1967/1934, *Pure Theory of Law*, trans M Knight, Berkeley: University of California Press.

Kennedy, D, 1976, 'Form and Substance in Private Law Adjudication', 89 *Harvard Law Review* 1685.

Kennedy, D, 1997, *A Critique of Adjudication [fin de siècle]*, Cambridge, MA: Harvard University Press.

Klare, KE, 1977, 'Judicial Deradicalization of the Wagner Act and the Origins of Modern Legal Consciousness, 1937 – 1941', 62 *Minnesota Law Review* 265.

Lacey, N, 1998, *Unspeakable Subjects: Feminist Essays in Legal and Social Theory*, Oxford: Hart.

Lacey, N, 2004, *A Life of HLA Hart: The Nightmare and the Noble Dream*, Oxford: Oxford University Press.

Lacey, N, 2013, 'The Path Not Taken: HLA Hart's Harvard Essay on Discretion', 127 *Harvard Law Review* 636.

Levi, E, 1948, 'An Introduction to Legal Reasoning', 15 *University of Chicago LR* 501.

Levit, N and Verchick, R, 2016, *Feminist Legal Theory*, 2nd ed, New York:

New York University Press.

Llewellyn, KN, 1931, 'Some Realism About Realism: Responding to Dean Pound', 44.8 *Harvard Law Review* 1222–1264.

MacCormick, N, 1978, *Legal Reasoning and Legal Theory*, Oxford: Clarendon.

MacCormick, N, 1979, 'The Artificial Reason and Judgement of Law', *Rechtstheorie* 105.

MacCormick, N, 1981, *H.L.A. Hart*, London: Arnold.

MacCormick, N, 1989, 'The Ethics of Legalism', *Ratio Juris* 184.

MacCormick, N, 1993, 'Argument and Interpretation in Law', *Ratio Juris* 16.

MacCormick, N, 1994, *Legal Reasoning and Legal Theory*, 2nd edn, Oxford: Clarendon.

MacCormick, N, 1994, 'On the Separation of Law and Morality', in R George (ed), *Natural Law Theory*, Oxford: Clarendon.

MacCormick, N, 2005, *Rhetoric and the Rule of Law: A Theory of Legal Reasoning*, Oxford: Oxford University Press.

MacCormick, N, 2008, *Practical Reason in Law and Morality*, Oxford: Oxford University Press.

MacCormick, N and Summers, R, 1991, *Interpreting Statutes*, Aldershot: Dartmouth.

225 MacKinnon, CA, 1987, *Feminism Unmodified: Discourses on Life and Law*, Cambridge, MA: Harvard University Press.

MacKinnon, CA, 1989, *Toward a Feminist Theory of the State*, Cambridge, MA: Harvard University Press.

McLeod, I, 2005, *Legal Method*, 4th edn, Basingstoke: Palgrave Macmillan.

Munro, V and Stychin, C (eds), 2007, *Sexuality and the Law: Feminist Engagements*, London: Routledge- Cavendish.

Naffine, N, 1990, *Law and the Sexes*, London and Sydney: Allen & Unwin.

Olsen, F, 1990, 'Feminism and Critical Legal Theory: An American Perspective', 18 *International Journal of the Sociology of Law* 199–215.

Olsen, F, 1995, *Feminist Legal Theory: Foundations and Outlooks*, New York: New York University Press.

Paulson, SL and Litschewski Paulson, B (eds), 1998, *Normativity and Norms: Critical Perspectives on Kelsenian Themes*, Oxford: Oxford University Press.

Pound, R, 1960, 'The Causes of Popular Dissatisfaction With the Administration of Justice', reprinted in R Henson (ed), *Landmarks of Law*, New York: Harper.

Radbruch, G, 2006, 'Statutory lawlessness and supra- statutory law (1946)', 26.1 *Oxford Journal of Legal Studies* 1-11.

Raz, J, 1980, *The Concept of a Legal System*, Oxford: Oxford University Press.

Rumble, WE, 1968, *American Legal Realism*, Ithaca and New York: Cornell University Press.

Rundle, K, 2012, *Forms Liberate: Reclaiming the Jurisprudence of Lon L Fuller*, London: Bloomsbury Publishing.

Savigny, FC von, 1975/1831, *Of the Vocation of Our Age for Legislation and Jurisprudence*, New York: Arno Press.

Schauer, F, 2015, *The Force of Law*, Cambridge, MA: Harvard University Press.

Shaw, GC, 2013, 'HLA Hart's Lost Essay: Discretion and the Legal Process School', 127 *Harvard Law Review* 666.

Singer, J, 1988, 'Legal Realism Now', 76 *California Law Review* 465.

Stanchi, KM et al (eds), 2016, *Feminist Judgments: Rewritten Opinions of the United States Supreme Court*, Cambridge: Cambridge University Press.

Stone, J, 1965, *Human Law and Human Justice*, Stanford: Stanford University Press.

Stone, J, 1946, *The Province and Function of Law: Law as Logic, Justice and Social Control*. Sydney: Associated General Publications Pty.

Summers, RS, 1984, *Lon L. Fuller*, vol. 4, Stanford: Stanford University Press.

Tur, R, and Twining, W, 1986, *Essays on Kelsen*, Oxford: Clarendon.

Twining, W, 1984, 'Some Scepticism About Scepticisms', 1 *Journal of Law and Society*, 137-171.

Waldron, J, 2008–2009, 'The Concept and the Rule of Law', 43 *Georgia Law Review* 1.

Unger, RM, 1983, *The Critical Legal Studies Movement*, Cambridge, MA: Harvard University Press.

Unger, RM, 1987a, *Social Theory: Its Situation and Its Task. Volume 1 of Politics: A Work in Constructive Social Theory*, Cambridge, MA: Cambridge University Press.

Unger, RM, 1987b, *False Necessity: Anti- Necessitarian Social Theory in the Service of Radical Democracy. Volume 2 of Politics: A Work in Constructive Social Theory*. Cambridge, MA: Cambridge University Press.

Unger, RM, 1996, 'Legal Analysis as Institutional Imagination', 59 *Modern Law Review* 1.

Weber, M, 1921/1978, *Economy and Society: An Outline of Interpretive Sociology*, vol. 1. Berkeley: University of California Press.

Yntema, H, 1960, 'American Legal Realism in Retrospect', 14 *Vanderbilt Law Review* 317.

226 *Brown v Board of Education* 347 US 483 (1954).

Daniels & Daniels v R White & Sons [1938] 4 All ER 258.

Donoghue v Stevenson [1932] UKHL 100.

In re A (Conjoined Twins)[2000] 4 All ER 961.

Lochner v New York 198 US 483 (1905).

MacPherson v Buick 111 NE 1050 (NY 1916).

Riggs v Palmer 115 NY 506 (1889).

第三部分

高阶话题

第一章 正义论

思考法律和政治的关系时，没有什么主题比正义问题更加居于核心地位。不过在大卫·休谟看来，如果有充足的资源来满足人们的需要和欲求——诸如有丰富的空气供我们呼吸——正义问题在很大程度上就不会出现。但当资源相对匮乏时，休谟指出，人类就发展出有关正义的约定来组织权利和分配。有关何种原则应当指导这一组织的政治问题就会产生。人们应当由自己通过个人或在特定群体内决定他们自己的正义感吗？还是说像国家这样的某种制度需要介入，以便为所有人提供共同标准呢？如果是这样的话，这种共同标准会有何要求？人们有可能得到平等对待吗？但在人们实际上并不平等的条件下——在能力方面确实如此，比如：他们可能患病，可能是孩童，抑或无法工作——正义在承认这些事实后是否并非要求平等而是差异对待？人们应当得到他们之所需、他们之应得、抑或公平合理的份额吗？ 229

这些问题层出不穷，不仅意味着答案很可能莫衷一是、争论不休，也标志着备受争议的问题就有很多。比如，我们应当认为所有关系（比如，抚养关系或对待动物）都适合运用正义原则吗？一个国家的公民对另一个公民负有正义义务吗？法律应当总是用来确立和规制有关正义的事务吗？法律能够公正地对待正义吗？甚或有关"正义"的讨论应当被其他方式取代吗？因为现状难道不是受到标榜的正义理念与实践已经和无所不在的剥削与歧视（对于女性、种族群体、穷人等的歧视）同流合污了吗？还是说这种观察恰恰是我们需要更加努力地处理这些问题的原因——更好地践行正义？

在思考法律与政治的关系时，我们是在不同意义上讨论正义。比如，类似案件类似处理以及不同案件不同处理的原则中蕴含着**形式**正义。这是法律推理(包括基于先例的推理)的核心要素,本书第二部分有更详尽的论述。有关乎制度如何运行或应当如何运行,以便用程序上更加公正的方式处理法律诉求的**程序**正义的相关内容(这是沃尔德伦有关法律与合法性论述的核心内容,我们在第二部分第十二章讨论过)。还有一小类情形,人们要求社会“公正地对待过去”——这通常被界定为**转型**正义问题——此时已历经重大政治与社会动荡的社会,面临着忍受先前体制导致的不正义的独特问题。比如,出现严重侵犯人权的情况时,矫正正义/司法*、报应正义/司法和恢复性正义/司法就通常会以彼此冲突的方式出现,评估如何最好地处理这些侵犯行为。

230

不过在这一高阶话题中,我们会侧重**分配**正义的问题。这关系到社会中产品、利益与责任的公正分配。有关我们认为什么才是正义最佳指导原则的问题,我们会分析对现代社会组织方式具有持续影响力的四种分配正义方案:功利主义、自由至上主义、自由主义和社会主义。我们会评价它们的一些核心立场,但这难免是有选择性的(有关该主题更完整的讨论,应当将进一步阅读文献作为起点)。一开始我们应当注意下述问题:它们都是**规范性**学说;并非旨在描述支配行动的法律规则,而是为它们支持的观点为何**应当**受到采纳提供论据。这些理论由于其**政治**属性而彼此冲突,你应当思考如果有的话,哪一种更有说服力,其理由又是什么。

一、功利主义与自由至上主义

正义的**功利主义**学说试图最大化社会中的平均福利。该学说的两位最重要的倡导者是杰里米·边沁和约翰·斯图尔特·密尔。它最知名的表述是将增进整体福利的目标视为获得“最多数人的最大幸福”。这是一种**后果论**学说:它诉诸后果来检验正义。它有两种变体。行为功利主义思考任何提出的**行为**是否会增进平均福祉。规则功利主义探究最好确立何种**规则**来增进这一福祉。将提出的行为或规则付诸实践后,正是在评估它们的结果时最符合道德或正义的行为得以明确。结果之所以是我们要做的正确行为或要

* 原文 justice 在这里显然兼具正义和司法的双重含义,故以“正义/司法”加以翻译。——译者注

遵循的正确规则,并不只是因为它是结果:它之所以如此,是因为我们认为它能够最大化平均福祉,产生"最大多数人的最大幸福"。

通常会用假设的例证来阐明该学说。如下就是两个。警察基于合理怀疑将一个人逮捕,认为他在人口稠密的城市某处埋藏了威力十足的炸弹。如果炸弹爆炸,很可能导致群众伤亡。这个被逮捕者拒绝吐露信息。通过对他施以酷刑来试图找到炸弹的藏身之处是否正当?换言之,从正义的角度来说,为了避免更多人受到伤害,是否可以使得一个人遭受伤害?

从**行为**功利主义的角度出发,我们主要只是考虑在此情形中行为的正义,亦即后果。从**规则**功利主义的角度出发,我们关切的是确立一个授权这一行为的规则的后果或正义。注意每种情形中我们经过慎思必须做的事情:我们必须加总支持与反对允许/不允许该行为或确立该制度的后果的意见。我们评估可能的损害与收益,进而就好像把它们放在天平上来确定何种行为或规则会最大化整体福祉。通过读取天平上的结果,我们找到了正义所要求的内容。在这一案例中,当我们依据许多无辜者可能受到的伤害来权衡对被拘留者的伤害时,正义要求以最小化集体伤害的方式行动这一理念,可能看上去在直觉上是有道理的。可是未能以这种方式保护许多无辜者免受伤害,就肯定会导致更大的不公吗?

231

这种功利主义学说是推理的正确方式吗?思考一下如果酷刑得到准许,我们会忽略哪些情形:实际上,一个无辜的人可能会遭受酷刑——由于搞错身份,被逮捕者可能真的是无辜的。这种可能性的存在就是为什么法律上会有无罪推定的一个理由:据此,在法庭证明人们有罪前,每个人都被推定为无罪。此外,即便基于后果论理由,人们也通常认为通过施加酷刑获取证据不那么可靠,它更多的是衡量一个人能够忍受多少痛苦的手段。也即酷刑能够获得真相吗?如果某人想要安置那么大的一个炸弹,他会坦白真相吗?等等。但或许这里的关键在于对功利主义推理的**非**后果论反驳:一个正派社会尊重无论何种情况下都"不可剥夺的"**不受**酷刑的人权。禁止酷刑或禁止"残忍的、不人道的以及侮辱性对待"意味着"非人道地对待一个人,就是以一种任何人都不应得到对待的方式来对待他"(Waldron 2005, p. 1745)。从这个角度来说,我们甚至都不应在任何条件下对酷刑的结果展开功利主义计算:**无论**结果为何,酷刑都是错误的。

试想另一种情形:你所处国家的一架空军战机在执行侦察敌国的任务时

被击落。敌国首领有合理理由相信被捕士兵知道即将到来的会导致大量民众伤亡的空袭信息。可是该士兵拒绝透露他所知道的有关可能空袭地点的消息。对他施加酷刑以找出空袭目标,这是否正当?如哈佛法学教授阿兰·德肖维茨(Alan Dershowitz)针对美军扣押的嫌疑人所建议的那样,为了获得信息并挽救生命,用"消毒针刺入指甲下面以产生不可忍受的痛苦"(引自 Waldron 2005, p. 1685)是否正当?功利主义有关损害和收益的计算应当允许这种手段吗?即便在战争的极端情形中,对待战俘的国际标准主张不应如此。1949年《日内瓦第三公约》第17条指出,"不应为了获得任何类型的信息而对战俘施加任何物理或精神虐待,也不应施加任何其他形式的强制"。根据这一广受尊重的观点,有关整体福祉增加的功利主义计算**从来不是**考虑的内容:用罗纳德·德沃金的比喻来说,被逮捕者的权利自动胜过任何有关可能后果的主张。

现在考虑两个有关功利主义正义论的额外关切。第一个关切是在何种程度上功效可以得到衡量?也即为了进一步计算功效如何能够得到提升,我们如何能够评估人们的痛苦与快乐的构成呢?万一人们对于什么算作快乐或痛苦有不同的理解或体验怎么办?此外,为了能够放到一起比较且获得明确的结果,一切可欲的价值——比如,尊严或自由——都可以被还原为"幸福"这一个尺度吗?我们前述两个例子表明,在某些极为重要的情形中,我们要么根本不能,要么压根儿不愿意对所有价值进行通约计算,因为将它们化约为计算幸福"程度"的过程,就贬低了尊严或自由的概念。启蒙哲学家伊曼纽尔·康德强调了这一点,他的著述代表着对功利主义的有力挑战。他指出,尊严并不是某种可以被标价进而像基于汽车或电脑价值而计算其市场价格那样,与其他价值进行衡量的事物。他认为:

232

> 在目的王国中,一切事物要么拥有价格,要么具有尊严。拥有价格的事物可以被其他某种算作其等价物的事物取代;另外是超越价格因此**不允许有任何等价物**的具有尊严的事物。
>
> (Kant 1993/1785, p. 40 强调为本书所加)

因此,将多元价值观简化为单一衡量标准的困难——价值观的**可公度性**难题——对功利主义思想提出了重要挑战。

第二个关切是试图找出任何行为的实际后果——或在规则功利主义这

里,是制定一个特定规则的后果——是什么。即便我们假定依据快乐和痛苦的尺度来权衡比较相互竞争的价值是可能的,但会有许多彼此冲突的方式来评估权衡的过程中何种后果最为重要。考虑另一个例子:你很富有,惬意地生活在一国的富裕郊区,可是这个地方却普遍存在着失业、贫困和无家可归的情况,大部分人都受此折磨。政府未能解决这些问题。这些无家可归、食不果腹的人进入属于你的财产的范围,取用他们生活之所需,这是否正当?基于对功利主义的一种理解,整体福祉的净增加会对此作出肯定回答。保护你的财产权以及他人类似的财产,似乎会导致如下结果,即未能为大多数人提供基本的食物和居住所需,因此降低了社会的整体幸福水平。通过财产再分配难道不会提升社会的整体福祉,进而更好地实现正义?可是这样的话,就会导致另一个后果,就是带来无政府状态。此时,即便人们试图为自己获得食物和居所,都没有任何人能够安全地保有它们。这就像霍布斯的自然状态,在其中没有财产,只有占有,甚至占有都只限于人们碰巧能够拥有的事物。根据单一的计算尺度来衡量所有这些不同的可能后果的问题,似乎是功利主义学说面临的进一步困难。

使用相同的例子,运用非后果论推理,即我们在前两个例子中提到的推理类型,你可能会认为你的**财产权**应当优先于那些没有食物或居所之人提出的需要。这一观点认为剥夺你合法获得的财产是错误的,就如我们前两个例子中一样,无论后果为何,这一点都应为真。换言之,对财产权的保护应当优先于最大化福利的再分配,即便其代价是未能满足大多数人的基本需要。可这真的是正义所要求的吗?

233

对功利主义立场最为尖锐的批判之一,就是对此问题的肯定回答。或许最具代表性的就是罗伯特·诺奇克(Robert Nozick)的著作,他辩护了一种**自由至上主义**的正义学说。简单来说,诺奇克认为"个人拥有权利,有些事物是个人或群体(在不违背其权利的条件下)不能处置的"(Nozick 1974, p. ix)。在我们的例子里,你拥有着财产,比如是财富、土地或产品,那么其他人——包括政府在内——剥夺你的财产就是不公正的,除非你自愿如此。强迫你放弃财产——比如,通过强制性税收体系——就是违背了你依据意志处置它的权利与自由。

为了辩护这一立场,诺奇克向我们提出了正义的"资格"理论。他通过威尔特·张伯伦(Wilt Chamberlain)这位吸引大量观众观看比赛的杰出篮球运动员的故事阐发该理论。假设在他与俱乐部的合同中有这样一条:威尔特从每张票价中获得25美分。知道威尔特合同中有这一条款,粉丝蜂拥而至来看他,心甘情愿地支付入场费。到赛季结束,威尔特增加了25万美金的收入。出于论证目的,假定社会中每个人一开始都拥有同等数量的金钱,现在威尔特显然要比其他所有人都更加富有。诺奇克问:这种新分配**不公平**吗?或反过来说,**剥夺**威尔特从他粉丝自愿交易中获得的财富不会不公正吗?诺奇克认为,确实不公正。他指出,根据某种既有模式(比如平等模式)的再分配会以下述两种方式之一违背人们的自由或权利:"要维持该模式,有人必须要么持续介入以中断人们按照自己的愿望来转移资源,要么持续(或定期)介入以从某些人身上抽取其他人基于某种理由选择转移给他们的资源。"(p. 163)无论何种方式,人们的权利与自由都会受到侵犯。

因此,诺奇克理论的核心就是这一主张:"从公正情境中依据公正途径得到的任何结果,本身就是公正的。"(p. 151)支持这一主张的是三种"占有的正义"原则:首先,"一个人有权拥有根据**获取**的正义原则获得的财产";其次,"一个人有权拥有根据**转让**的正义原则从其他人有权持有的财产中获得的财产";最后,在财产并不是根据前两个原则获得时——它们可能是通过欺诈或强迫获得的——"非正义的**矫正**原则"要求财产应被返还给有权拥有的所有者。那么在威尔特·张伯伦的例子中,即便我们从平等状态走向了财富的不平等分配,假定每个人都是公正地获得自己的财产,且不存在任何欺诈行为,那么这种结果上的不平等便是公正的,是公正持有的财产的自愿转让。当一个人、一个群体甚或——尤为可能的是——一个政府介入这一公正获取与转让的过程时,它就超出了道德上正当的界限。

根据约翰·洛克的著述,诺奇克指出人们拥有自我所有权,因此,他们通过自己劳动获得的财产便是他们有所有权的事物。其他人剥夺他们的财产不只是侵犯了他们公平获得的权利,这是"使得他们成为了你的**共有人**;将你的财产权给了他们"(p. 172,强调为原著所加)。因此,国家在这三个正义原则之外的财富再分配具有道德上的谬误。正是在此意义上,诺奇克总结说,国家"针对劳动所得收税,无异于强制劳动"(p. 169)。因此,在诺奇克看来只有"最小"国家才能得到证成。这种"守夜人"式国家被限定在诸如"免于暴力、盗窃、欺诈和合同强制执行"(p. ix)等核心功能中。如我们所见,除此之外任何诉诸后果论的推理都会侵犯个人权利。

234

不过回到我们先前的例子。如何看待没有食物和居所的人们主张正义需要满足他们的基本需求？基于自由至上主义学说，尊重个人权利以及实际上尊重个人本身，即意味着当代价是侵犯这些权利时，不会施加任何“模式化的”或“最终状态的”再分配。即便如此，诺奇克问道，“难道正义与同情无关吗？”回答是掷地有声的：“不是通过国家的武力。”（p. 348）将私人财产自愿转让给所需之人是正当的；换言之，对穷人慈悲怜悯很好——但强制性的“给予”则不是。如柯恩（G. A. Cohen）不无偏颇地说道：

> 如果在我们的社会中儿童营养不良，我们是不会得到准许向百万富翁征税以资助对贫穷家庭的牛奶价格补贴的，因为我们会侵犯权利，侵犯百万富翁的“尊严”。
>
> （Cohen 1995，p. 31）

稍后我们会回到对此论述的一些批判上来。如前所述，就它在捍卫自由（的某种观念）时对功利主义展开激烈批判而言，我们现在转向另一种正义学说，它也赞颂自由的美德，但代价并不是否认诺奇克称为模式化分配这一意义上**平等**的价值。

二、自由主义：罗尔斯的作为公平的正义

约翰·罗尔斯（John Rawls）的重要著作《正义论》（*A Theory of Justice*）出版于1971年。学者通常会说政治哲学一直萎靡不振，直到此书使之焕发青春。这显然不对。大萧条时期以及“二战”后的重建，一直都广泛运用了思想与物质资源来构建尊重权利的福利国家。这使得立足于哲学的学术事业具有了影响持久的现实意义，尽管这在今天有时已经衰退了。在学术上对这一点视而不见，似乎相比于其他原因，更与政治哲学学术共同体有关。不过罗尔斯的著作一直以来都有更为广泛的影响力，且已成为当下有关正义的论辩中一个标准的参照点。

罗尔斯认为：

> 正义是社会制度的首要美德……（并且）正义的首要主题就是**社会的基本结构**，或更准确说，是主要社会制度分配基本权利与义务、决定社

会合作中优势分配的方式。

(Rawls 1971, pp. 3, 6, 强调为本书所加)

基本结构包含"政治上的宪法,得到法律承认的财产形态,以及经济组织还有家庭的属性"(Rawls 1993, p. 258)。如果人们对什么在他们看来是善和有价值的存在合理分歧,什么应当是决定基本结构内容的最佳方式呢?

235

罗尔斯的答案是我们应当支持作为公平的正义。基于社会契约论传统,他提出,我们想象一种假设情境——他将之称为"原初状态"——以此我们可以就他所说的"民主社会中政治正义的首要根本问题,也即在被视为自由且平等的公民间,最适合用来具体化其社会合作的公正条款的正义观念是什么"(1993, p. 3)展开论辩并寻求共识。我们可以将原初状态用作一种表述方式(a technique of representation)来找出如何最好地"实现自由和平等的价值"(p. 5)。要这么做,我们就应想象自己身处假设情境,在"无知之幕"(p. 5)后考虑我们自己的能力、社会地位与机会最终会是怎样。此外,我们应当想象我们并不知晓自己可能拥有的性别、种族或民族。运用这一情境,我们的目的是以此形成能够最好地实现合作体制的正义观,鉴于可能以及实际存在的差异,该体制会为之提供达成"重叠共识"的机会。如罗尔斯所说:"各方试图确保公民追求个人善好和运用道德权力的政治与社会条件,这些善好与权力使得公民成为平等且自由的个体。"(p. 76)

在描述罗尔斯认为源自该思想实验的正义原则之前,还要讨论一个关键问题:依据何种原则,这些慎思的结果可以正当地带来**强制性**政治权威?罗尔斯认为,当"政治权力(是)集体意义上公民的权力"时,它的实施:

> 只有依据如下宪法时才是完全适当的,对该宪法来说,其本质是能够期待得到所有公民作为自由且平等的个体,基于自己的共同人类理性都可接受的原则与理念的支持。
>
> (p. 137)

他说,这便是正当性的自由主义原则。

罗尔斯论证说正义的两个原则会在原初状态中得到选择。第一个原则是:"每个人都有平等的权利获得完全充分的平等的基本自由的制度,该制度与所有人可获得的类似自由制度彼此兼容。"(Rawls 1993, p. 291)这些基本自由包括思想自由、良心自由、结社自由、人身自由,以及他所说的"法治涵盖的权利与自由"(ibid)。尽管罗尔斯承认这些基本自由可能彼此冲突,因而一种自由会因追求另一种自由而受到限制,但它们却具有一种独特地位,它要求这些价值**永远不**应出于有关功效或效率的功利主义计算而被妥协。对一切公民、在一切时间,它们都必须得到**平等地**保证。通过我们先前借用自康德的区分,罗尔斯指出"这些自由超越于所有价格之上",它们的不可剥夺性是社会基本结构的核心要素(p. 366)。

他是这样解释第二个原则的:

> 社会与经济不平等要满足两个条件。首先,它们必须依附于在机会公正平等的条件下向所有人开放的职务和职位;其次,它们必须符合社会中最小受益者的最大利益。
>
> (1993, p. 291)

236

看起来令人惊讶的是,在提出一种**正义**理论时,为**不平等**提供证成似乎是核心工作。但基于第二个原则的第一个条件,我们会发现毫无疑问存在着可以证成的、依附于不同工作或职位角色的、我们可以认为合乎情理的权威与责任的差异:比如,司法职位与内阁职位之间存在权力不平等,抑或医生或社会工作者履行职责需要不平等的权力。不过这种不平等状况的关键,在于出于公平,没有人被排除在获得这些职务或职位的平等机会之外。他们可能实际上无法获得它们,但只要机会没有拒绝他们(比如,基于法律化的种族或性别歧视标准),这个过程就是公正的。换言之,可能存在不平等,但它们未必等同于不公正。

第二个正义原则的第二个条件标志着与自由至上主义的彻底不同。罗尔斯将之称为"差异原则"。不同于诺奇克,罗尔斯承认:即便我们假定一开始是平等份额的分配,**并且**转让过程是公正的,可正义理论不应止步于此。核心理由(这一点我们可以对照威尔特·张伯伦的例子想一想)就是,"许多单独交易的结果会最终破坏背景性正义"(1993. p. 284)。因此,我们必须容纳"一种基本结构的理想形态,以此**持续进行的社会过程的累积结果会受到约束的调整**"(1993, p. 281, 强调为本书所加)。比如,这会包括针对收入和财产所得的再分配性税收,以及一系列其他形式的国家干预。但在罗尔斯看来,由于这些情况能够明确地提前加以确定,并因此变得可预测与可预见,它们就并不等同于诺奇克所说的“对私人交易的任意干预”(p. 283)。

但同样我们可以问,就作为公平的正义而言,罗尔斯是如何选择证成“社会与经济不平等”的第二个条件的?答案与原初状态中无知之幕有关。在构想将要实现的社会时,我们并不知道自己将会富有还是贫穷、是否具备天资抑或能力。在这些无知状态中,理性的立场就是合理地规避风险:假设你处于共同体中最糟糕的境地——当你身为共同体统治者这一整体的一员时,你会合理地赞同何种境况呢?在反复掂量这一点时,我们可以运用“最大最小规则”,也即“我们会采纳这样的替代方案,它最糟糕的结果要好于其他方案最糟糕的结果”(Rawls 1971, p. 133)。因此,如果你处于最糟糕的境地,你真的愿意除了源自富人的慈悲怜悯外分配不到任何财富吗?富人应当选择做善人吗?你满意于眼看着财富累积合法地出现发展,以至于一小群富人能够垄断参与政治论辩或工作职位的机会吗?你会选择这样的原则,即你拥有——或你不拥有——的私人财产数量应当决定了你或你的家人获得教育或医疗的机会吗?基于类似于这样的(以及其他)考量,罗尔斯认为在无知之幕后,第二个原则的第二个条件是每个人**都会**合理支持的主张。因此,“差异原则”就以这种方式得到证成,并以如下方式实施:“无论存在多么巨大的不平等,无论人们多么愿意工作以赢得更大的回报,现有的不平等会得到调整以便以最有效的方式为最小受益者的利益有所贡献。”(Rawls 1993, p. 7)

237 既然这些作为公平的正义的原则具备正当性,那么它们彼此的关系是怎样的?罗尔斯认为,在原则之间进行**排序**时,存在着明确的优先性:第一个原则——平等自由原则——居于首要地位,不能被用于交换其他所谓的平等化的利益,包括比如得到提升的物质平等。如我们所见,自由可以受到约束,但只是“为了自由”的目的。罗尔斯的理论是一种政治**自由主义**,第一个原则的优先性是其核心。接下来,第二个原则的第一个条件——公正的机会平等——也必须**在**任何再分配机制运行**前**首先得到满足。这意味着一个公正的社会必须确保机会平等,且不应为了解决其他类型的不平等而否认这一点。换言之,任何财富再分配纲领只能在下述意义上得以确立,即它依旧与平等自由和平等机会原则相一致。如果不是这样,该纲领就应被拒绝。

罗尔斯的理论因此是一种试图增进自由**与**平等的学说。自由社会在确立社会基本结构时制定正义原则,它会识别并支持这些“社会价值——自由与机会、收入与财富,以及自尊的社会基础”,在罗尔斯看来,这构成了“社会的基本善”:个体追求自己的生活和目标所必需的社会条件(1993, p. 307)。罗尔斯拒绝了上一节中分析的功利主义和自由至上主义的正义学说,因此捍卫了一种政治自由主义,该学说认为强制性国家权力在支持自由时是正当的,除此之外,仅在以作为公平的正义的形式处理平等问题时才是正当的。

三、社会主义

19世纪以来最具影响力的政治理论之一就是社会主义。自其以多种面貌出现和发展以来,相较于观察资本主义社会中如此多的人所体验到的剥削、不平等以及不公正的影响,社会主义最初并不那么植根于抽象的理论表述。为了回应这些经验,社会主义思想家和倡导者试图理解并挑战产生这些苦难的秩序所具有的问题重重的特征,且试图代之以不再容忍剥削和不公正的制度。社会主义所追求的集体行动,在如下领域取得了成功,比如工人权利、基于需要的健康保险、平等的教育机会等,这些改革在历史中通常不仅受到自由派也受到保守派的反对。

在先前章节中,我们强调了法治学说及其保障的自由如何会与巨大的社会不平等和不公正并行不悖。这一结论可以被重新表述为形式正义对比实质(或内容)正义的问题。形式正义——基于类似案件类似判断、不同案件不同处理的法律面前一律平等——能够且通常确实与广泛存在的实质不正义共存。这种不正义也与诸多自由并行不悖,至少当自由被以类似于罗尔斯第一原则的“自由主义”方式界定时是如此。此外,在支持形式正义时,法律不仅允许实质不正义持续存在;它通过诉诸形式正义的主张**正当化**了这种持续。这是法律意识形态功能的一部分,本书第一部分第五章有更为细致的讨论。不过法律在维持实质不正义时,发挥着更为直接的**强制性**功能。我们无须依赖社会主义在这方面的著述,而是发现它已经在亚当·斯密这位现代资本主义开创性思想家的著作中显露无遗。他评论道: 238

> 当……有人田连阡陌而其他人无立锥之地时,权威的手臂就必然应当继续伸展出去,制定出一成不变的法律或规制来(保障)富人的财产免于受到穷人的抢夺,不然穷人会一直侵蚀这些财产……在此情形

中,其实也是在每种情况下,法律和政府都可被视为富人联合起来对穷人的压迫并将产品不平等地保留给自己,在穷人的攻击下这种不平等很快就会被摧毁,如果不是政府的阻拦,穷人很快就会通过公开的暴力使得他人与他们一样处于平等之中。

(Smith 1978/1762, p. 208)

穷人需要"受到政府阻拦"以免获得平等,这一点承认了法律、政府强制力以及物质不平等之间的直接关联。不过社会主义者对此的回应,不仅是试图处理政府权力,还要且主要是处理产生财富与不平等的物质条件与关系。这正是社会主义者与自由主义正义学说最为明显的差异。传统中自由主义者一直被认为是保障和维护自由以免**政府**权力对人民生活的干涉。也即它们通常更加关注政治权力以及与此权力滥用相关的危险,因此他们注重政治宪政主义的重要性。传统上他们不太关切其他形态的权力,特别是经济权力,因为他们认为免于政府干涉的自由也要求将经济活动留给市场或私人领域。但与此相反,社会主义者将经济置于他们有关权力分析的核心,因此经济也成为任何对社会中不平等的回应的核心。

柯恩因此这样总结了社会主义的三个主要特征:

不是资本主义阶级剥削,而是经济平等;不是以阶级为基础的资产阶级政治的虚假民主,而是真正的、完整的民主;不是受到贪婪和恐惧驱动的经济行动者之间彼此异化,而是以自愿彼此服务为特征的经济。

(Cohen 1995, p. 253)

让我们来依次讨论这些方面——平等、民主与共同体——并与我们考察过的其他正义学说加以比较。

根据诺奇克的论证思路,社会主义一直被批评为以共同体名义收走私人财产与个人自由。社会主义式的回应有两方面:首先,在资本主义制度下,财产和劳动**已经**从产生价值的人的身上被取走了。如马克思和恩格斯所说:"工资劳动为劳动者创造了任何财产吗?丝毫没有。它创造的是资本。"(Marx and Engels 1977, p. 232)资本主义实际上并**没有**保护人们劳动创造的产物,它保护的是资本家从**其他人**劳动中赚取利润的权利。其次,赋予个人有关私有财产的权利与自由以优先性,就是误解了社会中生产的属性,实际上也是误解了社会本身的属性。社会主义者指出,通过劳动的价值生产**并非**

239

个人主义的过程;它不可避免地具有**社会**属性。可以说将个体权利、财产与商品固定化为好像独立于社会活动存在一样,就是把车套在马的面前。保护这些权利,就是保护某种产生自社会合作却被人为与之分开的事物。马克思说,资本"并不是一种物,而是一种经由物中介的人与人之间的社会关系"(Marx, p. 932)。因此社会主义者的目标不是摆脱财产本身。它的目的是回到人们通过共同协作活动获得集体应得之物的状态。它是摆脱某种形态的财产——资本主义条件下的私有财产——这种财产形态实际上**剥夺**了大多数人的创造成果。因此社会主义也没有减损个人自由而是增进了它,保障人们自由地获得否则就会被褫夺的共同财富。

于是不同于自由主义的理解,资本主义下受到法律保护的权利推动了不平等和奴役。此外,"自由市场"远非"自由",它实际上需要政府持续不断地**干预**。我们可以从两方面理解这一点。首先,除了如斯密所说管控穷人之外,它还要求持续的行政监督以维持其所谓的"自由"。我们只需想想在欧盟维持一个"自由市场"所需的大量制度性工作,就能明白它所需的干预程度。保障经济自由所需的科层制、法律和政策以及实施机制,都表明"守夜人"国家在实践中可能不过就是一种幻觉。但自由市场也要求另一种干预。从历史上看,资本主义会遭受阶段性且有规律的危机。当危机出现时,比如当市场像始于 2008 年的金融危机那样"崩溃"时,为了恢复盈利的可能,"自由市场"需要令人震惊的以货币为形式的高强度公共干预。在最近的危机中,这需要大规模的财富再分配:财富不是从富人流向穷人,而是从大多数人流向维持资本主义财富所必需的制度。于是就需要干预来确保利润,同时让最不应该对危机负责的人群承担成本:方式就是他们的住房、退休金、工作或公共服务。从社会主义视角来看,可能没有更清楚的例子能够表明资本主义为了维持不平等关系而需要干预的方式了。

在另一个层面,这可以被理解为参与不平等的问题,这使得我们来到第二个方面:民主。在政治领域中,我们期待政治权力只有在下述条件下才是正当的,即受到该权力影响的人在选举行使该权力的人时具有平等话语权。换言之,我们期待在民主制度下自己既掌握着政治权威,又是它的臣民。如(上文)罗尔斯所说:

> 政治权威,只有依据如下宪法时才是完全适当的,对该宪法来说,其

本质是能够期待得到所有公民作为自由且平等的个体,基于自己的共同人类理性都可接受的原则与理念的支持。

不过这种在政府中的自由主义正当性原则并没有适用于经济领域。社会主义者这里再次与自由主义者有明显不同。要消除资本主义社会中维持不正义的所有权力,就不应只关注政治权力。它要求关注经济权力运作的方式,并对之有所回应。因此,正如自由主义者(和其他立场的人)试图通过民主手段让政治权力负责一样,社会主义试图将经济权力纳入民主责任制来改进它。

240

这使得我们思索社会主义如何试图矫正它所描述的问题。当下社会主义思想呈现出诸多不同形态,不过我们可以有效地将之区分为改进社会—经济非正义的**肯定性**与**转型性**再分配。肯定性改进“旨在纠正社会制度安排的不平等结果,而不动摇产生不平等的根本框架”(Fraser 1995, p. 82)。这或许包含罗尔斯差异原则所提出的某些内容,但由于对价值生产的社会属性有更清晰的了解,它通常要比差异原则更进一步。因此,这些方法可能更少顾及自由的首要性,而是更加关心确保一系列社会需要的平等,并通过约束某些源自个人财富和盈利动机需求的满足,来缓和市场社会最糟糕的滥用无度。但本质上肯定性路径处理的是问题的**结果**,而非原因。

相反,转型性再分配改进直击社会—经济非正义的**原因**。它们旨在从根本上重构社会—经济制度安排。它们共同包含着如下政策的组合:

> 普遍主义的社会福利纲领,极为进步主义的税收,旨在创造全部就业的宏观经济政策,大型的非市场性公共部门,重要的公共且/或集体的所有权,以及有关基本社会经济优先性的民主决策。
>
> (Fraser, p. 85)

特别是后两种政策直接关系到确立经济关系与实践的民主责任制。但除此之外,转型性改进要求我们应当关注非正义的其他结构性原因,这些原因如果确实会现身的话,它们尚未在自由主义正义学说的个人主义中体现出来。这里我们强调两个对于社会转型而言具有核心重要性的因素:**性别**和**种族**。

这两个因素之所以是社会—经济非正义的核心,源自如下事实:它们每一个都是“政治经济学基本的结构性原则”。首先,就性别而言,弗雷泽强调它“如何塑造了**支付薪水的**‘生产性’劳动以及**不支付薪水的**‘再生产性’或‘家务劳动’,并指定女性的首要责任在于后者”(Fraser, p. 78, 强调为原书所加)。因此家务劳动作为更轻松的劳动形态的“自然化”,既为其不支付薪水提供了正当性辩护,同时又为支付薪水的劳动展开提供了“免费的”(和剥削的)基础。另一方面,**在**支付薪水的劳动**中**,性别塑造了“高薪水、男性主导的制造业,与专业岗位和低薪水的、女性主导的‘粉领’及家政服务工作之间的区分”(Fraser, p. 78)。它也塑造了支付薪水的劳动中在薪资和工作条件方面的差异。因为这些性别方面的不正义,即便当立法制定法律禁止直接与间接歧视时依旧存在,这就表明这些肯定性改进在废除无薪和有薪劳动以及有薪劳动自身内在的性别分工时力有未逮,存在明显的局限。 241

其次,种族在资本主义社会中发挥着结构性作用。这一持续至今的问题的根源,在于殖民主义、奴隶制、种族隔离与歧视的历史。就此而言,重要的是注意到这些行为虽然是许多自由主义者深恶痛绝的,但却绝非独立于政治自由主义在西方列强的兴起,同时它们不是“没有法律规制的”,而是通常在法律的保护伞下展开的。如迈克·戴维斯(Mike Davis)有关19世纪印度和其他地区饥荒背景下英帝国主义政策的著述所说:“数百万人不是在‘现代世界体系’之外死亡,而是恰恰在被迫卷入现代世界的经济与政治结构的过程中死去。他们消失在一个自由资本主义的黄金时代。”(Davis 2001, p. 9)在维持种族主义的社会—经济不正义方面,这一历史轨迹发挥着重要作用。因此,**在**有薪水的劳动**之中**,依旧大量存在着种族主义的分化和阶层,在官方劳动市场自身的准入和排除方面,种族也扮演着富有影响力的角色。因此,就如以阶级为基础的分化一样,依旧存在着“‘基于种族’的剥削、边缘化以及剥夺的模式”(Fraser, p. 80)。就连最善意的肯定性政策和法律中都依旧充斥着种族主义的不正义时,缓和性改进纲领的效果就再一次受到质疑。因而弗雷泽说,转型性社会主义方案要求“废除种族的劳动分工”(Fraser, p. 80)。

就不正义的结构性原因来说,社会主义者必须介入更深一个层次,正是这个层次,有时将他们的方法同大部分主流正义理论区分开。如果要克服资本主义的不正义,任何改进就必须考察产生这些不正义方式的性质。当今资本主义,一直以来,都是一种遍及全球的剥削模式时,有关正义和改进活动的分析止步于任何国家的领土范围之内,就不仅错误而且虚伪。在**全球化**的背景下，“人们在相对富裕的国家中，在跨国相互依赖体系以及密集的经济互动中行动，这对人们在世界不同区域或特定地区体验到的相对优势和劣势具有系统性影响”(Young 2004, p. 372)。这种跨国体系包含各种权力形态——跨国公司、贸易组织以及条约等——所有这一切都没有被涵盖在个人权利或公平的自由主义学说中。但更为重要的是，这些财富与权力的聚集，以及构成当下经济活动的全球经济的相互依赖性，意味着正义和改进性转型问题不再可能仅仅在单个国家的政策与政治过程层面得到解决。实际上，装作好像这些问题能够在此层面解决，就是导致一种更深层的不正义，虽然这通常更加隐蔽。弗雷泽将此表述为**错置**(misframing)。如他所说，“按照领土界限划分政治空间，(国家领土原则)使得领域之外和非领土的权力都不再属于正义的范围。在日益全球化的世界中，它不太可能成为改进错置的方法，更多的是引起和推动它的手段”(Fraser 2005, p. 81)。因此，要通过处理与克服当下全球不正义实践的性质的方式，来获得更为广泛的框架。从改进的角度来说，社会主义在某一框架内以及国际主义传统中推出的经济民主观点，可以作为转型性改进活动的资源。(第三部分第二章会进一步考察有关全球正义的“保守派”与自由“进步派”的论辩)。

242

我们来到第三个也是最后一部分内容：共同体。如本主题伊始所言，社会主义立场的本质就是洞察人类生活服从驱动资本主义的利润原则所具有的解构属性。运用康德的区分，我们可以说人类关系既可以用价格也可以用尊严加以衡量。社会主义者认为，一个充分尊重人类尊严的共同体无法建立在价格的基础之上。当人们的社会生活基于“恐惧和贪婪”以及资本主义强加的不平等与奴役时，他们无法过上自由且平等的生活，可以说，即便有某种类似于罗尔斯差异原则的事物出现，也太晚了：它承认资本主义与不平等，进而探究它如何能够得到缓和。可是在社会主义者眼中，这就如主人和奴隶抑或地主和佃农之间没有共同善——没有可以论及的“好的共同体”——一样，在资本社会关系基础上平等个体之间无法存在合适的尊严共同体。如阿拉斯戴尔·麦金太尔(Alasdaire MacIntyre)所说，在这种条件下“工人无法将自己的工作视为对社会共同善的贡献，由于不同阶级之间彼此不同且冲突的利益，社会在经济层面也不再有共同善”(MacIntyre 2006, pp. 147-148)。此外，由于潜在的剥削关系——这是资本主义的**必要条件**——甚至增长了的物质繁荣都“作为一种反证而与工人无关”(MacIntyre 2006, p. 149)。麦金太尔指出,实际上资本主义所要求和借助的动机(特别是**贪婪**这种欲求不满的缺点),对物质**财富**的败坏与其他任何事物别无二致。因此,在社会主义看来,试图将平等建立在不平等之上,或期待真正的人类团结能够在共同体的剥削关系中得到实现,存在着根本矛盾。这正如早期的前资本主义时期的一句名言所说:富人进入天堂要难过一只骆驼穿过针眼(Mattew 19: 24)。

阅读文献:

诺奇克(Nozick, 1974)和罗尔斯(Rawls, 1971)以及(1993)是了解其观点的起点。他们都引发了无数评论。最好的两本文集相应是保罗(Paul, 1982)以及丹尼尔斯(Daniels, 1975)。伍尔夫(Wolff, 1991)和柯恩(Cohen, 1995)也广泛讨论了诺奇克的学说。柯恩(Cohen, 2000)从社会主义视角同罗尔斯的正义论展开了富有生气的对话,同时柯恩(Cohen, 2009)一书的标题提出了该书所回答的问题。

法恩(Fine, 1984)从马克思主义角度批判性地分析了法治,西普诺维奇(Sypnowich, 1990)分析了社会主义法律。你也可以翻阅本书相关主题中对马克思著作的分析。

243

参考文献:

Cohen, GA, 1995, *Self- ownership, Freedom, and Equality*, Cambridge: Cambridge University Press.

Cohen, GA, 2000, *If You're an Egalitarian How Come You're So Rich*?, Cambridge, MA: Harvard University Press.

Cohen, GA, 2009, *Why Not Socialism*?, Princeton: Princeton University Press.

Daniels, N (ed), 1975, *Reading Rawls*, New York: Basic Books.

Davis, M, 2001, *Late Victorian Holocausts*, London: Verso.

Fine, B, 1984, *Democracy and the Rule of Law: Liberal Ideals and Marxist Critiques*, London: Pluto.

Fraser, N, 1995, 'From Redistribution to Recognition? Dilemmas of Justice in a "PostSocialist" Age', *New Left Review* 68.

Fraser, N, 2005, 'Reframing Justice in a Globalizing World', *New Left Review* 69.

Kant, I, 1993/1785, *Groundwork for the Metaphysics of Morals*, trans by JW Ellington, 3rd edn, Indiana: Hackett.

MacCormick, N, 1982, *Legal Right and Social Democracy*, Oxford: Oxford University Press.

MacIntyre, A, 2006, 'Three Perspectives on Marxism: 1953, 1968, 1995', in A MacIntyre (ed), *Ethics and Politics: Selected Essays*, vol. 2, Cambridge: Cambridge University Press.

Marx, K, 1976, *Capital*, vol. 1, Harmondsworth: Penguin.

Marx, K and Engels, F, 1977, 'The Communist Manifesto', in D McLellan (ed), *Karl Marx: Selected Writings*, Oxford: Oxford University Press.

Nozick, R, 1974, *Anarchy, State and Utopia*, Oxford: Blackwell.

Paul, J, 1982, *Reading Nozick*, Oxford: Blackwell.

Rawls, J, 1971, *A Theory of Justice*, Oxford: Oxford University Press (revised ed 1999).

Rawls, J, 1993, *Political Liberalism*, New York: Columbia University Press.

Smith, A, 1978, *Lectures on Jurisprudence*, Oxford: Clarendon.

Sypnowich, C, 1990, *The Concept of Socialist Law*, Oxford: Clarendon.

Waldron, J, 2005, 'Torture and Positive Law: Jurisprudence for the White House', 105 *Columbia Law Review* 1681–1750.

Wolff, J, 1991, *Robert Nozick: Property, Justice and the Minimal State*, Cambridge: Polity.

Young, IM, 2004, 'Responsibility and Global Labor Justice', 12(4) *Journal of Political Philosophy* 365–388.

第二章　全球正义

一、核心议题和一些术语

244

本章讨论全球正义问题。概括来说，这个问题探究正义义务是否像在国家层面那样也适用于全球层面。这个问题提出的风险极高：**保守的**答案认为对于非国民同胞的人，不存在将资源从富人再分配到穷人的义务。基于这种观点，正义的标准不涉及评价不同国家生活的人们在资源分配方面的不平等。与此相对的则是进步的立场，它认为如果生活在不同国家的人们形成高度彼此依赖的话，正义的义务就超出了各国边界。为了阐明这两种立场的差异，你可以认为保守答案说的是我与格拉斯哥熨烫我衬衫的人处于正义关系之中，但与种植我所喝咖啡的巴西人却非如此；相反，进步观点认为这两种情况在**正义状态**方面没有任何差异。

从一些术语开始是个不错的起点：正义是我们据以评价人们之间资源分配的标准，其中资源可以被理解为实现良好生活所需的任何善好（Dworkin 1981）。据此，两人或多人之间的任何资源分配都会是公正或不公正的。正义被理解为评价这些分配的标准后，与两个维度有关：首先是有关公正分配的条件的学说。这涉及**正义的内容**。其次是有关何种分配符合正义标准（也即符合公正/不公正评价）的学说。这涉及**正义的范围**。

二、正义的内容与范围

就当代有关全球正义的论辩而言，在**正义的内容**方面存在相对共识。大部分人会赞同正义的标准是某种意义的**公平**。根据公平的要求来理解正义,这一观点最为突出的表述,体现在约翰·罗尔斯 1971 年的巨著《正义论》之中。从我们的目的出发,两方面内容对罗尔斯的方案至关重要:首先,是他提出的获得正义原则的方法;其次,是这些原则的内容。

245

如我们在第三部分第一章所说,有关方法,罗尔斯表明在公平的条件下,人们有可能获得规制其共同社会生活的同一系列正义原则。这些公平条件表现为一种复杂的概念装置(用罗尔斯的话说,就是**原初状态**),它被用来过滤人们及其所处环境的偶然特征,这些特征(比如,种族、性别、社会地位)有可能在人们选择原则时扭曲他们的判断(Rawls 1971, 第 3 章,第 20—30 节)。有关正义原则的内容,罗尔斯指出公正要求资源分配的任何不平等都要特别向最终境况变得更加不好的群体加以证明。还是如我们先前所说,这种证成以知名的正义第二原则为形式,它由两种次级原则构成:首先是**差异原则**,即不平等必须有利于最小受益者的利益这一要求;其次是**机会公正平等**原则。

> 社会与经济不平等要以下述方式得到安排:它们既要(a)符合最小受益者的最大利益,……且要(b)依附于在机会公正平等条件下向所有人开放的职务与岗位。
>
> (Rawls 1971, 第 46 节)

不过罗尔斯为其学说的范围施加了一个重要的约束。从一开始他就主张正义原则仅适用于**民主**社会的主要制度或其基本结构:

> (正义的主题)就是社会的基本结构,或更准确地说,是主要社会制度分配基本权利与义务、决定社会合作中优势分配的方式。
>
> (Rawls 1971, 第 2 节)

于是,全球正义中最富争议的问题就是其**范围**。在这个方面,人们对作为公平的正义的界限存在严重分歧:它应当按照罗尔斯明确的看法,依旧只是作为国内层面分配的标准吗?还是说它应当符合罗尔斯学说的精神,被理解为评价当今世界上不同国家和地区人们之间资源分配的标准呢?最近的一个例子有助于突显上述分歧中的要点:2017 年 9 月,艾尔玛飓风猛烈袭击了加勒比海岸,导致了严重破坏。美国向属于自己领土的波多黎各派发了

(有限的)物资,但对圣马丁这个一部分属于法国、一部分属于荷兰的邻近小岛置若罔闻,可是这两个地区都由于飓风遭受了重大损失。美国有义务在这两个地区公平分配物资吗?忽略其他可能让情形变得复杂的细节,我们可以区分两种回应:**保守的**回应是美国只在波多黎各有义务尊重公平,因为这里的居民和美国本土大陆居住的居民存在特殊关系。另一方面,在此问题上**进步**观点认为美国的物资分配并不公正,还有另一种更为公平的可能分配方案。 246

让我们回到对每一种立场的证立上来。

三、保守立场

鉴于保守立场和进步立场都赞同公平是正义的标准,它们就都以约翰·罗尔斯的《正义论》作为自己的起点。可是每种立场都强调其理论的不同侧面,如此就导致了对立的结果。

保守立场认同罗尔斯的观点,即公平的义务适用于一个社会的基本结构,抑或"主要社会制度分配基本权利与义务、决定社会合作中优势分配的方式"(Rawls 1972, 第2节)。省略诸多细节,许多人对罗尔斯的解释是,他认为正义向我们的生活提出主张,针对的只是源自制度结构的分配,其中该结构就是被设立来分配资源的。换言之,**正义的范围**要求有一种具备特殊形态的结构。基于这种解释,正义的**范围**就受到一个具有独特形态的**场所**的限定,也即基本结构所属的社会。保守立场援引进一步证据来支持其主张,他们提到罗尔斯晚年有关国际关系的著述,此时罗尔斯明确指出正义的义务并没有超越国家,他们将此视为拒绝任何在国际层面重组基本结构的主要理由(Rawls 1999)。

近年来,这一观点通过一种额外的且可以说是实质的证成得到了增强。社会制度的基本结构被视为人们之间存在特殊关系的证据,这些人们的生活都受到该制度的规制。当人们通过设立罗尔斯认为与基本结构相关的那类制度,以**政治共同体**形式彼此**联结**时,这种特殊关系就会出现。这一论述的要点在于表明政治联合产生出一种该联合成员之间的人际互动,对正义而言这一点显而易见。重要的是,将作为公平的正义纳入这一图景的,正是以可以得到强制实施的规则为中介的政治上的联合关系，以及下述事实，即规则的实施是以规则所针对的对象的“名义”提出的。当这一切发生时，那些“以其名义”主张的强制力就需要得到证成（Nagel 2005）。这正是作为公平的正义标准开始启动的时刻：它们成为相互联合的成员间资源分配的评价标准，而该联合是强制结构以“成员的名义”完成的。

基于这种**改进的保守立场**，使得基本结构成为正义适用的唯一场所的，不是它具有特定形态这一事实，而是它具有的形态使得生活在其中的人们都处于一种**密集的联合性关系**中，它要求善好在彼此之间的分配是公正的。相反，使得不同资源分配得以可能的其他人际关系，并不听从作为公平的正义的要求，因为它们未能强制性地且以其成员的“名义”如此为之。以家庭成员或朋友间的关系与——障碍就在这里——居住在不同国度的人们之间的关系为例，抑或近在咫尺的人们之间的贸易与其他跨国经济贸易为例。在这些情形中，源自彼此交往的资源分配都与正义无关，因为它未能通过政治联合的检验。

247

所以，回到我们一开始的艾尔玛飓风这个例子，基于保守立场美国没有义务向居住在圣马丁的居民公平地分派物资。或许还有某些其他救助他们的义务，但这些义务没有一个具有正义的迫切性。这样的例子有许多：基于保守立场，我对本地熨烫我衬衫的人负有正义义务，但对于在自己国家制作我衬衫的同胞则无此义务。另一个例子是：沟通国际贸易协定或劳动标准的政府并不需要公正地对待每一个其他国家的公民。它们所做的一切都是试图最大化自身利益的讨价还价。

四、进步立场

反对保守立场的观点很有力，且近来出现了新的斗志昂扬的声音（Abizadeh 2007; Julius 2006）。我们现在将之作为正义的进步立场加以讨论。

进步立场的起点是这一核心前提：尽管存在分配的基本结构，但分配的问题依旧存在。该直觉很简单：除了基本结构进行的资源分配外，还有其他可能的资源分配方式，在这个意义上正义**范围**的问题仍然是开放的。因为回想一下，两人或多人之间任何益品（good things）的分配都遵从正义的评价

(也即可以被判定为公正或不公正的)。但如果这一点成立,任何试图限制正义**范围**的观点都应当准确地告诉我们为什么一些分配要比其他可能的分配享有优先地位。

假定得到改进的保守立场想要回到政治联合的观点,以便将正义的范围仅仅局限在源自特定人际互动形态的分配中,这些分配出现在以生活于基本结构中人们的"名义"实施的该结构的强制体系内。面对这一主张,进步立场转而表明联合性人际互动相较于产生替代性资源分配的其他人际互动,并不配享特殊的角色。为了实现这一点,它更深入地考察一切人际互动的结构,并力图说明它对于正义**范围**的价值。此时该观点就得更加复杂,但出于上述理由依然值得对之加以考察。

看起来保守立场和进步立场之间的核心分歧,以及有鉴于此,正义**范围**的关键决定因素,就是如下观点,即人际互动无法产生正义义务,除非它是在该互动中参与者"名义"下展开的。因而"名义"成为正义的触发器。但究竟为什么是这样?简单的回答是只有当某种行为声称是"以他人名义"做出时,他人就有"资格"要求该行为的正当性证明:比如,如果你站在我前面,以至于我需要改变方向以免撞到你,那么我就有资格问问你挡我路的理由。不是你援引的任何理由都是好的正当性证明。与此相关的是,要想成为一个好的正当性证明,你援引的理由必须不仅对你来说是一个理由,对我来说也是如此(比如,你正力图保护我别掉入深坑)。重要的是,它必须是一个对我而言独立于你所做事实(即站在我面前)的理由,因为如果只是依赖于你所做事实的理由,我们躲开你的行为就仅仅是对你的行为以及你如此行为的单边理由的一种**回应**(Julius 2006, p. 188)。 248

上述论证的要点在于,人际互动中构成好的正当性证明的理由不能是"单边的",而需要为每一个与该互动有关之人所"共享"。这种"共享的"理由尤为突出的是包含源自**作为公平的正义**的理由,后者旨在证成任何源自相关互动的资源分配。但如果这一点成立,接下来的结论就是正义的**范围**会超出基本结构所在的**场所**,包含各种各样的产生物品分配的人际互动。

因此,进步立场表明:有关正当性证明的主张依附于所有人际互动,并且各种各样的人际互动将资源分配给互动的参与者。于是任何产生分配结果的人际互动实践都足够密集,能够听命于正义的标准(Julius 2006, p. 187)。要想反驳这一主张,保守立场除了重复自己的观点,即只有政治联合体内的分配才要求正义之外，还需补充一些证明。

五、未来的方向

在全球交往密切深入的时代，识别和解决正义问题的紧迫性可谓前所未有。当人们表明一系列人际互动将资源分配给互动参与者，且由此而使互动变得足够**密集**，能够听命于正义的标准时，认为正义仅局限在某种形式的人际互动，也即基于国家的政治联合的立场，就遭受着严重挑战。当然有关正义范围的争议不会马上平息。这可以理解，因为牵涉其中的政治（以及经济）利益十分庞大：只要想想为了解决全球贫困而需要转移的资源就明白了。但也可以想想那些更为微观的情形，比如我们艾尔玛飓风这个例子：这里也一样，不承认对生活在我们共同体之外的成员负有义务的观点，依旧强大，尤为重要的原因就是该义务包含着大量物质牺牲。

不过在这些心理障碍之外，似乎不剩什么理由来争论正义要求的范围。相反，全球正义理论的议程应当聚焦于更具生产力的挑战，比如判定跨国实践以及其他全球互动网络的分配性意涵（全球贸易与市场、跨国劳工、移民、环境政策等），这些互动的影响通常不为我们所知；此外，要拆穿我们依旧在彼此无关的网络中生活的观点，并表明即便全球尚未“形成”适用于正义的完整互动网络，但它已经不再能够“分裂为彼此无关的次级网络了”（Julius 2006, p. 189）。

据此，若未能认识到正义适用于一系列超越国界的人际互动，就不只是一种认知上的失败。这是一种实践上的失败，会以我们都身负其责的方式给人类同胞带来痛苦、不幸以及侮辱。因此建议，在正义方面，我们必须要做得更好。

249

阅读文献：

任何有关全球正义论辩的起点，都是罗尔斯的《正义论》（Rawls, 1971）。尽管该书是全球正义的保守立场和进步立场的基础，但罗尔斯自己在其《万民法》（*Law of Peoples*）（Rawls, 1999）这部成熟作品中提出的国际法和国际政府的观点则将正义的运用限定在国内层面。

近来保守立场的捍卫者中，最优秀的是布莱克（Blake, 2002）、米勒

(Miller, 1998)以及内格尔(Nagel, 2005);近来进步立场最杰出的辩护者是贝茨(Beitz, 1999)、柯恩和沙贝尔(Cohen and Shabel, 2006)、朱利叶斯(Julius, 2006)、博格(Pogge, 1989)和圣乔瓦尼(Sangiovanni, 2007)。

有关(更一般性的)正义和全球正义论辩不错的指南,参见金里卡(Kymlicka, 2001)、布莱克和泰勒(Blake and Taylor, 2015)以及布罗克(Brock, 2009)。

弗里克舒(Flikschuh, 2017)基于全球正义有将国内政治经验运用到国际语境这一倾向,对全球正义的局限性展开了持久批判,并进而从语境敏感于地方性行动理由的角度,提出重新定位全球推理。

参考文献:

Abizadeh, A, 2007, 'Cooperation, Pervasive Impact, and Coercion: On the Scope (Not Site) of Distributive Justice', 35 *Philosophy & Public Affairs* 318–358.

Beitz, CR, 1999, *Political Theory and International Relations*, 2nd edn, Princeton, NJ: Princeton University Press.

Blake, M, 2002, 'Distributive Justice, State Coercion, and Autonomy', 30 *Philosophy & Public Affairs* 257–296.

Blake, M and Taylor, SP, 2015, 'International Distributive Justice', in EN Zalta (ed), *The Stanford Encyclopedia of Philosophy*, Summer 2021 edn, https://plato.stanford.edu/archives/sum2021/entries/international-justice/.

Brock, G, 2009, *Global Justice: A Cosmopolitan Account*, Oxford: Oxford University Press.

Cohen, J and Shabel, C, 2006, 'Extra Rempublicam Nulla Justitia?', 34 *Philosophy & Public Affairs* 147–175.

Dworkin, R, 1981, 'What Is Equality? Part 1: Equality of Resources', 10 *Philosophy and Public Affairs* 185–246.

Flikschuh, K, 2017, *What Is Orientation in Global Thinking? A Kantian Inquiry*, Cambridge: Cambridge University Press.

Julius, AJ, 2006, 'Nagel's Atlas', 34 *Philosophy & Public Affairs* 176–192.

Kymlicka, W, 2001, *Contemporary Political Philosophy*, Oxford, Oxford University Press(second edition).

Miller, D, 1998, 'The Limits of Cosmopolitan Justice', in DR Mapel and T Nardin (eds), *International Society*, Princeton, NJ: Princeton University Press.

250 Nagel, T, 2005, 'The Problem of Global Justice', 33 *Philosophy & Public Affairs* 113–147.

Pogge, TW, 1989, *Realizing Rawls*, Ithaca, NY: Cornell University Press.

Rawls, J, 1971, *A Theory of Justice*, Oxford: Oxford University Press (revised ed 1999).

Rawls, J, 1999, *The Law of Peoples*, Cambridge MA, Harvard University Press.

Sangiovanni, A, 2007, 'Global Justice, Reciprocity, and the State', 35 *Philosophy & Public Affairs* 3–39.

第三章　转型法学和历史不公

我们在本章考察国家如何面对广泛存在的苦难、歧视、人权侵犯以及其他大规模不公正历史的一些法学意涵。首先，我们在政治转型，特别是从威权主义向民主制政府转变的语境中，界定许多这类问题。其次，我们通过研究澳大利亚的个案来考察民主社会如何处理殖民主义的过往和持续不断的遗产。 251

一、政治转型中的法治

1. 法治的困境

近几十年来，法律和法律制度在政治转型中的角色这一主题，逐渐成为法学研究中的焦点。在“转型法学”的标题下，学者密切关注法律在推动不同国家——从远至中美洲和南美洲，直到非洲——从非民主式的政治制度向民主制度转变中发挥的不同作用。伴随 20 世纪 90 年代初期柏林墙倒塌以及所谓的“非暴力革命”，“如何看待过去”的法学反思在欧洲也经历了繁荣发展。使得近来这些转型如此有趣——且如此重要——的部分原因，是想要确立自己会支持法治这一信念的新政府所遭遇的难题。不过这些政府同时还面对着许多彼此竞争的主张，它们要求那些在先前体制中犯下“历史不公”的人承担责任。如许多人所见，这导致了一种法治困境：一方面，像我们看到的，法治（尤其）意味着通过支持法律期待而确保法律的确定性，其中法律期待是由立法机关、法院和宪法提前确定的；另一方面，先前体制的诸多专制政策都是由政府以其确立的法律名义做出的。新制度现在如果尊重和追求作为支持法律期待的法治理念，就意味着承认先前制度确立的法律与法律 252

期待,无论它们会带来何种程度的痛苦。比如,在知名的民主德国边防军案中,枪杀逃亡者的士兵由于枪击而将受到重新统一后的德国法律程序的起诉,士兵的行为被认为属于刑事犯罪;但是士兵辩护说,在他们做此行为时,这些行为都是在得到法律准许的命令下执行的,且他们由于这些行为受到民主德国制度的奖赏。认为他们犯有刑事犯罪是否合法或公正呢?难道新的民主制度不会因此而违反如下法治原则(以及基本人权),即任何人都不应由于在做出时不算犯罪的行为而受到惩罚?总之会有如下困境:如何回应一个声称在当时合法的制度先前具有的不公正。这一困境不仅出现在刑法中,也出现在公法和私法(比如,物权法中的赔偿)。此外,这个问题还有一个维度:如果对于新兴国家而言,与过去和解是一个重要理念,那么就此而言,最好的正义与法治学说是什么?并且重要的是,难道有关这些事务的法律裁判,事实上不会违背比如在受害者与先前压迫者或受害者与当下受益者之间和解的承诺与条件吗?起码我们会注意到,这些和解问题如何提出,会以非转型背景中没有经历过的方式对法学问题产生影响。

本章会稍微详细地考察一些源自这些"转型"问题的法学议题。但在一开始就应当强调的是,尽管这些问题在世界范围内一直以来且依旧与当下社会高度相关,但它们却并非新鲜事物。人们总是需要处理专制政府的问题及其不正义之举所导致的后果,总是要经受战争的创痛、国内冲突以及从殖民统治下的解放(无论是18世纪70年代的美国,还是在20世纪下半叶的非洲,抑或是"二战"后的欧洲),学者以及政治与法律工作者总是会介入这些问题。比如,最生动地体现在霍布斯、洛克、康德以及卢梭等现代社会重要思想家著作中的社会契约论传统,本身主要讨论的就是如何从他们(以不同方式)描述的自然状态转型的过程中,建立正当政府。在这个意义上,转型正义问题无甚新奇之处。不过可能与以往不同的,是近来转型发生所基于的法律和国际背景。在法治、民主以及人权被认为确立了约束政府行为的基本价值的语境下,以及此时——可能与之存在冲突——一个日渐强大且由法律确立的全球资本主义经济试图为国家和国际关系以及商贸往来设定条件的背景下,我们可以说政治转型的属性本身就处于转型当中。可以说这一转向现在已经到达了这样一种程度:是全球背景下的法律与法律规范,而非单纯的地方性政治或武力,决定了经历激烈的社会与政治动荡的社会进行转型的条件。当情况如此时,我们需要格外关注法律与法律制度的介入如何制约或创造了真正的社会转型的可能性。

为了在此广泛研究领域中取得进展,我们会在转型法学领域中识别一些关键的主题。我们在这里的主要关切是强调几类被提出的法学问题,而非试图详尽地解决它们。 253

2. 建立责任制和责任的困难

当一个国家经历了带来广泛伤害的专制统治和不公,且该制度现已被民主制取代时,它面临的一个核心问题,就是为所经历的伤害建立责任制(accountability);也即我们认为谁或何种制度要为所带来伤害进行解释说明?在这个意义上,有关伤害的责任、建立责任制是评价其性质与程度的第一步。乍看之下这尽管貌似相当简单,但在一些国家中提出这一问题,一系列难题——有一些是共同的,另一些则因时因地有所不同——使它没有一开始看上去那么容易。当出现大规模暴行时,比如,在种族灭绝活动或违反人道的罪行中,建立责任制和确立责任就需要分析共同导致伤害行为的复杂因果关系,对此我们习以为常的刑法范畴可能不足以胜任。汉娜·阿伦特(Hannah Arendt)在她有关"平庸之恶"的著名研究中,引用了以色列法院审判参与大屠杀的阿道夫·艾希曼(Adolf Eichmann)的判决:

> 在我们正在思考的这样一种巨大且复杂的罪行中,它得到许多人在各种层面、以各种方式的参与——依据他们不同的等级,有策划者、组织者以及执行行为的人——使用通常的教唆或引诱犯罪的概念没有太多意义。因为这些罪行是集体犯罪,不仅在受害者数量上如此,在参与罪行之人的数量上也是如此。从衡量责任的角度来说,这些犯罪分子中的某一个在何种程度上接近或远离受害者的实际凶手没有任何意义。
>
> (Arendt 1963, pp. 246-247)

就伤害的程度而言,准确地确认谁来负责、何种社会制度(比如,军事制度、政府或法院体系)负责的困难,使得为之确立责任通常是一项令人望而生畏的任务。不过即便如此,人们仍然想要看到某种正义得以伸张,对罪行的赦免——也即完全不用负任何责任的赦免——并不是主流。

3. 正义的形态

但我们要伸张的是何种正义?这里我们就遇到了不同选择。一种是**报应正义**,它认为犯有罪行或下达该命令的人应当遭受与其所致伤害相称的惩罚,也即他们应被认为负有刑事责任——假设他们被一个正当构成的法庭判定有罪——且得到相应的惩罚。这是"二战"后纽伦堡审判所采取的模式。可是检察官和法院同样面临着一个令人不快的任务。他们必须在第一个案件中确定对罪行以及被告的相关管辖权,同时他们必须确定所主张的罪行是犯罪(在纽伦堡审判中,一种重要犯罪被确定为"反人类罪")。否则无论错误与否,都会有下述倾向,即将起诉视为胜者的正义,将之等同于把溯及既往的法律强加在战败的一方,而忽视了胜者一方所犯下的罪行。此外,考虑到如下进一步问题,即判定和抓捕违法者、大量潜在的被起诉者以及充分获得刑事审判所需的高标准证据的困难,非常有可能出现的情况是只有一些人被绳之以法。因此在某些情况中,我们可能会觉得一些人是替罪羊,一些罪犯将要补偿许多其他依旧逍遥法外之人的犯罪或共谋;但在另一些情况中,我们可能会认为"基层士兵"而非躲在制度、政策背后的高级政要被不公正地挑选出来接受审判。于是在许多这类情形中,法院需要判定实际的作恶者,而在此条件下刑法"通常"的运作似乎无法胜任,因为这类情形的常见情况是"随着我们越远离使用手头致命工具的人,责任程度反而越来越高"(Arendt 1963, p. 247)。

254

不平等或不公正对待的问题——是否起诉、起诉谁以及基于何种理由,是法治困境的另一个要素,它在刑法领域中尤为突出。如果新制度想要确立自己作为法治国的信用,那么它起诉犯罪的立场就必须被认为是客观的、程序正当的以及没有政治偏见的。但在转型这种通常依旧高度不确定的背景下,在政治与刑法之间确立约定俗成的距离几乎是不可能的。国际刑事法庭(ICC)的建立对于处理这些问题能够有所帮助吗?这值得讨论。即便建立了这个法庭,上述疑虑和困难也没有消除。此外,并非所有国家都接受它的管辖——或许最大的问题就是美国——并且即便接受其管辖的国家也会认为它的审判受到政治的扭曲。

这或许是近来政治转型语境中兴起诸多替代性负责手段的原因之一。在**恢复性正义/司法**的广泛旗帜下,刑法作为处理历史不公的手段,尽管并非完全多余,但人们一直都承认它的局限性,因而人们尝试提出在不同意义上公正对待过往的不正义。恢复性正义/司法的核心关切是恢复不正义的受害者的尊严,同时也基于如下关切,即共同体本身在某种程度上需要得到恢复。一种得到鼓励的方法,就是运用打破责任发现与惩罚之间关联的不同形式的审判。人们认为,此时追责并找到为所犯恶行负责之人依旧是必要的,但基于转型的条件,人们觉得为了追求社会和解,下述情形也是可欲的,即确定真相并赋予受害者和共同体一种刑事审判所无法实现的功能,并从超越惩罚和增进社会修复的角度理解问责的影响。

有关这一点,或许当今最为突出的例子就是南非在 1995 年结束种族隔离后建立的"真相与和解委员会"(Truth and Reconciliation Commission, TRC)。该委员会被赋予的任务是找到种族隔离制度下所犯罪行的性质和原因,它执行这一任务最重要的机制就是特赦这样的人,即他们自发前来全面揭发与种族隔离政府和反种族隔离斗争之间冲突相关的罪行。因此,为了确定有关过往不公行为的真相,为了在严重分裂的社会中推动和解的可能,斩断追究责任与惩罚之间的关联被认为是必要的。 255

这种方案充满争议,许多种族隔离政策的受害者反对说,该方案未能严肃对待这些罪行的严重程度,并否定了他们获得法院所确立的(有关刑事的,或各种酷刑的)正义的权利。他们指出,如果已经犯下过错,正义和法律就要求他们得到审判。真相与和解委员会回应说,这种条件下的特赦与不向过往罪行施加任何责任的完全特赦不同,它不是对正义的否定,而是提供一种替代性正义,这一点也得到了南非宪法法院的支持。委员会在受害者的苦难与确定过往真相以便克服分裂的需求之间展开艰难的平衡,使得上述观点具备了正当性。这种有条件的特赦——基于讲出真话的特赦——被视为实现共享未来与和平未来这一目标的途径。当然,这种特赦中包含着一个悖论:源自"特赦"这个共同基础,它至少与遗忘过往行为的法律后果有关;但为了遗忘,我们必须首先知道要遗忘的内容,也即必须确定有关过去的真相。在这一张力中,存在着人们一直说的"和解的风险":公开太多有关过去的真相可能会破坏和解进程,但完全掩盖历史就无法严肃对待过往的不公以及由此而来的社会持续处于不和谐与痛苦之中的风险。

不过转型背景下这两种正义都受到来自第三种视角的批判。当它们都关注刑法惩罚抑或特赦与和解过程时,该视角认为它们有未能充分重视第三种正义,也即**分配正义**的倾向。分配正义关乎社会中物品、机会以及责任的分配。在旧体制崩溃后,要作出的许多重要决定中有一项就是新的民主体制在何种程度上会改变转型前确立的诸如物品与机会等事物的分配。比如,会有是否保留既有财产权或关系的问题,以及现在进行再分配时,对于种族或民族群体的系统性歧视的影响在何种程度上应当具有重要性。例如,我们可以比较白人少数群体统治结束后,津巴布韦与南非截然不同的土地分配政策。

在这些情况下,新政府或通常来说是法院,会面临另一种法治困境:一方面是支持基于现存法律的法律期待,另一方面是要处理下述事实,即这些法律正当化了不公正的分配模式,如果将之保留不变,就不过是延续先前制度的残余。这个问题通常最明显地体现在财产法方面。当财产权在新的民主制度下受到削减时,此时拥有财产的人——同样是基于法治原则——会合理地期待自己的法律权利得到保障、自己的财产得到保护。但由于这未能给先前制度受害者解决实质不正义的问题,诸多彼此竞争的主张就会出现,挑战**先前状态**并要求基于矫正以往不公的再分配优先于财产权。

256

这里涉及重要的法学议题之一,就是对可以被称为正义的"时间"维度的考量。它提出了**先前**存在的不正义与现在伸张正义是否相关这个问题。考虑以下这两个观点。其一是如果社会中有一个群体此时处于弱势地位,这意味着他们在分配正义中拥有有效权利来满足他们现在的需要,并且这种权利与他们的弱势地位如何源自历史无关。在这个意义上,公正对待他们的需要就与公正对待社会中其他群体别无二致。与之相对,另一个观点认为弱势群体在分配中拥有一项基于他们过往经验属性的**独特**权利,也即他们的主张应当得到不同于其他人的对待,因为对如今不公正状况的全面理解与回应要变得有意义,就需要对当下弱势地位的历史原因加以考量。

特别是他们指出,如果在解释奴隶制这一先前的不正义时,没有将当下弱势地位的存在考虑进来,就无法彻底理解和把握当下许多奴隶后代所遭受的社会与经济不平等的属性。当然,我们会遇到在法律范畴中无法轻易解决的不同时代中的身份与原因的问题。正是由于这个原因,许多人尤为强调现在很多非裔美国人所遭受的不幸应当仅仅按照当下的分配正义问题加以处理,针对他们的当下所需,而不管这些需要为什么或如何会出现。这些激烈的论辩通常会要求在分配资源与物品时,对优先性作出艰难的选择。

因此,法律实践的许多领域都会出现政治与社会转型中的法治困境,比如刑法、财产法以及人权法等。但它们也在下述两种意义上会遇到更加根本的问题:首先,这些法律领域本身在它们的需求和利益方面就存在冲突,调和这些冲突可能会使得法律范畴负荷太多的政治或道德压力,这会相应地破坏对任何公正或客观法治的主张;其次,就其本身而言,法治的价值本身可能最终只不过是许多彼此竞争的社会力量中的一个因素,因而不仅法治的利益本身无法在冲突之间达成妥协,而且为了确保相对稳定的转型,法治本身也需要妥协。

通常认为,这些更深层的问题在稳定的社会中已经得到解决。但思考转型时期法治的一个好处,就是它们恰恰是将这些"确定的"假设拿到了聚光灯下。它持续不断地提醒我们,尽管这些问题已经隐而不显,却从未完全消失,在下述情形中尤为如此:历史不公可能会再次出现,让我们加以思考,抑或人们认为当下的社会境况进入了不安定或不稳定的时期。 257

二、纠正殖民主义:不公正社会中的裁判

系统性和深重的种族歧视会出现在认同形式平等、民主以及法治原则的社会中。因此有必要尝试理解传统法律推理基本原则的运作,如何通过固化过往和当下的不公正而在此情境中构成共谋。澳大利亚就是这种情形的当代事例,本主题中我们将会讨论联邦最高法院在马邦诉昆士兰州(*Mabo v The State of Queensland*)(No. 2)(1992)(下文简称为"马邦案","No. 2"指所引段落)一案中的判决。马邦案的判决之所以重要,有许多原因,其中就包括它揭示了法律推理所基于的假设,以及法律在处理殖民问题的历史和现状时的局限。

1788年英国开始对澳大利亚进行殖民统治。依据无主之地(*terra nullius*)学说,主权者针对这片土地提出主张。这个学说的字面意思是"不属于任何人的土地",据此,无人居住的土地在殖民者"定居"后,可被殖民政权拥有——在此情形中,从技术上讲就是由英国国王所有。当然澳大利亚大陆并非无人居住;欧洲的"定居者"遇到了许许多多的土著居民,并且他们通常抵制殖民入侵。但此时,如果作出下述假定,殖民政权依旧可以运用一种"扩展的"无主之地学说:"本地居民并没有被组织入一个为了政治行动而永久联合起来的社会。"(33)* 本质上,这意味着帝国主义强权作出的判断,就如

* 括号中的数字为相应判决书中的编号。后文同。——译者注

英国枢密院在 1919 年**有关南罗德西亚案**(*In re Southern Rhodesia*)(引自马邦案,38)中所说:“一些部落在社会组织规模方面如此低级,以至于他们有关权利和义务的使用与观念无法和文明社会的制度或法律理念相协调。这样一种鸿沟难以逾越。”换言之,从一种公然具有种族主义意味的理解出发,无主之地的居民及其社会形态被认为是低下的:如首席大法官布伦南所言:“殖民者定居的殖民地的土著,因此被认为是没有法律也没有主权的,并且在社会组织方面处于原始状态。”(36)

马邦案中,澳大利亚联邦最高法院被要求裁决一项以墨累人名义提出的主张,这些墨累人生活在托雷斯海峡的墨累诸岛,他们对自己的土地拥有原住民土地权,它幸免于英国国王夺取主权的影响。该主张涉及澳大利亚联邦最高法院重新评定澳大利亚建立所基于的最初种族主义假设的性质和影响,该假设 200 多年来在法律上否认任何这种原住民土地权。如首席大法官布伦南所说:

> 根据这些情形,普通法本身从原住民手中攫取了占有其传统土地的一切权利,使之处于缺乏土地提供的宗教、文化以及经济支持的境地,实际上是将土地授予帝国当局来掌控而没有作出任何补偿,使得原住民在自己的家乡成为外来户,为了获得容身之所而乞讨。

258 不过布伦南首席大法官继续说道:“从任何文明的标准判断,这样一种法律是不公正的,它认为自己属于当下适用于澳大利亚的普通法这个主张必须受到质疑。”(28)因此:

> 在本案中就要对法律原则作出选择。法院既可以适用先前的权威命令进而考察墨累人是否“在社会组织规模”方面要比其主权被既有当局“完全忽略”的澳大利亚原住民更高级,也可以推翻既有的权威命令,抛弃定居殖民地中在无主之地和非无主之地之间的区分。
>
> (39)

按照布伦南首席大法官的意见,推翻先例案件是必要的,因为不这样的话,它们的权威:

> 会损害到所有澳大利亚公民在法律面前的平等。如果这个国家的普通法依旧坚持扩展的无主之地的观念,坚持认为澳大利亚殖民地的原

住民在社会组织规模方面程度过低以至于无法被承认拥有土地权利与利益,就会将不正义永久化。

(63)

因此,布伦南首席大法官一方面承认"(原住民)遭到驱逐支撑了(澳大利亚)国家的发展"(82)。但另一方面,他评论说"澳大利亚社会的和平与秩序建立在法律体系之上"(29):

> 法院对于规则的采纳如果会构建形塑我们法律内容且赋予其内在一致性的原则框架时,它就不是自由地采纳与当下正义和人权相一致的规则。
>
> (28-29)

换句话说,裁决原则之间的冲突,需要面对剥夺原住民自己土地的最初行为,同时要明白该行为正是澳大利亚这个国家一直存续的前提。那么根据当下的正义与平等原则,当澳大利亚的种族主义起源本身赋予该国——因而也包括该国法律和最高法院——权威时,该如何处理它呢?

法院对此问题的解决,是在主权获得与该获得的影响之间做出重要区分。它认为前者并非法院审查的主题;也即最初殖民活动建立的主权在澳大利亚法院是不可诉的——正是该主权使得法院对本案具有管辖权。如果这个问题是可诉的——并且结果是该主权行为无效——法院恰恰就会摧毁自己做出这一判决的权威。

不过法院有权审查主权获得的影响。此时就存在对这些影响的解释空间。法院判定,尽管依据无主之地学说获得主权,这并不意味着国王对整片领土也获得了"全部用益权"(也即,完整的财产权)。准确地说,根据追溯至封建时代的学说,它只拥有一种"根本性"[或最后的(ultimate)、最终的(final)]权利,据此,即便它自己并不拥有土地,也有资格获得土地中的所有财产权。"国王获得的是对土地的根本性权利,是对土地的主权性政治权力,它们加起来并不等同于对土地的绝对所有权。"(55)因此,根本性权利意味着国王拥有主权管辖权来创造财产权,但这里不涉及所有权向另一方的转让,并且由于国王并不拥有土地,对土地拥有权利的原住民就可以在根本性权利之上"作为一种负担"继续存在。可以说,正是在根本性权利和完整的用益所有权之间的空间中,原住民土地权主张有可能幸免于英国夺取主权的

259

影响。

于是当原住民土地权没有被国王转让土地消灭时,原住民共同体就有机会证明,尽管国王获得了主权,但自殖民时期以来他们与土地的持续关联使得他们有资格拥有这片土地的原住民土地权。因此,这是普通法第一次能够纠正无主之地学说的种族主义意涵并承认原住民对土地的权利——并且通过推翻先例使得澳大利亚法律符合非歧视原则。

我们可以考察两种对该判决非常不同的解释。第一种欢欣鼓舞,赞美普通法推理风格所具有的灵活性这一多有夸耀的美德。在一位评论者看来,该判决反映出普通法的美德——抑或“禀赋”与“精神”,因为它能够支持人权的基本标准,并切合实际地回应“社会、经济与政治考量”(Bartlett 1993, p. 181)。它还体现出某种更为根本的问题,也即法律如何体现——或未能体现——人类的根本价值。根据这种看法,马邦案判决在澳大利亚历史上首次承认了完整的人性。一直以来,原住民的完整人性并没有得到法律的承认,且这一点转而成为正当化更为广泛的社会与政治种族主义的一个因素。此外,只有当这种完整的人性得到恰当承认后,减轻原住民一直经受的痛苦的政策这类进一步问题才能得到解决。雷蒙·盖坦(Raimond Gaita)注意到了这一区分,他写道:

> 只有正在反抗不公待遇的人们的完整人性地位毫无争议时,公平才是要处理的问题……马邦案实现的正义要深刻于任何运用于人们获得物品时平等概念所表述的内容。它使得澳大利亚原住民具有了选民身份,基于此,他们能够针对不公正的待遇合理地提出主张。
>
> (Gaita 1999, pp. 81-82)

但也有相反的观点。克鲁伊什和珀迪(Kerruish and Purdy, 1998)提出三点重要评论。首先,他们强调普通法的推理涉及对一般原则的适用,在马邦案判决中至关重要的就是平等与形式正义(类似案件类似判断)原则。但他们指出,法律平等与“法人”概念具有紧密联系。正是这一现代西方法律理念发挥着重要的正当化作用,因为它依据下述观念运作,将人们视为“法律面前自由且平等的主体”。按照克鲁伊什和珀迪的看法,这里的自由包括两个方面:

260

> 首先,他们摆脱了(在受到束缚的意义上)一切实际特征(从姓名到

基本社会关系中的地位)。其次,他们被认为具有做出选择的能力或自由意志。法律中的平等内在于这种双重自由之中;也即法律面前所有人都平等地摆脱了自己的实际特征,且平等地被推定能够为自己的行为负责。

(Kerruish and Purdy 1998, p. 150)

我们可以从中引申出两个批评。首先,法律面前人人平等——依据同样标准提及或衡量他们——实际上就是通过忽略他们可能依据某种其他描述性或规范性标准而具有相关性的身份或语境(在本案中就是残暴的殖民活动)特征来对之加以区别对待。此外,这种形式化的法律推理活动实际上没有归属给法人任何身份;更准确地说,法律将自己的立场强加为一种身份,实际上是当事人唯一可获得的身份,除此之外不会有诉求或请求。正如原住民律师艾琳·沃森(Irene Watson)强调的,马邦案"未能承认原住民土地权确立中的差异,以至于使之符合一种西方财产范式"(Watson 2002, p. 257)。这一点启发了第二个批评:法律面前所有人为自己行为负责的观点,实际上并不是人们自身决定的,而是法律自己规定和界定的。但是由于它扭曲了历史事实,它反而是以正当化对该事实的忽略而完成这种扭曲的。

其次,如我们所见,由最初殖民活动确立的主权在澳大利亚法庭是不可诉的,因为正是该主权赋予法院听审该案的管辖权。这种显然水泼不进的逻辑标志着法院权力的边界。可是它的结果却是由于拒绝干涉主权的获得,原初的(事实上基于种族主义学说)剥夺行为及其正当性作为确立性活动依旧没有受到动摇。这种持续性——原住民受到的剥夺"支持了国家的发展"——现在不仅在法律上一成不变,还由于普通法以一种非歧视方式运作这个主张在当下得到了正当化。以此,马邦案实际上掩盖了殖民者对入侵澳大利亚所带来的伤害的责任,因为还是如沃森所说,"国家至上学说变了一个魔术,免除了几个世纪以来针对原住民的不合法行为与暴力的责任"(Watson 2002, p. 265)。

最后,普通法承认原住民土地权的条件,即要求有能力证明原住民和土地自最初殖民活动以来有持续关联,存在严重缺陷。由于政府政策,许多原住民被从自己的传统土地上驱赶到了其他地方(包括城市和城镇),这意味着不仅在大部分案件中与土地的关联无法得到证明(部分原因就是这些殖民活动，但即便是在该关联可以得到证明时，也有部分原因是普通法所要求的证据标准严重依赖文书证据，他们知道这是无法获得的，因为原住民文化是一种口耳相传的文化），而且正是这一剥夺权利的事实现在被该案中普通法判决加以正当化了。这些被剥夺土地的原住民现在作为澳大利亚公民得到法律的平等对待，可他们受到的剥夺却未能载入法律。就如克鲁伊什和珀迪所总结的那样，因此：

261

> 澳大利亚普通法现在想方设法剥夺那些已经与土地斩断联系的原住民在澳大利亚原住民法中的身份。这是**一种通过不承认原住民身份而加重剥夺的更进一步的殖民活动**。
>
> [1998, p. 162, 强调为本书所加；也参见 Watson (2015)]

根据上述评论，我们领略了普通法推理——恰恰是基于平等、自由和形式正义的理由——在正当化持续进行的剥夺与歧视方面的力量。这是殖民语境下（即便该此时民主与非歧视原则得到了支持）法律推理的力量。换言之，尽管存在于澳大利亚的对原住民的伤害和不平等继续发生，普通法的整全性/正直却毫发未损。

因此，我们最后可以通过下述问题反思一下现代法律思想的力量与局限：现代法律原则与法律推理（我们在之前章节中看到的那些类型）是否以及在何种程度上能够纠正殖民活动以及严重歧视性实践所带来的影响？这些原则什么时候一直且依旧是正当化这些歧视性实践的同谋呢？

阅读文献：

对于几个核心主题不错的分析，参见泰特尔（Teitel, 2000）以及（Teitel, 1997），更一般性的可参见斯坦和内德尔斯基（Stan and Nedelsky, 2013）。更广泛的经验研究，参见克里茨（Kritz, 1995）和麦克亚当斯（McAdams, 1997）。基于女性主义视角的一系列研究，参见法恩曼和津斯塔格（Fineman and Zinsstag, 2013）以及贝尔和奥罗克（Bell and O'Rourke, 2007）。

戴岑豪斯有关这一主题几部著作的评述性文章，为此领域中的文献及其提出的一些核心议题提供了不错的导引，参见戴岑豪斯（Dyzenhaus, 2003）。有关南非真相与和解委员会的法律听证的作品，参见戴岑豪斯（Dyzenhaus, 1998）。有关南非真相与和解委员会的比较研究，参见海纳（Hayner, 2011），有关后冲突的（post-conflicts）议题的一般性研究，参见格伦费尔(Grenfell, 2013)。

有关这些主题的法哲学发展,参见克里斯多利里迪斯和维奇(Christodoulidis and Veitch, 2001)中的论文,特别是戴岑豪斯和杜波伊斯有关南非的文章。有关真相与和解委员会听证与其他著名的南非法律程序的关系,参见克勒(Cole, 2009),特别是威尔逊(Wilson, 2001)。有关南非宪法法院承认真理与和解过程中特赦的效力,参见副院长穆罕默德裁判的 *AZAPO v The President of the RAS* (1996)。也可参见《南非真相与和解委员会报告》(*South African TRC Report* , 1998),特别是第 1 卷第 5 章“概念与原则”。

有关恢复性正义的文献非常多:导论可参见约翰斯顿(Johnstone, 2003)以及(2011);它与转型的关系,参见克拉姆普(Clamp, 2016)。有关边境防卫军的案件,参见阿列克西和里弗斯(Rivers)在戴岑豪斯(Dyzenhaus, 1999)中的文章。有关这些案件本身,参见 *K – HW v Germany* ,有关军事长官的参见 *Streletz, Kessler and Krenz v Germany* ,它们都由欧洲人权法院裁决。 262

有关对过往暴行和“平庸之恶”的责任问题,参见汉娜·阿伦特的经典论述(1963)。有关转型时期正义和身份问题的深刻分析,参见伊格纳季耶夫(Ignatieff, 1998)最后一章。

《转型正义国际杂志》(*International Journal of Transitional Justice*)为该主题的当下发展提供了丰富资源。有关任何该“领域”的问题,参见贝尔(Bell, 2009)。有关将之过度“法律化”的问题,参见麦克沃伊(McEvoy, 2007)和锡金克(Sikkink, 2011)。

布伦南首席大法官在 *Mabo v The State of Queensland (No 2)* 中的判决是这里提出的法律与历史问题的最佳起点。早先有关马邦案的研讨会可参见巴特利特(Bartlett, 1993),10 年后批判性的研讨会可参见 13 *Law & Critique* (2002)。

沃森(Watson, 2015)的著作“从原住民法的视角而非占据主导地位的西方法律传统出发,分析了殖民化活动的合法性与影响”。布莱克(Black, 2011)是对原住民法学的重要论述。

有关后马邦案时期立法、判例法以及评注的丰富文献资源,参见威廉姆斯和麦克格拉斯(Williams and McGrath, 2014)。澳大利亚人权委员会发布了每年一度的《社会正义与原住民土地权报告》(*Social Justice and Native Ti-*

tle Report)。

有关特别提到罗纳德·德沃金的法律推理学说的"不公正社会中的裁判"问题,以及该学说在南非语境中的运用,参见 *Acta Juridica*(2004)有关这一主题的专号。对德沃金的批判也参见穆列尼克(Mureinik, 1988)。同样是在南非语境中,可参见戴岑豪斯(Dyzenhaus, 1991)以及阿贝尔(Abel, 2010)。有关尼日利亚司法角色的有趣讨论,参见优素福(Yusuf, 2010),以及参见克里斯多利迪斯和维奇(Christodoulidis and Veitch, 2001)和克里茨(1997)。

参考文献:

Abel, R, 2010, 'Law Under Stress: The Struggle Against Apartheid in South Africa, 1980-94 and the Defense of Legality in the United States After 9/11', 26 *South African Journal on Human Rights* 217.

Alexy, R, 1999, 'In Defence of Radbruch's Formula', in D Dyzenhaus (ed), *Recrafting the Rule of Law*, Oxford: Hart.

Arendt, H, 1963, *Eichmann in Jerusalem: A Report on the Banality of Evil*, Harmondsworth: Penguin.

263 Bartlett, R, 1993, 'Mabo: Another Triumph for the Common Law', 15(2) *Sydney Law Review* 178-186.

Bell, C, 2009, 'Transitional Justice, Interdisciplinarity and the State of the "Field" or "Non-field"', 3(1) *International Journal of Transitional Justice* 5-27.

Bell, C, and O'Rourke, C, 2007, 'Does Feminism Need a Theory of Transitional Justice? An Introductory Essay', 1(1) *The International Journal of Transitional Justice* 23-44.

Black, C, 2011, *The Land is the Source of the Law: A Dialogic Account of Indigenous Jurisprudence*, Abingdon: Routledge.

Christodoulidis, E and Veitch, S (eds), 2001, *Lethe's Law: Justice, Law, and Ethics in Reconciliation*, Oxford: Hart.

Clamp, K (ed), 2016, *Restorative Justice in Transitional Settings*, Abingdon: Routledge.

Cole, C, 2009, *Performing South Africa's Truth Commission; Stages of Transition*, Bloomington: Indiana University Press.

Dworkin, R, 2004, 'Keynote Address', 2004 (1) *Acta Juridica* 1-17.

Dyzenhaus, D, 1991, *Hard Cases in Wicked Legal Systems: South African Law in the Perspective of Legal Philosophy*, Oxford: Clarendon.

Dyzenhaus, D, 1998, *Judging the Judges, Judging Ourselves*, Oxford: Hart.

Dyzenhaus, D (ed), 1999, *Recrafting the Rule of Law*, Oxford: Hart.

Dyzenhaus, D, 2003, 'Review Essay: Transitional Justice', 1(1) *International Journal of Constitutional Law* 163-175.

Fineman, M and Zinsstag, E (eds), 2013, *Feminist Perspectives on Transitional Justice: From International and Criminal to Alternative Forms of Justice*, Cambridge: Intersentia.

Gaita, R, 1999, *A Common Humanity*, Melbourne: Text Publishing.

Grenfell, L, 2013, *Promoting the Rule of Law in Post- Conflict States*, Cambridge: Cambridge University Press.

Hayner, P, 2011, *Unspeakable Truths: Facing the Challenge of Truth Commissions*, 2nd edn, London: Routledge.

Ignatieff, M, 1998, 'The Nightmare From Which We Are Trying to Awake', in M Ignatieff (ed), *The Warrior's Honor*, London: Chatto & Windus.

Johnstone, G, 2003, *A Restorative Justice Reader: Texts, Sources and Context,* Cullompton: Willan.

Johnstone, G, 2011, *Restorative Justice*, 2nd edn, Abingdon: Routledge.

Kerruish, V and Purdy, J, 1998, 'He "Look" Honest, Big White Thief', 4(1) *Law Text Culture* 146-171.

Kritz, N, 1995, *Transitional Justice: How Emerging Democracies Deal With Former Regimes*, 3 vols, Washington, DC: Institute of Peace Press.

Kritz, N (ed), 1997, *Transitional Justice: How Emerging Democracies Reckon With Former Regimes*, 3 vols, Washington: USIP Press.

Kymlicka, W and Bashir, B (eds), 2008, *The Politics of Reconciliation in Multicultural Societies*, Oxford: Oxford University Press.

McAdams, A (ed), 1997, *Transitional Justice and the Rule of Law in New Democracies*, Notre Dame: University of Notre Dame Press.

McEvoy, K, 2007, 'Beyond Legalism: Towards a Thicker Understanding of

Transitional Justice', 34(4) *Journal of Law and Society* 411–440.

Mureinik, E, 1988, 'Dworkin and Apartheid', in H Corder (ed), *Law in Social Practice in South Africa*, Cape Town: Juta.

Rivers, J, 1999, 'The Interpretation and Invalidity of Unjust Laws', in D Dyzenhaus (ed), *Recrafting the Rule of Law*, Oxford: Hart.

Sikkink, K, 2011, *The Justice Cascade: How Human Rights Prosecutions Are Changing World Politics (The Norton Series in World Politics)*, New York: WW Norton & Company.

264 *South African TRC Report*, 1998, 5 vols, Cape Town: Juta Press.

Stan, L and Nedelsky, N, 2013, *Encyclopaedia of Transitional Justice*, 3 vols, Cambridge: Cambridge University Press.

Teitel, R, 1997, 'Transitional Jurisprudence: The Role of Law in Political Transformation', 106 *Yale Law Journal* 2009–2080.

Teitel, R, 2000, *Transitional Justice*, New York: Oxford University Press.

Watson, I, 2002, 'Buried Alive', 13 *Law & Critique* 253–269.

Watson, I, 2015, *Aboriginal Peoples, Colonialism and International Law: Raw Law*, Abingdon: Routledge.

Williams, R and McGrath, P, 2014, *Native Title and Indigenous Cultural Heritage Management*, Canberra: AIATSIS, http://aiatsis.gov.au/.

Wilson, R, 2001, *The Politics of Truth and Reconciliation in South Africa: Legitimizing the Post-Apartheid State*, Cambridge: Cambridge University Press.

Yusuf, H, 2010, *Transitional Justice, Judicial Accountability and the Rule of Law*, London: Routledge.

Azapo v President of the RSA 4 SA 671 (CC) (1996).

K-HW v Germany, Judgment of the European Court of Human Rights, 22 March 2001 (Application no. 37201/97).

Mabo v The State of Queensland (No 2) 175 CLR 1 (1992).

Re Southern Rhodesia AC (PC) 210 (1919).

Streletz, Kessler and Krenz v Germany, Judgment of the European Court of Human Rights, 22 March 2001 (Application nos. 34044/96, 35532/97 and 44801/98).

第四章 审判、事实与叙事

一、事实怀疑论的遗产

265

我们先前看到，讨论美国法律现实主义者时，我们所说的“事实怀疑论者”的主要关切之一就是认为，通常有关法律的批判集中于行动中的法律这一非常有限的方面，但大部分案件是基于其事实得到裁判的。举例来说，杰罗姆·弗兰克指出，法官和陪审团认定的事实有可能与实际发生的事实并不一致。尽管一系列学者已经指出“法官个人偏好”会影响他或她的裁判，可这仅仅被视为给新型案件（unprovided cases）* 寻找新规则时才会出现的一个因素。弗兰克认为，这只不过是全部故事中的一个小片段。用他自己的话说：

> 在复杂的意义上，几乎每个案件的独特情境（circumstances）都会使其成为“新型案件”，此时没有固定下来的规则权威性地决定一个给定的结果。事实的独特性以及法官对此的反应通常遭到忽略，因为法官是如此表述事实的，即它们似乎需要适用确定的规则。但这种忽视并不意味着法官的个人偏好不发挥作用，或他的情感体验单薄且无足轻重。
>
> （Frank 1970，p. 162）

如先前所见，弗兰克怀疑论中的许多内容都围绕着可以被称为事实发现的心理学展开。证人的观察和记忆可能极为混乱，但他们被要求在法庭中做

* 在具体司法裁判语境中，unprovided cases 特指“法律未规定的案件”。——译者注

出清晰和充满信心的陈述。开庭前与律师的会见可能甚至等同于一种证人培训,此时证人明白何种事实会最符合控方或辩方的叙事。之后在交叉质证时,他们会受到许多怀疑技术的影响。杰克逊详细地考察了这一双重过程,此时证人试图让自己所说的言之有理,而法庭和陪审员试图理解证人的作证活动(1995, pp. 357-362)。目击者证词、记忆与回忆、鉴定证据、认罪和专家证言中涉及感知过程。在所有这一切中,

266

> 观察一位证人在法院中作证,并不只是理解他说了什么……律师的角色不只限于询问证人,他们也在自己的开庭陈述和总结陈词中提出和构建叙事,并为证人表现的可接受性一直加以评论。
>
> (1995, p. 15)

实际上,交叉质证所掩盖的“真相”不亚于其所揭示的。我们这个时代盛行的场景之一就是发生在海牙的米洛舍维奇*身上的一幕,他富有攻击性地质问斯雷布雷尼察种族灭绝暴行的幸存者,以至于证人完全崩溃,无法回忆起侵略者暴行的细节。这一模式反复出现在数不胜数的政治与其他审判中。

在这种从不确定性起步的程序终点,我们可能与真相相距甚远。在陪审团审判中,陪审员对证人复杂的反应以及他们会受到律师滔滔雄辩影响的能力,加剧了上述心理学问题。但弗兰克说的不只是证人和陪审员:

> 在人们讨论的许多有关司法程序之谜的事物中,最明显的就是裁判是在一种情感体验之后作出的,在该体验中,原则与逻辑只起到辅助性作用。它所借助的法律逻辑以及原则的功能似乎和语言类似,就是描述已经发生的事件。这些思考必定会向我们揭示一般性原则在控制裁判时的无能为力……一般性原则无法控制的理由就是因为它无法提供足够信息……显而易见的是,当我们观察到法庭判决中存在经常发生的现象时,我们可能会将它恰当地类型化为一个规则。但这个规则只是一种记忆性装置,有用但却是曾经发生事物的空洞图示,只有当我们重新体

---

* 斯洛博丹·米洛舍维奇(1941—2006)历任塞尔维亚共和国总统、南斯拉夫联盟共和国总统、塞尔维亚社会党创党人和领导人。2002年他被引渡到荷兰海牙前南斯拉夫问题国际刑事法庭受审。2006年在狱中去世。2015年总部设在海牙的联合国国际法庭裁定他在20世纪90年代初期的波黑战争中未对克罗地亚犯下种族屠杀罪行。——译者注

验到分类者的经验时，它才是可理解的。

(Frank 1970, pp. 159–160)

弗兰克这里强调的是，作出裁判的主观性与主动性特征，只是事后通过类型化和遵循规则的方式得到表达。它提出了很多有关规则与事实的阐明，但可能弗兰克主要关心的却是裁判这种干预方式的主动性特征。为了应对真相发现这种心理学上的不确定性，弗兰克呼吁心理学本身的专业知识。可以邀请专家来考察证人感知方式的准确性以及说谎的倾向（根据可靠性与可信性的标准）。陪审团应当彻底废除，但如果不能的话，就应当在学校中开设有关陪审员责任的培训，法庭中陪审员专家应当陪伴在侧并向陪审员提供建议。

更重要的是，弗兰克的观点不仅关于心理学的反应和人类的可错性。准确地说，事实发现的不可信赖，是事实发现这一制度过程本身的直接结果。在他看来，证据和程序规则恰恰是真相的反题。几个世纪以来发展而成的整个审判过程，谈不上是一个获得真相的统一、科学且理性的方法，更多的是一个考古学遗址，前后相继的法律体系都留下了它们的印记。古老的法律形态和不那么古老的混杂在一起。弗兰克主要关注抗辩制程序，他将之类比为这样一种审判，即每一方的士兵试图通过斗争击败对方——一种"战斗式"证明过程。尽管这在过去可能有道理，那时我们相信上帝站在正义与真理一方，但它对世俗理性化时代而言并不合适。因此陪审团就是一种古老的要素，它最初的任务不是裁判他们先前没有遇到过的事实与个人，而是处理共同体中的同伴。 267

其他学者提出了相关的观点。韦伯认为战斗、酷刑以及神谕式的证明方法是形式非理性的——此时事实和结果之间不存在逻辑关联（手段—目的）。典型的传统主义"卡迪"司法体系包含着实质非理性，它是一种个别化的裁判，依据所罗门或普通法地方法官的智慧作出（参见第二部分第十三章）。韦伯认为，这种形式和实质非理性要素依旧存在，特别是在地方法院中。在他看来，英国发展出了一种"双重"司法体系，在更高层级中它是法律和理性的，权贵（特别是资本家）在此寻求得到商业贸易的清晰明确且可预测的规则；但除此之外它是非理性和简略的，处理不那么有权势的人（特别是工人）的罪行。其他学者描述了罗马—教会体系，它以详尽的证据规则

(以及居于核心地位的认罪)取代了通过战斗和神谕的审判,但保留了对间接证据与传闻证据的不信任,并依据证人身份可信性对之加以分级。至少在欧洲大陆,动用酷刑被视为获得认罪确定性所要付出的小代价:在以人类知识取代绝对神圣知识的过程中,只有最高的确定性标准才是可接受的。从嫌疑人身上提取认罪供述的现代方法,以及对证人可信度的排序(医生排序最高、不贞洁的女性垫底),表明历史远未被超越。实际上在西方针对恐怖分子展开的所谓"战争"中,动用酷刑重新被提上日程。实践中对酷刑的运用(典型的就是西方的"非常规引渡"活动)以及理论上对其"可证成性"的讨论,在过去的几年间使得酷刑公然且极为令人担忧地重新出现在大家面前。

随着我们逐渐更愿意接受推断和间接的人类知识,我们也越来越反对引入强证实性原则(特别是在苏格兰)和排他性的证据可采性规则(比如,不良处置等)所带来的谬误和不公。当然在弗兰克看来,正如19世纪边沁所认为的那样,这一系列恰恰在公平和理性名义下展开的改革,只是让问题变得更为复杂。整个场域都应当以现代科学理性主义的名义加以清理。他说,如果古老历史的残余得到完全清理,且我们采纳了法官是展开调查的人员而陪审团不再发挥这一作用的职权主义自由心证制度,这些保护手段就会得到废除。弗兰克的职权主义制度包括下述内容:它包括由受过更好训练的法律官员、公正无私的政府官员去挖掘所有事实,由专业化的法官和国家行政人员处理现代社会的复杂事实,以及越来越多地运用专家证人。

在今天看来,弗兰克相信科学专业技术、自由心证以及管理式法律官员的价值可能显得天真幼稚、成本高昂且在政治上令人担忧。但在撼动形式主义认为"法律"与"事实"截然分开且陪审团能够轻松把握事实这一假定方面,弗兰克的基本观点具有深远的影响。叙述中事实的容纳、法律程序可能的局限、法律语言的可理解性,以及法庭可以作为确立真相以及真正的沟通交流场所的抱负,都是法律理论中饱受争议的议题。我们现在就转向这些议题,也转向法律推理的核心。

二、审判与事实感知:法庭中的语言和叙事

268

证据法提供了这样一种结构,事实在其中可能被"发现"且被确立为具

有法律相关性。当然这一过程中有许多事实被过滤出去。有关于证据可采性的规则,排除了由于比如说是“传闻”而不可靠的证据;有关于真相证明责任分配标准和阈值(“超越合理怀疑”)的规则,它们确定了什么可被证明为真。如杰克逊所说,有关何者具有相关性抑或案件是否得到证明的判断“在此提出的结构内”作出(1995, pp. 390ff.),当必须作出判断时,“常识”被用来补充“法感”(legal sense),法官通常会明确指示陪审员运用它。当这两者彼此一致,当“法律”和“常识”对意义的构建彼此一致时,明确的分析性区分就被掩盖在实践当中。在故事的重构中,推断和直觉性判断发挥着重要作用,它们不同于居于核心地位的证据规则中设定的标准。

在他有关法律符号学的重要著作中,杰克逊(1988, 1995)比较深入地考察了意义建构的语言学、符号学以及心理学解释。眼下我们只是举出基本观点中的几个便已足够,以此强调建构性——而非所予性——要素存在于每个案件中对事实的感知以及该感知在法庭阐述中得到转换的方式。符号学提醒我们关注“意义”(significance)维度——意义如何在互动语境下得到建构。实事求是地说:

> 对事件没有直接或个人知识的陪审员,有关证人证据真实性的判断,在一定程度上基于证人所讲故事的可信性和融贯性;这种可信性是彼此竞争的陈述与陪审员已经内化的有关行动的叙事类型之间相对类似性的函数。
>
> (Jackson 1995, p. 392)

这些“类型化”是什么?它们在何种意义上决定了感知并使有选择的可沟通性得以可能?在此让我们后退一步,来看一看那种库存的(stock)叙事或库存的故事,它们作为排序结构,使得我们能够理性化或搞清楚事物似乎作为富有意义的整体是如何“结合在一起”的。在《重新思考刑法》(*Rethinking Criminal Law*, 1978)一书中,弗莱彻(Fletcher)使用了“集体图景”(collective images)这个概念,它指的是一种“范式”:有关一种侵犯财产行为的集体图景就是“盗窃”,盗窃的“集体图景”就是夜间行窃。这些典范性的图景收集并指引人们对事物的理解,还允许人们在某种程度上共享这种理解(因此才会有上文的“有选择的可沟通性”)。当然,重要的是一切集体图景在时间和文化上都是偶然的,并且即便当这些偶然性为人们所共享时,它们通常也是依赖于阶级的。这可能解释了为什么陪审员会在此基础上倾向于选择出一个情境的某些要素。这可能解释了为什么某些针对财产的犯罪形态在他们看来“地位尊贵”(入室行窃),而其他的则不那么“适合”(不同类型的欺诈),为什么陪审员在他们感到更易受到某些违法行为(比如,强行侵入他人住宅,而非金融圈中发生的欺诈)伤害时,可能更乐于见到这些违法行为比其他的受到更严厉的惩罚,抑或在极端情形中——就像在罗德尼·金(Rodney King)的审判中的陪审团一样,一群同事无罪开释了在洛杉矶暴力骚乱的噩梦后严重侮辱一名黑人的警察——他们为什么愿意不去惩罚违法行为。显然,集体图景尽管允许有选择的理解,但却携带着隐而不显的评价性因素。杰克逊的行动类型化概念可以在同样的连续统上得到理解:它们为事实情境的承认提供了充要条件;它们使得我们能够承认何者内在于以及何者外在于该情境;它们满载着评价性因素而来;它们与“符号群体”有关,无论它们受到阶级、职业、文化还是其他社会因素的决定(1995, pp. 141-163, 对事例的讨论,参见 pp. 163ff.)。知识不是以某种“无中介的”方式得以传递的,而是通过那些在法庭中呈现案件的人的叙事和行为传递的。在这里我们补充了“行为”是因为意义与含义当然并不局限于言语,我们将意义负载于许多其他事物之上(身体语言、真诚的手势、可信性、紧张不安、步速等)。回到我们有关真相叙述的讨论,这些“图景”“归类”“框架”“图式”或任何“收集”感官素材向我们提供信息的,我们想称之为叙事框架的事物,决定了我们判断谁在何时以及何种情况下讲述真相的方法。

269

班内特与费尔德曼(Bannett and Feldman)在他们有关法庭叙事的早期开创性工作中,通过核心(一种“环境—关切—解决”序列)与边缘行动分析了叙事的形态。法庭中的角力涉及谁能够成功界定核心行为,并且这种成功——他们主张——取决于如下因素:

1. 控方与辩方的叙事策略(定义式、推断式以及确认式;辩方也运用挑战、再定义与重构作为修辞策略);

2. 在组织复杂信息、编码规范价值的过程中,认知与社会功能叙事在日常生活中发挥着作用。除了在“叙述性”实践中得到运用外,陪审员也有控方或辩方可能诉诸的库存故事。这些故事在法律和社会生活之间发挥中介作用。

因此，比如和麦考密克不同，他们认为社会偏见是构建叙事融贯性中隐含的一个要素——但这并非粗糙的现实主义立场，即偏见从一开始便扭曲了法律（比如，基于阶级、种族、性别和刻板印象对他人作出本能反应）。更准确说，偏见通过“看似有理”的行动被组织入叙事之中。

班内特和费尔德曼还考察了另一个重要的内容——**叙事**——讲故事的方式，特别是证人使“他们的”故事得到理解时获得的成功。依据伯恩斯坦（Bernstein, 1971），他们区分了（中产阶级）正式语言中使用的精致型符码（elaborated codes），以及（工人阶级）公共语言中限制型符码（restricted codes）。精致型符码包含许多抽象的词汇，它们拥有确定的意义且有可替换的语词来传达和解释其含义；讨论的对象明确地得到了具体化（独立于语境）。精致型符码因此更易变，因为原则上一切事物都可以得到解释和界定。它们也更趋向于内在，具有个人主义特征。限制型符码被认为是封闭的、无弹性的且依赖于语境，因为它们的词汇是固定的，有关意义的知识通常取决于使用者是某个特定群体（比如，俚语）的成员，因此对该符码的使用也是取向于身份的。可以说，法庭中法律职业人士使用的语言是一种精致型中产阶级符码，因此工人阶级出身的证人在法庭中处于不利地位（“在语言上力有未逮”）。（不过法律真的是一种精致型符码吗？或许对伯恩斯坦更好的运用是将法律视为限制型符码。）班内特和费尔德曼也对比了“叙事性”和“碎片化”的证词风格——证人被允许讲出长度足以构成独立叙事线索的句子的程度，与之相对的则是单纯回应问题——他们发现心理学证据表明第一种风格更具说服力且更成功。 270

在这些审判理论中，暗藏着且有时显而易见的，是对真理符合论的一种更为彻底的哲学反驳。真理符合论预设了某种“在那里”有待发现的单一真理，它可能会受到叙事形式以及语言能力不足的扭曲。对我们讨论的学者来说，这是一种朴素的实在论，并没有意识到事实是由不同的话语构建的，因此事实并不具备独立的地位。如果证人在他们对事实的理解和法律对事实的理解之间感受到认知失调，这就是法律和日常话语之间的一种冲突。源自不同视角的学者（不仅是相对主义者和后现代主义者）挑战了整个法律与事实之分这一观点，认为法律规范已经决定了何种事物具有法律相关性，并且实际上决定了事实得以界定的方式。不过这是否必然意味着法律是一个完全封闭、密闭的体系？法庭是法律和社会话语的中介这一观点似乎依旧有几分道理。或者如杰克逊所说(1988, pp. 94-97),在这两种话语中都可能存在叙事结构:他援引了丹宁勋爵有关板球的裁判(*Miller v Jackson*),并接着格雷马斯(Greimas),从范式(共同体)、对立(年轻/年长)以及叙事顺序分析了这个传统被新来者打破的故事。该叙事包含"承载价值的关联,(它)不具有法律上的相关性,但却与有关情境的叙事性理解密不可分"。

三、审判、规制和正义

在这一主题,让我们最后从法庭互动的层面,后退一步来看审判的功能以及国家规制的律令如何影响了审判的特征。从这个角度出发,核心问题就是:科层制组织形式与正当程序之间会有日益激化的矛盾吗?韦伯描述了19世纪末国家的科层制,他认为这两者间没有冲突,反而在科层制结构、形式理性的扩展以及法治之间存在着诸多一致性。它们为形式正义和对司法的约束提供了社会与管理保障。监督的层级与分工也是处理案件最有效的方式。规则的统一且常规化的适用就是这种制度结构的一个影响。但反过来说,这种保障可能转而成为对法治的一种危险,因为效率和正当程序之间的关联只是偶然的。如果管理的背景发生改变——比如,工作量增加——形式理性就不再是最有效的管理方式。这种保障就不再具有内在稳定性。

因此,当代许多有关法律管理的分析,都关注向机械性规制和科层制目标转移发展的一般性趋势。内部管理目标会与正当程序彼此冲突。越来越重的工作量和越来越少的资源,使得法律体系承受着提高生产力甚或在处理案件中保持"接待量"水平的严重压力——"传送带司法"。应对之道就是:一方面要提高科层制标准化逻辑的程度,在这一过程中正当程序必须在审判和审前决定中得到尊重;另一方面就是寻找方法来避免有争议的审判:

271

1. 简化技术:无过错责任;减少调查犯罪中精神因素的需求;标准化量刑标准。

2. 转移技术:审前和审后转移;去犯罪化;辩诉交易;裁判权向"法律辅助"(paralegal)领域的实质转移——警察、地方检察官、参与社会研究报告撰写的社会工作者。

批评者指出,法律判决因此几乎成为形式主义的拙劣仿制品,因为法律结果会越来越统一和可预测，但架空了法治。法律理性对此趋势根本没有任何防护，因为法律的形态依旧是“已知（管理性和法律）规则的一般适用”——法治的形态。但简化技术意味着犯罪和不法越来越被归入没有意义的范畴之中；比如，放弃过错概念的压力，就是传统责任观念的一个重要转变。将可责性转移给法律辅助领域，意味着判决越来越基于法律之外基础作出，因而在这个意义上自由裁量权不受严格的法律规则的控制。（它们的渊源不再内在于法律。）穆迪和图姆斯（Moody and Tombs）指出，在苏格兰的检察机关，这并不意味着个人自由裁量权的增长，而是科层制的刻板、管控和本本主义（form-filling）的强化，他们将这些刻画为“法外形式主义”和外部责任制的丧失。

与现代国家发展相连的第二个趋势与第一个趋势汇聚于所谓的自由裁量权的增长，以及从权利为基础的法律向社会管理的转变。国家科层制越来越介入到与福利干预主义相关的实质伦理和政策议题之中。这通常包含极具裁量形态的法律表述（formulations），因此要求法官进行开放式思考。司法裁量权的这种扩张与下述要素相关：

1. 制定法的规定和标准越来越具有抽象性和开放性，诸如“儿童的最佳利益”等本身具有裁量性的概念取代了基于过错的法律行为。

2. 量刑中具有治疗性进而因违法者而异的计算，以及依赖社会工作者的法律辅助性判断的量刑结果。

3. 当下政府对法律的短期政策性应用越来越普遍——将刑法规定运用于劳资纠纷、“足球流氓”、吸毒等。

4. 在比如福利法的扩张抑或平等机会法案的运用中，宽泛的政策与管理和狭义的法律管理的法律内容之间的界限变得模糊。人们日益期待法官在他们能力之外的专业技术领域——社会与经济政策——作出裁判。诸如平等机会委员会这样依靠非正式程序的裁判和规制机构得到越来越多的运用。调解程序在家事法领域日益重要。 272

韦伯指出，主导法律自由主义时期的法律特征——形式性和中立性——会在未来发展中无处不在。韦伯认为，中立的规则尤有利于科层制的运作，并且由于它们显然对科层制组织逻辑不可或缺，它们会毫不费力地继续存在且扩展到新的领地。尽管后自由主义的法律在相当程度上从立法转向了行政，韦伯所预言的它会保留下来的形式，即形式理性，却依旧保留着。但这当然并非故事的全貌。我们会认为在法律的科层化和福利主义之间,既有紧张也有一致。之所以会紧张,是因为科层制法律是理性法,它的形态是一般性的抽象规则,但福利主义规制则是实质的、特殊的和决疑术式的。它们之所以一致,是因为福利主义关切通常嵌入在科层制的关切之中,比如,福利主义从过错原则的转变(由于从社会角度来看,它不再合适)符合科层制对于效率的要求,而快速审理案件至今受到探究**犯罪意图**(*mens rea*)这一要求的阻拦。此外可能还有其他方面的紧张和一致。

让我们在此简单来谈谈其中的一些。首先,法律的“实质化”标志着特殊化立法的趋势:这场运动的目标是将一般范畴打碎为法律区别适用的子范畴。法人这一宏大范畴让位给范畴的专门化,法律主体形式上的等价让位于不同法律地位的涌现:消费者(消费者法)、工会(worker/trade)成员、雇员、接受福利救济者、商业特许经营人。每种情形中,法律都在更为特定的描述下处理法律主体的问题,其中还存在着从形式化向实质化的转变。但更进一步的是,在自由主义法律中合为一体的自然人和拟制人,由于特定法律目的而彼此分化,以至于比如自然人的隐私权得到保障,但公司的隐私权(数据获得、信息自由)却并不受保护。其次,比如法院一旦被要求去决定政府是否依据公共利益而行为时,分权原则这一自由主义法律的另一个基石就受到了侵蚀;同样,立法机关由于国家行政部门拥有资源可以把工作做得更好而授权它可以修正一般性指令的内容时,分权原则也会受到侵蚀。最后,形式平等会受到“反向歧视”或“平权行动”(这指的是为了消除现有的不平等,对于弱势群体的反向偏好在法律中得到制度化)的伤害。

阅读文献:

有关规制不断变化的形态,一个简洁的论述参见科特瑞尔(Cotterrell, 1992, pp. 161-166)。有关叙事建构的深入全面的符号学论述,参见杰克逊(Jackson, 1995),有关审判中叙事的功能,大体参见迪夫等人文集中伯恩斯的文章(Burns in Duff et al, 2004)。有关陪审员的分析,参见迪夫等人文集中雷德梅因、莎费尔和魏兰的文章(Redmayne and Schafer and Weigand in Duff et al, 2005)。有关审判中真相、资格、参与和正当程序,参见迪夫等人(Duff et al, 2007)。

273 有关出于政治目的而运用交叉质证的最突出的例子,参见比尔斯基(Bilsky, 2001)论卡斯特纳审判,以及博厄斯(Boas, 2007)和克里斯多利迪斯(Christodoulidis, 2010)论米洛舍维奇审判。有关对法庭的政治运用,参见克斯肯涅米(Koskenniemi, 2002)和经典的(不过依旧没有英译本)韦尔盖斯(Vergès, 1968)。

参考文献:

Bennett, W and Feldman, M, 1981, *Reconstructing Reality in the Courtroom*, New Brunswick: Rutgers University Press.

Bernstein, B, 1971, *Class, Codes and Control*, London: Routledge and Kegan Paul.

Bilsky, L, 2001, 'Justice or Reconciliation? The Politicisation of the Holocaust in the Kastner Trial', in E Christodoulidis and S Veitch (eds), *Lethe's Law*, Oxford: Hart.

Boas, G, 2007, *The Miloševi'c Trial: Lessons for the Conduct of Complex International Criminal Proceedings*, Cambridge: Cambridge University Press.

Christodoulidis, E, 2010, 'Political Trials as Events', *Events: The Force of International Law* 130.

Cohen, LJ, 1977, *The Probable and the Provable*, Oxford: Clarendon.

Cotterrell, R, 1992, *Sociology of Law*, 2nd edn, London: Butterworths.

Duff, A, Farmer, L, Marshall, S and Tadros, V (eds), 2004/5, *The Trial on Trial*, vols 1 (2004) and 2 (2005), Oxford: Hart.

Duff, A, Farmer, L, Marshall, S and Tadros, V, 2007, *The Theory of the Trial,* Oxford: Hart.

Fletcher, G, 1978, *Rethinking Criminal Law*, Boston: Little, Brown & Co.

Frank, J, 1970, *Law and the Modern Mind*, Gloucester, MA: Peter Smith.

Jackson, B, 1988, *Law, Fact and Narrative Coherence*, Liverpool: DC Publications.

Jackson, B, 1995, *Making Sense in Law*, Liverpool: DC Publications.

Koskenniemi, M, 2002, 'Between Impunity and Show Trials', *Max Planck Yearbook of United Nations Law* 1-35.

Moody, S and Tombs, J, 1982, *Prosecution in the Public Interest*, Edinburgh: Scottish Academic Press.

Vergès, J, 1968, *De la Stratégie Judiciare*, Paris: Minuit.

第五章　取代司法：福柯论权力和规训

274　至今我们有关法律现代性的讨论都认为法律居于核心地位。比如，在像韦伯这样的分析中，现代性的发展与在政治权力构成、经济交往规制以及社会生活治理方面发挥着更加重要作用的法律彼此相关。它们重复着比如自由主义政治理论中的观点，即强调法律在发展人权和民主以及保障个人自主方面的重要性。这些观点受到试图在现代性发展与分析中取代法律核心地位的理论视角的挑战。这些视角不止诸如我们在桑托斯讨论全球化和法律多元主义时看到的那样，试图取代国家法的核心地位；不止试图指出在现代性的发展中，法律受到某种方式的转变，以至于削弱了司法范畴的意义。它们认为法律不再是一个藉此我们得以理解或分析现代性中权力运作的范畴。我们通过考察法国哲学家和社会理论家米歇尔·福柯（Michel Foucault，1926–1984）的工作来分析这类主张。

福柯非常著名且极富争议地指出，现代性阶段是一个“司法倒退的时期”，自18世纪以来对宪法和立法的关注会阻碍我们理解现代性中权力运作属性的极为重要的转变（1979，p. 144）。他认为现代社会发展出的统治技术迥异于传统上主权的司法形态。他提出，司法让位于一种权力原则，现代社会应当从“治理术”的发展角度加以分析，它作为权力运作的结果构成了“社会”以及个体。

福柯的作品向来重要且富有影响力，尽管它很少直接关注法律，却对现代社会中法律的社会角色和功能提出了尖锐的问题。本章中我们会首先探讨规训和生命权力的关键概念，以及它们在福柯称为“治理术”的复杂技术中的地位。接着我们会考察福柯著作中的权力概念，最后处理他的作品对我们理解现代社会中的法律有何贡献这一问题。

一、权力和法律

275

福柯有关权力与法律最为复杂和重要的一些评论,包含在一个题为《死亡的权利和掌控生命的权力》("The Right of Death and the Power Over Life")的短篇文章中,它是《性史》(*The History of Sexuality*, 1979, pp. 135-159)第一卷的结尾。福柯在这里提出两种政治权力:前现代或古典的司法权,以及现代的规范化权力(normalizing power)。在司法形态中,主权有权利取走那些威胁国家内部或外部秩序的人的生命,或要求它的臣民为了保护国家而牺牲自己的生命。这种权力可以被描述为一种掠夺(事物、时间、身体、甚至生命本身)的权利:是一种主权在其臣民身上行使的生与死的权力。相反,规训的权力被描述为主权掌控(over)生命的权力:管理、维持、发展和多样化特定领土中人口的生命。这并不必然排除了夺取生命的权利,但从生命得以延续的角度来说,它是下述复杂力量的一部分,这些力量主要旨在促进生命或生命的产生——对于身体的管理——而非对生命的夺取或否定。因此,如果以运用死刑为代表的否定性(禁令)来刻画司法权力,那么这种新的权力形态就其结果而言是生产性的和积极的,它所运用的技术与策略是巧妙而多样的。当司法权依赖单一形态的干预时,这些新型权力在其影响上是持久和常态化的。最重要的是,福柯指出司法制度越来越被囊括进这些新型权力工具,且受到它们的改变,这导致了司法的衰退和倒退。

> (规训性权力)以两种基本形态演进……一整套中介性的关系从将发展的两端联系起来。其中一端……关注作为一种机器的身体:对之加以规训,优化它的能力,榨取它的力量,它的有用性与驯顺同步增长……所有这一切都得到作为规训的特征的权力程序的保证:有关人体的解剖政治学。其次,后来形成的另一种形态,关注人这一物种的身体……监督通过一整套干涉和规制性控制实现:人口的生命政治学。
>
> (1979, p. 139)

由上所述,这两种形态就是规训和生命政治。前者通过运用以更有效地分配和使用权力为不变目标的监控与管控,施加于诸如监狱、工厂、学校以及医院这些制度中的个体身上,后者关心通过统计学与政治经济学技术实现的人口管理。

二、规训

1975年首次出版于法国的《规训与惩罚》(*Discipline and Punish*)可能是福柯最知名的著作,在该书中他提出了有关规训的分析(Foucault, 1977)。尽管这本书最主要的主题是监狱的诞生,也即分析19世纪出现的将监禁本身系统性和大规模地用作一种惩罚形式的巨变,福柯关切的却是像监狱这样的制度如何建立在(进而推动了)规训或掌控身体的新型技术之上。他在此关心权力如何在像监狱这样的制度中运作,因为他观察到现代监狱并不仅仅试图将罪犯与社会隔离开。他指出,监狱发展出试图运用在罪犯心灵或灵魂的技术,将他们安置于旨在创造新型个体的权力网中。简言之,这是一种规训。他认为这种规训包含三种权力技术或形态:层级化监视、规范化裁决以及检查(1977, pp. 170-194)。

276

层级化监视通过监控或监督手段使得强制得以可能。当然,尽管监视并不新鲜,但它在现代社会的独特之处,体现为它嵌入特定制度建构与设计的方式。监狱的设计方式是使得罪犯在物理上能够被其他犯人或监狱工作人员看到,而这些人本身就受到监控与监督。同时,管理的层级或网络是这样一种工具,它将个人置于重重关系组成的场域之中,在其中所有人都持续不断地受到他们的上级与下级的监督。这些制度与网络使得针对行为的持续不断的管控成为可能。与此不同,**规范化裁决**指的是将行动与行为分解成始终彼此不同的要素,成为完成或实施一个行动的常态化(或均态化)方式,对于它的偏离就要受到旨在训练或灌输个体正确行为方式的规训的矫正。与偏离规范相对应的,就是一种新型的有关死刑、惩罚与奖赏的微观经济学,个体会据此受到比较、区分、分级、同化以及排除(1977, p. 183)。最后,福柯指出前两种技术被统合于**检查**。检查(对于病人或犯人的身体检查,对于学生的评估等)的重要性体现在如下事实:它作为一个知识领域,作为某种有待了解的事物,构成了检查的对象。因此,检查使得某种(有关个人、案件)知识的获得成为可能,这些知识能够被加以体系化、变得更具科学性,并相应地使未来的检查与管控得以可能。检查因此"与知识的某种形成类型相关,与某种权力运作形态相关”(1977, p. 187)。所有这些技术的目的,都是生产出更有效的权力分配或管控机制,但其核心在于既是权力对象又是权力运作工具的个体的诞生。

这些“温和”的技术所具有的重要性,完全超出了有关监狱的分析,因为福柯指出,这些技术代表着一种有关身体的新型政治技术,也就是说,它们是一系列旨在最大化个体生产力与服从的技术和力量。实际上,他以杰里米·边沁的圆形监狱模型作为这种权力在整个社会领域运作的模型——这种监狱说的是犯人在其中一直都能被狱卒看到,甚至在他们无法被看到时,都必然会相信自己仍处于监视之下(1977, pp. 200-209; Bentham, 1995)。这一机制可以运用于对犯人和病人的监管,但也可以运用于工厂的工人,以增加他们的生产力。这种持续监控的形态更加有效,促使人们好像总是受到监控一样去行动,因而内化了规训的运作。这是一种系统性的、影响广泛且强烈的警察权,它使得社会中的政府作为一个整体无须诉诸压制手段或权力的外部运用。圆形监狱内化了规训权力的运作,同时在数量上最大化了权力可以施加的对象。最重要的是,它能够在不同语境或制度间让渡,使得一种普遍化的监控成为可能。在这个意义上,它是“被还原为其理想形态的权力机制的典范”(1977, p. 205)。 277

三、生命权力

规训针对的是个体,但“生命权力”针对的则是生命的管理与产生。福柯相当宏观地指出,这“不啻于生命走入历史”(1979, p. 141),他以此表达的是生物学意义上存在的条件,成为了政治学的关切。

福柯指出,现代社会见证了有关公共健康的一种新的关切的发展。在整个历史中,国家和主权者一直在同疾病和流行病及其破坏性后果斗争。饥荒和自然灾害导致经济衰退。但是他强调18世纪目睹了规制或管控公共健康以及根据经济生产需求来调整人口寿命和健康的努力开始出现。这借由三种技术的发展而成为可能。第一,社会统计数据的收集使得人们得以监控人口的规模和健康、记录出生率和死亡率,并测量疾病的发生率。观察发现,在人口层面,这些数字存在规律或模式——在出生或死亡率,抑或特定疾病发生率方面——社会体(social body)拥有可被研究和规制的生命。第二,在人口层面对公共健康的干预能够改善集体福利或安全。因此,比如在饮用水和污水处理方面的改善会清除掉某些疾病;大众疫苗接种计划会对健康以及死亡率产生积极影响;公共住房的规定可以改善工人阶级的集体健康状况;通过避孕和性教育对性与家庭展开规制,能够改变出生率和新生儿死亡率。第三,人口的动态过程具有经济影响——人口的规模、健康、教育水平以及财富,都或多或少直接与国家的经济能力相关。新的政治经济学便源自对于人口、领土以及财富之间的这些关联的认识,并伴随着新型干预工具的出现:通过诸如道路或房屋这些社会基础设施的规定来管理经济生产;为了获得受教育的劳动力而建立公立教育体系;即便在经济衰退时期也规定员工福利以维持劳动力等。

我们因此可以看到这种生命权力如何位于资本主义发展的核心:将人的身体嵌入生产机制当中,并根据经济过程来调整人口现象。不过福柯想要指出的是,这并非经济发展过程的结果,也非国家指导的过程。他认为,这是一种围绕管控个人与人口的技术为基础的崭新的政府理性或治理术,无法被还原为国家制度形态的变化。

278

四、治理术

福柯认为治理术是一种独特且复杂的权力形态(制度、程序、分析、策略),它“以人口为对象,以政治经济学为其主要知识形态,以安全机构为其主要技术手段”(2000, p. 220)。因此有某些个体化与总体化技术,刻画了权力在现代社会的运作:依靠统计学的知识生产(这是一种将社会确立为被干预场所的手段),集体福利、健康、财富的产生;通过规训(某种关联内在存在和外在行为的方式)手段产生出公民;以及创造和规制社会空间的新型安全与监控工具(监狱、医院、收容所、警局)的产生。

这些权力形态的重要性在于它们并不必然源自国家,也不为国家制度所独有。事实上,福柯花了不少力气来对比治理术和以国家为中心的传统的司法形态主权。这两种权力间存在着三个重要差异。第一,福柯认为司法权是压制性和否定性的,但规范化权力是生产性的。它是施加在一个行为而非事物上的行为,并且通过该行为,它产生或构建了有关自己对象的知识以及自己的适用过程。因此,它将社会与个体构建为权力的对象。第二,它不是一种财产而是一种策略。权力并未寄居在社会体(主权、宪法)中的特定场所,无论它本身(作为一种权利)还是作为某种其他事物(比如,生产方式)的所有权的结果,它都无法被占有。权力是一种关系,它通过社会体中个人关系丛或节点而运作。第三,因此权力的运作总是本地化而非中心化的。权力不是传递自国家的宏伟制度,而是通过不同且多样的网络得以运作。因而在最极端的情形中,国家和拥有权利的个人仿佛是权力的结果而非其渊源。

不过,上述分析虽然没有将国家和国家制度作为起点,但同样重要的是要注意到福柯认为国家已经得到了"治理",因为诸如国家能力这样的主权问题逐渐在权力的矩阵以及治理术所生产的知识中得到思考(2000, p. 221)。在更具体的意义上,作为管理人口与个体手段的治理术和现代自由主义国家、资本主义经济携手并进,使得个体能够成为自由主义法律秩序中自我统治的臣民。然而,当传统政治理论从司法角度理解主权时——以契约为基础,由权利所构建——有关治理术的分析却认为,政治和社会关系无法被还原为法律关系,我们还应当关注政府的活动,它将臣民塑造为政治理论所假定的进行自我统治的、理性的行动者(Dean 1999, ch 6)。

五、有关法律现代性的理论?

279

让我们回到一开始的问题:在何种程度上福柯的学说能够有助于我们理解法律的地位与现代性?我们现在可以看到福柯提出了两个有关法律的主张。首先,随着治理术的发展,法律转变为一种规范化权力。其次,需要重新考虑主权的基础(在现代社会之前,它建立在司法之上)。让我们更详细地来看每一点。

福柯指出,现代法律的典型形态不是绝对的规则或禁令,而是规范,因为"司法制度日益被囊括进一个由工具(医学、行政等)构成的连续统中,其主要功能是规制性的"(1979, p. 144)。比如,想想生命的终结。死亡不仅划定了主权权威的边界,还被规定下述内容的详尽立法包围着:法律上死亡的时刻、一个人死亡的方式(安乐死、药物干预)、对临终病人身体健康的责任,甚至为了保护公共健康而对身体的处置。规范并非绝对的规则,并非可以诉诸的外在权威渊源,而是源自规训和政府的逻辑;一种行为规范因得到遵守而确立,进而适用于它试图统治的相同对象。因此,规范作为一种行为标准是严格自我指涉的,而非源自主权权力。不过主权的力量体现在它是一种共同甚至客观的衡量标准,它能够衡量并协调不同个体的行为。现代法律因此是作为一系列持续的规制性和矫正性机制在运作,而非基于主权禁令。它参照规制对象而非根据一系列普遍原则构成。法律的渊源、对象、制度以及实践必然是多元的。在这个意义上,法律必须要被理解为权力的一种中介而非原则。

我们现在能够明白,相比于说某种特定形态的主权的重要性正在下降,现代社会处于司法倒退时期这一主张,并不必然意味着法律的重要性也在衰退。因此,司法应当被理解为一种描述君主主权特定历史形态的方式。但是它依旧很重要,因为这种主权观在塑造我们对于主权概念的理解中一直发挥着重要作用。根据这一观点,法律就越来越边缘化,因为它不再是权力的原则:真正的权力既不由法律构成,也不由其界定,而是通过非法律的策略和机制运作。法律的重要性可能仅仅体现在对国家某些行动的正当化上;事实上,福柯在不同地方指出,正式的法律自由建立在肉体的规训之上,正是这些规训形式使得规范化权力可被接受(1977, p. 222, 1979, p. 144)。我们相信权力是由法律(权利、宪法等)构成的,就远离了社会中权力的真实运作。

不过司法倒退这一主张在两个更进一步且彼此紧密相关的意义上具有价值。一方面,它指出法律范畴在捕捉或界定社会性质方面的能力日益衰退(Murphy, 1991)。据此,法律既非理性的尺度,也非社会团结的指标;有关法律的研究无法揭示社会性质的本质或根本内容。另一方面,它提出这样一个问题,即不存在诸如君主主权这种外在权力来源时,主权是如何形成的——因为我们无法从有关法律性质或正当功能的任何不同于其实际运作的假设出发。这意味着我们如何能够用理论表述一个只指涉其自身实践的主权?如果法律不拥有任何根本特征,我们如何能够将之加以理论化?以及作为一个政治学问题,如果我们知道不存在法律能够对抗权力的"外部"空间,法律如何能够约束权力的运作?这些问题无法轻易得到解答,但福柯理论的重要性恰恰体现在他以非常尖锐的方式提出了它们。

280

阅读文献：

理解福柯的起点必须看他的原文，因为他写作风格别具一格。最易读的可能是《规训与惩罚》（1977）以及《性史》第一卷（1979）。在他的短文中，《两次演讲》（"Two Lectures" 收录于 Foucault, 1980）以及《主体与权力》（"The Subject and Power", 2001）是关键且重要的参考。值得留意的是福柯发表了许多访谈，这也为其著作提供了简短、易懂的介绍。许多访谈现在被重印于三卷本的《主要作品集》（*Essential Works*, 2000）中。你也会找到一本福柯选集（1980）。戈登（Gordon, 1987）有帮助地比较了马克斯·韦伯的作品。与福柯和法律直接相关的二手文献寥寥数本，但埃瓦尔德（Ewald, 1991）、墨菲（Murphy, 1991）以及戈尔德与菲茨帕特里克（Golder and Fitzpatrick, 2009）是最有用的。戈尔德还写了一部有关福柯和权利的重要著作（2015），并主编了一本关于该主题的文集（2013）。怀特（Whyte, 2012）以及迪恩和维拉德森（Dean and Villadsen, 2016）在国家权力运作的语境下讨论了权利的角色。

有关治理术，你应当从福柯（Foucault, 2000）开始，但有关该观点以及该讲座催生的诸多文献，迪恩（Dean, 1999）提供了一个非常有用的概述和讨论。这个讲座也发表于伯切尔等人编的文集（Burchell et al, 1991），其中还有许多讨论和运用这些观点的其他文章；也参见乔伊斯（Joyce, 2003）。

最后，一些扩展和运用福柯思想的更晚近的作品值得一读。杜贝尔和巴尔韦德（Dubber and Valverde, 2006）的文章讨论了治理术和警察的主题，谢尔顿（Sheldon, 1997）讨论了医学和法律中性别范畴的法律建构。哈尔特和内格里（Hardt and Negri, 2000）以及阿甘本（Agamben, 1998）非常富有影响力地试图在全球化世界中处理主权和生命权力问题。有关福柯生命政治学说的进一步阐述和扩展，特别要参考德勒兹（Deleuze, 1992）和罗斯（Rose, 2001）；也参见维拉德森和瓦尔贝格（Villadsen and Wahlberg, 2015），洛德和沃克（Loader and Walker, 2007, ch 4）以及尼奥克里尔斯（Neocleous, 2008, chs 2 and 3）。

参考文献：

281

Agamben, G, 1998, *Homo Sacer: Sovereign Power and Bare Life*, Stanford: Stanford University Press.

Bentham, J, 1995, *The Panopticon Writings*, ed by M Bozovic, London: Verso.

Burchell, G, Gordon, C and Miller, P (eds), 1991, *The Foucault Effect: Studies in Governmentality*, London: Harvester Wheatsheaf.

Dean, M, 1999, *Governmentality: Power and Rule in Modern Society*, London: Sage.

Dean, M and Villadsen, K, 2016, *State Phobia and Civil Society: The Political Legacy of Michel Foucault*, Stanford: Stanford University Press.

Deleuze, G, 1992, 'Postscript on the Societies of Control', 59 *October* 3–7.

Dubber, MD and Valverde, M (eds), 2006, *The New Police Power*, Stanford: Stanford University Press.

Ewald, F, 1991, 'Norms, Discipline and the Law', in R Post (ed), *Law and the Order of Culture*, Berkeley: University of California Press.

Foucault, M, 1977, *Discipline and Punish: The Birth of the Prison*, Harmondsworth: Penguin.

Foucault, M, 1979, *The History of Sexuality*. Volume I: The Will to Knowledge, Harmondsworth: Penguin.

Foucault, M, 1980, *Power/Knowledge: Selected Interviews and Other Writings 1972–77*, ed by C Gordon, Brighton: Harvester.

Foucault, M, 2000, 'Governmentality', in JD Faubion (ed), *Essential Works of Foucault 1954–1984*: Volume III Power, New York: New Press.

Foucault, M, 2001, 'The Subject and Power', in J Faubion (ed), *Power*, London: Allen Lane.

Garland, D, 1990, *Punishment and Modern Society*, Oxford: Clarendon Press, chs. 6 and 7.

Golder, B (ed), 2013, *Re- reading Foucault: On Law, Power and Rights*, New York: Routledge.

Golder, B, 2015, *Foucault and the Politics of Rights*, Stanford: Stanford University Press.

Golder, B and Fitzpatrick, P, 2009, *Foucault's Law*, London: Routledge.

Gordon, C, 1987, 'The Soul of the Citizen: Max Weber and Michel Foucault on Rationality and Government', in S Whimster and S Lash (eds), *Max Weber,*

Rationality and Modernity, London: Allen & Unwin.

Hardt, M and Negri, A, 2000, *Empire*, Cambridge, MA: Harvard University Press.

Joyce, P, 2003, *The Rule of Freedom: Liberalism and the Modern City*, London: Verso, esp. chs. 1, 5 and 6.

Loader, I and Walker, N, 2007, *Civilizing Security*, Cambridge: Cambridge University Press, ch 4.

Murphy, WT, 1991, 'The Oldest Social Science? The Epistemic Properties of the Common Law Tradition', 54 *Mod LR* 182–215.

Neocleous, M, 2008, *Critique of Security*, Edinburgh: Edinburgh University Press, chs. 2 and 3.

Rose, N, 2001, 'The Politics of Life Itself', 18 *Theory, Culture & Society* 1–30.

Sheldon, S, 1997, *Beyond Control: Medical Power, Women and Abortion Law*, London: Pluto Press.

Villadsen, K and Wahlberg, A, 2015, 'The Government of Life: Managing Populations, Health and Scarcity', 44 *Economy & Society* 1–17.

Whyte, J, 2012, 'Human Rights: Confronting Governments? Michel Foucault and the Right to Intervene', in M Stone et al (eds), *New Critical Legal Thinking: Law and the Political*, New York: Routledge.

第六章　法律多元主义

282　法律多元主义的核心问题在于，判断法律和非法律的标准是什么。对许多学生、教师以及实务者而言，对这个问题基于直觉的回答就是，法律是国家的正式产物，主要由立法机关颁布的制定法或法院的判决构成。根据这种看法，要想“精通法律”就需要专门的训练，如此方能执行与运用它。法律多元主义认为，这种有关法律的看法——有时被称为“法律人的法律”——只向我们解释了法律的一部分性质与范围。相反，它指出社会中还有许多其他非官方的、通常是不成文的规范性命令在发挥作用——无论是为工作场所、俱乐部以及协会中的行为设立标准，还是规定邻里间的行为——它们也应被视为法律的渊源和形式。

法律多元主义为法律现代性提供了另一种法律范式。如前所述，18 世纪以来主导的法学观点认为法律属于启蒙理性重要成就之一。这个观点强调法律的单一性、普遍性以及有效性（effectiveness）。法律被视为由规范构成的融贯整体，生发于单一来源，即国家；理性法是人类进步的巅峰，是一切“文明”社会的渴望与标志；法律是国家手中基本的社会工程学工具之一，通过各种激励与惩罚塑造着社会。法律多元主义不仅挑战了法律现代性中国家的核心地位，也挑战了它的主要特征。抛开单一性和统一性，取而代之的是法律多元主义看到了多样性和相对无序；抛开普遍性，取而代之的是法律多元主义认为法律现代性只是一种与特定时空（欧洲）密不可分的极为偶然的想象法律的方式；抛开有效性，取而代之的法律多元主义强调国家法受到非国家法干预的方式，以至于它无法满足自己的工具理性标准。

对法律多元主义观点重新燃起兴趣，一般要归功于 20 世纪中叶在殖民社会中开展的人类学研究。这一工作的性质——通常集中于部落共同体的习俗性习惯——使得法律多元主义被描述为“充满异域色彩”，因而一直位于法律研究的边缘。可是在20世纪70年代，有关非国家形态法律的兴趣扩展到主流的法律与社会运动中，更晚近些，法律多元主义的观点已经成为有关全球化的论辩的一个核心特征。尽管许多学术研究都是在50多年前完成的，但重要的是注意到法律多元主义的倡导者们主张，他们复兴了一个暂时被法律现代性取代的较为古老的传统（比较 Benton and Ross, 2013）。为了阐明法律多元主义者倡导的更为具体的论断，我们现在考察这些时期每个阶段中的一些关键主张。 283

一、法律多元主义的古典与现代立场

殖民社会中法律权威的基础这个议题，确立了法律多元主义的一些核心主题。法律现代性的典范在为欧洲殖民主义提供正当性证明中发挥了重要作用。按照欧洲人的说法，如果土地未被占有——**无主之地学说**——它就可以依据殖民者法律被定居和统治。但是定居者所遇到的领土依旧被其原住民占有着，许多时候这种占有已达数千年之久。这个难题通过将欧洲社会的发展阶段（它拥有形式化和理性的法律），与被认为“社会组织规模如此低级”以至于无法“与文明社会的制度或法律观念调和”的原住民的社会组织形态加以对比而得到了解决（参见第三部分第三章）。没有法律，原住民就不会拥有所有权，因此就如约翰·洛克所说，欧洲主权者的主张不会对他们产生伤害。

20世纪中的许多法律人类学研究，一直在质疑这种说法，即法律随着欧洲殖民者到达了今天的北美、撒哈拉以南的非洲或澳大利亚。这些研究——通常被称为“古典法律多元主义”——强调两点。首先，原住民族形成了相对复杂的具有自己规范性结构和政治组织形态的社会。法律人类学家识别出许多规制社会生活的发达体系（Moore, 1973），它们用于交换物品、养育孩子、开拓土地，抑或用于解决争议。这些规则的表现形式往往（在西方人眼里）并不为人熟知，比如编织带，且在不同的文化假设中运作——许多原住民族完全不知道私人土地所有权是什么（Galanter, 1981）。殖民者并不将这些视为法律，因为它未能满足殖民者自己的文化倾向（正如原住民眼中的西方法律一样)。贯穿古典法律多元主义的第二个论点是,在殖民状态下原住民的法律形态并未消失。实际上,正式法律与原住民法律的共存可以说是对殖民时期更为准确的描述(Asch, 1997)。比如,早期殖民者通常会与原住民群体订立条约,采用后者的纪念仪式,比如交换贝壳念珠腰带(不过在条约不方便的时候,殖民者就会通过主张殖民统治具有最终权威而将条约抛到一旁)。此外,殖民统治的官员通常发现允许习惯法规范的使用会更切合实际,这些规范在许多情况下依旧得到当地人们的遵守,统治着家庭这样的社会生活领域(Chanock, 1985)。因此法律多元主义者指出,官方国家法律为法律秩序提供了唯一标准并不符合实际。总之,几乎所有古典法律多元主义学者都可能共享着如下三个经验教训:理论家必须要察觉到他们的种族中心主义偏见;法律概念源自受到历史和空间约束的经验;不可能只有一种可以把握所有社会现实的普遍法律话语。

284

标志着从古典法律多元主义向"新"或"后殖民"法律多元主义转变的关键发展,就是法律—社会经验研究的增长。该研究采取不同的进路来看待传统的法学学术,较少关注教义分析——"书本中的法律"——更加关心法律在实践中如何运作——"行动中的法律"。它使得许多人断定,排他性地只关注国家法只是有限地呈现出发达国家中法律关系的样态。这里的一个重要推动力,就是有关各种替代性纠纷解决机制(ADR)的研究。该研究表明,缺乏获得正式司法机制必要途径的公民,通常会发展出他们自己解决争议的非正式方法(Abel, 1982)。其他研究进一步发展了非正式法律不止存在于殖民社会这一观点,比如,有关工业关系领域的研究就是如此。在该研究中,法律多元主义者对比了国家劳动法和"工作场所的原住民法律"(诸如行为准则、非正式协议以及习俗性的行为模式),并指出后者在塑造工人日常活动中更为重要(Arthurs, 1985b)。

全球化的降临进一步使得人们重新关注法律秩序的多元形态。这毫不奇怪,因为贯穿全球化文献的重要论断,就是民族国家不应当再享有作为研究对象的特权。一些评论者强调,全球化时代中正式的政治权威出现在许多场所,并指出公民权现在也必然是多样的,我们在次国家、国家以及超国家层面彼此重叠的法律秩序中沟通协商我们的权利和义务(参见第一部分第八章)。其他人指出,已经推动全球经济运作的新型法律形态,只能通过多元主义视角加以解释。比如,当下经济活动的一个重要特征就是全球性的商业法,它包含各种各样的商业活动、行为准则、合同标准形式以及仲裁裁决,所有这一切都可以不诉诸国家法得到描述。经济全球化也会重塑我们对于法律渊源的看法,并将多国合作视为,比如,在农业生产或医学研究领域确立标准时发挥着重要作用的规范性权威(Hertz, 2001)。

二、法律多元主义的强弱立场,以及国家的地位

我们应该已经明白,法律多元主义本身就有许多种形态。我们可以用来描述不同时期采用的不同方法的一种方式,就是“强”与“弱”法律多元主义之间的区分。按照约翰·格里菲斯(John Griffiths)的看法,“弱”法律多元主义意味着在接受“人口中不同群体的不同法律内容”时“国家的正式默许”(1986, pp. 7, 5)。殖民状态下西方和原住民法律规则的共存,以及国家法院允许依据习惯法来解决它所面对的纠纷,就是这一立场的原型范例,但不止于此。格里菲斯认为,这种情况不应算是最典型的法律多元主义,因为它承认国家是最终的主权权威:在我们的例子中,习惯法规范的适用源自国家法律体系的“承认”。他将之同“强”法律多元主义加以对比,后者被界定为“这样一种事态,在其中对于任何社会场域而言,行为依据不止一种法律秩序发生”(1986, p. 2)。因此,国家法只是法律秩序中的一种,它的准许对于其他法律形态的实际(empirical)运作来说并不必要。 285

我们可以在博温图拉·德·苏萨·桑托斯的著作中看到有关“强”法律多元主义的杰出论述,特别是在他有关现代资本主义社会的复杂“结构—行动地图”中。桑托斯设定了六个结构性场所——家庭场所、工作场所、市场、共同体场所、公民场所以及世界场所。每一个都产生出其独特的法律形态:比如,家庭场所的家事法指的就是统领家庭内社会关系的不成文法则,而市场的交换法指的是生产商、商人以及消费者之间发挥作用的贸易习惯与规范性标准。在桑托斯看来,任何一个时间中实际适用的法律规则并不取决于一类法律,而必然是不同法律形态的联合。比如,对于家庭的法律规制就包含正式国家法与非正式家事法的混合。

法律多元主义的强弱之分充满了争议,不是所有人都接受格里菲斯对于弱立场的轻蔑态度。不过这凸显出对于国家的态度,依旧是法律多元主义学

术研究中的一个重要裂痕。这带来了重要的方法论与规范性议题。就前者来说,法律多元主义者试图提出一种涵盖所有法律现象的法律定义。可是布莱恩·塔玛纳哈(Brian Tamanaha, 1993)认为,许多这种努力都低估了不依赖国家来界定法律的难度。他指出,法律多元主义者倾向于通过关注对于国家法至关重要的因素来设立自己的标准——无论是规范的实施,还是纠纷的解决——但却继而将国家的印迹从这一等式中抹除。在他看来,这表明即便对于一些杰出的有关法律的多元主义论述而言,国家依旧是其起点。

与此相关的一个问题是,即便法律多元主义可以脱离国家法的分析框架,它应当脱离该框架这一点是否可欲?这处理的是法律多元主义中描述与规范之间的关联。尽管格里菲斯指出,法律多元主义完全是一个事实,但他的一部分使命,正是揭穿认为法律应当是国家法这一中心化进路所具有的"意识形态"。于是似乎顺理成章的就是,法律多元主义者认为法律应当从国家中心论视角之外的角度加以理解,并且一些学者似乎出于自己的目的,赞赏非国家形态的法律。但是其他人则担忧这一立场的规范性意涵。首先,他们指出没有独特的理由让人相信多元的法律形态必然是进步的:比如,某些社会—法律学者认为替代性纠纷解决机制的兴起充满问题,因为它潜在地恢复了经济和社会领域中的实力派所具有的优势,而这是正式法律一直试图均等化的。其次,将具有"合乎法律的便是正当或道德的"意涵的"法律"名称,赋予社会生活的某些方面,就是赋予其并不应得的一种正当性(比如,通常产生于监狱的压迫性制度)(Tamanaha, 2000)。

这些都是重要的问题,但在某种程度上,就它们本身来说是无法解答的:比如,我们如何"证明"什么是法律呢?更准确地说,这些问题指引我们来探究多元化理解法律的用处,以及这种多元化理解所服务于的目标。我们现在就来看看这一问题。

286

三、法律多元主义的经验、概念与政治进路

方才讨论的内容体现出限定修饰词的重要性。从传统观点来看,国家法就是"法律",但多元化的法律形态,诸如原住民法或非正式法律,就要求受到限定或降级处理,使得它们是习俗、习惯抑或社会规范,而非法律。法律多

元主义者运用许多策略来卸下这种限定修饰词的重担,并非常确定他们实际上就是在讨论法律。我们可以基于这些策略的经验性、概念性以及政治性侧重点(尽管这些范畴远非泾渭分明,且在实践中彼此重叠)来将之加以范畴化。

法律多元主义的经验进路试图更全面地描述影响日常生活的实际规范,并认为这要求比只关注国家法更为广泛的研究领域。它与富有影响力的法律的命令理论展开交锋,后者认为,通过人们服从法律,国家能够指引社会的未来形态。法律多元主义者指出,如果这是国家法作为法律的独特特征,那么它常常未能实现这一理念。此外,其他形态的规范性命题似乎更接近于国家法所主张的独特特征。代替(国家)法律施加于被动的社会这一理论,法律多元主义者认为国家法与其他法律秩序处于持续的互动之中。比如,回到家庭中的关系这个例子,国家在处理诸如家庭暴力等问题的局限性,可被归因于这一事实,即它无法完全取代家事法的(家长式)规范。我们在此的研究目标就是更好地理解这些不同形态法律之间的互动如何会增进或阻碍不同的政策目标。

尽管经验进路可能会产生有关国家法的包含更多可能期待的更微妙解释,但仍有可能遭到反驳说,如果法律范畴变得过宽,我们就会失去概念的清晰性。法律多元主义的概念进路对此的回应是,指出我们一旦接受法律反映着它所身处的社会,与国家中心论相关的单一性就为法学研究提供了一个扭曲的基础,且注定会失败。这种方法基于一种多元主义社会理论,它从不同群体间无序斗争的角度看待社会生活。通过将法律视为不同且复杂的社会关系所构成的更大网络的一部分,它认为法律关系也必然是非对称的(Sampford, 1991)。这要比一些经验进路研究走得更远:法律不只是与国家脱嵌,各种形态的法律都朝向无序和不融贯。从这个角度来说,即使我们的关注点是国家法,通盘考虑它的矛盾与对立(因此,强弱法律多元主义之分就不像之前提出的那么有意义),它也需要被重新理解为本身就包含着多元性。

我们可能会承认经验与概念进路对传统法学思想提出了重要挑战,但还会坚持认为保留法律和其他社会规范之间的区别是有价值的。这使得我们来到了法律多元主义的政治维度,它翻转了迄今开展的研究,转而探索将国家法视为法学研究的唯一范畴服务于何种目的。桑托斯认为,这较少地反映出分析上的要求,而更多是一种有关定义的政治学操作,意图将国家描绘为社会中政治权威的唯一形态。他指出,这种定义政治学的主要后果就是掩盖了其他社会权力场所,以及像市场这样伴随它们的法律形态。因此,多元化法律的政治目的不是提出一种,比如说,国家产生的规范与跨国公司产生的规范之间的道德等式;而是试图扩展在一切运用强制力的制度(国家和非国家)中,权力的正当使用问题。

287

四、法律多元主义的未来方向

相较于历史上的情况,法律多元主义观点如今在法学学术中拥有更为显赫的地位,且近来被用于解决诸如宪法(Walker, 2002; Andeerson, 2005)、跨国法(Buchanan, 2006)以及法律民族志等主流议题。随着研究兴趣的扩展,内在于或关于法律多元主义的争论一直延续不断。我们简短地梳理文献中核心的创新点,作为本章的结尾。

首先是通常被称为全球法律多元主义的立场,它是法律多元主义话语在全球化所导致的一些法律问题中的运用。全球法律多元主义者的假定是,国家法无法把握全球化时代法律的碎片化,据此,他们提出一种关注法律渊源大量涌现、尊重社会群体自主能力的认识论。不过,尽管都主张保护"法律—产生"(juris-genesis)的自主场所的重要性,但如下这一点依旧可疑,即全球法律多元主义的主要关切是如何通过法律渊源间的互动规范(典型的就是法律之间的冲突)(Krisch, 2013 p. 297)抑或"旨在掌控而非消除我们周遭所见的法律多元主义"的程序性机制(Berman, 2012, p. 10)管理(而非推动)全球法律碎片的多元性的?在欧洲研究中,发展出这种方法的一个地区性变奏。在该研究中,宪法多元主义(超越国家的宪政主义和法律多元主义的耦合)一直是解释欧洲一体化发展,特别是依据欧盟法裁判时最高法院行为的最为成功的学说之一。但在这个情形中同样如此,多元主义只是捕捉到现代国家—法律制度之间的冲突。

第二个进路源自政治哲学中的"语言学转向",试图发展出既敏感于国家中心论的局限性又保留着法律与社会规范之间区分的一种法律多元主义。它指出,出路就是某些**作为**规范体系的社会体系的自主化的耦合。该观点的领军人物之一，贡塔·托伊布纳(Gunther Teubner)指出，比如全球商业活动(前文讨论过的商业法)应当被视为由诸如国际仲裁员等核心行动者使用的一种“合法/非法”二值编码的法律形态(Teubner, 1997, p. 4)。这同样适用于方才被升格到全球层面的许多其他法律碎片(Teubner, 2012)。不过这一方法虽然可能为法律的存在提供了相对直接的检测标准，它却因保留着下述观点而饱受批评，即某些对法律而言至关重要的功能——用托伊布纳的话说，就是行为的控制和共同协调——完全源自基于国家的理解(Tamanaha, 2000, pp. 308, 312-321)；同类批评也适用于合法/非法的二值编码，它也被视为基于国家的法律理性的重复(Roberts, 2005, p. 20)。

288

在批判法律多元主义的旗帜下，出现一种试图避免任何有关法律应当如何界定的前见的进路(Kleinhans and Macdonald, 1997)。它不同于以经验研究为基础的学术工作，认为描述(mapping)技术倾向于从实证主义角度，将法律视为某些能够脱离创造它的人类行动者而“在那里”的被衡量的事物。批判法律多元主义者拒绝这种将法律视为外部知识的看法，反而强调知识在创造我们对现实的感知时所发挥的作用。这就出现一种有关法律秩序的不同检测。重点不再完全是何种外部法律秩序向个体施加规范性权威；我们还需要探究个人认为自己是在何种法律秩序内行动。这更强调法律主体，他不是法律的被动承受者，而是在生产和塑造法律知识中发挥着积极作用。按照我们在本章中传达的不同观点，由于我们认为自己是在不同时代的不同法律秩序中行动，法律知识就必然且永不可逆地是多元的。

阅读文献：

有关法律多元主义和国家法中心论主要差异的一个颇有帮助的概览，参见阿瑟斯(Arthurs, 1985a, ch 1)。有关法律多元主义从“古典”向“新”立场转变的讨论，参见梅丽(Merry, 1988, pp. 872-874)，法律多元主义观点在全球化语境中的运用，参见桑托斯(Santos, 2002, pp. 194-200)以及特维宁(Twining, 2009, ch 12)。对法律多元主义强弱立场之分的作用之争的回顾，参见伍德曼(Woodman, 1998)。戴维斯(Davies, 2005)强调了法律多元主义研究中不同的经验与概念思潮，有关“定义政治学”的详尽阐述，参见桑托斯(Santos, 2002, pp. 89-91)。有关批判法律多元主义的讨论及其对塔玛纳哈一些批评的回应，参见克莱因汉斯和麦克唐纳德(Kleinhans and Macdonald, 1997, pp. 30-43)。

有关法律多元主义的概念,参见格里菲斯的经典论述(Griffiths, 1986);也参见塔玛纳哈(Tamanaha, 2000)和梅利萨里斯(Melissaris, 2009)。近来编撰的一部文集(Roughan and Halpin, 2017)描述了法理学争论中法律多元主义的现状。有关宪法多元主义的主要观点的概述,参见阿贝吉和科马雷克(Avbelj and Komárek, 2012);有关全球法律多元主义,参见伯尔曼(Berman, 2012)、迈克尔斯(Michaels, 2009)以及沃克(Walker, 2014)。

参考文献:

Abel, R (ed), 1982, *The Politics of Informal Justice*, vols 1 and 2, New York: Academic Press.

Anderson, GW, 2005, *Constitutional Rights After Globalization*, Oxford and Portland, OR: Hart.

Arthurs, HW, 1985a, *Without the Law, Toronto and Buffalo*: University of Toronto Press.

Arthurs, HW, 1985b, 'Understanding Labour Law: The Debate Over "Industrial Pluralism"', 38 *Current Legal Problems* 83.

289

Asch, M (ed), 1997, *Aboriginal and Treaty Rights in Canada: Essays on Law, Equality and Respect for Difference*, Vancouver: University of British Columbia Press.

Avbelj, M, and Komárek, J (eds), 2012, *Constitutional Pluralism in Europe and Beyond*, Oxford: Hart.

Benton, L, and Ross, R (eds), 2013, *Legal Pluralism and Empires, 1500–1900,* New York: New York University Press.

Berman, PS, 2012, *Global Legal Pluralism: A Jurisprudence of Law Beyond Borders*, Cambridge: Cambridge University Press.

Buchanan, R, 2006, 'Legitimating Global Trade Governance: Constitutional and Legal Pluralist Approaches', 57 *Northern Ireland Legal Quarterly* 1.

Chanock, M, 1985, *Law, Custom and Social Order: The Colonial Experience in Malawi and Zambia*, Cambridge: Cambridge University Press.

Davies, M, 2005, 'The Ethos of Pluralism', 27 *Sydney Law Review* 87.

Galanter, M, 1981, 'Justice in Many Rooms: Courts, Private Ordering, and Indigenous Law', 19 *Journal of Legal Pluralism and Unofficial Law* 1.

Griffiths, J, 1986, 'What Is Legal Pluralism?', 24 *Journal of Legal Pluralism* 1.

Hertz, N, 2001, *The Silent Takeover: Global Capitalism and the Death of Democracy*, London: Heinemann.

Kleinhans, M-M and Macdonald, RA, 1997, 'What Is a Critical Legal Pluralism?', 12 *Canadian Journal of Law and Society* 25.

Krisch, N, 2013, *Beyond Constitutionalism*, Oxford: Oxford University Press.

Melissaris, E, 2009, *Ubiquitous Law: Legal Theory and the Space for Legal Pluralism*, Aldershot: Ashgate.

Merry, SE, 1988, 'Legal Pluralism', 22 *Law & Society Review* 869.

Michaels, R, 2009, 'Global Legal Pluralism', 5 *Annual Review of Law and Social Science* 243.

Moore, SE, 1973, 'Law and Social Change: The Semi-Autonomous Social Field as an Appropriate Subject of Study', 7 *Law and Society Review* 719.

Roberts, S, 2005, 'After Government? On Representing Law Without the State', 68 *Modern Law Review* 1.

Roughan, N and Halpin, A, 2017, *In Pursuit of Pluralist Jurisprudence*, Cambridge: Cambridge University Press.

Sampford, C, 1991, *The Disorder of Law*, Oxford: Blackwell.

Santos, B, 2002, *Toward a New Legal Common Sense*, 2nd edn, London: Butterworth.

Tamanaha, BZ, 1993, 'The Folly of the "Social Scientific" Concept of Legal Pluralism', 20 *Journal of Law and Society* 192.

Tamanaha, BZ, 2000, 'A Non-Essentialist Version of Legal Pluralism', 27 *Journal of Law and Society* 296.

Teubner, G (ed), 1997, *Global Law Without a State*, Gateshead: Athenaeum Press.

Teubner, G, 2012, *Constitutional Fragments*, Oxford: Oxford University Press.

Twining, W, 2009, *General Jurisprudence: Understanding Law From a Global Perspective*, Cambridge: Cambridge University Press.

Walker, N, 2002, 'The Idea of Constitutional Pluralism', 65 *Modern Law Review* 317.

Walker, N, 2014, *Intimations of Global Law*, Cambridge: Cambridge University Press.

Woodman, GR, 1998, 'Ideological Combat and Social Observation', 42 *Journal of Legal Pluralism* 21.

第七章　法律制度主义

在法律思想史中，法律制度主义是回应法律实证主义和自然法这两大主导学术思潮的20世纪的产物。法律制度主义得以诞生的社会和思想语境解释了在法律制度主义者著作中居于中心地位的许多关切。一方面，民众对于包容性的要求所形成的压力，使得自由主义国家遭遇危机（Romano 1910），同时第一次世界大战的惨剧使得人们认为形式主义对于法律的理解不再能够站得住脚。另一方面，社会学作为一门学科的兴起和巩固推动法律理论家关注社会构成和法律秩序之间的关联。伴随社会学诞生的，是一个新领域即“社会法”的出现，它在法律制度主义中找到了显而易见的理论同盟。特别是后来被认为与法律制度主义相关的理论家，开始认为社会与法律具有一种**内在**关联，超越了法律世界是由国家和个人构成的这个大一统（comprehensive）的自由主义学说。换言之，法律秩序开始被认为属于社会形成的一部分。贡塔·托伊布纳如此描述法律制度主义的这一特征：“制度主义理论，特别是社会学这个新学科，提出了一种更为复杂的社会自我描述。”（Teubner 2012, p. 21）不过，尽管为法律分析开辟了多样化的社会领域，法律制度主义者依旧认为他们是在探索作为“复杂的社会自我描述”的法学[他们更青睐的词汇是“法律的”（juristic）]知识，这意味着社会的构成和发展与司法维度**无法**分割。不过尽管采用了这一进路，他们并没有在确定法律的有效性和内容方面赋予道德任何特殊角色。 290

基于以上简短评述，我们不应对法律制度主义的典范性著作诞生于法律实证主义在法学圈中居于支配地位的法国、意大利以及德国感到惊讶（尽管有人可能会提出充分理由认为美国在新政时期出现了与此平行的发展）。我们或许会在孟德斯鸠以及之后埃米尔·涂尔干的著作中发现制度主义方法的前身,但法律制度主义的确立者毫无疑问是莫里斯·奥里乌(Maurice Hauriou)以及桑蒂·罗马诺(Santi Romano)。前者是里昂·狄骥(Leon Duguit, 法国社会法之父)的学生,教授公法和行政法并发表了重量级作品(比如,Hauriou 1916),但只是在其学术生涯的后期才形成了有关制度的核心观点。

291

奥里乌认为,社会契约和法治都不应被视为法律秩序的真正基础,只有制度这个概念能够为其奠基(Hauriou 1918, p. 813)。制度可以分为两类:"人的制度"以及"物的制度"。前者代表法律秩序最基本的要素,它是奥里乌真正感兴趣的类型。制度的定义包含三个构成性要素:

> 一种制度就是这样一种有关工作或事业的理念,它在一种社会语境下司法性地得到实现与存续;为了实现这一理念,一种组织化的权力就要有不同的机构;另外,社会群体中致力于实现该理念的成员之间,呈现出各种各样的团体,且受到权力机构的指引以及程序的规制。
>
> (Hauriou 1970, p. 99)

简言之,我们可以发现界定一种制度的三类定义性特征:(1)制度的存在受到一种推动性或命令性理念(*idée directrice*)的指引,或趋向于它;(2)有一个组织赋予制度适当的权力与机构来实现该理念;(3)有各种团结形式使得制度团结一体。应当澄清的是,这种命令性理念并不具有目的论式的功能或充当一个社会群体的根本目标。所有这三个要素都很重要,但最突出的一个(它赋予制度自身拥有的独特身份)是"**推动性**"或"**命令性理念**"。它可能源自某些根本性目标,但它在时间中使得一种最初只是心理学意图的事物转变为社会现实。推动性理念在时间维度的延展,对于使得该理念具有自主性且独立于与之相关的根本政治目标而言,至关重要。与此同时,为了具备自主性,这种推动性理念需要从制度的成员中收集足够多且持久的共识。奥里乌在这里说的共识不是诉诸某个集体意志,而是:

> 正是与一种共同理念接触后受到触动的个人,以及受到人际心理学现象触动的个人,意识到他们的共同情感。该运动的核心便是这种理念,它被折射入数以千计的心灵中的类似概念,并激发这些心灵采取行动。
>
> (Hauriou 1970, p. 107)

合而观之,这三个要素构成了制度本身形成的组成过程。实际上,这一过程可以被分为三个阶段。首先,是该推动性理念的投入;其次,是将该理念纳入组织化的权力;最后,是具体化的时刻,此时“群体成员被吸纳进任务的理念之中,各个机构被吸纳入实现该理念的权力中,团体的呈现就是心灵的呈现”(Hauriou 1970, p. 101)。

基于经典的制度主义立场,奥里乌区分了制度和实证法:“制度制定司法规则;司法规则却并不构成制度。”(Hauriou 1970, p. 93)因此制度是“产生法律的”而法律规则“只是代表约束性理念而不体现为事业与创造的理念”(Hauriou 1970, p. 93)。这一区分体现出奥里乌的学说与法律多元主义之间的亲和性(参见第三部分第一章)。但是奥里乌明确指出,国家代表着最完善的制度形态(它是“制度的制度”),因此这意味着最发达的制度就是那些类似于国家及其内在组织的制度。 292

罗马诺的《法律秩序》(*The Legal Order*)这部杰作最初出版于1917年到1918年间,包含着有关法律作为一种制度的完备学说。与奥里乌的著作不同,人们并不认为罗马诺的作品是对国家的实质性辩护(尽管国家被承认为“制度的制度”)。与规范主义不同,罗马诺指出,每个和每种法律秩序的原初和根本性概念是制度。因此,法律秩序永远无法被还原为规范的集合,甚至无法被还原成规范的体系。在罗马诺看来,体系的理念依旧太过抽象,使得法律实证主义将法律理解为一种规范体系(特别是参见凯尔森的纯粹法理论,第二部分第十一章)的观点并不准确。更准确的看法是,法律秩序是一种**具体的**统一体,它由罗马诺界定为“制度”的一种有效社会组织联合为一体。制度的概念既非理性的要求,也非抽象的原则:它是社会实在的一个组成部分。有意思的是,组织的相关概念并不包含优先性与相应的从属性之间的关系。不是每种组织都具有成为制度的资格。在罗马诺看来,要具备成为一种制度的资格,需要满足四个不同方面的要求:(1)该实体需要拥有客观且具体的存在,即便是非实质性的,也必须是可见的;(2)该实体必须体现出人类的社会属性;(3)它必须是个别化的,也即它必须具有一种可承认的独特存在(当然,这并不意味着它与其他制度无关,因为复杂制度就和其他制度相关);(4)制度应当是稳固且永久的统一体(Romano 2017, p. 19)。在此框架中,规范是制度的必要不充分特征。它们受到制度的决定,却非制度的决定性因素。这意味着:

> 法律不会只是社会组织所建立的规范……如果后者的法律特征真的是建立它的社会权力赋予的,或至少是准许的,接踵而至的就是该特征必须已经体现在制度中,因为如果它本身并不具有这种法律特征,就无法赋予规范这一特征。
>
> (Romano 2017, p. 25)

实际上罗马诺深信,一种制度可以让自己所有的规范都改变,但自身却依旧保持不变。甚至法律关系[当时被称为法制(jural)关系]都无法界定一种制度。因此罗马诺并不是从命令角度理解法律的;法律的命令学说认为法律是一种命令,通常由一个主权者或其一位代表发出,以惩罚或强制的威胁为背书。罗马诺之所以不接受这种法律观,是因为它低估了法律秩序的创造性和构成性面向。如果法律秩序只是由惩罚所背书的规范构成,它与社会的关联就会消失不见,最后法律就会被视为法律关系之外的事物,是强加于社会的。相反,正是这种产生社会权力的能力定义了制度。因此,尽管规范依旧是制度的一部分,但它是制度独特因素的角色与功能的归属和分配。这是因为制度包含内在于组织化形式中的命令属性:简单来说,就是一个组织化的实体逻辑上包含着内在的命令属性,不然它就无法具有组织的形态。不具备这一形态,它就无法产生社会权力。由于这个理由,法律秩序总是将自己表现为一种**内在于**社会的建构:*ubi ius ibi societas*(有法律的地方就有社会),以及 *ubi societas ibi ius*(有社会的地方就有法律)。

293

以上讨论让我们来到有关他的理论中法律力量和国家角色的垄断的问题。罗马诺并不否认国家是完备的制度,但相较于奥里乌,他无疑对此更加暧昧。他公开批评奥里乌:

> 将制度概念仅仅局限于一类达到给定的发展和成熟程度的社会组织……奥里乌受到如下意图的推动,即在国家场景,或更准确地说,是在现代国家场景中塑造他的制度,但我们本应勾勒出一个非常一般性的、其偶然特征会有变化的景象。
>
> (Romano 2017, p. 33)

不过尽管在指出法律秩序就像制度一样有许多种时,他的制度主义包含着法律多元主义进路的种子,但他对此未加多言。最后,如果说有些矛盾的是,他对比了更高等级的制度和较低等级的制度,这一区分对应于自主的和派生的法律秩序的区别(比较 Loughlin 2017, ch 7)。罗马诺认为,国家和教会代表着更为复杂和完善的制度。

奥里乌和罗马诺在20世纪前30年发表了他们最重要的著作。在接下来的20年中,他们的反思对一批特别是处理宪法和行政法议题的学者而言,被证明是很有启发性的。制度的命令属性后来成为卡尔·施米特(Carl Schmitt)的核心前提,他在阅读奥里乌和罗马诺后似乎转向了一种制度主义法律观(Schmitt 2004a/1934)。在20世纪20年代,施米特成为**决断论**(*decisionism*)最重要的倡导者,这种法律方法最著名地体现为如下观点,即主权者是决定例外状态的人(Schmitt 2005/1934)。施米特著名地评论道:“例外比规则更有意味。规则没有证明什么,可例外却证明了一切。它不仅确证了规则还确证了它的存在,它只诞生于例外。”(Schmitt 2005/1934, p. 15)这一方法提出了一种以作为政治决断的主权为基础的法律理论,并将之扩展为一种完备的宪法观。在《宪法学说》(*Constitutional Theory*, 2008/1928)中,施米特区分了宪法和宪法律:他认为前者是有关宪法制度的政治统一体的根本性决断,而后者仅仅包含一系列宪法规范。在这个意义上,施米特认为一种在整个法律秩序形成之前的决断,一种“例外主义” *ex nihilo*(无中生有地)且从**外部**创造了秩序(换句话说,一种外在于它所创造的法律秩序的政治决断)。可是施米特很快明白,政治统一体无法凭空自己扩展为一个单一的决断,在奥里乌和罗马诺的影响下,他开始转变自己观点的重心,强调统一与秩序的重要作用。他解释说一切法律理论都必然包含三个根本要素:规范、决断以及制度。一种法律理论的独特性,体现在它赋予这三个要素不同的优先性。在《政治神学》(*Political Theology*)第二版前言,施密特写道:“我现在区分三类而非两种法律思维;除了规范主义和决断论之外,还有一种制度思维……它在超越个人领域的制度与组织层面展开。”(Schmitt 2005/1934, p. 2)制度的视角定义了施米特所说的“具体的秩序”:一系列由实证法包含且证明其有法律资格的制度性实践。施米特逐渐发现,只有当社会规范性(根据他的解释,它易于产生多元化的制度)受到政治与法律的控制时(指的是受到它们的约束),国家才能稳固。按照施米特的看法,在保护社会核心制度免受内部与外部威胁时,一种既有所选择但又具有排他性的法律不可或缺。这种保护过程通过选择实现一种制度的标准方式进而排除与此不一致的方式展开。法律规范应当尽力确定和稳定给定语境下被认为是常态

294

的情形(Croce and Salvatore 2013, p. 39)。当然,与罗马诺不同,施米特依旧认为法律是一种命令,也即它的大部分内容都是由惩罚或强制背书的命令。之后,施米特通过运用**法**(*nomos*)这种与空间以及使用、分配和生产这三种活动相关的独特法律观念,扩展了自己有关法律制度主义和具体秩序思维的兴趣(Schmitt 2006/1950)。这一晚年的著作证实了在他对具体秩序的反思中,制度功能的重要性(Loughlin 2017, ch 5)。

我们将要看望的最后一位制度主义学者是意大利的宪法学家科斯坦蒂诺·莫尔塔利(Costantino Mortati),他通过接受法律制度主义来揭示形式主义在描述宪法秩序时的局限,并以此发展出一种与之相对的具有政治现实主义色彩的学说。莫尔塔利承认自己受到奥里乌和罗马诺的影响,但依然认为他们的理论深受严格的事实与规范二元论之害。莫尔塔利认为,奥里乌依然将推动性理念及其背后的社会组织区分为两个不同的领域,好像它们分属不同层次一样。另一方面,罗马诺低估了内在于社会组织过程中的规范性因素:功能与角色依旧具有重要的规范性面向,罗马诺不公正地轻视了这一点。莫尔塔利承认,每种制度都受到一种推动性理念/目的的激励,但是:

> 如果它不具备同一性和持续性的特征,也即如果它不是一种规范,就无法完成其功能;这种规范无疑不同于那些直接约束行为的规范,但在功能方面依然是类似的。
>
> (Mortati 1998, p. 46)

换言之,莫尔塔利认为法律秩序使统一性成为一种必须,且只有存在(最终的)根本性规范时,统一性才能得到实现。这些规范不应被视为义务论式的约束,而是应被视为具有目的论核心的规范。莫尔塔利在这里提出了一种亚里士多德式的主张:法律秩序的存在受到一种目的因的推动,这种目的因正是基本规范所体现出来的功能。

295 规范和制度可以出于分析性目的加以区分,但它们总是彼此蕴含。可以让我们认为两者共蕴含的一致之处,就是莫尔塔利所认为的构成权的同义性:**规范性事实**这个观点。这是一种自身包含着规范(以规则或原则为形态)及其未来持存条件的事实。规范性事实并非抽象实体,而是具体的具有司法特征的组织化(也即有序的)实体。和其他法律制度主义者一样,莫尔塔利强调社会构成与法律秩序之间的内在联系。因此,社会自其诞生伊始，就可被视为某种能够从司法知识角度加以理解的事物。这样，事实与规范之间方法论上的严格区分就倒塌了。不过这意味着要想获得正确的法律知识，就必须超越正式规范这一层面，因为后者不会体现太多社会关系的基本结构。

基于上述观点，就可以理解莫尔塔利为什么需要引入“**实质宪法**”作为会将生活融入形式性的法律秩序的具体法律秩序。这一观点使得莫尔塔利得以阐明一种超越形式宪法的宪法秩序的决定性特征；研究实质宪法使得法律人也需要处理社会的基本结构。与奥里乌和罗马诺不同，莫尔塔利并没有向社会关系自发的“法律类”属性做许多让步。只有一种积极的、本质上已具备法律属性的政治干预，能够实际上产生得到适当组织的社会秩序。莫尔塔利预设，一种秩序的政治统一体只有通过如下要素才得以实现，也即基本政治目标得到设定，并且作为实质宪法“承担者”的一个社会群体或集体主体（也即这些目标实现背后的社会力量）出现。至少在其思想的最初阶段（参见之后的 Mortati 1998），政治党派充当着实质宪法的承担者，因为在社会中统治者与被统治者的分化过程中，他们是重要的行动者（Mortati 1998, pp. 60–62）。

尽管施米特和莫尔塔利接受了奥里乌与罗马诺的一些根本直觉，但他们却在两个重要方面有所不同：首先，他们坚持一种命令主义的实证法观念，它契合于一种更具政治倾向的处理法律概念的方法。只有具体制度（也即与社会语境紧密相连）的严格选择性或者一个支配性政治群体能够创造和保持法律秩序。其次，结果就是，他们并没有承认许多我们可以称之为社会系统的“自创生”属性的事物（参见第三部分第十章），未能承认社会法更为自发的秩序的出现。

20 世纪下半叶，法律制度主义要么蜕变为不同学科（法律人类学、法律的文化研究等），要么作为法律的自主性理论，在影响力和重要性方面持续衰落（La Torre 1993）。只有当尼尔·麦考密克与奥塔·魏因贝格尔（Ota Weinberger）的《制度法论》（*An Institutional Theory of Law*, 1986）出版后，法律是一种制度的观点才得以复兴。应当强调的是，相较于老版制度主义的复兴，麦考密克和魏因贝格尔的方案更加关心法律实证主义的更新。麦考密克和魏因贝格尔与奥里乌和罗马诺都认为，有一种不同于纯粹实在（brute reality）的法律实在。他们也接受了规范性事实这个概念，但有三个关键差异使

296 得“新制度主义”不同于老版。对于“新”制度主义者而言：第一，分析社会与法律之间关联的基本单位并非制度，而是社会事实；第二，这些社会事实并不关注鲜活的制度经验及其具体秩序，或不赋予其任何独特的重要性；第三，麦考密克与魏因贝格尔研究的主要法律形态是规则，而非角色或功能。特别是诉诸最初由约翰·塞尔（John Searle 1995）引入的一个观点，他们的兴趣在于探索规则相对于法律制度的构成性、规制性以及决定性功能。麦考密克在对理论的最后重述时，完全没有涉及诸如奥里乌和罗马诺这类作者（2007），这确证了法律制度主义的复兴与其创始人著作之间没有太多关联。

阅读文献：

法律制度主义的基本文献现在已经有了英译本：奥里乌 1925 年发表的一个核心文本包含在一本他主编的有关法国制度主义的文集中（Hauriou, 1970），另一篇最初分为两部分在 1917 年和 1918 年发表的作品近来也被翻译过来（Romano, 2017）。施米特的制度主义核心著作源自 20 世纪 30 年代，但现在都有英译本：参见施米特（Schmitt, 2004a, 2004b, 2005）（特别是第二版前言）。也参见他经典的《大地的法》（*Nomos of the Earth*, 2006）。有关统治的功能，莫尔塔利出版了一部重要著作（Mortati, 2000），它包含着莫尔塔利观点的一些早期印记，但它们大部分都包含在莫尔塔利（Mortati, 1998）以及（2008）中。

在更古老的文献中，艾弗·詹宁斯（Ivor Jennings, 1933）为法律制度主义提供了一个不错的导论。英语文献中有关奥里乌法律理论的导论与分析，参见格雷（Gray, 2010）；法语文献可以参见米勒德（Millard, 1995）与布朗凯和米列特（Blanquer and Millet, 2015）。论罗马诺的法律制度主义，英语文献中一个扎实的分析，参见斯通（Stone, 1966, ch 11）以及丰塔内利（Fontanelli, 2011）；也参见马丁·洛克林给罗马诺（2017）写的前言以及马里亚诺·克罗斯（Mariano Croce）的后记。有关施米特的二手英语文献在近年来增长迅猛：诸多作品中，可关注本德斯基（Bendersky, 1983）、麦考密克（MacCormick, 1997）、戴岑豪斯（Dyzenhaus, 1998）、克罗斯与塞尔瓦托（Croce and Salvatore, 2013）和舒普曼（Schupmann, 2017）。有关莫尔塔利的法律思想在英语文献中不太多，但意大利文中有非常不错的编撰文集，参见卡特拉尼（Catelani, 2001）。

新老制度主义的深度碰撞（显然偏好新制度主义），参见拉·托雷（La

Schupmann, B, 2017, *Carl Schmitt's State and Constitutional Theory*, Oxford: Oxford University Press.

298

Searle, J, 1995, *The Construction of Social Reality*, London: Alle.

Stone, J, 1966, *Social Dimensions of Law and Justice*, London: Stevens.

Teubner, G, 2012, *Constitutional Fragments*, Oxford: Oxford University Press.

Weinberger, O and MacCormick, N, 1986, *An Institutional Theory of Law: New Approaches to Legal Positivism*, Dordrecht: Kluwer.

第八章　法律和解构

299　解构(deconstruction)是一种哲学思考、文学批评和社会—政治批判的模式,与法国哲学家雅克·德里达(Jacques Derrida)的著作有关。1990 年《卡多佐法律评论》(*Cardozo Law Review*)发表了德里达的一篇题为《法律的强制:“权威的神秘基础”》的长文(Derrida 1990)。在《法律的强制:“权威的神秘基础”》发表很久之前,德里达的著作就得到了法学学者的关注,但这篇文章的发表标志着法律理论研究中这样一段时期的开始,即德里达的作品逐步得到法律理论家的广泛关注,特别是在英语国家。同德里达作品的理论对话,涵盖了从一方面强烈的赞扬与支持到另一方面严肃的批评。不过我们能够感受到法律理论今天对解构的接受,如今一本法理学教科书如果没有充分留意解构的意涵或德里达式思考对法律理论的意义,就很难称得上是同该学术领域中卓越思潮的完整对话。

德里达在《卡多佐法律评论》发表作品 13 年后,意大利哲学家吉奥乔·阿甘本(Giorgio Agamben)出版了一本小书,两年后它的英译本以《例外状态》(*State of Exception*)为题出版。在这本书中,他评论说法律理论家一直未能以某种令人信服的方式解释德里达文章的题目,即《法律的强制:“权威的神秘基础”》(Agamben 2005, p. 37)。阿甘本进而提出自己对于德里达文章题目的理解,他将之与例外状态相连,在该状态中为了保持或维护法律,**法律的强制**受到了悬置。阿甘本对德里达文章的解读在许多方面不仅有力且令人信服。就这点来说,留意阿甘本如下重要洞见足矣:德里达的文章和整体上的解构都与**一种例外状态**有关,**在该状态下法律得到遵守却未得到适用**(Agamben 2005, pp. 35-40)。但是,阿甘本只是间接或隐晦地处理了这种例外状态为何与“**权威的基础**”有关,以及这些基础为何可以被认为是**神秘**的。

下文中对德里达《法律的强制:“权威的神秘基础”》这篇文章以及他其他著作的讨论,就旨在明确和直接地解决这些问题,以此来解释和审视德里达式思考对法律理论的可能意义。德里达在文章中借用的权威的神秘基础,源自帕斯卡有关“法律的神秘基础”的观察,也即不毁灭法律就无法对之加以研究(Derrida 1990, pp. 938-939)。如果法律理论希望回应阿甘本的挑战,就必须要开始了解法律的这种毁灭性根源或基础。 300

与德里达著作展开有意义交流需要大量背景知识。如果不了解诸如马丁·海德格尔(Marin Heidegger)、埃德蒙德·胡塞尔(Edmund Husserl)、弗迪南·德·索绪尔(Ferdinand de Saussure)、西格蒙德·弗洛伊德(Sigmund Freud)、卡尔·马克思(Karl Heinrich Marx)、弗里德里希·尼采(Friedrich Nietzsche)以及伊曼纽尔·列维纳斯(Emmanuel Levinas)等人的主要思想如何影响了他的作品,我们就无法把握德里达的思想。以下对于德里达思想的简短讨论无法关注所有这些影响,但其中一些会在讨论过程中变得清晰起来。不过,强调海德格尔学说对德里达的影响是很有帮助的(可能是迄今这里提到的影响中最深刻的一位)。德里达继承了海德格尔对于西方哲学思想的批判,即该思想一成不变且显著地将优先性赋予一切事物(beings)的存在(Being)的稳定在场,付出的代价则是没有顾及存在操心事物原始和时间性起源的方法,这些起源都始自无法以在场或当下存在来描述的“诸本原”或一个“本原”。因此在海德格尔看来,**存在**“是”一切最终在场事物(beings)之不在场[它不同于缺席(absent)]本原。

海德格尔指出,哲学遗忘了一切事物的时间起源,是悠久的西方哲学思想传统的关键特征,这一思想在他看来始于柏拉图和亚里士多德,一直延续到尼采将**权力意志**视为一切事物的源泉为终点。他认为整个哲学史基于对下述观点的遗忘,即事物从来不是完全**无限地在场**,而是一种**有限地敞开活动**的结果。据此,海德格尔将这一悠久的西方思想传统称为**在场的形而上学**的历史,并且将他自己的哲学探索理解为对这种无限在场的形而上学的**拆解**(destruction),其目的是恢复在他看来前苏格拉底希腊哲学家中显然依旧无所不在的对于事物时间性和有限起源或敞开的关注。海德格尔著作中的这些重要主题,出现在他卷帙浩繁的全集之中,出于眼下目的我们无须更具体的引注。(有关这些思想更具体的文献参考以及从法学理论视角对海德格尔著作更为全面的分析,参见 Ben-Dor 2007 以及 Van der Walt 2011)

为了恢复事物的样态不只是在场、不只是存在,而是逐渐在场且由起源而存在这一意义,海德格尔对于**拆解**这个词的选择在德里达将自己的思想描述为解构中发挥着重要作用。在德里达看来,解构也指的是恢复事物逐渐在场,而非单纯在场的样态。这不仅对于更全面地分析德里达、想要准确了解他思想中这一内容的哲学家和理论家至关重要。对于只想了解德里达的法律思想或其思想对法律的意义的法律理论家而言,同样如此。之所以这样,是因为稍后就会明白,不同于存在之稳定且无限的在场,有关有限的和时间性起源的关切,是德里达有关正义与法律思想的核心。

301 德里达认为,存在的起源涉及一种**文本事件**(textual event)。在他看来,支配性文本构成了一个时代的主导意识或理解形式。基础性文本(比如,宗教和哲学著作,抑或像宪法、国际条约、人权宣言这类政治文件、经典文学作品等)约束着人类生存的现有可能性的种类,并使人们身处固定的位置。它们维系着**当下**,人类生存的任何特定时代都在其中展开和发展;因此才会有他一石激起千层浪的(provocative)断言:"文本之外无他物。"这句话遭到了许多缺乏想象力的哲学家的指责,他们并不像德里达那样喜好推敲能够比费力的文章更经济、更有效表达深刻思想的修辞性短语。德里达通过"文本之外无他物"这个断言,想要表达的是一个特别受到路德维希·维特根斯坦(Ludwig Wittgenstein)著作启发,在当下语言理论中变得通行的洞见。相较于早期的语言分析理论(这些理论围绕下述观点展开,即精确的语言在人类心灵中反射和反映了一个已经存在于心灵之外的世界),后维特根斯坦的语言理论,特别是像唐纳德·戴维森(Donald Davidson)著作所阐述的那样,基于这样一种观点,即语言并不反映或指称外在于语言和人类心灵的独立存在的世界。语言**建构**了人类生活的世界。在早期依然与上文所说的理论即语言的符合论或反射论紧密相关的一部作品中,维特根斯坦已经发现"我的语言的边界意味着我的世界的边界"(Wittgenstein 1922, 5.6)。很可能存在着"在那里"的事物或障碍,人们会偶然悄无声息地、无法理解地以及常常是充满灾难性地遇到(在最具决定性的语言将之引入我们的规范和物理世界之前的某段时间内,侵犯人类的尊严以及环境污染当然"无处不在"),但这些"事物"或"障碍"直到它们融入一个融贯且可理解的人类环境中时,才成为人类世界的一部分。语言就承担着整合融贯且可理解的人类环境的工作。前维特根斯坦的法哲学观点可能仍然想要反驳说,这种整合工作是个人**在**语言**帮助下**完成的。它们这么做,就是在坚持下述观点:语言只是一种工具,通过它,人类对于客观实在的主观经验能够变得有序且完整,以至于使得人类经验能够融贯、协调。他们会认为,主—客观实在的主观性与客观性支柱是第一位的,语言是第二位的。它们的观点是人类(主体)首先生活在世界中(客观环境),进而通过语言来理解自身与环境。可是根据这一观点,它们会忽略某些就"发生在他们眼皮底下"的事情:可以说,这些事情就是它们所依赖的运用且约束语言来描述主观性、客观性以及整个语言学工具序列的方式,通过这些方式他们认为语言能够"准确反映后者"抑或"通过语言一切事物都可以被整合入一个全面且可理解的整体"。海德格尔已经指出,人类并未言说。是语言在言说;人类只是回应语言的言说。如果语言不率先使得一个思想成为可能,人类就无法拥有该思想或首先拥有思想。我们可以补充:在语言使得最初的思想得以阐明之前,人类并非人类。

不了解20世纪语言哲学的发展以及语言哲学逐渐认为人类世界源自语言的**建构**的观点,就无法理解德里达的思想和他"文本之外无他物"这一更具体的主张。德里达有关**解构**的看法,必须被理解为对语言所**建构**的世界或诸世界的**去—建构**(*de-construction*)。解构是这样一种文本事件,在它的影响下,新世界、观察的新可能以及新的论断方式得以实现。解构可被宽泛地界定为寻找使得现有世界固定在当下位置的支配性文本的缝隙,试图寻求新世界得以出现的那种文本事件。寻找维持现有实在的文本缝隙,是希望它们会分解、解体并开始释放出新的理解方式与形式。留意到这个根本立场,也使得我们能够把握德里达思想在前文概述的当下语言理论发展过程中所带来的一个值得注意的复杂性(twist)。意识到一切语词和所有语言符号都是任意的指称,与它们所指称的事物没有独特、必然或非约定性的关联,主流的语言分析哲学家开始强调,语言符号具有任意性时确保语言含义**稳定性**的语言实践(语法的约定性规则、语境融贯性解释等)。恰恰相反,德里达在微观层面关注语言的动态过程,旨在揭示和强调这一动态过程**去稳定性**潜质。他这么做的动机是什么?

302

这个问题的答案在于德里达从海德格尔那里继承的有关存在的**起源**或**敞开**的关切。要想快速地明白这一点,让我们重复上文已经解释过的两个句子:德里达认为,存在的起源与一种**文本事件**有关。在他看来,支配性文本构成了一个时代的主导意识或理解形式。关心存在的起源或敞开,显然无法仅仅关心在任何给定时期或时代构成主导意识形式的文本的稳定性动态过程;它也关心且主要关心着一个时期或时代的支配性文本如何变得不再稳定。解构关心着一个时期的支配性文本变得不再稳定的方式,并因此易受全新的意识与理解形式出现的影响。这就指向了德里达思想给当下语言哲学带来的第二重复杂性。德里达可能与他重要的同辈**一致而非对立地**突出且强调了世界通过语言得以建构,并且在支配性语言或特定历史时期语言的建构下,"文本之**外**无他物",但他关心支配性语言所**建构**的文本的**解构**这个事实,却指向了对于文本**外部**,即该本文**之外的无他物**的深重关切。换言之,解构念兹在兹的不是文本所**建构**的,而是它所**排除**的。

有人可能会说解构会罹患语义学幽闭恐惧症。它感受到这个由现有语言意义构成的世界令人窒息。在再循环的语言意义构成的陈腐空气中,它渴求呼吸一口尚未遭到污染或尚未遭到完全污染的新鲜"意义"。如果我们不将之理解为这样一种观点,即德里达返回到一种细究世界和语言间准确指称关系条件的语言指称理论,我们就会遭遇认同如下观点的风险:以一种令人惊讶且(和语言的指称理论)迥然不同的方式,德里达的"实在论"色彩以及对于某种超越语言建构世界的独立"实在"的关切,要比其大部分同时代人更加浓厚和深重。严格来说,这种"实在"根本无法命名。它也几乎无法被提及。之所以如此,是因为一切命名和提及都是在语言内发生的,在现有语言对知识和理解施加的约束内发生的。这里讨论的"实在"无法在语言内被命名,只能在语言内被**间接**提及,因为该实在恰恰关乎语言的起源,它超越了任何既定语言和语言实践内部出现的命名与提及。

303

德里达知道,在场的形而上学的界限以及界定事物的语言的界限,是不可被跨越或超越的,它们赋予事物意义,并使之以某种或其他已确立的存在形态在场,无论这些形态是人类还是动物、动物还是植物、有机物还是无机物、精神的还是物质的、等等。他充分意识到正是通过这些具有二值对立形态的界限,人们建构性地理解着自己的世界。他明白对于这些界限,人们逃无可逃。没有任何事物超越在场的形而上学。语言不会允许任何逃离和越界。在整个学术生涯中,德里达一再强调这一点。不过,他的整个哲学事业都沉迷于且无休止地考察(至少是间接地或隐晦地)提及无法直接提及的语言起源的可能性。为了这个目标,他在四十余年间(从 20 世纪 60 年代开始,直到 2004 年他去世)的著述中尝试了一系列关键概念,诸如**延异**

(*différance*)、**踪迹**(*trace*)、**增补**(*supplement*)、**事件**(*event*)、**来临**(*coming* ,事物不可还原的出现或到来的属性)、**幽灵**(*spectre*)、**好客**(*hospitality*)和**正义**等。让我们先来简单看看前三个概念。后面的四个容后再叙。

德里达有关语言符号任意性的看法,并不像很可能的那样,是来自维特根斯坦或后维特根斯坦的语言哲学。它源自德里达与结构语言学家,特别是对弗迪南·德·索绪尔(Ferdinand de Saussure)著作的对话。尤其是在回应德·索绪尔的著作时,德里达发展出**延异**和**踪迹**的概念。德·索绪尔已经阐明了如下洞见,即能指和所指之间,也即语言符号和它所指称的对象或产物之间,不存在任何必然关联。德·索绪尔指出,所指是能指间差异(differential)关系的一个产物。它是语言符号如何彼此相关的结果。它并不是与任何特定能指的任何指称关系的结果。德·索绪尔认为,意义才是能指之间互动的结果;它是不同指称活动间交互作用的结果。正是以这一观点为背景,德里达会认为语言取决于**延异**的动态过程。**延异**这个词是一个新词(就像解构这个词一样,但它已经不新了),德里达以此指代**差异**(*differentiation*)与**延迟**(*postponement*),也即**区分**和**推延**(*differing* and *deferring*)的双重动态过程。这一动态过程表明,意义在某种实际或现有的能指中,从未享有任何固定性。任何现有能指的意义,总是它与其他能指加以区分的产物(a 之所以是 a,是因为它不是 b 和 c 等;猫咪是猫咪,是因为它不是狗、鱼或猴子等)。由于这种同其他能指不可避免的区分,任何能指的意义就总是受到推延或延迟。任何一个能指的意义只能在其他能指介入下才会出现。考虑到差异与延迟之间这种无法终结的基本动态过程,德里达认为,实际的意义事实上永远不会出现在时间中任何特定时点。意义不过就是**踪迹**的交织,舍此无他。

304

这里必须强调至关重要的值得注意的反转。踪迹并不是像通常对于“踪迹”这个词的理解那样,是恰好刚刚完全消失不久的完全在场的意义的任何零星或整片还未消退的残余物。恰恰相反,任何在场意义的零星残余,不过只是从未成为其他任何事物的踪迹本身彼此交织的影响。同样的动态过程在增补和补充(supplementation)现象中也很明显。对于建构文本的核心部分与增补部分这一活动的细致分析,使得德里达对文本的核心与增补部分之间反转的动态过程持有类似看法。由于这些活动是重要或相关的增补活动,增补就**变更**或**重新组织**了文本的核心内容。如果它们没有完成这一工作,它们就没有实现真正的目的,就可以从文本中忽略掉。这同样导向下述重要的洞见,即文本含义是增补的产物与结果。它并非先于增补存在。增补成为本原,相应地,它有其他本原。(德里达对这些主题的详细阐发,请特别参见 Derrida 1982, 1973, 1978)

意义因此不会在任何当下的实在中拥有任何坚固的基础。它是差异、延迟、踪迹以及增补的幽灵事件的产物。关心幽灵、幻影(ghosts)和徘徊(haunting),标志着德里达思想的后一个阶段,它最明显地体现在和马克思的对话中(Derrida 1994)。就此而言,他指出哲学应当用**幽灵学**(*hauntology*)也即有关幻影幽灵的研究来取代**存在论**。但他对于"当下"实在(它源自背离了在场与缺席这两个范畴的诸种幻影性实在的幽灵般的作用)得到完全充实的方式的深深关切,在他早年讨论结构语言学以及延异、踪迹和增补这些他在早期著作提出的概念时就已经非常明显了。不过对于德里达早期著作中这些核心概念的简短讨论,应该明确的一点是,人们认为解构所关切的徘徊的"实在",并不包含超越语言的某种事物或**某个事物**(some thing)。它只关心维持语言的幽灵性事件或多个事件,以及原始的或早期的结构。有关这一原始结构化的解构性分析——德里达将之称为**原始书写**(arche-writing)——是语言所能接近其不可言说的外部的最近的距离,是它能够开始谈论自身外部界限而未沦为完全不可理解状态的最近的(closest)距离。

维特根斯坦著名地指出,凡不可说清楚的则保持沉默(Wittgenstein 1922, p. 7)。从这一维特根斯坦式立场出发,语言的外在边界或外部属于不可说的范畴,因为语言不得不超出自身来阐明其外部边界覆盖的膜或薄膜。当它这么做时,它就无法再阐明任何事物。与维特根斯坦观点不同,或只是表述的方式不同,德里达却一直坚持不懈地努力阐明语言的界限,去说出不可说的事物。下一段中会更为明显的是,语言学介入不可说的事物,并不是德里达的创举。它一直是和语言本身一样古老的神秘沉思与诗歌的特征,并且对此无法阐明的起源的神秘关切,维特根斯坦也不是无动于衷(Wittgenstein 1922, 6: 22:"确实有事物无法用言语表达。它们使得自己得以呈现。它们就是神秘的事物")。如我们将在下一段所见,对于不可言说的起源的神秘关切,可以说并非某些个体独有的倾向。我们可以认为,与清晰性和清晰沟通一道提出的,是语言本身设定的对于模糊暧昧之处和神秘之物的不可压抑的好奇,正是从这些模糊和神秘之物中产生了清晰性。

305

这些针对语言的反思以及有关语言边界的解构性思考,为德里达可能想要在题为《法律的强制:“权威的神秘基础”》一文中表达的观点提供了令人信服的线索。我们现在可以转向这篇文章,但在此之前,额外的一点评论很关键。对于上述内容非常细心的读者可能仍然想要反驳说,**某人**正在这里做实验;**某人**正在找寻文本的缝隙;**某人**正在施加干预以引出文本事件;**某人**正在完成解构活动,且方式是使用语言或通过语言来展开实验。在这些表述中,在场的形而上学中的传统的主客体拼凑(根据这种观点,语言不过是先在主体的工具),显然依旧无处不在。德里达对这一反驳的回应很模糊。他会承认确实在场的形而上学的语言俘获着我们,束缚着我们去重复它核心的语言图式。解构哲学要想实现自己的目标,也需要诉诸在很大程度上具有约定性和共同性的语言。我们提到过这一点。确实不存在跨界的可能,甚至对于解构和解构主义者也一样。但如此俘获我们的语言,同样引人注目地允许、确保、甚至激发了抵制这种俘获的实验与探索。解构不是某种外在于文本的哲学家头脑中的产物。它不只是我们时代的一位富有原创性的思想家从他无疑高度具有生产性和创造性的思维中取出的一个聪明的观点或想法。德里达明白,解构是在他之前存在许久的一种或多种语言的产物。他的所有著作都在努力地追寻和找寻在他之前的其他思想家已经遵循的指引。他明白自己的创造性是**受到**文本**激发**的创造性,是一种**受到**他的前辈们(特别是如前所述,海德格尔、胡塞尔、德·索绪尔、弗洛伊德、尼采、马克思和列维纳斯)的语言所提供的创造性可能**激发**的创造性。解构是一种语言事件,在该事件中,语言像各个时代中那样,使得它对自身约束的不可能的抵抗成为可能。语言对自身的抵抗就如语言本身一样古老,这一事实已经得到神秘诗歌、哲学、神学这些试图直接或至少更直接来体验存在而推翻或跨越语言的古代事例的证实。当具有重要意义的诗歌为了说出迄今尚未得到表述的内容而对抗约定的语言用法时,这一点从来都很明显。海德格尔在巴门尼德诗化的探讨中,找到这种对于语言的神秘对抗的一个令人信服的实例——巴门尼德想要探讨这样一种思想,即它与存在足够接近,以至于**不再拥有边界**,并且能够为**思维与存在为一**这一断言确证**思维**和**存在**统一(Heidegger 1982)。他也发现在许多诗人的著作中这种对抗是显而易见的,特别是在诗人弗里德里希·荷尔德林(Friedrich Hölderlin)这里(Heidegger 1971)。德里达尤其在中世纪神秘主义神学家/诗人安格鲁斯·石勒修(Angelus Silesius)(Derrida

1995)和保罗·策兰(Paul Celan)的著作中发现并探究了这种对抗(Derrida 1986b)。

语言神秘与诗化地对抗自身,确实一直都是语言的一个常见特征,但这个常见特征极大地激发了哲学、神学和诗歌。语言对自身的神秘与诗化的对抗,也会在法律理论和有关法律的思考中显而易见或与之相关吗?这便是德里达的文章《法律的强制:"权威的神秘基础"》为当下法律理论关心的议题做出的补充。这篇文章在当下法学理论学界得到了的热切回应和广泛赞誉表明,它是一个富有价值的法律理论与法理学议题。不过事情果真如此吗?还是说当代法律实务者与法律理论家受到某种完全陌生于法律的事物的蛊惑具有相当程度的偶然性,且该事物本应依旧陌生于法律呢?难道有人不会说法律理论的关切受到法律的清晰语言的限定吗?难道法律理论不应当因此将自己的关切限制在展开清晰的沟通,限制在得到非常明确界定的这种沟通的子范畴(它服从于更高位阶的、从法律和法治理念的要求中提取的语言清晰性)中吗?20世纪有关法律的社会和政治起源的法律理论反思(法律现实主义、法律的社会学理论、批判法学运动等),难道不是已经由于探索得超出法理学合适范围太远而贪多嚼不烂了吗?难道不是已经超出法律义务的明确初级规则(它由得到明确界定的法律的承认、适用以及变迁这些次级规则背书)太多了吗(哈特)?引入政治学与社会学这些不纯粹的要素难道不会严重污染我们对于纯粹法的追求吗?对于纯粹法的明晰性、对于高阶规范明确赋予效力且最终由明确界定的基础规范(它将法律同其他一切法外不纯粹的内容隔离开)赋予效力的法律规范的明晰性而言,难道引入的祸水还不够多吗(凯尔森)?如果这将法理学的范围限定得太过狭窄,难道我们不应让法律问题取决于将某些根本性道德考量令人尊敬且相对明晰地整合入法律与法律理论吗(德沃金)?

这些问题所体现的得到清晰界定的法理学或法律理论领域,在遭遇解构与法律理论的相关性这类问题时,注定会溃不成军,因为解构并不只是关切法律的政治、社会学与道德起源。就好像这些起源还不足以让人忧虑一样,解构关心这些起源的起源;社会、政治与道德的起源;社会、政治与道德语言的起源。此外,它关心无法在任何地方得到确定,只能一再被其他起源性时刻取代、悬置、延迟或增补的有关起源的起源;关心等同于仅仅是消失在语言差异迷雾之中的踪迹的起源。这里没有给任何承认规则留下机会。没有任何基础规范或道德原则能够希望终止语言原始事件的深渊般的混乱。

如果不是阿甘本的挑战,我们可能无须对此问题详加说明到这一程度。这篇将解构嵌入 20 世纪法律理论关切的文章的标题——《法律的强制:“权威的神秘基础”》,正好提出了有关解构的神秘好奇。德里达足够坦率和体贴地直接表述了这篇文章的关切。任何认为法律权威的基础始自并终于承认规则、基础规范、根本道德原则或有关社会正当性考量等要素的人,本可以扭头就走。但《法律的强制:“权威的神秘基础”》这篇文章却在法律理论中享有盛名且依旧如此。为什么会这样?

307

这篇文章首先是与瓦尔特·本雅明(Walter Benjamin, 1978)的文章《暴力的批判》的对话。我们这里无法全面讨论本雅明或德里达彼此对话的丰富性。突显德里达文章的一些主题足矣。第一个主题关于本雅明通过权威和暴力(本雅明使用的德语词 *Gewalt* 不仅指称权威,也指称暴力)——**创立法律的权威**和**维护法律的权威**——这两种形态的重复轮回来分析法律。这种分析本身就已让德里达感到有趣,因为它呈现出法律分裂的起源。它体现出这一事实,即建立法律所需的权威或暴力(比如,在人民革命时期)永远不会足够。法律带来的秩序或法治,并不会终结法律的权威主义或暴力起源,以至于最终或随后确立了可被称为非暴力和非权威主义的统治或非暴力的权威。在保存法律的暴力形态中,法治不间断地重复着其起源所具有的权威主义暴力(Derrida 1990, 特别是 pp. 958ff.)。德里达也在美国宪法的最初起草和批准之间的关系中,发现并强调了法律的分裂和重复的起源。美国宪法最初的草案是不合法的,因为它还没有得到法律的授权,只有当它得到批准后才成为法律。但由于缺乏法律,这种批准活动必然处于重复出现的状态,因为如果不用不合法的事物来浸染合法的事物,不合法的事物就无法得到批准(Derrida 1986a)。那么究竟是什么批准或正当化了批准行为呢?法律与法律权威的最终基础显然无法精确定位到单个且可明确界定的本身就具备充足权威的起源。权威的基础之所以神秘,是因为它永远不会完全在场。就如我们在上文中根据德里达早期作品所描述的语言学意义实质化一样,权威总是兴起于分裂的起源、重复、踪迹与增补。它源自多个立法时刻的迷雾与神秘之中,这些立法时刻本身没有一个具有权威性。因此,权威也总是在相当程度上外在于法律或是非法律的。因此,通常的法律权威总是在重要方面涉及一种例外状态。

本雅明文章中第二个让德里达感到有意思的主题,是本雅明提出一种完全打破创立法律和维护法律的暴力的第三类暴力。本雅明将这第三种暴力称为**神圣暴力**,以与创立法律和维护法律的暴力相对照,这两种暴力都被本雅明归入**神秘暴力**的范畴中。**神圣暴力**不同于**神秘暴力**,因为它与法律没有关系。它既不创立法律,也不维护法律。本雅明在**大罢工**这类革命活动中看到了这种神圣暴力的可能性。如果我们记着前文提到的解构关切语言的外部界限或**文本的外部**,德里达对本雅明分析感兴趣应该是显而易见的。本雅明的**神圣暴力**概念显然试图阐明一种超越法律和法律语言的权威或暴力的渊源。本雅明关心**神圣暴力**,就是关心绝对的跨界以及法律绝对的外部;这是某种我们可以称为**神圣正义**的事物。德里达认为完全跨界是不可能的,超越语言(无论这种语言是法律、政治、道德、革命、神学还是诗歌的)界限是不可能的,这使他对本雅明的**神圣暴力**概念大加挞伐。实际上,这篇文章的最后一部分变为对本雅明的尖锐批判。就此而言,我们可以评论说德里达对事物缘起的不可说的基础有着神秘的好奇,但他却丝毫不容忍使得这些基础可为人知的神秘主义。

308

这就将我们带到了这篇文章的第三个主题:**法律不是正义,正义是不可能的**。法律权威在创制法律和维护法律的权威/暴力的循环中被永不停歇地诉诸,这一洞见表明法律无法提出任何有关正义的主张。法律无法是公正的。不仅法律不是公正的,正义也是不可能的。这意味着语言和法律语言阻碍了对于神圣权威的直接诉诸,并且神圣正义要求承认人与人之间的正义是不可能的。任何法律规则及其适用都无法是公正的,因为一切法律总是在某种形态的权威主义暴力或暴力性权威中被诉诸,并且任何法律的革命性解构都无法让我们从法律及其所包含的暴力型权威中解脱或解放出来。德里达说,我们最多**隐晦地**或**间接地**体验到正义(Derrida 1990, p. 935)。我们如何能对正义有这种间接体验呢?我们可以通过对于一方面是有关法律和法律规则不可避免的需求,另一方面是正义的不可能性之间的差异性关系与紧张的解构来体验正义。德里达在这篇文章中详细阐述的争议的第二个难题中,进一步讨论了这种差异性紧张——这个难题就是:**正义会要求一个人同时遵循且不遵循一条规则**(比较 Derrida 1990, p. 961)。这里关键的是,正义的两个彼此矛盾的要求使得正义现在的实质化或具身化变得不再可能。完全不考虑规则是不公正的。公正的判决必须遵循可适用的规则。但仅仅适用规则,无论该适用多么具有衡平性,也无法实现正义。现在会变得明确的是,正义这两种无法调和的要求,直接与西方或欧洲法律思想史中两种不可调和的正义观相关。

上述有关正义和法律关系的解构主义阐述,如何置于有关法律和正义关系的法律理论观念史的语境中呢?要回答这一问题,我们必须考察更为广泛的语境,即《法律的强制:"权威的神秘基础"》这篇文章所属的德里达著作的后期。这里的关键点是,在德里达思想的这一阶段,列维纳斯有关**好客**的研究发挥着重要作用。根据列维纳斯和德里达(现在不考虑两者的差异),**好客**涉及无私地服从别人向我们提出的要求。此外,它涉及不期待或要求任何回报的绝对赠予。它是无私地给予人们无须给予的事物。它是一种完全非对称性的关系,在该关系中,自我将其本身献给他人的要求(Derrida 2000)。这种给予和好客,就如正义一样,是不可能的。不存在纯粹的给予和纯粹的好客。此世中的关系,无论它们在何种程度上主张或希望自己慷慨或大方,总是伴随着对回报与对称性的期待而发生。《法律的强制:"权威的神秘基础"》中的核心段落明确表明,在文章中占据重要地位的正义的不可能性,与德里达在此思想阶段与列维纳斯的对话中处于重要地位的好客与给予的不可能性之间,具有直接的关联或联系(Derrida 1990, pp. 959, 965)。公正待人所要求的,与绝对无私地好客与给予别无二致。如前所述,德里达诉诸"文本之外无物"来隐晦地指称一切语言的局限性。这一早年对于语言局限性的关切,在他与列维纳斯对话相关的作品中发生了伦理学转向。在与自身局限性的诗化或神秘照面后依旧是语言的语言,也即在此照面后没有沦为不可理解的精神错乱(德里达常说,解构是一种对于疯狂的探索)的语言,是他在后期作品中阐述的有关给予的疯狂伦理学的前身。在他著作中阐发的有关给予的伦理学,体现出一种对于不顾世俗经济生存考虑的非理智的可能性的深深迷恋(Derrida 1990, p. 965)。

309

在这种伦理学以及德里达在"法律的强制"中阐发的有关正义的解构主义理解中,显然与亚里士多德认为正义是给予每个人应得的公平份额这一理解迥然不同(Aristotle 1981)。亚里士多德的对于正义的理解可以在罗马法中乌尔比安有关争议的界定中找到:*jus suum cuique tribuere*——"正义就是给予每个人属于他的事物"(《查士丁尼法律汇编》, *The Digest of Justinian* 1. 1. 10)——并且可以说自此以后成为西方法律思想的支柱之一。我们应当明白“法律的强制”所阐述的非对称正义这个概念挑战的法律传统所具有的举足轻重的意义。不过“法律的强制”并非第一个对此提出挑战的。亚里士多德的基于公正互惠的正义概念,在许多个世纪中让位于基督教非对称给予和宽恕的伦理学,让位给宽恕七十个七次并将另一侧脸颊转过来的伦理学。它是由圣奥古斯丁(St Augustine)在公元4世纪到5世纪引入西方道德思想的,并且在直到公元11世纪之前都取代了亚里士多德的正义传统。在公元12世纪,亚里士多德主义经历了一次复兴。从12世纪到14世纪,西方法律思想的两根支柱,即希腊/罗马与基督教,为了争夺西方或欧洲道德与法律的唯一精神而展开激烈竞争。从13世纪到14世纪,阿西西的圣方济各(St Francis of Assisi)和他的信徒针对无私给予的道德神秘主义,阐发了一个值得关注的例子,《法律的强制:“权威的神秘基础”》中德里达有关正义的分析不时与之相关。这个例子导致天主教教会中多明我会和方济各会之间展开了有关贫困的著名论辩。他们激烈论战的问题是,耶稣和他的信徒是否拥有财产,他们是否拥有他们所穿的衣服、所吃的食物,还是说只是使用和消耗这些必需品而没有任何对于财产的主张。类似于本雅明,方济各会渴求一种超越财产、超越法律的生活(Villey 2003, pp. 212-268)。

德里达有关无私给予的伦理学和正义的思考并不源自这一基督教背景。他是借用自列维纳斯,后者反而是参照犹太人的伦理学和正义观念阐明这些问题的。我们这里无法讨论犹太传统和基督教传统之间的差异。只需说明的是,这两个传统,以及它们能够在马克思主义传统中找到的世俗化的阐述,都包含着一种对立于亚里士多德式(与康德式)正义观的立场。但亚里士多德式(和康德式)正义观或许以一种在根本上就受到扭曲的方式(我们现在基本上可以忘掉无私给予的伦理学,因为现代法律体系几乎无法善意地主张能够为每个人提供他所应得的事物),依旧是法律思想中主导学说的内容。我们可以说,西方法律思想中这些充满对立的紧张,表明了法律语言如同所有语言一样,持久不息地对抗自身并探索自身边界的方法。法律的基础性观念源自上述以及其他许多紧张。只有不顺应时代(anachronistic)且顽强反抗的法律形而上学才能使得这些法律观念具有稳定且无限的在场。

对于正义的渴求和主张,总是源自探索和对抗自身边界的无休止的法律语言所包含的紧张。对于正义的关切和体验,总是**来自**这些紧张、探索与对抗得到更新的实例。从这个背景思考,正义永远无法作为一种积极的在场而存在。**它是一种到来,且总是将要到来**(Derrida 1990, p. 969)。

解构对于法律理论的贡献依旧充满争议。但至少可以公平地认为,德里达在近来的哲学与法律理论领域中,展开了一些有关法律和法律语言的充满不确定的幽灵般的动态过程与非在场的最具探究精神(probing)的分析。像解构——它是某种如此远离承认规则、基础规范、基本道德原则、社会与政治正当性等议题的事物——这样在相当程度上不属于法理学的理论方案,开始对法律理论家产生如此有力的影响这一事实,本身也能够通过德里达的学说加以解释。法理学本身也是一个不稳定且非静止的学科,它持续不断地对抗并探索自身的外部界限及其基础性文本之外的领域。就此而言,重要的是再次强调对于下述事实的解构主义关切,即解构不是某些个人或某些法律理论家对法律与法律理论已经做或正在做的某种事情。解构是所发生的事情。它出现在法律和法律理论中,是因为法律无法避免地易受解构的影响。就"法理学的合适领域"来说,认为这些有关法理学边界的无休止的探索不相关或不合适因而对之不予理睬的观点,没有什么道理,因为对于现在所发生的事情、已经发生的事情以及有可能再次发生的事情不予理睬或充满偏见,是没道理的。努力理解法律和法律理论中真实发生的事情,才是更为明智的(prudent),也因此更具**法律智慧/法理学意味**(*jurisprudent*)。正是出于这个理由,可以认为德里达对**法理学**做出了巨大贡献,尽管他的哲学关切与法律理论更为常规的关切之间具有显而易见的距离,但也或许是由于这种距离,他的贡献才得以可能。如果法理学或法律理论的一个抱负,是更全面地理解自身的关切(更不用说对之有彻底理解了),它就无法避免也要探究自身基础性文本的组织与建构的外部界限。这很可能要求它去跨越德里达的哲学关切与常规的法理学关切之间遥远的距离。

310

阅读文献:

想要阅读更多有关解构内容的学生,可以考虑下述作品:

Drucilla Cornell et al (eds), *Deconstruction and the Possibility of Justice* (1992) (前文讨论的德里达《法律的强制:"权威的神秘基础"》这篇文章也重印于该文集,且有许多其他同德里达对话的法律理论家撰写的文章)。

Jonathan Culler, *On Deconstruction* (1985).

Christopher Norris, *The Deconstructive Turn* (2010).

Christopher Norris, *Deconstruction, Theory and Practice* (1982).

Christopher Norris, 'Law, Deconstruction and the Resistance to Theory', 1988 *Journal of Law and Society* 166-187.

Neil MacCormick, 'Reconstruction after Deconstruction. A Reply to CLS', 1990 (10) *Oxford Journal of Legal Studies* 539-558(这是对批判法学运动更广泛的回应,而非专门对德里达式解构的回应)。

311 **参考文献:**

Agamben, G, 2005, *State of Exception*, Chicago and London: University of Chicago Press.

Aristotle, 1981, *Nicomachean Ethics*, Harmondsworth: Penguin Books.

Ben- Dor, O, 2007, *Thinking About Law- In Silence With Heidegger*, Oxford and Portland: Hart Publishing.

Benjamin, W, 1978, 'Critique of Violence', in W Benjamin, *Reflections*, ed. P Demetz, New York: Schocken Books.

Cornell, D et al (eds), 1992, *Deconstruction and the Possibility of Justice*, New York: Routledge.

Culler, J, 1985, *On Deconstruction*, New York: Cornell University Press.

Derrida, J, 1973, *Speech and Phenomena*, Evanston: Northwestern University Press.

Derrida, J, 1978, *Writing and Difference*, Chicago: University of Chicago Press.

Derrida, J, 1982, *Margins of Philosophy*, Chicago: University of Chicago Press.

Derrida, J, 1986a, 'Declarations of Independence', *New Political Science* 7-15.

Derrida, J, 1986b, *Schibboleth*, Paris: Galilée.

Derrida, J, 1990, 'Force of Law: The "Mystical Foundation of Authority"', 11 *Cardozo Law Review* 919-1726.

Derrida, J, 1994, *Specters of Marx*, New York and London: Routledge.

Derrida, J, 1995, *On the Name*, Stanford: Stanford University Press.

Derrida, J, 2000, *Of Hospitality*, Stanford: Stanford University Press.

Heidegger, M, 1971, *Erläuterungen zu Hölderlins Dichtung*, Frankfurt am

313

我们可以设想司法化具有水平和垂直两个维度。在水平维度上,我们能够观察到在现代社会法律越来越将它的规制范围延伸到越来越广泛的社会活动领域中——这个特征符合韦伯有关现代法律工具化的观察。比如,它扩展到先前被认为属于私人的领域并超越了法律的合理范围,诸如家庭和家族关系等;它扩展到我们曾经认为属于纯粹自然界的领域,比如环境、生命的诞生与死亡(如一位英格兰上诉法院法官所说,“决定有关生与死的争议,当然且在相当程度上是要由法庭来做出判断了”)[*Re A* (2000)];它也日益延伸到政治领域,虽然这种扩展并不完整也不均一。这使得公法学者马丁·洛克林评论说,我们这个“权利时代”中最重要的特征之一,就是“法律的政治化”与“政治的法律化”携手并肩(2000, ch 13)。在每个领域中,法律规范都作为组织社会关系事实与规范内容的手段而获得重要性,这些内容先前都是法律没有充分规制甚至未加规制的。近年来立法内容的广泛增加(比如,在次国家、国家以及超国家领域),以及越来越多人对于我们正日益走向诉讼型社会的感知,都是这一趋势的症候。

与此相关,垂直维度不仅涉及法律规范通过立法或司法活动加强了对既有或新增的领域加以规制的方式,还包括它以日渐细化的规范性标准来完成这一工作。这意味着法律标准不再是具有合理宽泛幅度的一般性原则,而是可以看到这样一种趋势,即这些标准在受到法律规制的事实情境的具体化中变得更加详细。同样,这可以在法律实践的许多领域中观察到,诸如行政法、公司法以及刑法等:比如,在过去15年间,英国见证了超过3000种新的刑事犯罪的创设——这些犯罪倾向于越来越准确地细化操作性事实,而非回应全部犯罪行为新形态这个整体。

二、哈贝马斯论司法化

在这一现象的主要分析者之一于尔根·哈贝马斯(Jürgen Habermas)看来:

> 司法化非常宽泛地指的是这样一种倾向,即现代社会中可被遵循的正式(抑或实证的、成文的)法律的增加。我们这里可以区分法律的扩张,也即对于新的、之前处于非正式规制之下的社会事务的法律规制,以

及法律密度的日益增长，即对于具有法律相关性的事实的一般性表述，特定化地分解为更为具体的表述。

(1987, p. 357)

哈贝马斯指出，司法化的过程可以大体上被理解为现代国家和经济发展成为服从自身独特合理性的独特实体或系统的一系列过程中的一部分。尽管政治和经济领域日益听命于再生产权力与金钱系统的工具性命令，但社会的其余领域——他用生活世界(lifeworld)这个词来指代它——根据一种非工具性的、沟通理性运作。因而，司法化就是这样一种过程，在其中系统和生活世界，以及它们之间的关系受到法律的组织和规制。这一过程推动了资本主义经济的增长，但同时非常关键的是，确立和保障了政治与社会自由，因为国家通过承认政治权利与自由来正当化自己的行动。

314

他界定了司法化的四个不同时期或阶段。司法化开始于17世纪时资产阶级国家和资本主义市场经济的出现。此时法律主要规制个人商品或财产所有者与“作为法律权威唯一来源的垄断强制力的主权国家权力”的授权之间的关系(1987, p. 358)。这意味着法律秩序在形式上通过合同法和物权法，既确保私人个体在市场中拥有和转让商品的能力，也在不会与国家安全发生冲突的范围内保障个人的政治自由与安全。这里的关键点是公共领域(国家)和不予规制的市民社会或私人领域之间的区分。接下来的时期亲历了市民社会的范围相对于国家的扩张，因为生活世界向国家要求更多的政治自由，但其代价则是日益增加的对社会关系的法律规制(司法化)。

因此，第二和第三个时期就是宪法国家和民主制宪法国家的发展。在这两个阶段，“自然法中发展而来的、在法律概念中已经萌生的自由理念，具有了宪法的力量”(1987, pp. 360-361)。一般来说，国家权力首先得到宪法化，赋予了公民对抗国家的权利(比如，未经法律正当程序不受逮捕或惩罚)，接着得到民主化，因为公民获得了政治参与的权利(比如，随着选举权的扩展、政治集会和成立党派的自由的扩展)。政治权力因此变得服从于法律，并且随着正当化过程的司法化，它的正当性就扎根在民主过程之中。

这前三个阶段体现了韦伯有关法律现代性成就的论述，但也如韦伯所言，我们在第四个时期看到出现了更为复杂和含混的景象。此时哈贝马斯指出，尽管福利国家依旧通过“基于阶级结构的社会权力关系的法律形态中的制度化”(1987, p. 361)来继续前几个时期中保障自由的司法化路线,但实际上它却是以限制自由的方式展开的。当资本主义经济在合同法和物权法的背书下,允许无限制地追逐自利并容许由此导致的不平等和社会剥夺,福利国家试图规制经济并在社会领域(或生活世界)出手干预,以减轻资本主义体系最为恶劣的影响。经济关系司法化的经典事例,就是改善工作条件的措施、联合的权利以及集体谈判等——所有这一切都是为了保护或增进劳动自由。其他的社会福利措施可以被表述为“生活风险的司法化”,它包括国家有关津贴和养老金、社会健康保险、公共教育等内容的规定——这些措施旨在保障个体对抗经济风险,并提升机会平等。虽然这些措施旨在保障自由,但哈贝马斯则指出,生活世界中的科层制干预也会通过创设新形态的依赖而限制自由。之所以会如此,是因为科层制必然会以下述方式出手干预,即要求个人服从整体法律状况,作为报答,会给他们一些金钱补偿,这是必然的。这就将个人从他们的生身处境中抽离出来,遮蔽了会导致特定问题出现的更为一般的社会情况,并破坏了既有的社会支持或沟通网络。司法干预要求重构——或“殖民”——这些有权获得社会保障的人们的生活世界。正如他在一般意义上指出: 315

> 这一波司法化的消极后果并没有体现为副作用;它们恰恰源自司法化自身的形态。现在正是保障自由的手段威胁着受益者的自由。
>
> (1987, p. 362)

因此,他以提出这类司法化的困境结构总结道:

> 尽管福利国家的保障意图服务于社会整合,可是当这些保障通过法律化的社会干预,与协调行动且可转移给诸如权力与金钱这类媒介的共识机制分道扬镳的时候,它却推动了生活关系的解体。
>
> (1987, p. 364)

三、司法化和“规制的三难困境”

当哈贝马斯看到司法化处于规制不足和规制过度的两难困境这一问题时,贡塔·托伊布纳有关司法化的分析指出,更准确地说它应当被理解为处于“三难困境”之中。

托伊布纳以探究许多规制性动议,譬如限制污染排放,为何会失败为起点。他指出,在这种措施为何会失败的诸多原因中——它们包括监测细微违反行为的手段的昂贵和不准确、腐败、由于强制减速生产对产业带来的过高的预算成本等——有一种我们可能甚至都预料到的回应。产业的典型回应就是将违法处罚视为附加的成本。此外,这些成本会被算入资产负债表,并通过更高的产品价格(这些产品对环境破坏没有任何影响)转嫁到消费者身上。或者我们以另一个可能更为复杂的问题为例,一个实施公平住房政策的政府可能引入阻止房东涨租金的措施。这一政策的直接经济后果,就是资本被从房地产行业引导向了更有利可图的行当。结果就是租户发现自己处于支付得起租金的房地产市场中,但可租用的住房却非常少。

注意,我们在上述场景中已经横跨了政治、法律与经济系统的边界。一种政治需求(更清洁的环境、更廉价的住房)被转换为一种法律措施,施加了一种合法与不合法(惩罚、合理租金)的区分,进而被经济转换为一种价格与成本话语。托伊布纳认为规制失败的问题,就是每个系统中发生的错误转换问题,它们以不同形式(register)来转换所受到的“刺激”:在产生需求的政治系统中,它的形式是权力的使用;法律系统“接住”这个需要用行为合法或不合法加以处理的需求;经济系统从什么具有良好经济效益的角度接住这个需求。在这一过程中,(政治、法律、经济)系统之间并没有在因果关系的意义上作用于彼此,而是通过托伊布纳依据尼克拉斯·卢曼(Niklas Luhmann)的观点称为“结构性耦合”(structural coupling)的活动彼此关联。这种活动是一种相互指涉,按照系统自身有限的可能回应所预定的方向,向“互动着的”系统中的每一个发出指涉。规制失败就是这种不可避免的管理失当的一个直接后果,之所以说它不可避免,是因为系统间任何“结构性耦合”都涉及形式的转变。

316

因此,托伊布纳邀请我们在规制型国家里法律工具化日益增强的语境中思考“司法化”。他指出,法律的这种运用遇到了一种“规制的三难困境”,该困境向法律提出了三种可能性——这三种都是有害的:“要么是不相关,要么对于生活的社会领域有解体作用,要么对规制型法律本身有解体作用。”(1987, p. 21)这三个选项都是什么意思?第一个选项——无关——指的是没有影响力:法律无法让所有人都感受到它的要求,没有任何规制效果。在第二个选项中，规制对于它想要规制的领域有解体作用：在规制的狂轰滥炸下该领域丧失了独特特征，在某种意义上受到法律媒介的“殖民”。这类失败的例子不胜枚举：想想家庭以及在家庭中的相互关系在权利和义务意义上得到法律化的方式，该方式侵蚀了家庭中我们最珍视的东西；或者想想儿童抚育体系，在这个体系中科层化—法律化的标准开始殖民并取代任何具体情形中有关什么是儿童最佳利益的极为细微和困难的判断。这种三难困境中的最后一端就是法律本身，也即规制机制，它在某种意义上被其规制对象“殖民”了，为了更敏锐地回应规制对象，它引入了过多的复杂性，有导致自己作为一个系统无以为继的风险。这是因为法律通过引入一般性标准并将个别案件涵摄入这些标准中而获得其身份。如果它的回应是基于临时的、个案式的基础，在规制过程中重新调适自己，那么它就无法提供自己必须产生和保障的期待的确定性与稳定性，导致法律独有的特征解体。

通过将这个问题置于具体的规制性法律的语境，托伊布纳（与哈贝马斯不同）邀请我们把司法化理解为与这种法律类型紧密相关的病理学（pathology）。司法化成为一个涵盖性术语，囊括有关这类“管理性”法律的功能、正当性、结构与成就的所有问题。托伊布纳将有关司法化的解释视为设计规制策略的政治系统、执行前者政策手段的法律系统以及受到规制的社会领域之间的“结构性耦合”，它们各自都有反抗直接操控的自主性逻辑。因而司法化问题就显现为未能尊重相关系统的边界与逻辑。在这一精致的运作中，实在太容易在各个方面逾越系统的边界了；这种逾越的结果就感受为司法化。

就我们通过法律改变自己未来的能力来说，这一理论框架中只留给我们两个选择。第一个是保守的、自由放任的选项，它得到哈耶克的支持以及卢曼的复兴，它呼吁我们尊重不同系统的分化、自主以及整合。一个在功能上彼此分化的社会，就是一个社会需求无法以此得到阐明并指向其他系统的没有任何“中心”的社会。不过，如果我们不想放弃干预的可能，托伊布纳的社会民主替代性方案就将这种可能建立在“反思性”法律的基础之上——这是一种替代实质干预的程序干预。它通过避免直接干预、通过在规制体系中试图保障自主性与自我再生产的条件而避开了三难困境。

317

四、司法化是一种去政治化

上述两种方法将司法化视为法律体系的一种危机，一种伴随着福利国家规制性法律增长而出现的问题。法律的工具化破坏了社会关系（哈贝马斯）或损害了法律体系的功能（托伊布纳）；对于这一现象的回应必须是通过尊重法律系统的自主性来约束法律的功能。不过，另一种方法认为司法化是一个政治问题——也即司法化问题是源自如下过程的结果：它是法律系统侵占抑或司法化了应当由政治手段处理更合适的冲突而导致的问题。基于这种看法，政治争端或问题由于要适应法律范畴而受到扭曲；法律推理（它面向的是将特定案件纳入既有的一般性规则）排除了以共识或未来取向的方法解决纠纷的可能性。这种观点并不是始于法律系统具有自主性这一假定，而是将法律视为一种国家可以用来管控或管理社会关系的手段（或策略）。因此，危机并不是法律本身的危机，而是法律规制给它要规制的社会领域带来的危机（Santos 2002, pp. 55-61）。

或许对这类侵占最富启发意味的历史事例就在劳动法与劳资关系领域。实际上正是在此语境中，司法化这个词才出现在德国早期工人律师极富争议的作品中，对他们而言，“司法化”显然是对只适于从政治与阶级冲突角度理解和解决的劳资纠纷的去政治化的时刻。在工作场所中使用法律范畴而非政治范畴，不仅使得工人异化于对其感知自身身份和悲惨处境极为重要的纠纷，还将这些纠纷交给了法律专家进一步剥夺了他们的权力。

司法化与“去政治化”相关这一观点，当然并不局限于劳资关系和劳动法领域。实际上可以说，在国家或超国家政府普遍运用的规制模式中，都可以看到法律密度日益增长。这些模式自身可能或多或少都具有公共性，可能自身就处于规制性竞争之中，并且相较于传统的法律原则，它们整体上的趋势是知识与规范的专业化与日俱增。这里最重要的就是如下观察：尽管有许多法律机制都被用来规制行动者和实践，但无论在现实还是理想中，它们都与增进政治自由这一目标不存在必然一致性，这尤其是因为在追求社会或公共福祉时，增进自由的措施不再具有至高无上的地位。相反，规制的密度，以及在此司法矩阵中私法机制的重要性，大体上抑或几乎排他性地适合于经济或效率的目标。

从这里我们可以得出什么结论？一种回应是将这些发展视为政治领域出现普遍衰落的表征，以赛亚·柏林（Isaiah Berlin，1969）将之视为驱散了真正的政治分歧而仅仅代之以有关手段的争论。这一论断的证据通常就是关注选民冷漠的态度、政党间差异的消退，以及真正富有影响力的公共政治慎思几乎完全芳踪无觅。不过，重要的是依据特定规制制度或框架来"去政治化"某些议题的方法。因此，比如在公共生活和经济生活中，得到强化和特权地位的作为制度化机制的私法，以惠及公司影响力与需求的方式运作，标志着政治参与的衰落。 318

这些改变不仅出现在国家层面，也在跨国和全球层面一再浮现。如史蒂芬·吉尔（Stephen Gill）所说，"全球资本宪法"由规制市场与国家的制度性机制构成，迫使国家比如从内部重组市场和规制制度以获得贷款或投资的回报。吉尔指出，这一过程符合"三个 C"：投资者的信心（confidence）、政策的一致性（consistency）以及政府的可信度（credibility）（2000）。在这个意义上，不仅国家还有像欧盟这样组织的制度与政策，不得不使自己适应跨国网络并解除对市场的规制（比如，在先前受到地方保护的市场中达成的有关服务和知识产权的协议）。在相当程度上，这些力量都通过或多或少具有正式性的法律协议与约定巩固下来，并得到一系列在不同范围层次运作的法律制度的实施——欧盟、世贸组织、国际货币基金组织、中央银行等。基于这些理由，谈论全球资本主义的"宪法"是有道理的。

不过可以讨论的是，这些趋势并非代表着一种去政治化，而是也能够抑或更好地被理解为支持某种政治风格的剧烈的再政治化。这种政治学与资源和机会不平等分配的自然化相一致，与通过规制性机制（包括法律、契约神圣不可侵犯以及私人治理机制）的实施相一致，并且在该政治学中，民主参与如果存在的话，也容易沦为仅仅是形式性的。皮埃尔·布迪厄富有洞见地将这种"新"政治化描述为：

> 一种保守的革命……一种恢复过往却展现自己进步的奇怪革命，它将自己的倒退转变为一种进步。它做得是如此成功以至于反对它的人本身都显得保守倒退。
>
> （Bourdieu and Grass 2002，p. 65）

五、第五个时代?

到目前为止,我们从福利国家中规制性法律的角度分析了司法化,但有人会争辩说近来的发展,比如在最后这一节中提到的内容,要求我们提出一种新理论框架来分析它。换言之,应该提出我们是否已经进入司法化第五个时代这个问题吗?

这个问题的起点源自如下观察:我们在许多西方化的国家中可以看到福利国家正处于衰退状态、遭受压力抑或更主动地遭遇解体。见证它建立与发展的战后理念与制度,以及围绕在其身旁的广泛政治共识,已经衰退到了福利国家的存在都可能饱受质疑的程度。但重要的是,要注意到这些发展并不标志着自由市场对于国家的胜利。更准确地说,国家以表明自己与市场不处于竞争地位的方式重构了自己与资本(特别是公司资本)的关系。因此,我们能够在先前被认为是公共领域的地带看到社会生活日益增长的“市场化”。这体现为多种形态,但最常见的就是公共物品与服务提供的私有化(并且在一些情况下,是公共物品本身的私有化)。特别是英国已经成功地倡导并输出了“私人融资计划”[新工党将之改名为“公私合作”(PPP)]方案。根据该计划,公司通过提供诸如学校和医院这样的公共服务来获得利润,它们的任务既包括投资资本,也有持续的管理和交付。第四时期出现的个人化与货币化过程持续深化,但不再简单地以公共福利权利为伪装,而是成为私人或“公—私”经济关系复杂网络的一部分。

319

在此过程中位居核心地位的,就是私法机制——特别是合同法和物权法——在先前国家所有的公共领域中的复嵌(re-embedding)。这些机制具备能够排除更为传统的公共监督的技术(比如商业秘密条款等)。此外,这些机制本身在依赖超国家层面的法律渊源的竞争法框架内得到建构,并且在学术领域中,这些框架看到与私法在概念层面彼此一致的需求:比如欧洲私法法典的发展、商业与合同法的协调、UNIDROIT(国际私法统一学会)等。这些事物共同标志着与福利国家模式相对的权力的去中心化,同时也标志着权力在超国家层面的重塑。如麦克尼尔(MacNeil)所言:

> 这些“私法”制度(比如公司)是去地方化的,几乎完全是移动的。

许多这类制度大幅削弱了这个世界上“主权”国家的地位。借由它们掌控金钱、信息以及沟通的权力，它们能够且实际上操纵甚至控制了“主权者”中最大的主权者。

(MacNeil 2000, p. 431)

对于这些过程，我们还可以谈更多看法，但总体来说这些过程可能表明一个新的司法化时代正向我们逼近。如果我们把这些改变放到哈贝马斯的定义中，我们会关注如下内容。首先，在特定国家以及更一般意义上的欧盟，无疑会有越来越多的正式法律。这最好被视为一个更长期过程的一部分，它本身并不等同于一个新的时期。不过当我们考虑到体现法律扩张的现象时，我们发现规制活动实际上已经延伸到了新的领域。仅举一个标志性的事例：生物医学的规制以及尤其是与基因——无论是人类的、动物的还是植物的——相关的规制，例示着对基本社会与物质生活再生产手段与模式的再思考。

不过重要的是，在这一领域或其他领域中的规制受到私人企业以及商品化欲望的推动，公共福利关切只是第二位的。正是由于这个理由，我们可以探讨哈贝马斯判定的司法化第四个时代是否正让位给第五个时代。

320

阅读文献：

有关司法化阶段的一般论述以及法律在第四个时代遇到的问题，参见哈贝马斯(Habermas, 1987, pp. 357-373)。托伊布纳(Teubner, 1987)对这种有关司法化问题的解释提出了挑战。科特瑞尔(Cotterrell, 1992, pp. 65-60和ch 7)有一些有用的背景性讨论。洛特路斯勒(Rottleuthner, 1989)和史密斯(1991)的论辩以及在托伊布纳(Teubner, 1992)中的回应为此处这个问题提供了进一步阐述。

将司法化与福利国家发展联系起来的历史性分析，参见卡门卡和德(Kamenka and Tay, 1975)以及昂格尔(Unger, 1976, pp. 58-66, 192-223)，对于整个论辩的重要反驳，参见桑托斯(Santos, 2002, pp. 55-61)。

有关我们是否已经进入司法化第五个时代这个问题的处理，参见维奇(Veitch, 2012)。

参考文献：

Berlin, I, 1969, ‘Political Ideas in the Twentieth Century’, in I Berlin (ed), *Four Essays on Liberty*, Oxford: Oxford University Press.

Bourdieu, P and Grass, G, 2002, 'The "Progressive" Restoration: A Franco-German Dialogue', March/April *New Left Review* 62-77.

Cotterrell, R, 1992, *The Sociology of Law: An Introduction*, 2nd edn, London: Butterworths.

Gill, S, 2000, 'The Constitution of Global Capitalism', www.theglobalsite.ac.uk/press/010gill.pdf.

Habermas, J, 1987, *The Theory of Communicative Action*. Volume 2: Lifeworld and System, Cambridge: Polity.

Kamenka, E and Tay, AE, 1975, 'Beyond Bourgeois Individualism: The Contemporary Crisis in Law and Legal Ideology', in E Kamenka and RS Neale (eds), *Feudalism, Capitalism and Beyond*, London: Edward Arnold, 127-144.

Loughlin, M, 2000, *Sword and Scales*, Oxford: Hart.

MacNeil, I, 2000, 'Contracting Worlds and Essential Contract Theory', *Social & Legal Studies* 431-438.

Rottleuthner, H, 1989, 'The Limits of the Law: The Myth of a Regulatory Crisis', 17 *International Journal of the Sociology of Law* 273-285.

Santos, B de Sousa, 2002, *Toward a New Legal Common Sense*, 2nd edn, London: Butterworths.

Smith, SC, 1991, 'Beyond "Mega-Theory" and "Multiple Sociology": A Reply to Rottleuthner', 19 *International Journal of the Sociology of Law* 321-340.

Teubner, G, 1987, 'Juridification: Concepts, Aspects, Limits, Solutions', in G Teubner (ed), *Juridification of Social Spheres*, Berlin: de Gruyter.

Teubner, G, 1992, 'Regulatory Law: Chronicle of a Death Foretold', 1 *Social & Legal Studies* 451-475.

Unger, RM, 1976, *Law in Modern Society*, New York: The Free Press.

Veitch, S, 2012, 'Juridification, Integration and Depoliticisation', in D Augenstein (ed), *Integration Through Law*, Aldershot: Ashgate.

Re A [2000] 4 All ER 961.

第十章　自创生的法律

一、自创生的概念

321

“自创生”(autopoiesis)是德国社会理论家尼克拉斯·卢曼从生物学借用的术语,引入它是为了帮助我们理解社会(而非生物学)系统。这个由生物学家马图拉纳和瓦雷拉(Maturana and Varela)为了描述有机体生命自我复制过程(从活的细胞中产生活的细胞)而创造的词汇,被卢曼转变为有关社会的研究,且在相当程度上不是一种比喻。卢曼强调社会系统的自创生性就如生命系统一样真实:社会系统也从自身要素中产生出自身要素,差别是这些要素并非细胞而是沟通。

对这样研究社会的方法来说,最根本的是系统与环境(生命系统与社会系统所共同拥有的、构成性要素)的区分。系统在一种环境中识别自身,并使自身与该环境维系着持续的关系。系统组织自身的运作过程并再生产出自身要素(因此自创生就是自我生产),它的环境就是它以此界定自身且在与之持续“耦合”中再生产自身的事物。系统在和环境共存中维系自身这一点,对于理解系统论所提供的最重要的洞见之一,即(向环境)封闭、(向环境)开放以及系统运作中封闭和开放之间关系的观点,至关重要。封闭与开放之间的辩证法,在卢曼区分的不同类型系统中都很关键:生命系统、心理系统以及社会系统。生命系统的自创生与生命的再生产有关,心理系统的自创生与意识的再生产有关,社会系统的自创生与沟通的再生产有关。我们将只讨论后一种情形,并且法律的社会系统首先正是从社会系统中出现的。

人们公认自创生的社会系统理论难懂且充满挑战地抽象;就如卢曼自己

曾说,它要求“高昂的准入成本”,所以我们除了简单地在这里介绍它的一些核心观点外别无奢求。不过这个理论虽然复杂,却激发了人们超乎寻常的兴趣,在欧洲尤为如此,同时也激发了相当多的争议,特别是在英美法律理论之中。本章中我们将尝试讨论是什么使得它对于法学研究如此有用,又是什么使得它充满争议。为了实现这个目的,我们首先开列一份核心概念清单:在运作与观察、沟通与行动、复杂性与偶然性、编码与编程之间重要的分析性区分。接着我们会考察系统论将什么视为法律的功能,之后再更具体地探究用托伊布纳著名的表述来说,“法律是如何思考的”(Teubner 1989)。

322

二、概念清单

1. 运作与观察、沟通与行动

自创生意味着自我再生产,并因此在**运作**(*operation*)层面得到界定:通过运作,系统的要素得以再生产自身。正是因为系统的存在是不同运作之间的关联,卢曼将下述问题视为与社会概念相关的最重要问题:“何种运作产生了社会系统,并且我们必须补充的是,何种运作使得社会系统从其产物中产出了自身,也即实现了自我再生产?”他说道:

> 我的提议是我们将沟通概念作为基础,以此将社会学理论从行动概念转变到系统概念。这使得我们能够将社会系统呈现为一种只由其自身运作构成的在操作上封闭的、由源自沟通的沟通所再生产的系统。
>
> (Luhmann 1992, p. 71)

因此卢曼将沟通(communication)视为再生产社会系统的运作,并将社会这个最广泛的社会系统视为**沟通的总体**。通过把沟通设定为理论要素,卢曼提出了某种要比“关系”这一社会范畴更为准确的范畴,并规避了使用个体、冲突/合作以及最显著的行动这些概念作为社会研究基本单位或范畴时伴随而来的问题。

社会学研究**从行动到沟通的转变**,被卢曼自己视为一种“概念性革命”。在卢曼看来,社会是沟通的总体,而非个人或群体的总体,也非他们之间的关系或他们行动的总体。与哈贝马斯认为沟通是一种行动方式不同,卢曼认为行动是一种沟通方式。他指出,这种翻转给社会学研究带来非常丰富的可能,并避开了行动理论的一些根本性问题。其中重要的是,首先它避开了行动并不必然具有社会属性这个问题,而社会属性是社会学家(比如韦伯)向行动施加有关什么算作行动的**社会**意义的标准时所必须的事物。其次,它解决了行动框架中无法处理的为了**放弃行动**而作出的积极决策问题;举一个重要的例子:一个人在法庭上保持沉默,只有在沟通而非行动语境中,才能富有成效地成为研究主题。最后,它避免了关注行动时所忽略的有关行动的一个重要内容:这就是行动的**影响**,它是某种——还能是什么?——**外在于**行动(某人被**谈及**)但却没有外在于总是涉及沟通者(复数形态)之沟通的事物。这些不仅是从行动转向沟通所避免的问题,它们事实上还是**作为能够丰富社会学研究而被重新引入社会学的问题**。

323

因为沟通总是尚未完成,它就处于对回应的预期之中。系统不是作为沟通行动的聚合体存在,而是关联新的沟通行动和过去沟通行动的锁链。在这两种行动之间,在某种意义上说,意义(meaning)是悬而未决的,因为没有记忆或预期就不会有意义。正是通过这种"**关联能力**"(*Anschlussfähigkeit*),系统得以存在且新要素从现有要素的产生构成了它的自创生性。

总而言之,社会系统的运作就是沟通。一个社会系统是自创生的,是因为它产生且再生产了自身的要素,从现有的沟通网络中再生产了新沟通。系统不是其要素的聚合体而是它们的前后相继:它的存在是一种动态过程,持续地将新沟通和已经得到沟通的事物关联起来。因此,系统的意义以要素的不稳定性、可联结性、它们提出的机会以及在关联中实现的潜能为基础。

卢曼将**观察**(*observation*)界定为这样一种运作的联合体,即它通过做出区分来指示其中的一方或另一方。一个系统的运作就是这个系统的观察。运作是有关系统和环境、内部与外部指涉之间的沟通,因此它就是观察。另外,观察赋予沟通一种指涉,借助它沟通可以继续进行并与系统相关,因而允许系统对其运作施加影响,从既有的要素中产生出新的要素,并继续着自创生过程。在区分的帮助下,系统展开"观察"(法律展开"思考"),下文我们会回到这一点来。

2. 复杂性与偶然性

世界处于无限复杂之中,可以从多种角度加以讨论,有许多角度与可能性来描述它。新视角取代了老视角,如我们现在所见,使"自然"描述所具有的错误必然性受到了动摇;每一种这样的新描述都提醒我们世界的复杂性，但也由于增加了描述它的可能性而增加了这一复杂性。所以每次当一个新的系统在系统与环境间划定界限并设立一种特定差异时，它当然是在为整个复杂性添砖加瓦，但同时重要的是，它也将这种复杂性化约为系统与环境之间的这种特定差异。这种**复杂性的化约**是这样一种系统做出选择、确定相关性的特定方法，以此，它将可能的事态与事件化约为预期具有确定性的事物。不是每种社会沟通、不是每种可被谈论的事态都可以成为每个系统沟通的主题。更重要的是，彼此竞争的对于事件的范畴化与解释，并不都会在系统中得到表达；每个系统都会限制以预先形成的范畴来谈论社会的方式。这便是每个系统降低复杂、掌控复杂性的方法。系统对于自身环境中发生的大部分事物并不关心。它从中选取一些被认为与自己所“调适”的事物相关的东西。系统通过有选择地依赖环境中可获得的有关可能性的供给——这个领域包含着高度复杂性，**“从噪声中创造了秩序”**。“噪声”就是尚未得到化约的复杂性。在这一有选择性的描述过程中，系统构建了它无法在其复杂性中加以把握的外部世界。系统获知外部世界的方式就是简化，进而通过选择、操控以及关联这些自我生产的简化物——它们取代了那些太过复杂以至于系统无法把握的事物。系统是化约活动的行动者，只有通过这一活动，世界不可忍受的复杂性才变得有意义。如詹弗兰科·波吉（Gianfranco Poggi）精辟地指出，这种化约使得系统能够“简单地把握可能高度复杂的现实内容”（Poggi 1979, p. x）。随着复杂性在环境中增长，系统通过构建自身的复杂性来调整自己作出回应的能力；但它永远不会与其环境的复杂性匹敌（不然它会与之联为一体）。

324

总之，卢曼认为意义总是特定于系统的。它取决于对复杂性的化约，化约的范围涉及一切可能加以沟通的事物。系统呈现为一种观察复杂世界的特定的、化约的、有选择的方式，它的确立伴随着可能性的一种盈余。当一个系统观察自己的环境时，它通过一种与指引它的区分有关的选择来展开观察。换句话说，世界是一种视域；除了作为一种能够实现某些可能性的背景之外，它并没有任何意义。这也是卢曼想要说的，只是他从无限复杂性（视域、世界）和被化约的复杂性（系统）这个角度更为准确地表达了这一点。系统因此就是充满无限复杂性的世界中具有被化约的复杂性的岛屿。重要的是，复杂性在此过程中没有被消除而是得到化约。就像视域一样，它需要得到保留，不只是为了完成进一步的选择，更重要的是为了使当下的选择变得有意义。时间维度在这里也具有本质意义:每种得到实现的选择都改变了系统,且构成了未来选择的基础。正是**进行中的选择性**的独特形态构成了系统的身份。

三、社会系统的编码

系统的观察是通过引入指引性差异、通过让世界与此指引性差异相关而实现的。指引性差异组织、渗透并“过度决定”了差异网络,也即由意义要求的进一步区分与划分所构成的集合。语义符码特定化了一些差异,后者是某种被接收为信息的事物的基础。在每个系统中,世界服从于对该系统而言带来差异的那个差异。某种差异构成了系统对环境展开观察的基础。就此而言,系统“符码”的观点至关重要。

从根本上说,系统认知的可能性源自控制差异的观察。卢曼认为:“差异概念的形成使得事件得以显现为信息,并将踪迹留在系统之内。”据此,有意思的问题就是:“在何种区分的辅助下,一个(社会)系统能够观察内部和外部对象?”(Luhmann 1985, p. 393)

二值符码就是在“是”与“否”之间的差异,是正值与负值之间的差异。符码的正值与反值,与“实质”(thick)价值不同,对于系统来说具有形式上的对应性:对于法律或科学系统各自来说,认为某物合法或正确相较于认为它不合法或错误,并不是更有可能或更受青睐的选项。符码的力量在于下述观念之中,即一个系统的身份/同一性(identity)构成*,与正值与负值之间的互动相关:每个位置的界定总是与其对立位置的界定相关(在其映现下)。科学家和法律人会说“沟通 x 是合法的,y 是正确的”。事物如何会有所不同?它们可能在合法与否、正确与否方面有所区别。“x 是合法的”这个身份涉及将它放入合法/非法的差异中。只有通过在其否定性的映现下展开反思,“x 是合法的”这个身份才会生成。

325

这便是系统身份得以生成的方式:作为同义反复的身份(法律就是具有

---

* 谈及系统的身份时,卢曼往往也指的是系统之所以为系统所具有的自身同一性。本章以下正文中出现的“身份”概念均可做此理解。——译者注

法律属性的事物*）被作为差异的身份（法律就是合法与非法之间的差异）取代。可能实际情况是“作为差异的身份/同一性”在它通过合法与非法之间的差异表明系统如何与世界关联之前没有什么意义。但关键是要注意到，无论在何种语境下合法/非法的二分法都会被用于沟通之中，它会支持、引起、提出和提供任何信息的身份。该理论的批评者们批评它夸大了对符码的依赖时，就是忽略了这一点。

关键在于符码使得法律中的沟通具备了法律身份，首先使得概念、条件、动机、策略等任何进一步状态得以出现，并且是以非中介的形式出现。但无论法律信息得到何种处理，这里的多样性依旧庞杂，它本身最初就是由于编码过程而出现的。经验、行动以及事实由于服从于指引性区分，就通过差异而被把握；只有在此情境中，在被纳入一种差异模式中，信息才得以可能。正是将刺激（噪声）置于“这个而非那个”这一模式中，符码才可被理解为复制规则。它们复制了自己观察到的实在。实在要求一种不同于常态化的维度。当实在遭遇符码差异时，比如遭遇到法律符码，世界的“事实性”就变成了信息。行动就具有了合法或非法属性，事件就变得具有法律相关性。它们如何被分配给不同的值，本身与编码无关。复制指的是“x 作为合法的事物”这一身份恰恰涉及对它的否定，也即它在其反值（x 不是不合法的）中得到映现。因为可能存在“x 不合法”的情形，才会让有关 x 的陈述可以有意义地作出，系统通过复制实在和使得“x 是合法的”具有意义激活了一种视角。这种复制决定了事物会在何种意义上有所不同。通过基于另一种可能性这个背景（这个而非那个）提出一种断言，在反值中的反思使得观察得以可能。现在纯粹的事实获得了得以呈现的可能性，获得了得以被观察到的可能性。

与此同时，通过负值的复制开启了一种偶然性的空间：x 可以是合法或非法的。负值允许我们探究事物如何能够有所不同。从这个角度来说，一切事物既不是必然的，也不是不可能的，因此它们是偶然的。这种偶然性是受到符码二值性约束的；换言之，它是一种“一阶偶然性”。在其他层面我们也会遭遇偶然性，我们必须要细致加以区分。

在下文的最后一个主题中，我们通过一个例子来看这个理论是如何展

---

* 英文原句为 Legal is what is legal，在卢曼作品中通常被译为“合法就是合法”，虽然简便但不易理解，故译文有所变通。——译者注

开的。

四、社会、子系统和法律

如前所述,社会是沟通的总和。用卢曼的话说:“社会是可彼此联结的沟通所构成的封闭系统。”但此时出现了一个悖论式的情境。无论“一切沟通”这一表述呈现出何种统一性,沟通实际上是彼此分散的;因为在社会的场域内发展出许多子系统,每个子系统都发展出对于世界的有选择性的、排他性的描述。尽管社会无法与自身环境沟通,但由于社会已经包含了一切可沟通的事物,在它的子系统之间就发展出各种各样的沟通。每一个这种“社会”类型的系统,就是社会的子系统,且每一个都以彼此不同、彼此重叠、彼此削弱的方式来理解世界。子系统并没有一起排列在任何合作模式中。社会的子系统没有被模式化于一个整体性/部分性的图式中,而是每个系统在社会中重复着系统/环境的区分,并通过该区分使得自己不同于社会。卢曼认为:“世界的统一并不是由聚合物构成的统一……,而是从一个事物过渡向另一个事物的不可避免、不可摧毁的可能性——这不是一种聚合,而是充满意义的体验与行动的相互关系。”(Luhmann 1975, p. 411)每一个子系统的生成都无异于从它的视角重新阐发整个社会系统的统一性。但是,每一个子系统的生成都将整个社会系统的统一性拆解为系统与环境之间的特定差异。 326

这种源自子系统的分化是如何发生的?从功能性子系统角度来说,它们基于在社会中实现独一无二的功能而从社会中分化出来。卢曼写道:

> 我提议把现代社会描述为功能分化的社会系统。这种高度不可能的社会秩序的演化,要求用功能分化来取代分层作为在整个社会系统中形成子系统的主要原则。在分层的社会中,个人只被放在一个子系统里……这在按照诸如政治、经济、亲密关系、宗教、科学与教育等功能加以分化的社会中已经不再可能了。没有人会只生活在这些系统中的一个之中。
>
> (Luhmann 1986b, p. 318)

功能性分化的系统不是“由人操控的”或“被人居住的”。它们由一系列彼此分化和专业化的资源与活动构成,每种资源与活动都向其他资源与活动阐明自身,并通过自身的运作而为整个系统的功能实现做出贡献。每个系统都发展出自身的局部合理性、选择与需求、目的与手段。但是局部合理性并不会联合成为一种全局的社会合理性,并且至少在某种意义上,局部之和要多于整体。没有任何系统对于整体的功能实现来说是最重要的,没有一个充当社会的“顶点”(就如分层社会中那样)或“中心”。最后,根据功能分化原则,每个子系统实现一种独一无二的功能:如果这种排他性被妥协,分化原则本身也不复存在。子系统不仅以彼此不同且相互竞争的方式来感知世界,也以不同方式来感知它们的差异。如托伊布纳(1993, ch 7)的描述,社会是一种**多元统一体**(*unitas multiplex*):它既是统一的(一切沟通都不同于生命和意识),也是多元的。与此同时,在功能分化的当下发展阶段,它还是“异质分层的”(heterarchy):各种各样对于社会的描述无法被层级化地加以协调。卢曼是这样总结这一点的:

> 每个系统都具有普遍的能力,但与此同时,它是世界之中的一个系统,能够区分、观察以及控制自身。它是一个自我指涉的系统,并因此是一种总体性的系统。它不可避免地在自己的世界中运作。各种社会(社会系统)构成了各种世界。通过观察自身,也即通过与自己沟通,社会不可避免地运用着将进行观察的系统与其他事物加以分化的区分。社会的沟通在自身的世界中观察自身,并描述着自身能力的限度。沟通永远不会是自我超越的。它无法在自身界限外展开。但是这些界限本身是系统的构成要素,无法被理解为是由先在世界给定的。
>
> (Luhmann 1986c, p. 178–179)

327

五、“法律如何思考”?

让我们现在试着将目前为止看到的这一切都运用到法律体系当中,来看看在何种意义上它构成了一种“化约性成就”,什么构成了它的独特运作,什么使得它的观察得以可能,以及如何来理解它的功能。尤其是在这个意义上,我们能够开始澄清进而回应托伊布纳的挑战:

> “法律构成了一种自主的实在”这个有些模糊的表述到底是什么意思?类似地,认为个体只是社会与法律的建构是什么意思?尤其是法律

如何“思考”？

（Teubner 1989, p. 730）

和每个其他社会系统一样，法律系统的运作也是沟通。它们是被“编码”后的沟通，遵循法律系统的合法/非法的符码。分配这些值的任何沟通都具有法律资格，无论它是主张权利的沟通（“我有说话的权利”）、承担义务的沟通（“我明天要去送货”）还是解释法律规定的沟通（“法律当然不会被解释为准许杀害无辜平民”）。当然，其中有一些沟通很重要，但其他的却并非如此。法庭的判决，官员和议会的决定，法庭或法学家提出的法律解释，承诺、要约以及口头交易等，都属于前一类；普罗大众诉诸法律的沟通则属于后一类。但一切依据合法/非法编码而主题化的沟通，都只是法律系统、法律沟通世界的“一部分”。

因此，宽泛来说，在何种意义上这种系统构成了一种化约性成就，且如何解释系统的“**封闭性**”呢？

如前所述，如果世界允许自己能够以多种方式得到言说，那么每个系统就会通过符码所确立的系统相关性来过滤沟通，以此将自己的活动限定在有意义的范围内。彼此竞争的对于事件的范畴化和解释，不会都在系统中得到表达。比如，从描述一个人的行动的无数可能性中，法律系统关注与合法或非法有关的事物。只有在这个基础上，一个人的意志才能依据对他/她行为的法律描述的帮助作用而被进一步主题化为他/她的意图或动机。经济系统可能将这种对意志的表达重塑为经济—理性偏好，政治系统可能从支持或反对当局或反对派的角度评价它，诸如此类。每个系统会通过以既有范畴感知世界的方式来限定世界可以得到言说的模式。基于下述符码，可以做出进一步区分（编程）：有意/无意、过失责任/严格责任、煽动/言论自由、职业要求/政治要求、言语/行动。所有这些区分，一方面依赖于系统将世界化约为一种单一的差异（合法/非法），另一方面它们同时建构着系统的内部复杂性，它使得系统能够“看到”更多事物，能够更充分地应对外部实在。 328

在这个意义上，符码使得系统能够“建构”其环境，将自身安置于环境之中；它使得系统能够基于该区分而观察环境的刺激，并通过每次指示二值图式中的一方来处理这些刺激。使得这一切得以可能的结构性技术就是“差异技术”。

系统引入了自身的差异，并据此将事态和事件都把握为信息。“差异技术”是系统用来解码复杂性的装置，其方式是设立一个特定于系统本身的化约，后者产生出一种以系统为中心对实在的表征。因此，区分“确立了一个宇宙，设定了系统的边界，建构了一种话语”。编码和编程共同提供了差异丛，世界通过它们在系统内得以本地化。当然，居于首要地位的是构成系统身份基础并最终产生信息的符码；不过它并不决定“哪一段信息被需要，以及它们激发了何种选择”。编程为确定选择的适应性的条件提供了标准。比如，在科学中，适应性的要求隶属于理论和方法，科学陈述的真或假可以据此得到判定。在编程层面，结构本身会受到改变，就与科学中最终会出现的范式转换一样，但在此过程中系统不会因此丧失其身份，因为身份取决于编码。把这些运用到法律中：规范（纲要）提供了分配合法与不合法（符码）的正确性标准，在这里方法（也是纲要）由解释规范的规则构成；当规范通过新的立法或新的宪法解释而改变时，法律中就会出现结构的变化。

概括一下：系统的身份源自符码。在这里作为同义反复的系统身份（法律就是具有法律属性的事物）被作为差异的身份（法律是合法与非法之间的差异）取代。但是，这种对称必须被打破，不然它对系统而言没有意义。基于编程（对其他符合编码的差异图式的运用），系统通过将事件置于对立图式中的一方，能够操控自己的运作。编码和编程一起使得系统能够以某种方式观看这个世界（世界可以是合法或非法的），并操纵其观看模式。我们无需额外的背景信息就能够理解认为系统“封闭且开放”的描述，就能够理解比如法律体系是“由于规范性封闭而具有认知开放性”的描述。正是编码和编程的差异使得在封闭与开放能够在同一个系统中彼此连结。它们是同一枚硬币的两面，内在相关、彼此支持、相互成就：这种结构性约束使得系统与环境相关。系统回应环境的能力，也即“共振”（它通过编程而受到操控），基于符码封闭的一极。环境得以呈现自身的可能性完全取决于符码，在这个意义上，封闭性就是认知开放性的先决条件。

329 卢曼认为，法律的功能恰恰就是类似于法律规则的命令为规范性期望所提供的“稳定化”。让我们来加以解释。语境可以在多个层面上得到固定。比如，朋友、爱人或同事之间的简单互动成为允许采纳互惠性视角进而阐明彼此期待的语境。更广泛语境中的互动也发展出允许有意义的互换的语境。但互惠语境最强的持续性出现在像科学、经济当然还有法律这些功能性系统层面。法律在这里扮演着独特的、推动性的角色。法律确保这种持续性的方式是窄化期待的**可期待性**：一是通过提供对任意一方不服从时施加惩罚的规则来抽离编程情境中各种“不相关的”偶然性；更重要的（操作方式）是，从具体参与方以及有关的互惠性视角所互相涉及的知识和复杂性中抽离出来。它使得该语境独立于源自具体互动的不确定性：它使得人们能够作为角色扮演者，在这里是作为法律行动者而彼此相遇。

动机、身份以及角色暗含的互惠性，总是已经与系统相一致。卢曼认为作为语境不确定性的角色不确定性，通过系统得到确定，但只能为了系统而得到确定。法律期待允许以特定的、受控制的方式出现的不确定性，并使得系统免于受到其他无法控制的不确定性的伤害。法律系统降低了可能的偶然性所具有的复杂性：它允许某些复杂性，并通过回应它们而实现自身的再生产。出于同样的原因，它也使得自己免于受到其他复杂性的伤害，这些复杂性受到排除，是因为期待并不适应它们。一个系统通过改变期待、控制在有关期待的期待这个层面出现的改变而将自己对环境的反应加以模式化。

因此，法律系统对世界的**开放性**体现在它对自己所计划的期待落空或实现的读取。当然系统既非静态的，也不会不敏感于变化；要想对变化着的世界保持回应，系统也必须改变它所计划的期待。需要计划新的法律可能性来回应新的情境。新的期待检测围绕新议题展开的新冲突模式，它们的实现或落空被反馈回法律作为未来决策的新的有效前提。法律系统因此会改变其结构，重组并替换它们，并在此过程中“学习”和进化。这个过程是通过为那些在它面前要求诉讼的冲突性期待提供法律答案而完成的。冲突对于法律来说是必然的，因为它为再生产过程提供了输入内容，没有它法律系统就会停滞。但在处理冲突时，法律只是完成了向秩序的新的复归。它基于无可争议的实践，通过接受和重置受到干扰的实践而抵挡解体的威胁。法律将冲突视为其必须加以克服的干扰。这种冲突模式是暂时的；它是一种去稳定化过程，允许法律演进通过前后相继的步骤恢复秩序。在社会冲突的情境中，法律所遭遇的期待的不确定性，是法律秩序内部创新以及再生的深厚基础。法律系统通过重置受到干扰的实践并允许这种具有当下永久性的重置，来克服它认为冲突呈现给他的干扰。对法律系统来说，冲突模式是一种病理学，在治愈它的过程中，法律得以演化。

注意，提出改变主张的唯一方式，就是它会令期待的计划感到惊讶。依据如下原则,即我们只能看到我们知道如何寻找的事物,感知必须基于对我们所看到或理解的事物的既有感知。这就是说一个挑战要成为一个挑战,系统的记忆就必须得到运用。当然一如既往的是,系统向学习过程的开放程度是其内部事务。用卢曼的话可以这么表述:系统自身控制着冗余和多样性的平衡。这是一种与系统在面对不断演化的环境时是否准备(readiness)改变其结构有关的区分。多样性与不断增长的回应性相关,冗余性是对它的压抑。

330

正是由于系统需要回应一个不断变化的环境,并与之保持联系,“多样性”才有用武之地。在很大程度上,区分和推翻的实践“偶然地创造了到达这样一种地位的新(基础),此时系统能够基于一丁点儿新信息,非常迅速地判断它处于何种状态,并将要走入何种状态”(Luhmann 2004, p. 291)。它之所以需要“独特的努力”来动摇系统的冗余性并拓展自己的想象,是因为系统易于“将自己的惊讶(surprise)减低到可容忍的程度,并允许信息只是作为差异,以很少的数量添加到肯定之流(the stream of reassurances)中”(Luhmann 1993, p. 291)。在一段要不是早了十年就本可能是来自批判法学学者的摘引中,卢曼说:

> 匹配的信息……必须是专门产生的,它通过揭示既有秩序的某些潜在方面得以显露,抑或通过不一致的提问而从既有决策过程中得以恢复。
>
> (Luhmann 1990, pp. 33-34)

因此,“法律如何思考”就涉及与它独特的制度性过程有关的机会和局限:在描述和谈论世界的可能性时,强加并嵌入特定的化约。法律作为这样一种制度为我们提供了一种语言来理解身份、相互依赖、冲突、受益和损害、风险与时间概念、所有物和应得之物。在有关世界的沟通的可能性中,它们是各种各样的化约,将作为制度性成就的独特法律属性赋予权利。法律系统有关具有法律相关性因素的选择,发生于存在其他可能性这个背景下,这些可能性依旧没有完全得到法律的决定。法律系统在界定自身边界的其他可能性的背景下界定着自己的边界——这是制度化的关键。

法律系统如何控制边界——法律在何种程度上坚持着从不断变化的环境中“学习”并通过再生产同样系列的期待并使保护自己免于源自环境的

“噪音”而对环境保持漠不关心——是法律所要处理的问题,且只由法律来处理。如通常所说,这里存在某种深刻具有自我指涉性的,甚至是同义反复的事物:“法律就是具有法律属性的事物。”或换种说法:“法律就是法律认为是法律的事物。”这是彻底的实证主义。不过卢曼坚信,我们不应逃避在事物的基础上遭遇的自我指涉,而是要关注它受到“违背”、得以展开以及变得富有成效的方式。对此,托伊布纳会补充说:

> 自创生理论以不同的方式处理这些自我指涉的悖论,但却以富有成效的方式来利用它们!如果社会话语是自创生系统,也即从它们自身要素网络中循环产生它们自身要素,那么它们就恰恰立足于自我指涉性之上。作为自创生系统,话语除了在自身循环性中找到证成外别无他法,除了生产规制自身的规制且控制自身规制的转变外别无他法。所以自我指涉的悖论并不是在我们对话语的智识性重构中需要不惜一切代价避免的缺陷,而是我们根本无法避免的现实本身。
>
> (Teubner 1989, p. 736)

331

阅读文献:

卢曼引入“自创生”概念的巨著是他在1984年出版的《社会系统》(*Social Systems*),英译本出版于1993年。2006年他有关法律系统的重要作品《社会的法》(*Das Recht der Gesellschaft*)被译为英文(*Law as a Social System*)。有关编码如何运作以及它与编程的关系,参见卢曼(1986a)的一篇简短论述。

系统论在法律理论中的应用主要和贡塔·托伊布纳的著作相关。特别是参见(1989)和(1993),以及和全球法律与宪政主义理论相关的著作(2012)。

英语学界日益增加的有关系统论的二手文献,可参见诺布尔斯和希夫(Nobles and Schiff, 2002, 2006)以及金和桑希尔(King and Thornhill, 2006),他们为卢曼的法律和政治理论提供了非常不错的导论。对于自创生理论早年非常具有创造性的导论,参见史密斯(Smith, 1991),有关法律推理中“冗余性”概念,参见史密斯(Smith, 1995)。系统论在法律与政治关系中的运用,参见克里斯多利迪斯(Christodoulidis, 1998),也参见安德里亚斯·菲利波波罗斯-米哈罗波罗斯(Andreas Philippopoulos-Mihalopoulos, 2009)有关卢曼法律理论的专著。

参考文献：

Christodoulidis, E, 1998, *Law and Reflexive Politics*, Dordrecht: Kluwer.

King, M and Thornhill, C, 2006, *Niklas Luhmann's Theory of Politics and Law*, Basingstoke: Palgrave Macmillan.

Luhmann, N, 1975, *The Differentiation of Society*, New York: Columbia University Press.

Luhmann, N, 1985, 'Some Problems With Reflexive Law', in G Teubner and A Febbrajo (eds), *State, Law, Economy as Autopoietic Systems*, Milano: Giuffré.

Luhmann, N, 1986a, *Ecological Communication*, trans by J Bednarz, Cambridge: Polity.

Luhmann, N, 1986b, 'The Individuality of the Individual: Historical Meaning and Contemporary Problems', in T Heller et al (eds), *Reconstructing Individualism*, Stanford: Stanford University Press.

Luhmann, N, 1986c, 'The Autopoiesis of Social Systems', in F Geyer and J van der Zouwen (eds), *Sociocybernetic Paradoxes; Observation, Control and Evolution of Self- Steering Systems*, Beverly Hills: Sage.

Luhmann, N, 1990, *Essays on Self- Reference*, New York: Columbia University Press.

332 Luhmann, N, 1992, 'The Concept of Society', 31 *Thesis Eleven* 67.

Luhmann, N, 1995a, *Social Systems*, Stanford: Stanford University Press.

Luhmann, N, 1995b, 'Legal Argumentation: An Analysis of Its Form', 58 *Modern Law Review* 285.

Luhmann, N, 2006, *Law as a Social System*, Oxford: Oxford University Press.

Nobles, R and Schiff, D, 2002, *The Autonomy of Law: An Introduction to Legal Autopoiesis*, Oxford: Oxford University Press.

Nobles, R and Schiff, D, 2006, *A Sociology of Jurisprudence*, London: Bloomsbury Publishing.

Philippopoulos- Mihalopoulos, A, 2009, *Niklas Luhmann: Law, Justice, Soci-*

ety, London: Routledge.

Poggi, G, 1979, 'Introduction', in N Luhmann (ed), *Trust and Power*, Chichester: Wiley.

Smith, SC, 1991, 'Beyond "Mega-Theory" and "Multiple Sociology": A Reply to Rottleutner', 19 *International Journal of the Sociology of Law* 321.

Smith, SC, 1995, 'The Redundancy of Reasoning', in Z Bankowski, I White and U Hahn (eds), *Informatics and the Foundations of Legal Reasoning*, Dordrecht: Kluwer.

Teubner, G, 1989, 'How the Law Thinks: Toward a Constructivist Epistemology of Law', 23(5) *Law & Society Review* 727–758.

Teubner, G, 1993, *Law as an Autopoietic System*, Oxford: Blackwell.

Teubner, G, 2012, *Constitutional Fragments: Societal Constitutionalism and Globalization*, Oxford: Oxford University Press.

索 引*

* 本索引所列数字为本书页边码(即原书页码),“学习指导”对应的页边码用斜体表示。在本书正文中,个别词因翻译表达的需要,与本索引译法略有差异。——译者注

译后记

每当一部译作走向终点并画上句号，我就好像在与一位亲密无间的朋友挥手作别。翻译的过程，好比是在与这位密友谈心，我细致地聆听他说出的每一个字，从字里行间体会他的心情与态度，又小心翼翼地转述他的观点，并在他接下来的述说中找寻有关这一转述的佐证。每天在固定时间内翻译，就好像是在与这位密友例行地“煲电话粥”。我们的话题一直都在围绕法理学的主题与概念展开，但每天都有新的议题：昨天说哈特，今天聊韦伯，明天则是德沃金。

这让我想起2012年的春天，每个周二在北京大学第二教学楼阶梯教室205的下午。那是我第一次接触法理学，每次上课都像听“天书”一样，看着一个个自己不熟悉的人名与理论在面前飘过，看着一页页每个字都认识但连起来却不懂的文献。那时的自己喜欢读莫言、阎连科、村上春树、博尔赫斯，远没有想到有一天法理学会成为自己的专业，接着又成为了自己的职业，更没有想到自己还会有能力、有机会翻译一本法理学教材。的确，这超出了一个20岁年轻人的想象，如果知道会有这样一天，当时的他或许不会仅仅因为这门课程拿到98分接近满绩而欣喜不已，而是应将眼光放长远，平心静气地再去细致读一读直到现在他可能都不甚明了的一位位思想家。

时间匆匆，而今自己不仅是法理学的学生，也成了这个专业的研究者，甚至有机会走上讲台，成为这门课程的讲授者。唯一不变的，是对一本合适的法理学教材的渴望。做学生的时候，希望有一本合适的法理学教材能够帮助自己答疑解惑；现在则希望有一本合适的法理学教材推荐给学生，作为授课辅助与参考，同时也可以帮助自己找准研究定位。本书无疑堪当此任，也希望自己的译文无损于它的这一品质。

译事艰辛，如人饮水，冷暖自知。本书的译介幸得李昊老师与陆建华老师的帮助。两位老师的提携与鼓励，是我翻译过程中“骑虎难下”时，坚持下去的一大动力。感谢本书作者之一的斯科特·维奇教授。由于版本更迭，本书英文第三版在第二部分的“学习指导”中有一些排印疏漏。每一次我向维奇教授写信询问时，都会得到教授迅速且细致的回复。根据教授的修订与确认，我对译本中的相应内容做出了调整。同时，为了方便读者查阅，不同于英文版的是，我在目录中加入了本书前两部分“参考文献”的标题与页码。

感谢李诚予和刘岩两位师兄，他们分别帮我审阅了有关德里达和卢曼法律思想的译稿。当然，如果还有错漏或不完美之处，责任应当在我。感谢纽约大学法学院张熙博士，他本有意与我一同翻译本书，虽然由于种种原因最终由我独自完成，但是在我们早期一同准备翻译项目申请书时，他试译了有关德沃金的章节的一部分内容，后由我加以校订，保留了其译稿中一些颇具神韵的表述。希望他在异国他乡一切顺利。感谢孙海波师兄，他拉我“入伙”在 2020 年秋季学期一起给中国政法大学比较法学院新生讲授法理学课程，让我发现自己不仅当学生的时候期待下课铃声响起，站上讲台后这种期待竟然也一以贯之。

感谢我与海波师兄、刘岩师兄共同的导师张骐老师。张老师的学术风格与为人处世的方式无疑指引并潜移默化地影响着我们，我们对法理学的理解与思考，都是在老师的课堂、读书会以及对论文习作的批改中一点一滴积累起来的。在学校的时候，老师每个秋季学期举办“法与正义读书会”，每个春季学期开设“西方法哲学/西方法理学”课程。在老师的指导下，我们阅读了一系列经典思想家的作品，每周见面研讨、辩驳和欢笑。现在自己一字一句地翻译这些著作，仿佛又回到了老师的课堂。当然，也必须感谢高尚、彭宁、孔杨、高天宇、谢可晟、王威智、李乐乐、钱文强、郑力海、苟怡然、宋竹青、陶鹏远、樊一江等各位同门，他们是我在北京大学求学期间和毕业以来的“生活世界”。

赵英男
2021 年小满初拟
2022 年立冬定稿

法律人进阶译丛

⊙法学启蒙

《法律研习的方法：作业、考试和论文写作（第10版）》，〔德〕托马斯·M.J.默勒斯 著，2024年出版

《如何高效学习法律（第8版）》，〔德〕芭芭拉·朗格 著，2020年出版

《如何解答法律题：解题三段论、正确的表达和格式（第11版增补本）》，〔德〕罗兰德·史梅尔 著，2019年出版

《法律职业成长：训练机构、机遇与申请（第2版增补本）》，〔德〕托尔斯滕·维斯拉格 等著，2021年出版

《法学之门：学会思考与说理（第4版）》，〔日〕道垣内正人 著，2021年出版

⊙法学基础

《法律解释（第6版）》，〔德〕罗尔夫·旺克 著，2020年出版

《法理学：主题与概念（第3版）》，〔英〕斯科特·维奇 等著，2023年出版

《基本权利（第8版）》，〔德〕福尔克尔·埃平 等著，2023年出版

《德国刑法基础课（第7版）》，〔德〕乌韦·穆尔曼 著，2023年出版

《刑法分则I：针对财产的犯罪（第21版）》，〔德〕伦吉尔 著，待出版

《刑法分则II：针对人身与国家的犯罪（第20版）》，〔德〕伦吉尔 著，待出版

《民法学入门：民法总则讲义·序论（第2版增订本）》，〔日〕河上正二 著，2019年出版

《民法的基本概念（第2版）》，〔德〕汉斯·哈腾豪尔 著，待出版

《民法总论》，〔意〕弗朗切斯科·桑多罗·帕萨雷里 著，待出版

《德国民法总论（第44版）》，〔德〕赫尔穆特·科勒 著，2022年出版

《德国物权法（第32版）》，〔德〕曼弗雷德·沃尔夫 等著，待出版

《德国债法各论（第16版）》，〔德〕迪尔克·罗歇尔德斯 著，2024年出版

⊙法学拓展

《奥地利民法概论：与德国法相比较》，〔奥〕伽布里菈·库齐奥 等著，2019年出版

《所有权的终结：数字时代的财产保护》，〔美〕亚伦·普赞诺斯基 等著，2022年出版

《合同设计方法与实务（第3版）》，〔德〕阿德霍尔德 等著，2022年出版

《合同的完美设计（第5版）》，〔德〕苏达贝·卡玛纳布罗 著，2022年出版

《民事诉讼法（第4版）》，［德］彼得拉·波尔曼 著，待出版
《德国消费者保护法》，［德］克里斯蒂安·亚历山大 著，2024年出版
《日本典型担保法》，［日］道垣内弘人 著，2022年出版
《日本非典型担保法》，［日］道垣内弘人 著，2022年出版
《担保物权法（第4版）》，［日］道垣内弘人 著，2023年出版
《日本信托法（第2版）》，［日］道垣内弘人 著，2024年出版
《公司法的精神：欧陆公司法的核心原则》，［德］根特·H. 罗斯 等 著，2024年出版

⊙案例研习

《德国大学刑法案例辅导（新生卷·第三版）》，［德］埃里克·希尔根多夫 著，2019年出版
《德国大学刑法案例辅导（进阶卷·第二版）》，［德］埃里克·希尔根多夫 著，2019年出版
《德国大学刑法案例辅导（司法考试备考卷·第二版）》，［德］埃里克·希尔根多夫 著，2019年出版
《德国民法总则案例研习（第5版）》，［德］尤科·弗里茨舍 著，2022年出版
《德国债法案例研习I：合同之债（第6版）》，［德］尤科·弗里茨舍 著，2023年出版
《德国债法案例研习II：法定之债（第3版）》，［德］尤科·弗里茨舍 著，待出版
《德国物权法案例研习（第4版）》，［德］延斯·科赫、马丁·洛尼希 著，2020年出版
《德国家庭法案例研习（第13版）》，［德］施瓦布 著，待出版
《德国劳动法案例研习（第4版）》，［德］阿博·容克尔 著，待出版
《德国商法案例研习（第3版）》，［德］托比亚斯·勒特 著，2021年出版

⊙经典阅读

《法学方法论（第4版）》，［德］托马斯·M. J. 默勒斯 著，2022年出版
《法学中的体系思维与体系概念（第2版）》，［德］克劳斯-威廉·卡纳里斯 著，2024年出版
《法律漏洞的确定（第2版）》，［德］克劳斯-威廉·卡纳里斯 著，2023年出版
《欧洲民法的一般原则》，［德］诺伯特·赖希 著，待出版
《欧洲合同法（第2版）》，［德］海因·克茨 著，2024年出版
《民法总论（第4版）》，［德］莱因哈德·博克 著，2024年出版
《合同法基础原理》，［美］麦尔文·A. 艾森伯格 著，2023年出版
《日本新债法总论（上下卷）》，［日］潮见佳男 著，待出版
《法政策学（第2版）》，［日］平井宜雄 著，待出版